广东省人民政府文史研究馆 编

保真华教育文集

SPM
南方传媒

广东人民出版社
·广州·

U0591623

图书在版编目（CIP）数据

徐真华教育文集／广东省人民政府文史研究馆编. —广州：广东人民
出版社，2022.9
（馆员文库）
ISBN 978 - 7 - 218 - 15904 - 1

Ⅰ. ①徐…　Ⅱ. ①广…　Ⅲ. ①高等教育—中国—文集
Ⅳ. ①G649. 2 - 53

中国版本图书馆 CIP 数据核字（2022）第 140043 号

XU ZHENHUA JIAOYU WENJI

徐真华教育文集

广东省人民政府文史研究馆　编

出　版　人：肖风华

责任编辑：陈其伟
封面设计：书窗设计
责任技编：周星奎

出版发行　广东人民出版社
地　　址：广州市越秀区大沙头四马路 10 号（邮政编码：510199）
电　　话：(020) 85716826 （总编室）
传　　真：(020) 83289585
网　　址：http://www. gdpph. com
印　　刷：广州市豪威彩色印务有限公司
开　　本：787 毫米 × 1092 毫米　1/16
印　　张：27　字　数：420 千
版　　次：2022 年 9 月第 1 版
印　　次：2022 年 9 月第 1 次印刷
定　　价：59. 80 元

获取解决现实问题的智慧和力量；《馆员文库》是文化基因的文库：深入挖掘历史文化资源，力求探索优秀传统文化基因，展现中华民族解放思想、实事求是、与时俱进、开拓创新的精神风貌，增添人民群众全面建设小康社会的精神力量；《馆员文库》是道德标尺的文库：与中华民族传统美德相承接，与社会主义市场经济相适应，与社会主义法律规范相协调的社会主义思想道德体系，让文化艺术成为价值标尺上最明晰深刻的衡量尺度和践行坐标。

在《馆员文库》付梓之际，我们期冀敬老崇文之风历久弥新，优秀传统文化精华薪火相传，文史阵地翰墨飘香。

广东省人民政府文史研究馆

序 一

我应约为徐真华的著作写序言已经多次了，有法语的，有中文的。每次我都亲自动笔（后来是按键）。此次却是个另外。徐真华大概看我年事已高，且身体欠佳，不忍让我过于劳累，便令他的学生袁薇佳博士为我起个初稿，最后交由我改定。拳拳盛意，十分感人，只好欣然接纳。

羊城深秋，天高云淡，心清气朗。我忽闻自己的电子邮箱发出轻轻声响，打开一看，原来传来了容量不小的《徐真华教育文集》。在我成为他的导师后的近 30 年中，每隔一段时间便会收到他新鲜出炉的学术专著，我都为之感到欣慰。而这一本书，凝结着他 20 多年从事高等教育管理的思考和研究、实践和体会，更是有着非同寻常的意义。

2000 年 6 月，徐真华接过我的"接力棒"，担任广东外语外贸大学（以下简称"广外"）校长。当时首要面临的是 20 世纪 80 年代"全民经商"浪潮带来的对高等教育的负面影响。为了扼制二级单位的创收之风，解决无序办班的问题，他同当时的领导班子一起推动了"五项改革"，可以说在广东省甚至全国高校当中属于"先行一步"，改革面之广、关联度之高、力度之大在广外历史中均可称为首次。而这次改革所取得的成果是有目共睹的，无论是在校内，还是在校外，产生了深远的影响。此后，广外又推行了新一轮"五项改革"，实行学院目标管理，并审时度势进驻广州大学城，在大规模扩招的背景下学校的招生、就业工作逆势上扬，得到社会高度肯定，被媒体称为广东"四大名校"。

徐真华曾任广东外语外贸大学党委书记、校长，退休后受上级党委的委派先后担任南国商学院督学、院长，浙江越秀外国语学院校长等职务，这本文集所选编的文章是他在不同时期的讲话、评论和研究文章。虽然在不同的阶段、不同的学校，教育的环境一直在变，但不变的是他那种不知疲倦的奋斗姿态，以及他作为教育者的理想和情怀。

在这本文集中，我看到一个高校教育管理者的岁月沉淀和不懈钻研。对于广州外国语学院、广州对外贸易学院合并成为广东外语外贸大学之后的定位，对于社会主义市场经济建设条件下的外语院校建设，对于高校扩招背景下的高等教育跨越式发展，对于新文科背景下的外语专业转型，以及民办高等教育特色发展等，徐真华一直保持着学者的敏锐触角和独立思考的精神，常常能及时把握教育发展的趋势，提出新的教育理念，抓准发展突破口。有的文章和讲话即使放在今天，也能够引人深思，给人触动。

在这本文集中，我看到一个高校教育管理者的战略眼光和实践探索。"治校方略篇"是"高教探索篇"的实践体现。广外从2001年开始每年定期召开学校发展战略研讨会，会议选定一个或两个主题，用1—2天的时间集中开展务虚或务实的研讨，而这一有效的做法在广外南国商学院、浙江越秀外国语学院也得到很好地贯彻。读罢这一章，我感受到的是中国公办、民办外语院校这20多年来改革发展的波澜壮阔，从办学理念、办学定位，到战略规划、改革创新和发展路径，一步一步，奠定坚实的基础，走出自身的特色，展现出敢于面对挑战、善于抓住机遇的淡定从容和拼搏进取。

在这本文集中，我看到一个高校教育管理者的比较视角和人文情怀。徐真华曾先后赴欧洲、非洲和美洲的学校研修，也因为工作原因赴多国进行学术和教育交流，对于"为谁培养人""培养什么人""如何培养人"不断进行深入地思考和探索。他提出培养"全球化高素质公民"的价值判断，并对其内涵、路径和措施进行解读。用比较的视角来分析"中西方文化"，探讨何为"大学"？何为"教育国际化"？何为"现代高等教育的理念与使命"？正如他所说，"把目光投向世界，投向他者，更多地思考未来，思考中国在未来世界中的存在，思考中国人在未来世界中的存在状况，或许真的只有站在未来的地平线上，才能把握好今天"。

在这本文集中，我看到一个高校教育管理者的客观理性和哲学思辨。文集中的不少讲话体现出目标导向和问题导向，聚焦高校发展中的瓶颈，提出解决问题的对策。没有虚假繁荣、一团和气，有的是思想交锋和未雨绸缪。比如《高校管理中的"现象学"批评》《学校管理的辩证法》《越秀外国语学院管理中的几组关键词》等文章包含着徐真华数十年教育管理过程中的独到见解和冷静思考。清醒与盲目、主动与被动、严谨与松散、领导与服务、团队与个人、行政与专业，"大学校"与"小组织"、"内政"与"外交"、行政有为与行政安全这些——对应的关键词，其间的逻辑联系，其间所蕴含的管理智慧，都可以看出一个有责任感、有情怀的高校教育管理者的用心和用情。

"媒体视角篇"的文章大多是"他者视角"，这些文章让我很感动，也很感慨。在广外56年的发展历程中，我们有幸成为将"广外精神"薪火相传的其中"一棒"，去完成广外的使命，去延续广外的光荣与梦想。这些年，我深深地感受到，从事教育管理与从事学术研究一样，只有把心真正放进去，才能得到师生和社会的认可，才能经得起时间的考验，才能无愧于自己的角色与人生。正如徐真华在"离任感言"中引用泰戈尔诗句所说，"空中没有留下鸟的痕迹，可是鸟儿已经飞过"。

回望一行行的脚印，昨天还在耳畔轻语，在放慢的时间里，每个瞬间的你，连同足迹都闪烁着温度与光辉，是以为序。

广东外语外贸大学首任校长

亚洲辞书学会首任会长

黄建华

2021 年 11 月

序　二

徐真华是我熟识的老朋友，他是我国法语学界的优秀学者，著作《理性与非理性——20世纪法国文学主流》《法国文学导读——从中世纪到20世纪》《文学与哲学的双重品格——20世纪法国文学回顾》等，对我国高校的法语教学贡献颇深；他还是一位具有深厚的教育情怀、深邃的高等教育思想和丰富的高等教育管理经验的高校领导者。徐真华2000年以来担任广东外语外贸大学（以下简称"广外"）的校长、书记10年之久，退休后，又主政民办高校浙江越秀外国语学院。

徐真华在20余年的大学管理实践中形成了先进的教育思想，并取得了有口皆碑的办学成就。前段时间，徐真华的一众弟子，应许多老同事，特别是教育界老朋友的要求，把他的办学思想及其高等教育改革实践方面的论述编辑成册，公开出版。这是一件很有意义的好事。

非常有幸能够在正式公开出版之前，第一时间读到《徐真华教育文集》。拜读徐真华的这部文集，让我有机会先人一步系统地了解了他独到而深邃的教育思想，以及这一教育思想不管是在公办高校广外，还是在民办高校浙江越秀外国语学院（以下简称"越秀外院"）的成功实践。可以说，徐真华的教育思想，是经过长期实践积累、实践检验而公认为适合当今高等教育发展的宝贵经验。

我认为，徐真华的教育思想主要表现在以下三个方面：

其一，强调在改革创新中谋求发展。

改革，是徐真华教育思想的一条重要主线。在广外，徐真华力主改革，"我们必须改革，不改革，我们就没有出路，我们没有其他的选择""我们等待不起，我们没有时间等待，改革是我们的必然选择"……在越秀外院，徐真华同样强调前瞻的眼光和改革的力量。"中国的民办高校目前总体上还处在我国高等教育序列的低端运行，但这不应该是中国民办高校的常态。我们要有前瞻性的战略眼光，要有刮骨疗伤的改革勇气，要拿出奋发有为的战略举措和勇立潮头、抢占未来的胸襟和气魄。唯有如此，

民办高校才能在激烈的竞争中占有一席之地。"

徐真华的改革思想，首先体现在对学校的治理体系进行大刀阔斧地匡正。2001年，徐真华在广外力推"五项改革"（即非学历教育办学管理模式改革；大学教学科研架构改革；校内分配制度改革；干部人事制度改革；后勤社会化改革），以及其后在越秀外院推行的人才培养体系改革、学科专业运行机制改革、薪酬体系改革，等等，都是徐真华"改革"思想的成功实践。这一系列改革，确保了广外和越秀外院的跨越式长足发展，并以此形成了"广外模式""越秀经验"。

其次，体现在改革传统的教育理念上。传统的教育理念，更多的是关注学校实际给予学生的学习内容，而往往忽视学习方法的传授，学生的主体意识和创造性思维受到极大的钳制，培养出来的学生同质化严重。徐真华认为，决定一个人成长发展的因素不仅是技能、专业知识，更是这个人的思想和思维能力。因此，他反对奉行工具主义的教学思想，反对把本科教育的目标定格在技能本位的教学观念。应用型本科大学应该倡导的不是工具本位，而是工匠精神，是对大学生精神与人格的塑造。为此，徐真华提出并在广外和越秀外院全面实践这一全新的教育理念。他所倡导的"教育者不仅要重视学生学什么，更要重视学生怎么学；教育者不仅要重视学生思考什么，更要重视学生怎么思考；教育者不仅要重视学生做什么人，更要重视学生怎么做人"教育思想，受到学界的高度评价。在新文科背景下，徐真华大力倡导外语专业教学要努力实现"四个转变"（即在重视外语教学工具特性的同时，更加重视外语教学的人文特性；在重视他者文化学习的同时，更加重视根文化的学习；在重视学生语言能力训练的同时，更加重视语言服务意识的培养；在重视培养学生外语交际能力的同时，更加重视培养学生的思维能力），同样引起学界的广泛关注和充分肯定。

其二，崇尚学术本位，回归教育本真。

在我的印象中，每每谈到高校治理方面的话题，徐真华始终强调"教授就是大学""大学是学术共同体，是人才共同体"等理念。可以说，这些闪耀着现代教育思想的理念已经深深地融会在徐真华的骨髓和血脉之中。他认为，大学是一个学术共同体，学术就是大学的生命线，大学要培养人才，要创造思想，要传承文明，要服务社会都要通过学术来进行。这是大学区别与其他社会机构、企业单位的本质所在。因为，教授是承袭传统、创造文化、传播知识、延续文明、弘扬道德、推动科学和技术进步的主体，教授是培养学生成长成人成才的主体，在大学中没有其他任何力量比教授们更能胜任这一神圣而崇高的使命。从这个意义上说，教授是大学精神的塑造者和弘扬者，教授就是大学。也正因为如此，在一所大学里，教授们的水平和境界决定着这所大学的水平和境界。

徐真华多次强调，大学教学要排除干扰，回归教育本真，亦即办学要遵循教育规律，遵循当下中国经济社会快速转型的发展规律，并在此框架下审视和明确大学自身的办学定位和发展思路。大学作为人类社会中知识生产与传播的主要基地，作为先进文化的重要源泉，作为培养学生健康人格及创新思维的熔炉，应该崇尚自由的学术思想、理性的批判意识；应该追求兼收并蓄的学术胸怀、独立自主的治学态度；应该确立科学精神和人文精神的主导地位，使大学真正回归到传承知识、创新思想、弘扬文化、服务社会的本位，使教师真正回归书斋，回归立德树人和科学研究的正位。

其三，依法治校，培育现代大学文化。

在广外和越秀外院期间，徐真华十分注重大学文化建设，他对大学文化以及它的作用和意义有过独特的论述。在他看来，大学文化本质上是形而上的东西，它看不见、摸不着，但它时时处处浮动在大学校园的每一个角落，滋润着大学师生的心性。大学文化凝聚着一所大学的精神，营造着一种特殊的氛围，决定着这个大学老师们的工作姿态、研究姿态、教书育人姿态，以及学生们的学习态度；它涵养着每一位老师、学生的人格，这就是大学文化。它的养成与生长需要党的基层组织的引领，需要学校老师在教学、科研领域润物无声的好榜样，需要管理层全心全意的服务与付出，需要课程思政的扶正，以及校园文化各种载体的支撑。

对于作为大学文化重要组成部分的制度文化建设，徐真华尤其费了些功夫。在任10年，广外共修订或制定了约300个规章制度，他执着地把教育管理和办学活动纳入制度轨道，其中包括出台了《广东外语外贸大学学校章程（试行)》，使广外成为广东省第一所颁布学校章程的普通高校。在越秀外院，徐真华也十分重视制度文化建设，把它作为构建现代民办大学治理体系的重要基石。为此，在2015年和2020年，他两次组织修订越秀外院的规章制度，每次达260余项，形成了2015版和2020版《越秀体系·管理制度》。徐真华对制度文化建设的倡导与推动，使广外和越秀外院两校的各项工作得以在制度层面顺利运行，从而规避了许多随意性和人为因素的干扰。

作为学校"一把手"，徐真华始终对权力心怀敬畏之情，主动分权，主动构筑行政防火墙。他认为，民办大学必须坚持规范治校。"规范"的内涵就是自觉地按高等教育规律办学，按学术规范治校，按规章制度办

徐真华教育文集

事。徐真华曾不止一次痛批大学的一些不良现象："大学不是官场，不是商场，更不是'江湖'，失去了规范意识，失去了敬畏之心，治校办学就可能落得'一地鸡毛'。"在这种制度文化下，广外和越秀外院逐步形成了独特的校园风格和氛围，大家普遍觉得，这个地方没有"官气"，是个风清气正做学问的好地方，赢得了良好的社会口碑。

徐真华从教近50年，担任高校主要领导岗位20余年，他爱教育、懂教育，所以他对办高等教育有很多真知灼见，是名副其实的新时代教育家。入选本书的很多论述，理论与实践结合得很紧密，既讲道理、又有实践，有的放矢、不尚空论，读来亲切感人、受益良多。我觉得，这些不仅是徐真华个人教育思想和办学实践的记录，更为重要的是它从一个重要侧面，反映了我国高等教育事业的发展历程。可以说，徐真华以改革、创新、学术为主线的高等教育思想及其办学实践，对于当下我国高等教育事业发展具有积极的指导作用和借鉴意义。

第十二届全国政协委员
北京外国语大学原党委书记
杨学义
2021 年 11 月 18 日

序　三

　　风雨兼程，岁月匆匆。在万物收藏的时节，我收到了《徐真华教育文集》，顿时百感交集。忆往昔，我与徐真华相识几十年，我们经常探讨切磋，无论在法语学术界的协同合作，还是在执掌外国语学院时的互动交流，我一直都非常钦佩他、敬重他，为此我们结下了深厚的友谊。

　　徐真华教授是广东外语外贸大学（以下简称"广外"）原党委书记、校长，广东省十大师德先进标兵，第二届广东省优秀社会科学家，现任浙江越秀外国语学院（以下简称"越秀外院"）校长。他在语言学研究和法国文学研究方面建树颇多，成果丰硕，是全国法语界的重要人物，2009年获法国政府颁发的教育骑士勋章。他既是一位优秀的法语专家，更是一名兢兢业业的大学领导。徐真华执掌广外校政10年，带领学校在改革浪潮中前行，为广外可持续发展奠定了坚实的基础。他的学养与人品对全校师生起着模范感召作用，其治学精神和治校理念为广外的灵魂，成为广外代代相传的魅力，是一位颇具胆识和勇气的教育改革家。

　　20世纪60年代末，成千上万的知识青年响应政府上山下乡的号召，奔赴苏北农村参加劳动和建设，徐真华就是其中一位插队知青。4年的知青生活造就了他敦厚淳朴的秉性、坚韧不懈的品质以及敢作敢为的气魄。1975年，他从广外前身广州外国语学院毕业并留校任教，从事法语教学和语言学研究，任西语系副系主任。1995年，广外合并组建后，他成为首任教务处处长，主抓广州外国语学院和广州对外贸易学院合并办学后的教学研究和教学管理工作，并先后担任广外校长助理、副校长、党委副书记。徐真华从广外学子到广外书记、校长，与我求学谋事业的经历非常相似，我们与各自的母校相伴了40多年，也见证着母校的变化与发展。

　　世纪之交，国家实施扩大高等教育招生规模的政策，使我国高等教育的规模发生了历史性变化，徐真华也正是在这个时期开始担任广外的校长。他继承广外励精图治、迎难而上的传统，发扬广外"明德尚行、学贯中西"的校训精神，以崇尚学术、追求真理为己任，弘扬理性的批判精神，秉持兼容的学者胸怀，倡导严谨的治学态度，形成了独具特色的大学治理方略和高校管理实践经验，为广东高等教育事业作出了突出贡献。

徐真华是一位教育实践家。无论是担任广外校长的10年，还是执掌越秀外院的8年，他推行一系列改革实践，适应历史潮流，建立健全大学内部治理结构，构建起适合当今高等教育发展需求的治理体系，无论是提出"应用型、国际化"的办学特色，还是确立"建设国际化特色鲜明的高水平大学"的办学理想和"培养全球化高素质公民的伟大使命"，他都能审时度势，勇立潮头，以赤子之心投身高等教育事业。徐真华校长领衔的广外领导班子于岭南之地、白云山下开拓进取，改革创新，在至善的理性批判和创新精神指引下，把广外建设成为一所国际化特色鲜明的、广东省高水平大学重点建设高校。他领衔的越秀外院领导班子于稽山之麓、镜水之滨抢抓机遇，奋力向前，实践"重改革、重人才、重特色、重学生、重实践、重比较优势"这一条主线，把越秀外院建设成为一所中国优秀的民办高校，办学实力在全国民办本科高校中名列前茅。

徐真华是一位教育改革家。我和徐真华一样，与母校有着无法割舍的情感，因为我们看着学校的每一个变化、每一次改革、每一步跨越，心里就浮现出学校改革发展中所经历的"阵痛"，以及"阵痛"之后带来的成功。2008年6月，《光明日报》以《一位大学校长的改革观》为题对他的改革理念和改革实践进行了报道，生动描绘了他在广外面对扩招、外部竞争、学科建设、内部体制阻滞和建立现代大学运作机制的压力时，如何在改革中寻找出路的历程。徐真华在广外推行了教学科研架构调整、人事制度改革、非学历教育管理体制改革、分配制度改革和后勤社会化改革这五项内部管理体制改革，使广外初步形成"专业教学和外语教学融合，培养国际通用型高素质人才"的办学特色。除此，在2005年，他又启动了新一轮的五项改革，核心是校院领导体制改革，进一步明确了校、院两级的管理权限。这两次深入而持续的改革，真正彰显了徐真华的管理科学和治校理念，也真正践行了徐真华"跳出广外看广外"的至理名言，为广外开辟出了广阔而崭新的发展格局。作为上海外国语大学曾经的校领导，我感同身受，也有许多感慨，这些改革创举必定让大学"阵痛"，但也只有这些历程才能换来大学的新发展。

正所谓"不忘初心，砥砺前行"，我们不会忘记历任改革者的艰辛和付出，也不会忘记大学改革浪潮中一起经历的人和事。《徐真华教育文集》编撰组认真搜集与整理徐真华的有关资料，全面收录徐真华在1993—2021年间发表的教育论著、讲话节录，以及媒体专访的报道，这是一件极有意义的工作。《徐真华教育文集》凝结了徐真华教授20多年来在高等教育管理与实践中的治理思路，全面展现了他在广外、南国商学院、越秀外院执掌管理期间倾注的教育情怀和心血。无论是对广外继续建设国际化特色鲜明的高水平大学，还是对越秀外院打造中国民办大学卓越品牌，该文集的出版有其超越时代的现实价值，对于我国高等教育的顶层设计、改革发展、管理创新及如何融入世界高等教育潮流具有重要意义。

是为序。

上海外国语大学原校长

教育部外语教学指导委员会副主任委员

法语专业指导委员会主任委员

曹德明

2021 年 11 月

序　四

　　当今中国，"教育"作为一个重要的话题，得到社会各界越来越多的关注。无论是曾经搅动一池春水的高等教育改革，抑或是至今仍余波荡漾的人才培养模式构建，谈不完的教育、聊不完的话题之下，以"时代语境"为显性标志的教育研究方兴未艾、风生水起，其中内蕴的现代性宏旨与文化逻辑特色鲜明，独树一帜，深刻表明了教育与中国现代化进程始终保持的一致步调与坚定的前进方向。

　　《徐真华教育文集》强烈地呼应了教育对于思想原创性的期待，在呼唤教育思想嬗变与教育制度转型的过程中，深入思考，不断探索，提出了一系列现实但关涉根本的教育问题，围绕这些重要问题，我们欣喜地看到富有创造性与针对性的解决方案在《徐真华教育文集》中有着独特的设计，体现了作者力图通过若干意味深长的案例，达到贯穿理论实践，沟通思想建制的初衷，进而将"教育研究"从复杂烦琐的学科规训中解放出来，走向实践与创新，步入人文与应用的广阔天地。

　　文集的作者徐真华教授，是我的挚友，更是中国法语界的骄傲，我们相识已经30余年。他在法国语言文学研究领域，长期孜孜以求，耕耘不辍，成就斐然，达到了常人难以企及的高度。更让我敬佩的是，除了卓越学术成就之外，徐真华教授在教育思想与教育管理领域树立了一个榜样：他执掌广东外语外贸大学校印10余年，在中国高等教育发展趋势、现代大学治理及学术制度建立、教师立德树人与人才培养模式构建等诸多方面，具有深刻认知与深切体验，经过数十年如一日的实践创新，终于形成了一套堪称完整的教育思想体系，依据其文稿收录汇编而成的《徐真华教育文集》是他教育思想的集大成者，集中展现了徐真华治校、劝学的理念与心得，既有宏观的教育思想探索，又有微观的实践路径探究，更有其教育思想形成背后不可忽略、熠熠生辉的"人文情怀"与"全球视野"。

　　对于中国的现代化进程而言，教育理论研究至关重要，这一点，教育学家或教育史家从来都给予充分肯定。但有关"教育"问题的探讨绝不应该仅仅停留在理论层面，也应该包含现实关怀，需要纳入更为广阔的论述空间。徐真华对于教育管理与改革之道有着异常敏锐的洞察力，其深知相对于体制变革的艰难，局部实践与操作层面的改造尤显迫切。超越传统的理论话语，基于对教育规律的遵循，建立于实践基础之上的教育探索，往往具有更加强大的生命力。因此，徐真华在其教育文集中对"培养什么人和怎样培养人"等现实问题的关注颇为引人注目，其探究主要围绕学生与教师两大教育教学主体，在实践与操作层面设计了一套完整的，具有鲜明时代特征的教育理念，譬如，他提出"培养全球化高素质公民"的教育使命；构建"立足平凡、追求卓越"的人才培养路径；倡导"思想素质高、专业水平高；跨文化交际能力强、信息技术应用能力强"的"双高、两强"人才培养目标，确立"三个转变"的教育指导思想，即"教育者不仅要重视学生学什么，更要重视学生怎么学；不仅要重视学生思考什么，更要重视学生怎么思考；不仅要重视学生做什么人，更要重视学生怎么做人"。这一系列深接地气、便于操作的教育理念的提出，最终被引向深入的是关于教育主体性的讨论，背后呈现的则是徐真华教育思想论述中时与势的关捩、道与术的融合以及知与行的统一，表现了教育论题本身的"进行时"与"开放性"，而对于徐真华来说，跳出传统理论的已有窠臼，出新意于法度之中，恰恰从另一个侧面预示了创造力的空前释放。

作为教育的探路者，"发出真的声音"，一直是徐真华不懈的追求，也是他对教育本质认识的不断深化与丰富，这种"真"的声音是对教育在新时代背景下演进规律及内在逻辑的强调与揭示，它与时代同步，且与思想同在，希望我们一起来聆听，在"真"的声音中思索教育的"真谛"。

是为序。

浙江大学文科资深教授
浙江大学人文学部主任
国务院学位委员会第六、第七届
外国语言文学学科评议组召集人
许　钧
2022 年 8 月

目　录

高教探索篇

市场经济条件下外语高等教育学科建设的思考…………………（3）

社会主义市场经济与高教改革的政策导向 …………………（11）

社会主义市场经济与高教改革的价值指向 …………………（16）

现代教育思想与模式浅论 …………………………………（20）

高等教育如何面向现代化 …………………………………（24）

对外国语言学教学与研究中几个问题的思考 ……………（29）

高等教育改革应以制度创新为突破口 ……………………（33）

以教育制度创新推动我国高等教育跨越式发展 …………（38）

提高大学核心竞争力　推动珠江三角洲经济发展 ………（46）

支持和规范民办教育发展的研究 …………………………（53）

培养全球化高素质公民的探索和实践 ……………………（60）

高校工作中的几个现象和问题 ……………………………（67）

关于现代高等教育的理念与使命 …………………………（72）

中西文化比较漫谈 …………………………………………（85）

学问与人生 …………………………………………………（94）

现代大学的使命及高等教育的价值追求 …………………（96）

科学研究与教师的发展………………………………………（107）

师德是教师职业发展的灵魂…………………………………（116）

青年学生必须树立理想信念……………………………………（121）

大学教师的四重境界……………………………………………（126）

新文科背景下外语专业教育的改革与发展……………………（131）

治校方略篇

关于高校合并办学的几点思考…………………………………（137）

谈谈学校当前的几个改革问题…………………………………（143）

关于学校可持续发展的总体思考………………………………（150）

必须正视学校教育管理中的缺陷与不足………………………（154）

大学的指导思想、办学理念、定位及思路……………………（157）

广外发展的第十一个五年规划问题……………………………（164）

抢抓机遇　深化改革　推动学校工作上新台阶………………（166）

大学的目标管理及其核心问题…………………………………（175）

学院目标管理的核心要义………………………………………（180）

大学的战略定位、规划落实、团队及环境建设………………（185）

大学的教学、科研、行政管理应处理好的几个问题…………（190）

准确定位　凝练特色　努力建设高水平教学研究型大学……（197）

解放思想　深化改革　开创广外发展的新局面………………（202）

思想政治工作是一切工作的生命线……………………………（207）

高水平大学建设需要强化五大办学理念………………………（211）

贯彻落实《珠江三角洲地区改革发展规划纲要》的重要意义

　　及主要任务…………………………………………………（218）

大学的使命与高校干部领导力的提升…………………………（224）

办好一所高水平大学的核心因素………………………………（232）

民办高校如何追求更好的发展…………………………………（237）

狠抓学科专业建设　推进学校内涵发展………………………（244）

对建设应用型、国际化、高水平民办本科大学的几点思考…（249）

南国商学院如何应对"发展陷阱"　………………………………（253）

徐真华教育文集

浙江越秀外国语学院面临的机遇和挑战 …………………………（257）

高校内涵式发展的基本方法 ………………………………………（259）

强化办学特色　推进人才培养模式创新 …………………………（263）

如何增强领导干部的执行力 ………………………………………（269）

聚焦发展主题　强化办学质量与特色 ……………………………（275）

今天，我们应该怎样管理大学 ……………………………………（279）

浙江越秀外国语学院管理中的几组关键词 ………………………（284）

高校管理中的"现象学"批评 ……………………………………（293）

聚焦发展目标　落实十大举措　切实推动学校提质量上水平………（302）

强化学科专业建设　提升内涵质量 ………………………………（313）

学校管理的辩证法 …………………………………………………（321）

媒体视角篇

高就业率的背后：记广东外语外贸大学 …………褚庆喜　刘　霄（331）

无私奉献、廉洁奉公的广东省师德标兵 ……………………王则唐（333）

徐真华：办学目标与建设和谐社会一致 ……………………于　滨（338）

广外精心做好国际化大文章 …………………………………刘圣清（342）

乘广州大学城东风　广东教育振翅高飞……………………………（346）

广外要培养全球化高素质公民 ………………………………林　洁（350）

一位大学校长的改革观 ………………………………………程贤章（355）

徐真华发表诗性"离任感言" ………………………………孔晓明（365）

火炬接力　我只是其中一棒 …………………贺　静　薛雨桐（367）

徐真华：喜欢探讨人生的文学 ………………………………冷语晴（372）

广东外语外贸大学原校长徐真华谈大学建设："双一流"大学

　　个个要不同 ………………………………………………罗桦琳（376）

警惕大学建设"科研 GDP"陷阱 …………………………刘晓蕙（378）

附　录

剑胆琴心：徐真华先生的岁月坚守 ……………………… 张向荣（385）

徐真华的大学教育思想及其办学实践 ……………………… 高云坚（392）

跋 …………………………………………………………（405）

后　记…………………………………………………………（409）

徐真华教育文集

X

XU ZHENHUA JIAOYU WENJI

高教探索篇

市场经济条件下外语高等教育
学科建设的思考*

　　经济体制的变革必然导致教育体制的更新。我国社会主义市场经济的逐步建立与发展，正使传统的教育观念和教学模式面临深刻的革命。在这一不可逆转的历史进程中，外语高等教育如何"定位"，如何面向社会，适应市场经济建设的需要，是目前我国外语高校面临的新课题。一方面，传统的以外国语言和文学为中心的课程体系、知识结构在社会和市场的选择面前显得"苍白无力"，教学内容与学生未来的工作需要严重脱节，造成了人力、物力、财力和时间的极大浪费；另一方面，新的教育观念和教学模式尚未完全确立，外语高等院校的部分学生，甚至包括一些教师，在商品经济大潮的冲击下失去了前进的方向，他们在"学什么"和"为什么学"等问题上没有正确的学习动机，在"教什么"和"怎样教"等问题上缺乏明确的指导思想。这一在新旧体制交替过程中出现的暂时的无序现象带有一定的普遍性。我们只有从教育的基本规律出发，把外语教学的改革与社会发展、经济建设和人才培养结合起来，努力探索、大胆实践，才能找到解决问题的现实途径。

一、目前我国外语学科建设的模式

　　教育改革的核心是提高教学质量，而教学质量的优劣又往往取决于学科建设的成败。从目前我国外语高等院校的办学情况看，直属国家教委领导的三所全国重点外语院校（北京外国语学院、上海外国语学院、广州外国语学院）近几年所进行的改革实践代表了我国外语高等教育学科建设的

---

　　* 这是徐真华 1993 年 6 月在第二期委属高校中青年干部培训班学习时的作业论文。

主流。归纳起来大致可以分为以下三种模式。

（一）北外模式

北外模式的基本格局是：外语基础教学＋专业倾向性教学。

1. 所谓"基础教学"是指在各语种外语教学的初级阶段（本科一、二年级），全面落实学生在听、说、读、写等方面的基本功训练，以较大的知识容量丰富学生对所学外语及所学语言对象国的历史传统、社会现状和文化特征的感性认识，帮助他们掌握良好的学习方法，使他们在用外语进行交际的语言实践中打下一个坚实的基础，初步养成自然流畅、准确达意的口语表达习惯和笔语表达习惯。

2. 专业倾向教学则是指在高级阶段（本科三、四年级），除保留必要的基础性课程外（如：精读、作文、视听说、外汉互译、文学选读等），确定外经外贸、国际问题（语言对象国研究）、文秘、翻译等专业倾向。学生从三年级开始分流。基础性主干课程合理地分布在三、四年级两个学年中，不论学生选择何种专业倾向，人人必修，以便保证听、说、读、写基本功训练的延续。每一种专业倾向须设置三四门相关的专业知识课程。每个学生可选择一种专业倾向，并须完成该专业倾向所规定的各门课程的学习。

专业倾向教学与毕业分配不直接画等号，但在学生的课程、成绩与学分等学习证明文件中注明该生在校期间修满多少学时的某几门专业倾向性课程，以提高学生择职的竞争能力。

北外有一大批国内外知名的外语教育专家，有重视外语基础教学的优良传统和组织"听、说、读、写、译"能力训练的宝贵经验；专业倾向教学的实施在一定程度上减少了外语教学中知识取向的盲目性，拓宽了学生的知识面，缩短了学生所学的书本知识与实际工作需要的距离。从北外毕业生发展后劲足，适应能力强，大都能独当一面地承担对外经贸、科技、文化交流的实绩看，北外模式为外语高等教育学科建设提供了一些切实可行的经验。

（二）上外模式

上外另辟蹊径。上外模式的基本格局是：通过校企、校际合作办学，调整专业方向，革新课程体系，从单一学科型的外语学院逐步过渡为多学科的涉外应用型文科大学。

1. 校企合作办学。上外与申城几家新闻出版单位和广告公司合作，以该院大众传播系、国际新闻系和英文报刊社 3 家实体为基础，于 1993 年 5 月上旬成立了上外新闻传播学院，融教学、科研、办报于一体，培养既有外语实践能力，又有对外宣传、新闻采写、广告策划等专业知识的复合型人才。

2. 校际合作办学。上外与上海财经大学合作，开设国际会计专业，设置"财政学""西方经济学""国际贸易""财会实务"等课程。在操作上，国际会计专业实行分段式教学，即大学本科一、二年级时，学生在上外接受系统的外语基本功训练；三、四年级时，学生到上海财经大学接受有关财会专业知识教育。学习期满后，合格的毕业生可以获得两校联合颁发的毕业证书和学位证书。

校企、校际合作办学为促进外语高校的学科建设开辟了新的途径。这一举措也受到了外经贸系统和"三资"企业的欢迎，据上海《文汇报》1993 年 5 月 17 日报道：用人单位获悉这一消息后，纷纷上门"预订"，该专业今年的毕业生已被"订购"一空。

3. 调整传统的专业结构，扩大专业口径，在各语种增设"涉外秘书""涉外商务""旅游管理"等外向型课程。上外模式的目标是培养既具备外语应用技能，又拥有某一专门知识的跨学科的复合型人才。这一思路有利于外语教学与社会发展、经济建设的接轨。但是，我们必须看到，上外模式对教师队伍的人才结构、专业知识结构及学术水平，对新设专业的教材、教法乃至图书、音像资料等有较高的要求，不具备一定的条件是画不起这个"瓢"的。

（三）广外模式

广外模式的基本格局是：发展特色外语教学；完善课程体系；注重一专多能。

1. 广东省毗邻港、澳，境内"三资"企业多，外向型经济发展快。广外学工部对该校近 10 年来部分毕业生的追踪调查表明，"一专多能"是各涉外部门、工矿企业、科研机构等用人单位对外语学院毕业生的共同要求。"一专"是指学生必须具备熟练的听、说、读、写、译的外语应用专长；"多能"是指学生在校期间还应努力掌握诸如金融、海关、保险、公证、税务、投资法规及异国文化中风土人情、生活习惯等方面的知识，有意识地养成自己在电脑操作、公函处理、调查分析、待人处事方面的实际能力。

2. 以人才需求的市场调查和预测为依据，广州外国语学院从 20 世纪

80 年代中期开始，就积极筹划，努力发展特色外语教学，对该院的专业设置和课程体系作了相应的调整。经国家教委批准，先后增设了"国际贸易系（专业用途英语）"和"涉外秘书系"。经过多年的经营，这两个系在师资培养、课程设置、教材的引进与编纂、教学方法的借鉴与创新、对学生的知识传授与能力培养方面取得了可喜的成绩。广外涉外秘书系的研究成果"中英文秘书专业的创建和发展"被评为 1993 年广东省普通高等学校优秀教学成果一等奖。该项成果还被省高教局定为向国家教委推荐的、国家级优秀教学成果奖二等奖的参评项目。国际贸易系的研究成果"专门用途英语——国际贸易专业的创设与实践"被评为省级优秀教学成果二等奖。

3. 普通外语本科教学则从完善课程体系、优化知识结构、提高学生的应用能力入手，改革沿袭了几十年的以外国语言、文学为中心的教学设计。各专业、各语种量力而行，法语、德语、日语等教研室借鉴北外的经验，逐步开设了涉及外经外贸、商业函件、旅游、文秘等专业知识的倾向性课程。英语系对本科四年开设的必修课、选修课进行了全面梳理，在加强基础教学的同时，加大了应用型专业知识课目的比例。该系的研究成果"完善课程设置，深化教学改革"被评为 1993 年广东省普通高等学校优秀教学成果二等奖。

二、对外语高等教育学科建设的思考

专业结构的合理调整，课程设置的逐渐完善，知识内容的多元布局和不同学科的交叉渗透，使外语教学有了比较明确的价值取向。这就需要：一是帮助学生掌握扎实的听、说、读、写、译基本功，特别是掌握良好的口头表达习惯和翻译能力；二是淡化单一学科的专业意识，推广主辅修制，培养具有多方面学识基础和适应能力的应用型"通才"；三是充分发展学生的个性，造就他们合格的素质、诚实的品德和坚韧不拔的进取精神，使学生在毕业后能迅速而有效地服务于国家和社会。

北外、上外、广外根据各自的条件和环境，尽可能使学科改革与社会进步和经济建设协调发展，在"专业有特点，教学有特色，学生有特长"的办学目标上做文章，受到了教师、学生和用人单位的欢迎。但是，我们还应该看到，外语学院毕竟不同于外经外贸学院，也不同于国际新闻学院，培养具有上述专业知识的应用型人才只是外语高校的任务之一。而且新专业的确定一方面要受到国家教委制定的"专业目录"的约束，另一方面，也需要一个相当长的筹备周期，无论是师资培养和配备、教材的编著和使用，还是课程体系的合理规划，不是凭一朝一夕之功所能奏效的。再者，社会需要千差万别，市场发展变化多端，外语高校也不可能把现代社会涉外工作中的热门职业——列为学科建设的目标。因此，就外语院校来讲，深化教学改革并不意味着一定要增设多少个热门专业。假如不尊重教育科学，不注重调查研究，不顾自身的能力和条件，只凭对社会的直观印象，从一时一地之需出发，在外经外贸、文秘管理等专业设置上盲目上马，势必造成低水平重复，从而冲淡外语教育的本质，导致教学质量的下降。这一点应当引起外语高校决策者的高度重视。

学校只能按教育规律办事。"创特色，创优势"不能违背外语教学的一般规律，不能以市场急需和经济利益作为学科建设的唯一依据。外语高等院校的任务不只是训练掌握外经外贸知识的专才，而是要培养具有多方面学识基础和适应能力，能满足多种职业要求的"通才"。为了达到上述目标，有必要实行开放式外语教学。开放式外语教学的基本设想是：

1. 创造条件，逐步推行主辅修专业制度，鼓励外语基础好、思维能力强的学生在学好主修专业的前提下，辅修某一门非外语类专业，培养具有外语应用能力和一定专业知识的涉外技术型人才。

完成主辅修专业规定的学分者，可以同时获得主修专业的毕业文凭和辅修的合格证书，毕业时可以参加主修或辅修专业的工作分配，也可以报考这两个专业的研究生。

2. 摒弃狭隘的"外语专业"观念，设计一个以外语学习和素质、能力培养为主体的多层面、多样性的知识结构。亦即应努力把外语教学和涉外工作中一些主要的、常用的专业基础知识教学结合起来，拓宽学生的视野。

为此，必须逐步扩大辅修专业面，增加辅修专业的门类，为学生提供一个选择范围比较广、实用性比较强的辅修专业课程体系。

3. 开设多种应用型的、适应对外开放需要和市场经济发展的选修课，如：国际金融常识、外贸业务、涉外会计、商务公关、商务秘书、国际商法概要、外事理论与管理、旅游资源的开发和利用、同声传译、翻译理论与技巧、科技外语入门、国际问题研究、外国文学赏析、语言学入门、电脑操作，等等。有条件时，甚至可以为有文艺天赋和特长的学生开设音乐、舞蹈、艺术等方面的选修课，以便让各种性格、兴趣和气质的学生各尽其能、各展其长。

4. 从外语学习的认识规律出发，对本科学生实行"两段制"教育。

（1）一、二年级实行学年制。这一阶段的教学重点是：强化基础教学，全面落实系统的语言基本功训练，注重学生的听、说能力和读（理解）、写（活用）能力的同步提高，帮助学生为在第二阶段能顺利完成富于个性特色的专业学习或专业倾向学习建造一个良好的台阶。

（2）三、四年级实行学分制。这一阶段的教学重点是：因材施教，指导学生获得广博的专业基础知识，培养学生自己发展知识、发现问题和解决问题的能力，促使知识、素质、能力互相补充、互相促进的良性发展。

5. 从"打好基础、丰富知识、发展能力、提高素质"的要求出发，科学地确定必修课和选修课的类型、内容、数目、课时、学分值，以及它们在各学年中的分配比例。选修课的开设应遵循"知识新、实用性强"的原则。选修课不一定每门都用外语讲授，在目前师资力量不足、教师队伍不稳定的情况下，应借助社会的人才力量办学，聘请兄弟院校、公司企业、外事部门的专家学者担任"合同制""钟点制"教师，开设某些"热点"课程。这样做学校既无因新增人员而带来的"房子、职称"之忧，又不必为解决编制问题犯愁。

6. 尊重学生本人的学习志愿，三、四年级学生可以自由选择本系本专业本年级开设的必修课，也可以跨系跨专业选择适合个人兴趣和发展的辅修专业或选修课，在征得授课教师同意后，他们还可以旁听其他选修课，但自由旁听的学生不参加考试，也不计学分。

7. 各系各专业设置的主辅修专业或专业倾向，开设的必修课、选修课课目，各课所占课时和学分以及授课教师名单均应由学校的教学主管部门统一公布；学校每学年对各门课进行教学评估，为学生的选择提供可靠的质量保证。

8. 严格实行考试制度、升留级制度和退学制度。一、二年级（学年制），凡补考后仍有两门课不及格者应予留级；三、四年级（学分制），凡考试成绩不满60分，不授予该门课的相应学分；三、四年级实行"弹性学历制度"，允许学生提前或滞后毕业，学生可根据自己的学习能力和实际情况，在3年到6年内修满学校规定的学分。对在滞后期内仍未按规定修满总学分者，应视具体情况，按照肄业或准予毕业（但不授予学位）、一年后回校重考、补修学分等方式处理。

9. 改进教学方法，采用"校内与校外，理论与实践，教师辅导与学生讨论"相结合的方式组织教学，有计划地安排本科三、四年级学生深入涉外企事业单位，以见习业务员、见习办事员、见习翻译的身份，参加社会调研活动，指导他们把学到的理论知识放到实际工作中进行一次"深加工"，以提高他们分析问题、解决问题的独立工作能力。知识的积累不等于能力的提高，知识与能力有互补的一面，但也有各自相对独立的形成过程。因此，外语教学必须始终把培养学生的实际工作能力作为一个明确的教学目标。

为了鼓励学生自己积累知识、主动增强能力的积极性，图书馆、电教中心等教学辅助单位应由封闭式管理向开放式服务过渡，扩大阅览室规模，增加中外文期刊种类，开放听音室、语言实验室、录像室，出租出借各类教学音像资料，方便学生课余自修。

10. 提高教学质量的关键是教师队伍的稳定与发展，学科建设首要的任务是解决骨干教师队伍的梯队建设问题。同全国其他高校一样，外语院校也面临着教授退休高峰期和青年教师严重流失的困难局面。从总体上看，人才流动是社会发展的必然；从局部看，外语高校人才单向外流弊大于利，其近忧是后继乏人，其远患是质量滑坡。因此，必须采取种种切实可行的倾斜政策，在20世纪结束以前，积极培养并稳定住一支科研水平高、教学能力强、乐业敬业、富有献身精神的高层次中青年教师队伍。只有稳定住一大批优秀的中青年学术带头人，保证他们在事业上有用武之地，在生活上无后顾之忧，才能有利于新、老两代高层次人才队伍的跨世纪交替，外语高等教育才可能走上逐步发展的道路。

开放式外语教学改变了传统的外语教学模式中不合理的课程体系与教学内容，为学生提供了一个更宽广、更合理、更有效的知识结构，使他们能够根据自己的兴趣、能力和个性，选择更具针对性和倾向性的学习内容。同时，命运的主动权将掌握在学生自己手里，他们也必须对自己制定的学习计划和就业设想负责。这一转变打破了曾经统治教育界几十年的"以教师和书本为中心"的旧观念，从而缩短了学校与社会的距离，必将提高学生的学习积极性和责任心。

或许有些同志会担心"开放式"外语教学会不会喧宾夺主，从而丧失外语院校本身的特色和优势？不会。首先，学生在本科四年学习的第一阶段仍然必须受各专业语种组织实施的系统的语言基本功训练。一些经实践证明行之有效的基础教学方法不仅不能放弃，而且应该加强。各专业语种将通过两学年的强化训练，使学生掌握基本的外语口、笔译应用能力。其次，即使在第二阶段，学生每学期仍有若干门外语专业必修课，足以保证外语学习的延续和深化；在选修课中也还有一定数量的课目是用各专业语言讲授的。所以，无论在时间安排上还是在课程设置上，用外语讲授的基础课和知识性课仍然占据主导地位。而且，由于专业方向的扩大，知识内容的更新，以及管理方式、教学方式的改变，教与学双方都会更加投入，授课的质量和学习效果也会相应提高。再次，什么是外语院校的特色和优势？囿于传统的教学体系，再雄厚的师资实力也难以创造特色、发挥优势。只有着眼于社会，着眼于应用，着眼于未来，以外语教学为基础，逐步建立适应现代社会发展和经济建设需要的学科体系，逐步完善多元交叉的专业布局，逐步确定多样、实用的知识结构，才可能在社会主义市场经济条件下，办出外语教学的特色，发挥外语院校的优势。

社会主义市场经济与高教改革的政策导向[*]

　　我国社会主义市场经济的建立与完善，正在以前所未有的震撼力影响着高等教育的思想观念和行为模式。教育必须面向社会，面向未来，面向经济建设主战场；教育必须有效地为社会主义现代化建设服务，为当代中国社会的发展和进步服务。《中国教育改革和发展纲要》提出的这一重要指导思想，为我国教育体制的改革指明了前进的方向。形势的发展已不允许我国的高等教育事业再走弯路。如果说，在微观上，改革的举措可以模仿和变换，办学的模式也可以是多元的、多层次的；在宏观上，作为产生措施和模式的思想和理论则应该是成熟的、相对稳定的，并且是一元的。因此，我们必须在继承与发展、借鉴与扬弃的改革实践中，努力探索并逐步确立符合中国国情和教育发展规律，适应市场体制发育、完善的新的教育观念和办学路径。

一、市场经济与教育观念

　　一个国家的教育制度，必然会受到这个国家所实行的经济体制的制约，而一定的教育观念也会受到一定的价值观念的影响。因此，教育观念总是在一定的经济基础上发展起来的。从这个意义上说，教育必须适应经济体制的变革和发展，这是毋庸置疑的客观规律。但是，我们还应该看到，教育是通过培养人才来为经济建设服务的一种知识产业，它的改革与发展又必然会受到教育自身固有的基本规律的制约和支配。因为教育规律与市场机制的运行规律不尽相同，所以高等教育在面临经济体制改革大潮所带来的机遇的同时，也不可避免地遇到了许多新的困扰和问题。

* 原载于《高教探索》1993 年第 4 期，第 11—14 页。

首先，教育功能具有多样性的特征。教育的文化功能、政治功能、道德功能、认识功能、审美功能、授业功能使得教育的价值取向包含了许多非市场化的因素。教育作为一种特殊的行业，它在某些方面确实具有商品的属性，但是，教育的第一要义并不是等价交换，而是满足人们日益增长的知识需求和技术需求，为社会的发展、经济的繁荣培养德、智、体全面发展的各类合格人才。因此，当我们在权衡教育的社会效益和经济效益时，应该把教育的社会效益放在首位。教育的经济效益必须服从服务于教育的社会效益，那种把教育当作商品，把学校推向市场的观点是不可取的。

其次，市场经济的交换原则是竞争和营利，这一经济体制有效地激发了人们的商品意识和创造精神，促进了经济的高速发展。但是，这种经济运作模式的"伴生物"，例如金钱至上、自私自利等，对社会的进步和理性的发展又是十分有害的。马克思、恩格斯在《共产党宣言》中指出：商品经济的冷酷无情常常把人的尊严和人际关系变成赤裸裸的利益关系，从而"抹去了一切向来受人尊崇和令人敬畏的职业的灵光"。教育理应是闪烁着这种受人敬仰的"灵光"的崇高职业，在教育的神圣殿堂里，人类灵魂工程师们辛勤耕耘的动机绝不能是交易，他们的目的也绝不能是营利。学校不是商场，教育活动绝不等同于商业活动，用市场经济的交换原则和运作方式来指导教育，势必造成认识上的混乱。试想，倘若高等院校都以市场急需和经济效益为办学的第一方向和原则，那么文、史、哲等"无利可图"的学科或专业岂不都要停办或取消？文、史、哲生产不出粮食，冶炼不出钢铁，也换不回国家急需的外汇，但是，它却关系到我国的教育水平和11亿人口的文化素质。它的价值在于培养人们对真、善、美的追求，促使人们怀着崇高的理想和神圣的使命去认识社会、改造社会。它所创造的效益是难以用金钱来估算的，也是金钱所无法购买的。

由于受到办学经费严重不足和教师待遇太低两大难题的困扰，高等院校的书记、校长大都不能一心一意地抓学科建设，抓教书育人。"创收"已经成为一个解不开的"校长情结"。诚然，鉴于国家目前的财政形势和学校的实际困难，高校充分利用自身的人才优势，通过教学手段的有偿服务增加收入，不失为一种"生产自救"的应急之举，而凭借学校高科技成果的技术转让或开发，服务于社会，拓宽办学财源，更是一种值得探索的校产发展方向。北京大学方正集团的成功便是一个典型的例子。但是，从整体上说，教育是一种非营利的、事业性的行为，解开"校长情结"的最终办法还是要靠国家和各级人民政府对教育的巨额投入和扶持。如果只看到眼前利益和短期效应，放任高校纷纷"下海"经商，建立形形色色的同教学、科研无甚关系的"蓄利型"公司自救，而不加强宏观指导，那么，就有可能对业已不稳的教师队伍形成新一轮冲击，就有可能冲淡高校教学、科研的本质特征，把教学和科研引向实用主义、工具主义的邪路上去。

国家对教育的宏观调控应该具有前瞻性，高校办学的目标模式、学术取向、经验取向、价值取向均应着眼于长远的发展战略。从培养社会主义现代化建设事业的合格人才出发，帮助学生获得未来成人生活和工作所需要的知识、能力、责任、创造意识和献身精神，促进学生在思想、道德、心理、才学、体魄等方面的协调发展，当是我国社会主义高等院校的战略目标之一。因此，教育的前瞻性必然要求科学的政策、法规导向，以保证教育不受包括"市场需要什么就教什么"的教育实用主义和"将来做什么现在就学什么"的教育工具主义在内的短视行为的牵制。

国家对教育宏观指导的前瞻性必然要求政府加大教育经费在国民生产总值中所占的比重。改革开放10多年来，党和政府对教育的重视是有目共睹的，教育经费的投入逐年增加，但是它同教育在国计民生中所占的地位仍然极不相称。倘若这个问题不解决，教育的发展和繁荣仍然是十分困难的。

二、扩大规模与提高质量

社会主义市场经济极大地刺激了人才消费市场，并在一定程度上影响着社会的发展方向；高等院校提出了人才的知识结构多元化和"素质＋知识＋能力"的具体要求。那么，应该怎样满足这一不断增长的教育需求呢？

办法之一：一些地方政府从多种渠道筹集资金，创办适应本地总体建设和经济发展需要的地方性高等院校。这种办法的积极面是，为大面积培养本乡本土急需的各种专业人才提供了一个比较可靠、比较稳定的人才基地。学生的专业学习和职业选择有比较明确的方向，毕业后也很容易融入当地的生产建设和社会生活。它的弊端是容易导致学科建设和专业设置的低水平重复。一般说来，筹措一笔巨款，划出一块地皮，挂起一块牌子，再聘请一二位知名学者主持新校的工作，这还不是最困难的事情。办学难，难就难在它不像建造一幢教学楼那样可以一气呵成、一劳永逸。学校的生存和发展需要滚动式的年年增加投入，需要高层次高水平的师资队伍，才能保证教学与科研的高水平发展。在目前原有高校普遍陷入财务困境的形势下，不想方设法调动一切可能调动的从中央到地方到社会的财力、物力支持原有高校的改革与发展，反而要分出"一杯羹"，额外负担新的"饥饿伙伴"，显然是不明智的。

办法之二：原有高校挖潜改造，走内涵发展的道路，把发展规模和提高质量统一起来。要达到这个目标，首先必须改变几十年来政府对教育所进行的高度集中统一管理的模式。简政放权，使高校的书记、校长们能够依据党的教育方针，自主地设计并实施他们的办学思路和模式，充分发挥学校教师、干部、职工三部分人的积极性和创造性，形成独特的办学风格和特色，满足社会多元化的人才需求和教育需求。其次，应对高校现行的师生比例、教师的工作定量以及课室、图书馆、电教室等教学辅助设施的使用率作相应的调整。目前，我国普通高校的师生比例一般在 1：7 左右，而教师的人均周工作定量为 6 至 8 学时，课室则固定分配给班级，使用率不高。据我了解，在港澳地区及西欧一些国家的著名大学里，本科教育的师生比例一般都超过 1：15，教师人均周工作量则是我们的 2 倍，课室滚动使用，很少出现空闲的情况。当然他们的月工资水平（以讲师为例）是我们同等职称者的几十倍。简单的类比也许说明不了许多问题，但是有一点是十分清楚的，我们现有高校在发展规模方面的潜在能力不可低估。恰如国家教委副主任柳斌在"建立社会主义市场经济体制与深化改革第二次座谈会"上所说的那样：关键要解决教育面临的两大难题，一是教育经费不足，二是教师待遇偏低。但是，社会的发展又不允许教育的长期滞后，高校没有权利等待，不能等政府把这两个问题解决了再来研究教育的发展。我们只有从学校本身的挖潜改造着手，争取各级政府和社会的支持，努力创造条件，逐步扩大办学规模，主动服务于经济建设主战场，这较之于"另起炉灶"更符合当前我国的国情。

扩大规模只是一种手段，提高质量才是办学的关键。学校的存在价值，它的竞争力，它的声誉地位，必须通过学生的质量和教师的学术、科研水平反映出来。

提高教育质量必须以学科建设为重点，改革课程体系，调整知识结构，加强基础教学，扶持优势专业，创办特色教学，促进不同学科之间的交叉渗透，为学生提供跨学科教育，以提高学生独立的思维能力、工作能力和创造能力。

提高教学质量必须正确处理"专"与"博"的关系。大学本科教育的目标不是培养专家学者，专业设置不宜分得过窄，不宜过早地把学生限制在某一专业范围内，知识结构也不能重理论水平而轻实践能力。高校的培养对象应该有明确的层次，培养硕士、博士应突出"专"，引导他们站在基础理论研究或新学科、新技术研究的最前沿；培养四年制的本科生则应重在"博"，适当淡化专业意识，拓宽专业口径，在"提高素质、丰富知识、增强能力"上多下功夫，为社会输送更多的复合型人才。

提高教学质量必须稳定教师队伍。教学质量的竞争亦即师资质量的竞争。师资队伍的建设要从21世纪教育、科学、技术全面繁荣的大趋势出发，采取种种具体而有效的措施，积极培养和扶持一支学术水平高、科研能力强、教学效果好、乐业敬业、富有献身精神的高层次的中青年骨干教师队伍。只有稳住这一支跨世纪生存、跨世纪发展的核心队伍，我国的高等教育事业才可能历经知识贬值、脑体倒挂、教授退休高峰和青年教师严重流失的种种困难局面而不败。

提高教学质量还必须改革和完善教育评估，改变多年来多评"学"少评"教"、多评教学结果少评教学过程、多评教学单位少评管理单位、多评学生成绩少评学生能力及重形式轻实效等简单化、片面化的积弊。必须制定合理、规范、简单、易操作的质量指标评估体系、评估顺序和评估方法，建立充满活力的教育运行机制和监督机制，促进高校提高自我约束、自我完善的能力。

社会主义市场经济的健康发展必将为我国高等教育事业的繁荣昌盛创造良好的物质基础，提供有利的办学环境和条件。虽然目前我们遇到了许多前所未有的问题和困难，我们一定不能辜负党和人民的重托，以《中国教育改革和发展纲要》为指导，充分利用市场经济体制中的积极因素，解放思想，实事求是，认清方向，积极、稳妥地深化教育改革，使高等教育事业更好地为国家的经济建设、为社会主义现代化建设事业的蓬勃发展服务。

社会主义市场经济与高教改革的价值指向 *

本文讨论两个方面的问题：第一，外语高等教育的价值指向和目标是什么？第二，为什么必须在加强外语基本功训练的基础上发展交叉学科教育。

一

社会主义市场经济体制的逐步发育和完善向教育提出了两个要求：一方面，教育必须改变传统的思想观念和行为模式，面向世界，面向未来，面向经济建设主战场；另一方面，这一深刻的嬗变不能违背教育发展的客观规律。事实上，这两个要求属于同一个难题，即教育如何适应经济体制的变革，积极地、卓有成效地为社会的发展、进步服务。说它是难题，因为教育本身所具有的复合性和独立性不仅引起了各种观念之间的矛盾，也激发了人与工作或人与利益之间的冲突（例如：兼职、跳槽等），而这些矛盾与冲突绝非可以凭行政命令一朝一夕能解决的。只有充分认识教育的复合性和独立性，明确在市场经济条件下高教改革的价值指向，才能逐步理顺教育与经济体制与社会需求之间的关系。

所谓教育的复合性，即作为一门知识产业，高等教育既是一种教育现象，又是一种经济现象；既受教育规律的支配，又受经济规律的制约。所谓教育的独立性，即现实的教学过程绝不等同于商品的交换过程，教育的第一要义绝不是交换和营利，用市场经济的交换原则和运作方式来指导教育，无疑是对教育本质的背叛。因为，思想、品行、方法、知识、能力中的任何一项教学价值，都有其自身的形成过程，以其各自相对独立而又互为补充、互为促进的特性区别于其他价值的形成过程。

* 原载于《外国语高教研究》1994 年第 2 期，第 1—3 页。

那么，对外语高等教育来说，它的基本价值是什么呢？一般认为，是培养学生的"听、说、读、写、译"技能。这一指导思想无疑抓住了语言教学的基本特点，但它未能明确本科外语教育的目标。20世纪90年代的外语高校毕业生肩负着创造和建设21世纪文明社会的重任，仅仅掌握工作技能是远远不够的。我们的教育目标不只是把他们训练成优秀的外语工作者，还应该努力充实他们的心灵，提高他们的道德修养，使他们在未来的生活、工作中也能成为一名合格的家长、同事、邻居和公民。

可是，从目前我国高校的外语教学现状看，经验型的教学依然占据统治地位，一些同行往往勤于专业知识的"授业、解惑"，而疏于对学生思想的引导、品行的扶正，以至于一些教学价值的形成仍然处于自发状态，缺乏坚强有力的督导。今天，当我们在讨论具体的教育改革方案，确定实际的教学模式的时候，有必要强化教育的目标意识，确定反映在现实教学过程中的价值指向，让教学、科研、管理、后勤服务等各个部门都为一个大目标服务，形成一股合力，帮助学生丰富知识、发展能力、掌握方法，形成良好的思想品德。

二

外语教学是外语高校的中心任务，这一点毋庸置疑。因此，外语高等教育的学科建设和课程建设绝不能偏离外语教学这个纲，否则，外语高校就与其他类型的高校没有区别了。

可是，我们还必须看到，外语高校在人才培养方面还远远不能适应社会主义市场经济的需要，人才市场企盼的不是只懂ABC的专职翻译人员，而是大批既具备扎实的外语基本功，又掌握诸如政经、财贸、文秘类知识或电脑操作技能的复合型人才。对交叉学科知识兼容并蓄的学生更具一专多能的发展潜力，有更强的应变能力和竞争能力。我们若把目光投向西方发达国家的教育，就会发现，那里的国民教育正随着现代科学技术和文化的发展，经历着深刻的变化。这一变化来自社会发展的需要。近30年来，随着电子科学、信息科学的迅猛发展，各门类学科相互渗透、高度分化又高度综合，知识的容量和密度急剧增大，而且更新周期也较前大大缩短。高等学校原来实行的专业教育由于分工过细、知识结构单一，已无法满足人才市场的要求。于是，他们及时调整了教育的指导思想，主张在注重基础教育的同时，实行"百科全书"式的通才教育，在教学过程中实行多学科的交叉与综合，从而达到为社会培养领袖式人物的高层次人才这一教育目标。反观我国，通才教育似乎尚未引起教育界的足够重视。这种认识上的滞后不仅与社会上历来视"通才"为"万金油"，派不了大用场的偏见有关，而且与高校过分强调专业知识教学，忽视对学生的适应能力、应变能力、操作能力的培养有关。外语高校实施两段制教学，实行学分制和主辅修制应是改变这种倾向的有效举措。

考虑到外语学习的认知规律和听、说、读、写、译基本技能的形成规律，在本科教学的第一、第二学年，有必要实行学年制，扎扎实实地抓外语基本功训练。时下流行的外语教学方法强调听、说而忽视读、写。一些同行认为读、写属高年级外语教学的训练范畴，应该先让学生会听、说，然后再教他们读、写。以我愚见，听、说、读、写是一个有机的整体，它们各自自成体系，但又互为联系、互相支持，人为地把它们割裂开，分主次先后，破坏了语言学习的统一性。我先后教授法语一、二年级基础课10余年，主要采用"听、说、读、写"并重的"完整语言"教学方法，在强调听、说训练的同时，注重拼写、语法和短文写作训练，使学生从学习外语的起步阶段便能准确把握言语的词义、色彩、搭配和表达方式，收到了较好的教学效果。

就重视基础和注重读、写而言，圣玛丽学院成功的办学经验较之我的一家之言当然更有说服力。据1992年10月15日的《参考消息》报道：圣卢西亚是加勒比海上的一个人口不足15万的贫困岛国，该国的圣玛丽学院在短短的14年间（1979—1992）居然培养出了两位诺贝尔奖得主，他们是1979年获得诺贝尔经济学奖的经济学家威廉·阿瑟·刘易斯（William Arthur Lewis）和1992年获得诺贝尔文学奖的德里克·沃尔科特（Derek Walcott）。自1980年以来一直担任该学院院长职务的米切尔·蒙代瑟曾于1992年10月10日在英国的《每日邮报》上撰文，谈到了圣玛丽学院的教学方法及指导思想，归纳起来大致有以下几点：

1. 笃信无情的纪律、坚实的学识基础和在竞争中锻造出的卓越才能；崇尚培养"通才"的哲学。

2. 鼓励竞争，并制定一套奖励人才的制度。学生们也乐于竞争，较弱的学生渴望在竞争中达到强者的水平。

3. 勇敢面对两个挑战：一是设法防止美国的影响，二是防止那种流行的教育理论。教学水平曾一度下降，那是因为采用了时下流行的教学方法，忽视了拼写和语法。现在坚持学生必须完全掌握这两门基本功。对于诗歌，还采用传统的方式，要背诵如流。

4. 给予学生的是磐石，使他们能在磐石上腾飞而去，希望学生成功。因此，磐石必须坚固。

5. 圣玛丽学院培养的典型学生是：具有诚实的品德、丰富的知识、坚忍不拔的精神，能为圣卢西亚和外部世界做出可贵的贡献。

我无意否定听、说训练在语言学习中所占的主导地位，我只是认为在低年级阶段忽视读、写训练，必将掣肘学生高年级阶段的提高与发展。只有把听、说、读、写训练放到同等重要的地位，我们的教学质量才有可靠的保证。

在本科教学的第三、第四学年实行学分制和主辅修制。辅修教学是本科教学的补充和延伸，学校应鼓励学有余力的学生根据自己的志愿、兴趣与需要，选读与主修专业不同学科的某一专业。既然是辅修专业就应体现"辅"的从属地位，不能喧宾夺主。主修与辅修应有明确、合理的课程比重，辅修课程的教学内容应该实用、易学、贴近社会的实际需要。

确定外语高等教学的价值取向和发展交叉学科教学当然不能只从教育、教学的角度来讨论它们的利弊。我们的视野应该宽广些，把社会的发展、体制的变革和高校所面临的机遇与挑战三方面结合起来进行研究，破除传统的办学思想和价值观念的约束，重新设计办学的组织形式与人才的知识结构，变单一为多元，变呆板为灵活，变疲沓为竞争，创造一种促进知识、能力、人格同步发展的育人环境。

现代教育思想与模式浅论[*]

　　什么是教学模式？1972 年，美国学者 B. 乔伊斯和 M. 韦尔在《教学模式》一书中提出了一个定义："教学模式是构成课程（长时的学习课程）、选择教材、指导在教室和其他环境中教学活动的一种计划或范型。"从乔伊斯等人所界定的教学模式的基本特征看，模式显然不等同于一般意义上的方法。教学方法主要指完成某项教学活动的手段和途径。而教学模式则从更高的层次，描述了围绕某个学科实施教学活动的组织架构、指导思想、组织形式，包括方法、手段与程序。因此，对教学模式的研究绝不仅仅是谋求一种形式的变革、一种方法的替代或一种技巧的运用。它首先要求人们准确地把握学科的性质与特点，合理地设计教学的目标与任务，有效地落实教学的计划和内容。模式也不完全等同于过程。毫无疑问，教学过程揭示了教学的本质和规律，但是，它并不能充分地显示教学规律的不同的表现形式，也不能全面地反映影响其自身发展的主要变量，以及这些变量之间的相互联系。而教学模式则从比较深远的理论背景上，研究影响教育发展的内部因素（诸如教育的指导思想、教学理论、办学水平、师资素质等）和外部条件（诸如社会的政治、经济、文化对教学的需求，及其作用于教育发展的方式、程度等），从而确立与一定的教育思想和教学目标相适应的内容、方法和程度。

　　由此可见，教学模式并不是一种固定不变的程式。教育思想的动态嬗变和教学目标的多样性使它的存在与演示呈多元发展的态势。

　　乔伊斯和韦尔曾把数十种教学模式归纳为 4 种基本类型，即：认知模式、行为模式、个性模式和社会模式。从整体上看，西欧与北美现行的教育体制推崇学生的个性发展（创造性精神），以及对其成长为一名合格的

---

* 原载于《高教探索》1996 年第 1 期，第 39—41 页。

020

公民所作的知识和能力方面（包括个人修养与法制观念）的准备。因此，偏重于思维发展、态度形成和情感培养的"个性模式"和"社会模式"在教学中占主导地位，高等院校提供的知识结构比较合理，内容丰富，视角新颖，覆盖面大，学生在学科类别和课程的选择上有较大的自主权。而在我国的高校中，致力于对学生进行知识、技能传授的"认知模式"似乎仍然是一枝独秀。原因何在？国内的教育改革大多是在统一大纲和统编教材的基础上进行的。这种现象的长期存在，使得一些教育工作者习惯于把教育改革看作是教学形式的变革，以致忽略了内容对形式的制约，忽略了教育指导思想的推陈出新。任何模式都取决于教育的指导思想，都依赖于不同的教学目标。21世纪的中国社会和经济呼唤充满活力的教学模式，更呼唤充满活力的教育思想。

事实上，我国重点高等院校的文化教学水平和科学教学水平已经可以和西方发达国家的教学水平相媲美，相形见绌的正是教育理念。教育理念的滞后主要表现在两个方面：一是指导思想上的局限。当代中国科学技术革命和产业革命方兴未艾，社会主义市场经济迅速发展，经济体制改革不断深入，教育必然会反映并作用于上述生产方式的矛盾运动，而生产方式的矛盾运动也必然会引起教育在思想、体制、内容、方式等方面的重大变革。经济的变革和社会的进步不仅决定了教学模式的多样性，而且也决定了教育思想的"可塑性"。因此，我们的办学行为绝不能习惯于固有的模式，我们的办学思想也绝不能局限于原有的本本。二是教育经济主义思想抬头。教育的本质要求教育必须通过对人的素质（包括思想品德素质、文化科学素质、身体心理素质、劳动素质等）的全面培养来为社会与经济的繁荣昌盛服务，而教育经济主义恰恰在这一点上背离了教育的本质。我们必须清楚地认识到，片面地夸大教育的商品经济功能，忽视对学生的个性品行的培养，就可能造成新的精神危机和社会危机。

20世纪90年代的高等院校担负着培养21世纪的创造者和建设者的重任。这一代人的高素质是我国经济腾飞、社会进步的坚强保证。广博的学识和高新科学技术倘若与健全的人格脱节，就可能引起现代人在精神上、行为上的社会适应性障碍。在高等院校，一些教育工作者"重分数，轻人品；重知识，轻能力；重理论，轻实践"的思维惰性还远远没有改变；一部分学生在个人与群体、权利与责任、索取与奉献等方面表现出一种与主流社会所倡导的行为准则格格不入的极端利己的人生态度。因此，培养学生适应现代社会生活和现代科技革命所需要的自律精神、公德观念、法制意识与发展人类的知识、技能，繁荣人类的经济活动显得同等重要。在现代社会中，群体意识较之于个人意识更富凝聚力，群体竞争较之于个人奋斗更具创造力，大到科学上的某一重大突破，小至某一产品在商战中一炮打响，几乎都离不开合作与互助。合作者之间智慧与能力的互补，团结攻关所产生的合力无不得益于人们所拥有的健全的人格和良好的素质。

教学模式是高等教育中一项带有普遍意义的基本建设。现代化的高等教育要摆脱"传递—接受"的旧框框，走上"指导—讨论—发现"的新轨道，并不是一件容易的事。

第一，在指导思想上，要破除以"智能教育"为中心的旧传统，树立以"素质教育"为中心的新观念。教育的价值首先是造就人，从普遍意义上讲，就是要把学生培养成"有理想、有文化、有道德、有纪律"的合格公民。对于广大教育工作者来说，掌握一种求变革、求创新的思想方法，比移植一种新的教学模式更为重要。

第二，在学科建设上，要改革计划经济体制下知识结构单一、口径窄小的狭隘专业体系。现代高等教育的特点之一是，不同学科在相互交叉、相互渗透、相互结合、相互补充的基础上，呈现出一种综合化、社会化的大趋势。面对现代社会的挑战和竞争，面对市场经济在人才数量、质量、专业、层次等方面的不同需求，高校应该淡化专业界限，强化课程建设，加强基础课教学，推崇学科交叉，帮助学生掌握具有普遍意义的科学思维方法和适应多种专业工作要求的学识和能力。

第三，在教学内容上，高校，特别是地方高校应该主动适应本省经济、产业结构和技术结构的调整转型，根据社会的发展趋势来规范自己的办学行为。在实施教学计划时，应推行主辅修制，为学生提供一个由不同学科交叉渗透的复合型的课程体系。选修课供选择的面要广，专门化程度要高，各类应用型选修课应随地方经济发展的实际需要而适时增减或更新。

第四，在管理方式上，实行"一元化"的管理模式。校长和党委书记或可由一人兼任，亦即由一人最终负责，依法治校。校长向由教育、工商、文化界知名人士组成的校董会负责。大学的中层管理干部由校长任命，政绩平庸者由校长罢免。在队伍建设上，以公平竞争代替论资排辈，激发教学、科研活力，革除封闭、低效的积弊。这种管理模式有利于加强高校的调控能力，减少扯皮和内耗，发挥管理的最高效率和办学的整体水平。

教育现代化是一个发展的概念，有丰富的内涵。教育现代化也是一项系统工程，从指导思想、结构、模式、内容到管理水平、师资队伍、科研成果、学生质量等每一个环节都包含着一定的可比性指标。因此，对于高校来说，现代化不是不顾自身的条件，盲目地追求"大而全"的学科布局，而是要着力抓好学校的"软件"建设和"硬件"建设，从本地区科学、文化和经济发展的实际需要出发，逐步培育体现自身特色的高、精、尖学科。

教育要"面向现代化，面向世界，面向未来"，就必须走与国际接轨的发展道路，学习先进的教育理论与教学模式，结合我国的国情，按国际惯例办教育。采取"请进来，走出去"的办法，促进国际间的学术交流、合作研究和联合培养。同国际接轨，不能不顾本国的文化传统，不能不顾不同教学模式对于不同发展水平中的社会、政治、文化、经济结构的适应性，不能简单照搬、照套西方发达国家的办学经验。

高等教育如何面向现代化[*]

一、教育的当代意识

我们应该把一个什么样的高等教育带进 21 世纪？

这个问题提得好，它集中体现了高等教育的当代意识，是充满挑战与希望的当代社会、经济、文化在教育家头脑里的敏锐反映，是时代思维的焦点。中共中央发布的《中国教育改革和发展纲要》指出："当今世界政治风云变幻，国际竞争日趋激烈，科学技术发展迅速。世界范围的经济竞争、综合国力竞争，实质上是科学技术的竞争和民族素质的竞争；从这个意义上说，谁掌握了面向 21 世纪的教育，谁就能在 21 世纪的国际竞争中处于战略上的主动地位。"可见教育不仅是提高国民素质、推进当代社会变革运动的坚强支柱，更是增强综合国力、参与未来国际竞争的基本保证。

教育的当代意识越鲜明，教育工作者的使命感就越强烈，教育就越能主动适应社会变革、经济转型、文化发展和科技进步的需求。

缺乏当代意识的教育必然是保守的教育。缺乏当代意识的教育不仅无法与我国改革开放的时代变迁同步前进，更不可能进入世界社会、经济、教育、科技、文化发展的大循环。

教育的当代意识必然关注文化的现代化建设。事实上，仅仅重视经济和科学的发展尚不能建设好一个能自立于 21 世纪世界民族之林的现代化中国。决定一个国家现代化程度的，不只是它的物质层面和技术层面的因素，还有它的制度层面的、价值观念层面的、思想道德层面的、国民品行

* 原载于《高教探索》1996 年第 4 期，第 76—79 页。现题目为编者所改，原题目为《教育随想》。

层面的、思维方式层面的以及文化结构与传统层面的因素。

教育的当代意识是 21 世纪社会健康发展的精神动力，教育的现代化是塑造民族精神、提高国民素质的大前提。

二、教育的主体判断

教育和经济都有属于自己的基本范畴，虽然它们相互依存、相互促进，具有明显的协同性，但是，它们毕竟遵循两种不同的发展规律，具有各不相同的相对独立的价值体系，它们所扮演的角色、承担的任务、发挥的作用、追求的目标毕竟属于两种不尽相同的价值判断体系。

教育不是商品，教育事业不以营利为其终极目的。教育的对象是人，其受益者是全体公民和整个社会。

商品经济则不同，市场奉行等价交换的原则，具有强烈的功利色彩，它所关注的是竞争、交换、利润。

市场的功利意识与教育的超越意识显然是十分矛盾的。功利意识崇尚实际利益的原则，而教育的超越意识是非功利的，它的理想是一种超越功利的价值追求，追求民主的、自由的，德、智、体全面发展的人本精神。

社会主义市场经济的发展促进了人类观念的变化，不仅增强了教育领域的竞争意识、效益意识、创新意识，也孕育了充满平等意识、民主意识的人文精神。但是，市场本身其固有的弱点，如自发性、功利性、滞后性、盲目性等，却可能使人走向对物的依附和对金钱的屈从，从而造成现代人的异化。这与以培养人、塑造人为本质内容的现代教育哲学是不相容的。

以经济建设为中心是我国社会主义初级阶段的基本纲领。主动适应社会主义市场经济体制的需要，将是今后一个相当长的时期内我国高等教育改革、发展的重要指导思想。教育的未来维系着国家的未来，教育的成败决定着现代化的成败。一切短视的举措、时髦的口号都于事无补。教育作为主体的自觉判断应该具有前瞻性，一方面它必须尊重教育发展的客观规律，另一方面它也应该充分利用市场经济的积极面，充分认识市场经济的负面影响，集中而鲜明地体现我国经济转型时期的时代精神和社会、文化发展的大趋势，把素质教育的大旗高高举起。

三、教育的指导思想

育人是一门哲学化的艺术。

秦汉之际，"大学之道"崇尚"修身、齐家、治国、平天下"，把内在的德性、外在的伦理、现实的政治融合、贯通于一体，形成一个由内圣而外王的人格修炼、完善的过程，不失为培养封建统治阶级合格人才的有效模式。

历史走过了近两千年，培养什么样的人依然是一切问题的中心。因为社会的一切变革——政治的、经济的、思想的、教育的、文化的、科学技术的变革，都离不开人，离不开人的思维方式、思想观念、文化水准和社会实践能力。

"大学之道"是一种士大夫式的精英教育，其基础是"学而优则仕"，属于"应试"教育的范畴。"应试"教育是一种脱离社会实际的教育模式，它把知识的积累、能力的培养，与考试、升学挂钩，沿袭了"读书—应试—做官"的旧传统；它把学生限制在课堂、书本、作业里，违背了德、智、体全面发展的和谐合理的教育方针。

"应试"教育的对立面是素质教育。

素质教育是以提高受教育者全员整体素质和个体综合素质为培养目标的教育，其特点是面向全体学生，承认个性差异，坚持全面发展。素质教育关注人的本性，强调为人的发展服务，力求因势利导地丰富人的知识，开发人的潜能，完善人的品性，提高人的创造能力及审美情趣。从这个意义上说，素质教育深刻地揭示了教育的终极目的。

素质教育与"应试"教育的根本区别就在于，前者致力于学生综合素质（德、智、体）的优化生成，为社会进步提供具有广泛的社会适应性和创造精神的多种层次、多种规格的合格人才；而后者则"以分取人"，助长了狭隘的利己主义心理。不少家庭把子女的缴费上学视作一项等待回报的长期投资，不少学生把成绩与学历视作向社会索取的筹码，这种功利主义的态度歪曲了教育的本质。"应试"教育以分数去约束、规范人的发展，带有明显的功利主义倾向，破坏了人的发展过程，是对教育的背叛。

素质教育的命题告诉我们，人的发展与完善是一个完整的概念，是一个持续的过程。因此，立足于素质的施教原则应该是整体性的、全方位的、持续式的教育，其理论与实践的统一性，其目标与方法的一致性所产生的合力，必然会对学生的身心健康、知识积累、智能培养及思维方式产生巨大的影响。

这就是素质教育，一种面向社会、面向世界、面向未来、面向现代化的教育指导思想。

四、教育的自主选择

现代化不是一件商品，不是一种软件。

现代化无法"引进"，不能"复制"，要靠整个民族几代人坚持不懈的创造性劳动。

现代化是一个漫长的历史过程，贯穿现代化建设全过程的基础是教育，是教育的普及和提高。但首要是教育的普及，主要是初等教育、中等教育以及职业技术教育在社会生活中的全面实施和渗透。至于高等教育，其首要任务是提高教学质量和效益，调整办学体制、学科建设与社会主义市场经济发展的关系，而不是盲目地扩张。因此教育的选择不是"精英"模式，培养自以为是的干部，而是"民众"模式，培养德、智、体全面发展的劳动者，提高全体公民的文化水平和综合素质。

民众教育是一种充满民主与法制氛围的教育模式。在这样一种育人环境里，学生由个别的人逐渐发展为社会的人、文化的人，个人与社会的关系不再是谁服从谁的问题，而是如何协调发展，促使人与社会由矛盾走向统一；在这样一种育人环境里，学生由孤立的"本我"逐渐发展成"群我"或称群众的一分子。自我意识的哺育有利于培养学生的个性和创造性思维，"群我"意识的培养有利于形成学生的责任心、公德心和互助合作精神。唯有"群我"意识的扶正，自我意识才可能成为一种建设性的原动力，个性与社会性的和谐统一，将使人由对社会、对环境的被动适应变成积极的改造；个性与文化性的协调发展，将使人摆脱本能的误导、私欲的禁锢和邪恶的蒙骗而走向高尚。

现代化不是西方化，不是美国化。美国式的现代化并不是现代社会的典范。战后的日本曾照搬当时欧美的一套，走过一段以战败国的从属地位接受战胜国，尤其是接受美国的经济、思想、文化模式的道路。但是日本一些有远见卓识的政治家、教育家很快发现，从美国引进的经济学、管理学、教育学、社会学……其理论与模式并不都适合日本的国情，并不是日本现代化的灵丹妙药。唯有日本国民的民族精神，其进取心和创造力；唯有日本民族的文化传统，其包容性和开放性以及日本企业的活力——国际化意识，才是日本现代化的内在动力和导向标杆。对于一个发展中国家来说，国家和社会的现代化不能不借鉴西方发达国家的成功经验，不能不引进先进的科学技术和管理方式，但是，这种借鉴和引进必须和符合本国国情的教育、文化的现代化建设同步发展，否则只能是"借米做饭"，吃了上顿没有下顿。

　　教育的现代化建设是一项提高民众素质、增强综合国力的长期投资，是一种包括精神文明建设在内的文化现代化建设，其内涵十分丰富，其覆盖面极为广阔。教育使人由对自我的无知变成有知，文化使人由对世界的隔膜变成真知，从而使人获得精神力量的解放和升华。教育与文化的现代化建设说到底是人的现代化即人的思想境界、思维方式、文化素质和社会实践能力的现代化建设，人由此而从自在的生存状态上升到合乎目的性与合乎规律性高度统一的自由境界，从而对存在的目的、生活的意义，对人我关系、对物我关系产生一种理性的感悟和自觉的把握。

　　放眼世界，我们看到了美国的科技、欧洲的文明，当我们在学习世界文化、文明的优秀成果的时候，不能忘了给自己定位。我们可以没有美国式的华尔街，可以没有法国式的红磨坊，但是，我们不能辱没中华五千年文明史的教育，我们不能辱没中华五千年文明史的文化。

对外国语言学教学与研究中
几个问题的思考*

　　这两年来，我有机会参加了外语类研究生学位授予点的评估工作，查阅了一些从事语言学研究的硕士生、博士生的学位论文，接触了省内外在外国语言学教学与研究领域内颇有建树的部分专家、学者，受益匪浅。总的感觉是：理论语言学研究中"一边倒"的弊病（如20世纪50、60年代"一边倒"向苏联语言学，80年代"一边倒"向美国语言学）已经开始得到纠正，对外国语言学的教学和研究开始由简单的归纳、介绍向独立研究的方向转移，一些新的理论和方法开始崛起。近几年在语言学界产生较大影响的认知学派就是一个例子：一些专家、学者借鉴数学和计算机科学的理论成果，观察不同语言的语法结构，从一个新的视角揭示语义的结构规律，试图以人脑认知世界的神经网络模式使语言的描写形式化。通过对具体的语言现象的分析、研究，提炼新的理论假设，丰富并补正现有的语言理论是当前我国语言学研究领域的另一个特点，尽管目前这方面的研究尚未建立起独树一帜的架构体系或"标新立异"的理论模型，但是，对隐含在具体语言现象背后的结构规律和演变规律的探索十分活跃。

　　对外国语言理论的研究不是玩弄概念式的肤浅述评，更不是空洞的说教，而应在富有"个性"的语言现象研究中透视其可能蕴含的共性规律，从而总结出带有普遍意义的理论模式。这是一件很有意义但十分困难的事。说它困难，一方面当然是指语言学作为一门艰深的学问，其理论上的推陈出新并不是每个研究课题都必然能做得到的。乔姆斯基语言理论首先是语言学家个人天才的发现，但是不可否认，前人的研究成果，不同流派的不同理论和方法为乔氏的创新提供了坚实的基础；另一方面，反省高校

---

　　* 原载于《语言学论文集》，华南理工大学出版社，1998年，第33—38页。

高教探索篇

029

在外国语言学教学与研究方面的思路，似乎也有不少值得商榷的地方，不能不引起我们的重视。

我由硕士、博士学位授予点的评估得到一些启示，但不敢自是，谨诉诸笔端，请高明垂视。

一、理论与理论的应用

因为收集参考书的缘故，我曾利用出差的机会，先后在北京、上海一些高校的图书馆查阅过一些研究生研究外国语言学方面的学位论文。令我吃惊的是，这些洋洋万言甚至十数万言的大块文章甚少被人借阅过，有的封尘十余载而无人问津。这就产生了几个疑问：一是这些历经多年寒窗之苦的学术成果其本身的学术水平如何？二是假设其学术水平甚高，怎么会长年封尘书架而无人借阅？三是假设其纯属理论研究，已经建立了某个"理论假设"，只是暂时与应用"无关"，那么研究理论的人，或准备研究理论的人（各校并不乏其人）怎么也不去读一读呢？

这几个问号主要应从学术论文本身的价值中去寻找答案（至于造成这一现象的非学术因素限于文章篇幅，暂不细考）。有一点似乎可以肯定，"为理论而理论"的指导思想阻断了理论与实践，即理论与应用的内在联系。我无意否定这些研究生在他们的学位论文里所显现出的学识和才干，仅想说明另一个问题：在研究生教学中，重理论轻实践的现象还相当普遍，从而导致一些选题钻牛角尖，在外国语言学的一些概念上故弄玄虚，空对空的阐释多于对实际问题的分析、研究。北京、上海的一些博士生导师评之曰：这一类论文非为研究而撰写，仅为学位而拼凑。

1997 年上半年，对硕士、博士学位授予点的评估给研究生教学的组织者和指导者提供了一次"自省"的机会，这对端正高层次教育的指导思想，端正教风、学风，提高研究生教学质量起了很大的促进作用。广东外语外贸大学的研究生教学有着理论与应用、理论与实践密切结合的优良传统，"这个学科点的导师们带领着研究生和青年教师进行我国英语标准化考试试验，编写交际法教程，进行中国学生学习英语心理过程的基础和应用研究，设计多媒体英语教程，进行我国语用调查，探讨我国编写双语词典的理论和实践，等等"。桂诗春这一段话是对广东外语外贸大学在语言学研究中重视应用、重视教学实践需要的最好总结。理论正是有了应用的前景才显示其生命力，实践正是有了理论的科学指导才可能走向成功。这是广东外语外贸大学研究生教学的优势，这个优势千万不能丢。

二、学问与能力

学问与能力有联系，但并不完全相等，更不能互为替代。读书读到博士，研究的学问不可谓不深，但是其治学处事的能力是否一定很强了呢？不一定。有的研究生假日去广州市区不敢独自往返，此谓生活能力不强；有的研究生组织社会活动毫无章法，此谓工作能力不强；有的研究生讲课不得要领，此谓教学能力不强；有的研究生撰写的学位论文错误累计达8个页码，上百处之多，此谓语言实践能力不强。钻研学问切忌读死书、死读书，否则面壁10年也难破壁而出。读书读到博士，在某些方面的能力仍然差强人意，也算不得"过错"，博士也不是全才。举凡能力，皆可在后天培养，研究生要摆正自己的位置，明确自己的努力方向，把培养自己独立研究学问的能力、独立工作的能力、独立思想的能力、独立处世的能力放在与读书同等重要，甚至比读书更加重要的位置上。随着社会主义市场经济的逐步建立与完善，市场对人才的要求会越来越"苛刻"，市场选择人才的第一标准可能不是你的头衔，不是让人引以为豪的"青年语言学家"的称号，而是你的能力。对研究语言学的研究生来说，重要的是你的语言应用能力，你的中、外文写作能力，你的外语连贯表达能力，你的审稿、定稿能力，你的教学能力，甚至还包括你的办事处世能力。

这么说攻读博士学位还有什么意义呢？意义当然有，这就是学问与能力的结合。只有两者的结合才可能产生高层次人才的学术效应和社会效应，才能在学问上向更高的境界发展。

三、宽容与兼容

关于宽容，学术界历来有两种不同的主张。赞成者强调，在一个价值多元的时代，任何用某一种思想观念、某一派学术理论为标准，去衡量其他人、其他学说的企图，都有导致文化专制主义的危险。反对者坚持自己批判的权利，不理解"对手"，也决不宽容"异己"。

我信奉"宽容"的原则。一般而言，凡是宽容精神占上风的时代，思想比较开放，精神比较自由，风气比较开明。知识界关心的不是人际间的亲疏关系，不是门户间的好恶态度，而是破解问题的真理。这是已为历史证明了的。

昔者，清华大学校长梅贻琦说过："对于校局则以为应追随蔡孑民先生兼容并包之态度，以克尽学术自由之使命，昔日之所谓新旧，今日之所谓左右；其在学校应均以自由探讨之机会，情况正同。此昔日之北大之所以为北大，而将来清华之为清华正应于此注意也。"① 我想，读书做学问若能本此精神也就进入了学问的境界。也只有本此精神，学问的境界才能不断升华。

现代学术西潮东卷，外国语言学及应用语言学研究更是如此。一些同志可能会从思想独立与行为自主的现代观念出发，否定宽容的合理性。窃以为：思想独立与行为自主，不该是任何偏执主张、狭隘思维的挡箭牌；"独尊儒学，罢黜百家"式的为学之道不可取。

作为宽容的类义词，兼容的意思或许更明白些。我读比尔·盖茨的《未来之路》②，感受最深的是"兼容思维"这四个字。比尔·盖茨初出江湖时，全美乃至全世界的计算机市场已经有 IBM 公司和苹果公司两大电脑巨头称王称霸，但是，两大巨王偏偏奉行"独立""自主"的研究、生产、销售策略，各自制造互不兼容的计算机，以保护自己的品牌地位。这一招看似高明，可偏偏让年轻的哈佛辍学学生比尔·盖茨看出破绽。于是，他反其道而行之，专门研究和生产可供一切计算机使用的微软产品，竟后来居上，以兼容打败了封闭与狭隘。

把兼容思维引进到现代教育的广阔领域，就产生了学科交叉、融合，专业渗透、互补，培养应用型、复合型人才的办学思路。把兼容思维引进到科学研究的领域，人们在思考一种理论、一种学说的同时，就会反思或研究与之相对立的或与之并行的另一种理论、另一种学说，从而拓宽我们的视野，补正我们认识上的不足。兼容令人们的思维空间更宽广，令人们的思维方式更合理、更富有弹性。

怎样衡量一个人的水平与能力，评估一项成果的成败得失？不是看其是否至善至美。倘若一名教师，其学已有所专，其教已有所长，其说能自成一家之言，那么，这名教师的水平与能力就应该得到承认。太史公司马迁有言："究天人之际，通古今之变，成一家之言。"这"究天人之际，通古今之变"，当是学问的最高境界了。而"成一家之言"，则是代表某一学问领域的创新学说，要达到这一境界，总须毕生努力才行，总须兼容思维、宽容胸襟才行。

① 近代史资料编辑：《近代史资料》总 70 号，中国社会科学出版社，1988 年，第 171 页。

② ［美］比尔·盖茨著，辜正坤译：《未来之路》，北京大学出版社，1996 年。

高等教育改革应以制度创新为突破口 *

目前，在我国一些工业化水平高、智力资本相对雄厚的大城市，工业经济正在逐步向知识经济形态转变。这一转变必将对人们的思想观念和思维方式，对社会的生产方式和资本的经营方式产生革命性的影响。而教育，特别是高等教育，作为发展智力资本的基础，如何进行自身的变革，为经济形态的嬗变和政治体制的革新作出贡献，是一个迫在眉睫的问题。

计划经济时代确立并推行了几十年的高度集中、高度统一的教育体制并没有随着我国经济体制的彻底变革而退出历史舞台，目前在我国大多数高校通行的教育体制、人事体制、教学体制（包括教学的模式、方法和内容）仍然沿袭计划经济时代所确立的框架。20世纪90年代以来，原国家教委通过"共建、联合、调整、合并"八字方针，对条块分割的高校管理体制进行了大刀阔斧的改革，但是这一改革并未触及该体制的核心。

我认为，高等教育的改革应以制度创新为突破口，制度创新是纲，教学领域的各项改革实践是目，只有纲举，才能目张。下面我谨从教育体制改革、人事体制改革、教学体制改革3个方面谈一些粗浅的看法。

一、关于教育体制

教育体制改革首要的是革新流行了几十年的教育观念。只有改变教育的旧观念、旧传统，才能凸现教育体制改革中的创新意识。

最近几年，国内不少学者专家在针砭我国高等教育的时弊时，提到了一个带有普遍性的问题，即我国的高校毕业生，独立思考问题、独立解决问题的能力较弱，创新意识较差，即使是硕士研究生、博士研究生层次的

---

* 这是徐真华1999年11月在广东外语外贸大学中层干部会议上的讲话。

高级专门人才也有这种通病。

陈竺院士在 1998 年第三届青年学术年会上就曾指出："欧美文化中很重要的一点就是创新，从科学、社会到文学、艺术，他们不愿效仿、重复，总在不断创新。文艺复兴就是一次整体文化上的创新运动。而我们的传统文化中，创新意识就比较少，要改变这一点，有赖于教育改革。"①那么教育改革应该怎样运作才能改变目前我国高等教育中存在的因循守旧的落后面貌呢？上海大学校长钱伟长指出，大学教育的一个重要发展方向，就是要建立有创新意识的科教培养机制。钱伟长说："要发展生产力，就得靠一批有创新精神的人，高等学校就承担着这个培养任务，特别是硕士生、博士生的培养，因为年轻学生跨进大学校门时，满脑子没问题，自以为了不起。通过教师的教育，尤其是通过独立思考能力和创新意识的培养，他们毕业时，就满脑子装着问题，知道自身学科领域内存在什么问题，知道自己的毕业论文不过是解答了其中一个很小的问题，还有大量的矛盾和问题需要他们去探索解决。"

但是，怎样才能建立有创新意识的科教培养机制呢？我觉得以下两个条件至关重要：一是必须构建鼓励高校领导干部团队创新意识的工作机制；二是必须建设一支具有创新意识的教师队伍和管理干部队伍。舍此，高等学校的培养机制就无法突破传统教育模式和方法的束缚。

有些同志认为创新意识是一种十分个性化的智力劳动，其形成与发展全赖作为学习主体的学生的个人努力，与领导体制拉扯不到一块。这一观点强调学生个体内因的决定性作用，无疑是正确的，但是它却忽略了高校领导体制所发挥的组织作用和导向作用。《中华人民共和国高等教育法》规定："国家举办的高等学校实行中国共产党高等学校基层委员会领导下的校长负责制。"因而，高校党委决策者的智慧和视野往往能影响办学的层次和水平，领导者的素质和能力常常能决定一所学校的进退。事实证明，任何缺乏远见、故步自封、不思变革的领导班子都不可能担当起建立有创新意识的科教培养机制的重任。

也有些同志认为学生的成长与发展取决于众多因素，较之于社会与家庭的影响，高校教师与干部的作用还是次要的。这一看法注意到了人才成长过程中的横向动因，却忽略了高校教师和管理干部"教书育人"的主导地位。社会或家庭环境中某些不利于学生形成德、智、体全面发展的健康

---

① 常志海主编：《迈向新世纪——中国科协"五大"以来新闻纪实（1996.5—2001.2)》，科学普及出版社，2001 年，第 422 页。

人格的负面影响是一种客观存在。我们的任务不是阻断这些负面影响（事实上也无法阻断），而是通过教育教学工作者对学生思维能力与方式的教导与训练，甚至通过教师与管理干部日常的言传身教，使他们在思维方式、认知能力方面上一个台阶，形成独立自主的人格和好学多思的习惯。

二、关于人事体制

"共建、联合、调整、合并"八字方针极大地优化了高校的管理归属、学科结构和资源组合，但是高校管理体制的另一个核心问题，即人事体制问题尚未有效解决。

现行的人事体制是一张网，这张网看似无形，但威力巨大。现行的人事体制不改，我们在教学领域的一切努力和改革举措都只能"无功而返"。

要刺破这张网，必须实行真正意义上的教师、干部、职工全员劳动聘任制，通过考核打破岗位终身制，优者上，平者让，庸者下。通过建立有效的监督机制和激励机制，全面调动上岗者的积极性和创造性，彻底改变"一个人干，一个人看，第三个人捣蛋"的恶劣的人际工作环境。

全员劳动聘任制的社会条件是比较完备的社会保障体制以及与人才流动、自由择业相配套的灵活的户籍管理和人事档案管理制度。目前，在上述两个配套条件不完备的形势下，由学校人事部门协调、管理、培训分流富余人员，在生活上予以基本工资，保障他们的基本生活水平。

要刺破这张网就必须坚持走高校后勤服务社会化的路子，逐步分离大学办社会的公共职能，大学的社会职能不应该是维持从衣、食、住、行到生老病死一应俱全的小社会。从发展的角度看，高校的学生宿舍、饭堂、车队、商店都应该纳入经营性的第三产业的轨道。大学的办学目标应该是提高教学质量，为社会培养有理想、有道德、有文化、有纪律的社会主义新人。目前，学校中层各级党政领导抓创收、大学办小社会的被动局面大大分散了学校的教学资源，降低了学校的办学水平，部分教师自觉不自觉地在低层次培训的重复劳动中丧失了教学与科研的方向与锐气。

要刺破这张网还必须解决教育投入严重不足的老大难问题，全面改革高校现行的经费划拨方式。教育投入长期不足是制约现代高等教育发展的瓶颈。全国人大常务委员会副委员长丁石孙在接受《中国经济时报》记者的采访时说："教育经费在国民生产总值中所占的百分比越来越低，现在只有百分之二点几，离2000年只有两年了，要达到原来的百分之四几乎是不可能的，就算达到了也是很低的，只是一般发达国家的平均水平。"

他批评说:"不少地方至今仍在大做表面文章,搞口惠而实不至的口号教育。"丁石孙的批评代表了全体知识分子的心声,口惠而实不至不仅会失信于民,更会拖累整个国家的发展。

建立统一的、公共的教育发展基金,保证中央和地方政府的两级拨款逐年有较大幅度增加;将教育拨款与学校的招生规模、教学质量、科研水平、社会效益结合起来,体现公平、公开的原则,推动高校校际间的有序竞争,乃当务之急;高等教育,包括研究生教育不属义务教育的范畴,逐步实行教学成本收费制,减轻办学经费匮乏的压力,当是情理中的事。

三、关于教学体制

21 世纪正向我们走来,智力资本、知识经济在发达国家的崛起首先是以知识创新和人才开发(包括对高素质的普通劳动者的培养)为基础的,而这两点恰恰是我国高等教育的弱项。

由于计划经济的长期桎梏,现在大多数高校仍在按照统一的教学计划、统一的课程体系、统一的管理模式、统一的教学目标组织并实施教学。这一教学体制的弊端是学校以教师为中心,而教材和考试则是教师调度学生的指挥棒。学生只能遵照校方规定的统一标准和统一过程去规范自己的学习,而不可能根据社会的需求和自己的学习兴趣,设计富有个性特色的学习计划。结果,学生的个性受到冷落,求异思维遭到排斥,创新意识受到压抑。1998 年 5 月 22 日《南方日报·广州新闻》发表署名文章,对石牌地区 6 所高校实行联合办学的艰辛与无奈作了如实报道:为鼓励学生跨校选课而开通的往返于 6 所高校间的专线车终于在运行一年后停开;为实现图书资源共享而向 6 所高校师生发放的借书证的年使用率不足25%;6 所高校共用实验室一年来只接待过一两批邻校学生。

高校"联合舰队"之所以黯然停航,其原因正是触上了僵化的教学体制这块"巨礁"。据我调查,一名本科生每周的上课时数一般在 20 学时以内,其中必修课时约占 4/5,选修课时约占 1/5。如果加上预习、复习、作业、做实验等学习时间,一名本科学生的周学时总量为 40—50 学时,试问这名被专业学习束缚了手脚的学生哪有更多的时间和精力用于跨校选课呢?必修课课目、课时太多,限制了学生主动学习的时间和空间,迫使他们只能跟着固定的课程和考试走。结果,我们的毕业生大多成为读书能手和考试高手,而创造开拓能力、集成创新能力、独当一面的工作能力、适应能力乃至参与国际竞争意识的缺乏也就不足为怪了。因此,必须坚决地摒弃以教师为中心的旧体制，形成以人的发展，即以学生的发展为中心的新体制；摒弃统一计划下的标准化、同步化、一体化培养模式，形成个性化、选择性培养模式；摒弃封闭、呆板的管理模式，形成自由、开放的管理方式。必修课应以专业基础课为限，选修课学时、学分应不低于 4 年本科总学时、总学分的 1/3。

广东要增创新优势，首要的是增创人才的新优势，而人才优势的源头是教育，教育发展的关键是体制创新。

教育不兴或教育制度落后则人才危机加剧。广东呼唤跨世纪人才专题调查报告指出，在企业经营管理人才方面，国有企业经营管理者的综合素质与市场经济发展的要求距离拉大，难以适应日益激烈的市场竞争和外向型经济发展的需要。其主要表现为：一是思想素质不高，一朝大权在握，不忘中饱私囊；二是缺乏现代经营管理能力，不注重企业的创新和长远发展；三是年龄、知识结构不合理，35 岁以下的年轻人只占 5.5%，精通外语者仅占 1%，高级管理人员少，硕士以上学位的经营管理者仅占 4.3%。

引进人才当然不失为解决人才危机的一个有效办法。但是我们必须看到，一个地区的人才优势并不是光靠几十名、上百名高学历、高职称者能撑起来的，人才优势说到底是一种文化、教育积累，是一种社会积累。重视教育、重视教育制度的创新，人才优势才能扎根于坚实的基础，才能在长年的积累中转化为智力优势、科技优势、创新优势。因此高等学校只有通过制度创新，才可能彻底改革从计划经济时代沿革至今却不能再适应现代化教育发展的领导体制、人事体制、教学体制，才可能培养出政治素养过硬、具有世界眼光、能在国内国际舞台上大展身手的高素质人才。

展望 21 世纪，智力资本将成为衡量一国综合国力的主要参数，成为带动社会生活中诸多劳动形式向科技含量高的智力密集型生产方式发展的原动力，成为不断开发新的知识资源的根本保证。高等院校不是为市场经济批量生产高级白领的加工厂，而应该是认识未知世界、探求客观真理的科学殿堂。因此，高校的教育目标应该而且也必须是培养学生的健全人格和独立思想，使学生成为有理想、有文化、有道德、有纪律的社会主义建设事业的创造者。唯其如此，21 世纪的中国大学生才可能以新的精神面貌走向世界。

以教育制度创新推动我国高等教育跨越式发展[*]

党的十六大提出了振奋人心的全面建设小康社会的奋斗目标，为刚刚跨过小康门槛的中国指明了方向。教育在现代化建设中具有先导性、全局性、基础性作用。因此，"全面小康"当然包括相应的高等教育发展指标。从1999年开始，连续几年扩大高校招生规模，使我国高等教育事业产生了历史性的变化。2001年与扩招前的1998年相比，普通高校的招生规模从108万人增加到260万人，普通高校在校学生数从341万人增加到712万人，普通高校招生数和在校生数均翻了一番多。高考录取率从1998年的36%提高至2002年的58%。2003年，我国高等教育毛入学率已经达到14%。但是，这与全面建设小康社会的要求相比，还有比较大的差距。

今后10至20年是我国高等教育发展的重要战略机遇期，必须积极推进教育制度创新，以教育制度创新实现高等教育跨越式发展。但高等教育跨越式发展，不是高等教育活动自然演进的结果，而是一个主动建构的过程，它不仅仅是在原有高等教育结构基础之上量的扩大，而是新的高等教育结构代替旧的高等教育结构的过程，是教育规模增长、质量提高、结构优化、效益增加、适应性增强等方面的有机统一，表现为一种高等教育制度的创新。中国高等教育改革的主要目标是实现跨越式发展，所以教育制度创新的任务迫在眉睫。

一、何谓制度创新

"制度创新"原本是制度经济学中的一个概念，指在竞争的环境中，

---

[*] 原载于《高教发展与教学管理模式探索》，世界图书出版公司，2003年，第3—13页。

创造出新的经济行为规则或"游戏规则"，以减少交易费用。V. W. 拉坦认为，"制度创新"或"制度发展"一词将被用于指：第一，一种特定组织的行为的变化；第二，这一组织与其环境之间的相互关系的变化；第三，在一种组织的环境中支配行为与相互关系的规则的变化。本文在一般的意义上借用这一概念来界定教育制度创新，勾画出教育活动的一般规则框架，以维系教育发展过程中的有序性，并为社会成员形成合理性的教育价值观念体系提供基础。就高等教育制度创新而言，创新应该是高等教育中诸方面关系的创新，高等教育宏微观管理方式、手段和内容的创新。

没有制度创新，教育管理观念、教育体制和运行机制就不可能有实质的变化，教育改革就只能是局部的、零星的、微观的。没有科学合理的制度，就没有积极正确的体制，就难以处理教育规模、结构、质量、效益之间的辩证关系，就难有高等教育的跨越式发展。

二、教育制度创新必须解决的几个问题

1. 改革传统的计划经济时代的思维习惯和办事方式，高等教育必须引进市场机制，创造让更多社会资源主动投入高等教育，各类型高等学校自由竞争、有序发展的制度环境。

2. 政府对高等学校办学干预过大，高校的发展方向、专业设置与调整、招生、职称评定、人事聘任等由政府决定或主导，高等学校办学自主权不足。

3. 高等教育发展的新人才观和质量观未能完全树立。人才观和质量观不是静态的、一成不变的，而是动态的、可以更新的，是与经济社会发展的需要紧密联系的。高等教育跨越式发展，进入大众化阶段，主要是满足社会对多规格、多层次、多样化人才的需求。

三、当前教育制度创新的主要对策和措施

（一）正确处理政府干预与高校办学自主权的关系，逐步让社会和市场成为裁定高校学术地位和声誉的主体

高校有学术声誉高低的差别，有层级上的差异和服务面向、价值取向的不同，但在市场条件下每一个办学主体的法定地位应该是平等的，一所高校是不是重点，是不是名牌，应当交给社会和市场来认定，只有这样，高校才会真正服务社会，"有为才能有位"的理念才能建立起来。但作为

主要投资者的政府从国家长远发展的需要，国家将来在世界上的竞争力、地位和作用等角度出发，干预高等院校办学也是必然。关键是如何干预及干预什么，应该清楚地界定政府干预的手段、内容和范围。市场经济的本质是法制经济，而且是符合经济发展规律的法制。这同样适用于高等教育领域。

国外政府主要通过立法、拨款、评估等市场手段干预高校的运作，而高校在具体办学方面是自主的。现代美国大学制度具有活力的根本原因是美国高等教育形成了市场机制主导的格局，"看不见的手"左右着美国大学的发展及不同大学间地位的升降。比如，政府用来资助学生的钱直接发给学生，而不是直接拨给院校。这赋予了学生选择高校的权力，促进了大学之间的竞争。而我国高等教育却不同，国家很大程度上把高校作为行政单位而不是教育或学术组织来管理，通过安排高校的行政级别及其他政府干预措施来凸显一些高校的级别和地位。被列入重点和名牌的高校在政府拨款、国际合作交流乃至参加行政会议等多方面均有其他高校不可企及的优势。这就导致了公立高等学校之间，公立高等学校和民办高等学校之间的实际法定地位不平等。建议制定科学、客观、合理、全面的高等学校及专业评估指标体系，成立权威的独立于政府的教育评估机构，对高校和专业的办学条件、教学质量、科学研究、学术交流、招生状况、就业形势等进行综合评估排名，并将排名结果向全社会公布。这样就有了一个为政府、社会和高校都可信赖和接受的相对平等、客观的评估依据。而政府专注做好裁判员的角色，依据各高校和专业的综合排名决定资助对象及资助力度，高校水平越高、位次越前，得到政府资源的投入就越多，反之，就投入越少或基本不做投入。社会也乐意据此投资、捐赠或襄助高校和专业的发展。高校为得到更多的政府资源，就会积极主动地适应经济社会的需要，努力提高教育质量、学术水平和办学效益。这样，就形成了政府、高校、社会良性互动、共同发展高等教育的新局面。

总之，正确处理政府干预与高校办学自主权的关系，逐步让社会和市场成为裁定高等学校学术地位和声誉的主体是教育制度创新的核心和关键。

（二）探索多元投入、多元办学的新体制，鼓励和支持民办高等教育的发展

在我国，穷国办大教育是一定历史时期难以改变的基本格局，政府所能提供的高等教育经费紧缺是发展的一个很大制约。但是，我们不能维持

高等教育规模不变或只以很低的速度发展，因为这虽可缓解经费困难的局面，但却不能适应经济社会发展的需要。政府既缺投入，高等教育又要发展，就必须探索并实行多元投入、多元办学的新体制，吸引更多的社会资源投入到高等教育中。一方面，公立普通高校可举办国有民办二级学院；另一方面，鼓励社会力量举办独立设置的民办高校。几年来，一些地方对此进行了积极的探索并取得令人瞩目的成就。

江苏和浙江两省都重视依托本科院校母体，采取民营机制，成立国有民办本科二级学院，取得了很大成绩，成为公办高等教育的重要补充。目前，江苏省有这类学院34所，在校生超过3万人，吸纳社会资金4亿多元；浙江省有19所，在校生超过5万人，吸纳社会资金6亿多元。作为中国民办高等教育最大基地的陕西省，截至2002年6月12日，有民办高校和民办高等教育机构66所，在校生近14万人，是全省普通高校在校生数的44%。

高等教育办学多元化、筹资渠道多样化的初步形成为成功扩招提供了重要助力。扩招前，我国民办高校发展较慢，至1998年底，国家承认学历的民办高校仅有22所，而从1999年至2001年间新增了67所，相当于1999年前批准总数的3倍以上。部分公立普通高校将自己的品牌与教育资源优势与企业集团、基金会资金优势结合起来，合作举办了100余所以新机制运行的大学分校或者二级学院。3年扩招期间，政府对高校拨款从1998年的342.6亿元增加到2001年的613.3亿元，增幅近80%。但是，政府拨款占普通高校总投入的比例却从62.9%下降至52.6%，体现了高教投入多元化发展趋势。

我国民办高等教育虽然取得了很大发展，为国家的经济发展和社会进步作出了积极的贡献，但是，总的来说，我国民办高等学校在融资、征地、聘任教师、学生贷款、发放毕业文凭、产权所有等方面仍然受到一定程度的限制或者说歧视。高等教育要实现跨越式发展，就必须以法律形式保证民办高校的地位和肯定以适度营利为目的的高等教育机构存在的合理性，调动社会力量参与和举办民办高等教育的积极性和创造性。否则，将大大限制社会资源流向高等教育领域。应该尽早颁布实施《民办教育法》，促进民办高等教育快速健康发展。

同时，应在全国范围内适当放开高等学校特别是民办高等教育机构的收费政策，允许民办高等教育机构根据当地的经济发展水平和居民消费能力按略高于培养成本的标准收费。如浙江省民办生的收费标准是每年每生8000—15000元，江苏省则是10000—15000元。还应出台一些有利于促进高等教育发展的配套政策，如捐赠政策。参照西方国家鼓励社会资源投入教育的普遍做法，规定无论是企业法人，还是机构或个人对教育的捐赠均可免交部分税种的税赋。当然，在逐步下放高等教育收费权的同时，也应出台相应的保护低收入家庭子女接受高等教育权利的规定，政府、高校与金融机构应共同努力完善助学贷款制度。

（三）大力推动大学城（园区）建设，拓展高等教育发展空间，创新体制，集中资源办大教育

国内外的经验证明，在某个区域集中建设一批高校，实行教育资源优化配置，实现教育设施共享，是实现高等教育跨越式发展的有效途径。目前，有不少大学城（园区）已初具规模，高校开始进驻，并彰显效益和效应，如上海松江的大学园区。也有的正在规划，如广州大学城，总规划占地面积 43 平方千米，建成之后将是中国最大的大学城（园区），它的发展定位是，国家一流大学园区和华南地区高级人才培养、科学研究和交流中心。

以浙江省为例，1998 年高等教育毛入学率仅为 8.96%，低于全国 9% 的水平，经过几年的建设，2002 年高等教育毛入学率飙升至 20%。其中杭州的下沙、滨江、小和山和宁波、温州 5 大高教园区为浙江高等教育发展拓宽了空间。按照规划，这 5 个高教园区总面积为 3.95 万亩，校舍建筑面积 1139 万平方米，共安排 37 所高校，设计在校生规模为 33.2 万人，总投资 219 亿元。目前已完成建设和正在建设的高校有 23 所，2001 年第一批 5 万余名新生入驻，2002 年在校生已超过 10 万人，超过浙江全省高校在校生的 20%。有了这 5 个高教园区为后盾，浙江提出，到 2020 年全省高等教育毛入学率达到 40% 左右，接近中等发达国家的平均水平，基本实现教育现代化。

应该说，我国高教园区建设还只是刚刚起步，还大有作为。建设大学城（园区）的最大意义是引入与市场经济接轨的全新的高等教育管理体制和运行机制，通过制度创新带动高等教育跨越式发展。一方面，建设大学城（园区），可通过银行贷款、企业投资的方式吸纳大量社会资金；另一方面可因共享体育场馆、公共图书馆等许多教育资源而节省大量投资，还可促进大学城（园区）所在城市（地区）的经济社会发展。这种办学模式，从投资主体看，国家、地方和民间紧密结合，互通有无，取长补短；从教育属性看，公办教育、民办教育、国有民办、中外合作办学共生共长，交相辉映；从办学主体看，各校之间教师互聘，学分互认，资源共

享，相互促进，共同提高。

（四）继续推进高校的合并、重组、调整、优化，优化教育资源配置，提高办学层次，扩大办学规模

1993 年以来，按照党中央、国务院提出的"共建、调整、合作、合并"八字方针，国家先后将 708 所高校合并组建为 302 所多学科或综合性的高校，有力地推动了高等教育管理制度改革的开展，优化了资源配置，促进了高等教育事业的发展。江苏省"九五"以来，撤并了 45 所高校，目前江苏高校校均规模达到 7400 人。江苏扬州大学由原来扬州的 6 所高校合并重组而成，占地面积 4500 亩，现有在校生近 30000 人，每年 7000 多人的招生规模相当于原来合并前 6 所大学的在校生总规模。扬州大学也因合并办学的成功而被李岚清副总理誉为"高校改革的一面旗帜"。部委属和地方院校合并办学的措施和做法不尽相同，特别是由省级政府主导的地方院校的合并，魄力更大，步伐更快，往往把院校合并与土地置换、撤并校区联系起来，真正做到资源的优化配置。如原上海工大、上海大学、上海师专、上海科大 4 所高校分散在老城区，共 12 个校区，总面积不到 1000 亩。上海市委、市政府决定将上述 4 校重组合并成立新上海大学，目前占地面积 2600 亩。合并后撤掉了 10 个校区，以土地置换所得的 5 亿元资金用作在宝山区征地 1632 亩费用（15 亿元）的一部分，目前，在校生达到 25000 多人，提高了办学效益。

高校尤其是地方高校的合并重组仍是我国当前高等教育制度创新的重要内容。2001 年，全国有高等学校 1911 所，其中，中央部委所属学校 111 所，占全国高校总数的 5.8%。也就是说，占全国 94.2% 的 1800 所高校是地方（包括省级和市级政府）所属的，是高等教育实现跨越式发展的主力军。但其中不少院校发展空间狭窄、学科单一、规模较小、档次不高，有一定比例还是省级行政部门所办的服务面向很窄的专科性院校。因此，在充分调研、论证的基础上，可把在同一地区的某些地方院校合并成为多科性或综合性的大学，以优化教育资源配置，提高办学层次，扩大办学规模。广东省目前有 24 所省属院校，近来就提出要实施"高等教育创新强校工程"，通过调整高校布局，重点建设 3—5 所省属重点高校，每所高校在几年内实现在校生规模达到 3 万人以上，以增强广东高校的整体实力。

（五）改革招生考试制度，进一步扩大高校招生考试权力

自 1977 年恢复高考以来，高考及与之相关的高校招生制度，虽存在

种种弊端，但在为高等学校选拔人才，推动高等教育事业发展方面功不可没。在高等教育走向大众化的形势下，高校招生考试制度必须作全面改革，扩大高校招生考试权力。

1. 改变教育行政管理部门审定下达招生计划的做法，由国家根据经济社会发展的需要提出指导性招生计划，由各地各高校结合本地区、本校的办学条件、社会需求等作出适当调整，或升或降。

2. 按照既要有统一的考试，也要有选择性考试的要求，进一步推动高考科目设置的改革，使"3 + X"科目设置改革不断完善。在科目设置方案中，有几点需要强调："X"的选择范围应为高中所开的全部课程，包括音、体、美；"X"的选择权要交给高等学校；综合能力测试还要继续进一步试点，以提高命题质量。

3. 在总结北京、上海等地推行春秋两次高考改革试点经验的基础上，继续进行一年多次高考的改革试点，使学生有多次考试和录取的机会，改变一试定终身的模式。

4. 允许更多的高校实行自主招生。2002 年，经过江苏教育行政管理部门的批准，江苏的东南大学、南京理工大学、南京航空航天大学在全国率先实行自主招生的试点，其中东南大学按自己的要求招收了 150 名学生。

5. 建立综合评价、择优录取的招生办法。注意克服以分数为唯一录取标准的片面性，建立以分数为主的综合评价办法。

6. 继续完善保送生制度，建立以全国统一招生考试和单独考试相结合的保送生考试选择体系，增加保送生比例，赋予高等学校更多根据自己的学科特色和教学要求选择学生的权力。

（六）适应加入 WTO 的新形势，积极推进中外合作办学，利用外国教育资源促进高等教育发展

教育服务属 WTO 服务贸易的范畴，加入 WTO 必将给我国高等教育带来良好机遇。一是促进高等教育进一步对外开放，更好地学习外国经验；二是有利于吸引海外资金和优质教育资源补充我国高等教育资源的不足。近年来，特别是原国家教育委员会于 1995 年颁布《中外合作办学暂行规定》后，我国中外合作办学发展迅速。据不完全统计，至 2001 年底全国有中外合作办学机构（项目）657 个，覆盖了 28 个省、直辖市、自治区。至 2002 年 8 月 15 日，经国务院学位委员会办公室批准的授予国外学位与香港特别行政区学位的合作办学在办项目 78 个。这些机构（项目）为推

动我国教育改革和发展提供了有益的借鉴。

但是，我国 1995 年颁布的《中外合作办学暂行规定》已无法适应加入 WTO 后中外合作办学快速发展的需要，为适应中国加入 WTO 后高等教育改革与发展的新形势，制定、颁布、实施新的中外合作办学指导性法规势在必行。教育部在原规定的基础上，吸收 WTO 基本原则，经过大量修改起草了《中外合作办学条例（草案）》。据教育部国际合作与交流司司长助理关键在 2002 年 9 月举办的国际教育合作周透露，酝酿已久的《中外合作办学条例》将很快颁布，政府将在两方面鼓励中外合作办学，一是高校之间的合作办学，二是职业教育方面的合作办学，并且允许办学机构盈利，在按相关法律交税后，办学机构可得到相应的经济回报。

因此，必须把推动中外合作办学作为高等教育制度创新的重要内容，制定政策，鼓励和规范中外合作办学，特别是支持和鼓励我国高校和国外高水平大学采取多种形式的合作办学，迅速培养能够适应国际合作与竞争的管理、金融、法律、高新技术等方面的紧缺人才，抓住加入 WTO 后知识流动和知识共享障碍减少的契机，加强国际合作研究和交流，充分利用发达国家的知识、信息资源，为高等教育跨越式发展服务。

四、结语

高等教育跨越式发展是一种特殊的文化变迁，它不仅体现在高等学校文化理念的提升和办学条件的改善方面，而且更多地反映在制度文化的变革上。市场机制的全面引入，社会资源的主动参与，政府职能的根本转变，高校办学自主权的真正落实，是高等教育跨越式发展的关键。为了在 21 世纪实现中国高等教育的跨越式发展，积极进行制度创新是政府、高等学校和整个社会的共同使命。

提高大学核心竞争力
推动珠江三角洲经济发展[*]

一、大学核心竞争力内涵简析

"核心竞争力"源于潘汉尔德和哈默所著的《公司的核心竞争力》（1990年）一书，书中将公司的核心竞争力定义为"能使公司为客户带来特别利益的一类独有技能和技术"。学界将此概念引入高等教育领域，从而引申出"大学核心竞争力"这一概念。

何谓"大学核心竞争力"，仁者见仁，智者见智，主要看法有以下三种：一是要素论，即把大学核心竞争力归结为促进大学走向成功、在大学竞争中起到关键作用的要素，如教师、管理和校长；而"人"是大学核心竞争力的最重要因素。二是能力论，认为大学核心竞争力是一所大学获得可持续生存与发展的能力，特别是那些独有的、长期的难以模仿的能力，如技术能力、科研能力、课程与人力资源等要素的整合能力、各种资源的获取能力、获得外界认可的能力等。三是机制论，认为大学核心竞争力在于一所大学的价值底蕴、制度规范及学科成长机制。

综上所述，我认为大学核心竞争力是一所大学在办学过程中逐渐形成的文化特质与自我发展能力。所谓文化特质，主要是指一所大学在发展过程中所形成的独特的历史传统、人文精神和办学风格，它不因人事变更或社会变迁而出现突变，这种文化特质其实是一所大学无形的影响力，国内外许多知名的高等学校都因拥有这种特质而获得外界的广泛认可。所谓自我发展的能力，主要是指一所大学拥有的内在成长机制及其获取外界资源

----

* 原载于《广东外语外贸大学学报》2006年第1期，第77—80页，与袁长青合作完成。

以充实内在实力的能力。它包括人性化的管理制度、良性的学科成长机制、健全的人才激励机制、成熟的教育质量保障体系等。

二、区域经济与高等教育区域化

区域是指以人为主体的经济社会活动的空间结构或地域系统。它是一个弹性的概念。它既与行政区域有一定的联系，又不完全等同于行政区域。它大可以跨国、跨省，小可以涉及一个市、一个县、一个社区。在探讨高等教育的区域时，多以"省"作为区域单位。

经济区域是人类的物质生产活动市场化程度发展到一定阶段的产物，是特定地域范围内资源要素和产品、产业相对密集分布和联系的空间性经济活动的总体。区域经济即经济区域的经济，它以有限的资源合理配置为基础内容，以各种资源要素间和产业间、地域间的经济技术联系、市场供求联系为基本纽带。区域经济运行具有综合性、中间性和差异性。^① 在我国，一些经济发展较快的地域已逐步形成了具有本地区特点和优势的区域经济，如广东的经济重心——珠江三角洲（简称"珠三角"），与上海和江苏的经济密切相关的长江三角洲（简称"长三角"）。

影响区域经济运行的因素按其性质和功能分为自主性要素（自然、历史因素）、再生性要素（人力、资金、技术因素）、牵动性因素（市场）、制动性因素（经济制度、经济组织）。^② 再生性要素、牵动性要素与制动性要素对经济运行起着直接的决定性作用，三种要素都受到高等教育水平的影响，其中再生性要素受高等教育水平的影响尤为深刻。区域经济作为一个相对完整的有机系统，其内部诸要素之间的联系十分密切，表现为区域内的经济、教育、科技、文化的有机结合与协调发展。

不同的区域经济在发展并形成自身特色时，需要高等教育与之配合、为之服务，形成一个与区域经济发展相适应的高等教育系统，并逐步推动高等教育区域化。高等教育区域化是以高等教育地方化为基础的，随着我国高等教育管理体制的理顺，高等教育区域化日益明显。高等教育区域化主要表现为高校办在区域、依靠区域、服务区域，并成为区域发展的重要推动力。高等教育区域化在许多国家已有成功的先例，如美国斯坦福大学

---

① 万莉：《区域经济与复合型外语人才培养》，《决策探索》2003 年第 5 期，第 55—56 页。

② 同上。

和加州大学附近的"硅谷"、英国剑桥科学公园、日本筑波大学的"开放性大学"、印度班加罗软件集群、中国北京中关村 IT 产业群等。

三、珠三角区域经济与广东高等教育状况

据资料统计，珠三角占全国土地的 0.43%，创造出占全国 8% 的 GDP，对广东经济的贡献率达 85%。[①] 但是，广东高等教育与区域经济发展的良性互动局面仍未完全形成。广东的高校大部分集中在珠三角，珠三角高等学校数量占全国的 4.12%，22 家国家级大学科技园中，珠三角只有 1 家——华南理工大学科技园。珠三角大企业一般拥有自己的研究开发机构，与当地高校联手合作的少，原因是当地高校研发力量无法适应经济技术快速增长与升级的需要，这在一定程度上制约了珠三角通过自主创新谋求经济快速发展的能力。

有的学者认为，教育竞争力决定了人力资本竞争力、科技竞争力和企业竞争力，教育竞争力是区域经济竞争力中最重要的竞争力。因而要想从根本上提高并增强我国各个地区的区域经济竞争力和国际竞争力，就必须培育和提高各个地区的教育竞争力和国际竞争力。提高教育竞争力的一个重要途径，就是提高大学的核心竞争力。广东拥有较强的区域经济竞争力，早在 1999 年广东经济竞争力就在全国排名第三，仅居北京、上海之后。[②] 那么广东近几年的高等教育发展状况如何呢？可以概括为八个字：发展迅速，仍有差距。

改革开放以后，广东高等教育取得了巨大的进步，2000 年以来发展更快。一是通过内涵和外延相结合的方式增加高校数量，扩大办学规模，在校生人数有大幅度提高。2000 年全省普通高校招生 12 万人，其中本科生约 5 万人，在校本专科生 30 万人；2005 年全省普通高校招生 30 万人，其中本科生 14 万多人，在校本专科生 86 万人。2000 年全省招收硕士生 4649 人，2005 年招收硕士生 13887 人；2000 年全省招收博士生 2558 人，2005 年招收博士生 7533 人。广州大学城已完成建筑工程 538 万平方米，大约占全省 50 余年来省属高校全部建筑面积 1100 万平方米的 46%，两年

① 李秋霞：《高等教育在区域经济发展中的作用》，《经济师》2005 年第 5 期，第 250—251 页。

② 吴玉鸣、李建霞：《中国区域教育竞争力与区域经济竞争力的关联分析》，《教育与经济》2004 年第 1 期，第 6—12 页。

建设了几乎是50年所盖大楼的一半。二是高等教育结构多元化，体系逐步完善，各学校定位更为明确。在高等教育大众化的过程中，高等学校的层次类型结构更丰富，初步形成了教学型、教学研究型和研究型高校体系，民办高等教育与公办高等教育、职业高等教育与普通高等教育协调发展。

当然，与国内教育强省和先进国家相比，广东高等教育仍存在着一定的差距。据统计，至2004年为止，全国每万人口中有普通高校本专科在校生107.9人，而广东仅为91.4人，排在全国的第17位；广东高等教育毛入学率为20%，江苏是29%，浙江是30%。世界发达国家的平均毛入学率已达50%，美国、日本、法国等主要发达国家则已超过80%。同时，高等学校的科研水平与经济发展的要求还有较大差距。

四、大学核心竞争力在珠三角经济发展中的作用

那么，如何通过提高大学的核心竞争力，来促进珠三角乃至全省经济的发展呢？可以采取以下3个应对策略。

第一，通过构建大学独特的文化特质与学术精神，吸引真正的有识之士到广东安家乐业，同时也为珠三角经济发展提供人才储备。

目前，制约珠三角经济发展的诸因素中，人力资源不足已成为经济发展的主要瓶颈。高校要吸引真正的人才，除了提高待遇以外，更重要的是要创建良好的学术氛围和人才的成长机制。如前所述，大学核心竞争力主要表现为无形的文化特质和有形的自我发展能力。前者的形成需要长期的积累与沉淀，一旦形成则不易改变。它体现的主要是独一无二的文化传统和精神品质，是一所大学的形象标志，是一所大学的社会声誉和影响力。一所大学的理念、价值观、文化精神和学术氛围，不是仅靠金钱堆积就能生成的。广东已经拥有一批历史悠久、具有自己独特文化传统和影响力的大学，它们应进一步增强自身的核心竞争力。至于新成立的一批高校，无论是公办还是民办，应有长远的眼光，从立校之初就注重学校文化精神的积累，积极探索自身的办学特色，为形成本校的文化特质打好基础。

第二，各高校通过调整人才培养模式和学科结构，优化运行机制，提高自身的技术研发能力和知识创新能力，为珠三角经济的发展提供优质的知识资源和人力资源。

一般认为，大学的职能有三：一是传授知识，二是创造知识，三是服务社会。传授知识表现为培养社会所需要的各种人才，主要通过教学活动

来完成；创造知识主要表现为各种发明创造和创新活动，主要通过科学研究来完成；服务社会是指高校利用自身的资源为社会的发展与进步提供服务。大学核心竞争力有三层结构：最深层的内涵是大学的理念、价值观、文化、制度和机制；中层是大学的创新人才培养和知识创新方面的能力和专长；外层是大学在竞争过程中表现出来的对高等教育资源的占有和整合运用能力。无论是大学职能的提升还是大学核心竞争力的提高，都离不开创新意识和科研能力，因而大学必须由重视知识简单传授向重视创新能力的开发转移，由重视知识的积累向重视能力培养转移；同时根据珠三角经济发展的需要，调整学科结构，积极发展社会所需要的学科专业。学科结构如果不适应社会发展的需要，则会直接影响到经济发展。目前，英国的大学生更多地选择人文社科类专业进行学习，而工程技术类的生源严重不足，已经影响到该国产业竞争力的提升。[1] 2004 年，广东各高校重要学科在校生占总数的比重如下：哲学占 0.03%，经济学占 6.74%，法学占 4.73%，教育学占 5.87%，文学占 6.21%，历史学占 0.32%，理学占 8.39%，工学占 27.97%，农学占 1.7%，医学占 7.08%，管理学占 20.97%。从以上数据可以看出，广东高校学科中，工学、管理学、理学所占的比重较大，这与珠三角乃至全省经济发展对人才的需要基本相符。

促进高校毕业生充分就业，需要高校重新审视自身的功能与定位。首先，各类高等学校在培养目标上要定位准确。部属院校中山大学和华南理工大学的定位应该是研究型大学，它们的目标主要是"做强"，要瞄准国内、国际的先进水平，办学层次应主要以研究生为主，在专业设置中以学科为体系进行划分；地方性院校则应进一步明确定位为应用型大学或技术型大学，以"做大"为主要目标，宗旨就是为广东省的经济社会发展提供大量的实用人才，在专业设置中则应以岗位需求为标准划分，只有这样才能真正做到围绕市场办学，结构性就业难的问题才有可能得到解决。其次，根据广东省的经济与产业结构的特点，科学合理规划高等教育的学科、层次、区域和形式的结构。

建立与现代大学相符的运作机制，也是提升大学核心竞争力的重要途径。我国现代大学制度的核心是适应市场经济制度改革，改变学校办政府、学校办社会的旧框架，逐步适应市场经济条件下"政校分离，产权明晰，利益共享，依法自治"的竞争要求。只有改革不合理的大学运行机

① 赵彦云、宋东霞：《提升大学竞争力，建立现代大学制度》，《中国高等教育》 2003 年第 18 期，第 24—26 页。

制，才能从根本上改变现有大学中的许多弊端，才能激活大学自身成长和发展的活力，从而提高大学核心竞争力。

第三，通过大学城的建设，从整体上提高大学的核心竞争力，带动珠三角经济的发展。

近年来，珠三角的广州、深圳、珠海、东莞等城市纷纷启动"大学园区"计划，提出以大学园区建设推进本地城市化和现代化。珠海是珠三角最早建设大学园区的城市。为实施"科教兴市"战略，珠海重新调整高等教育发展思路，"只求所在，不求所有"，创造条件吸引名牌大学到珠海办学。1999 年，珠海将已投入 2.7 亿元、面积达到 167 公顷拟办珠海大学的校园无偿提供给中山大学办珠海校区，在此基础上再增加面积，使校区达到 333 公顷。面积相当于中山大学广州校区的 3 倍，还给学校投资 1 亿元，由中山大学永久使用和管理。继中山大学之后，暨南大学、北京师范大学、北京理工大学纷纷进入珠海办学，清华科技园、哈尔滨工业大学信息港已落户珠海。珠海大学园区以本科教育为主，逐步发展研究生教育和继续教育，并建立科技成果"孵化"基地，发展高科技产业。深圳作为走在全国改革开放最前沿的城市之一，提出通过发展高水平的高等教育来实现"区域经济中心城市、高科技城市、园林花园式国际性城市"的目标。2000 年初，深圳成立深圳大学城规划建设领导小组，统筹规划大学城建设。大学城选址西丽塘朗地区，第一期规划开发 3 平方千米，预留西丽塘朗东部特区管理线扩展区的 12 平方千米。大学城主要发展以理工类为重点的全日制研究生教育，兼顾本科教育和继续教育。目前，清华大学、北京大学已分别在深圳建立研究生院，建设若干个国家级重点实验室。东莞选择科教与产业相结合作为突破口，建立大学科技城。规划中的大学科技城占地面积 50 平方千米，有高新技术产业区、研发机构区、科技展览区、行政办公文化商贸区、生态保护区五大功能区。大学科技城初步定位在集高新技术产品研发和制造、成果交易和转化、技术培训和服务于一体的科教与产业结合的创新基地。目前，已有 4 所高校进驻办学，北京大学、清华大学、上海交通大学、复旦大学、西安交通大学、中国科技大学、哈尔滨工业大学、中山大学、华南理工大学、广东工业大学等 26 所高校将进驻大学科技城。

面对周边城市发展高等教育的强劲势头，广州在 2000 年 8 月提出创办大学城的设想。随后，经过多方论证，确定广州大学城建在番禺小谷围岛，目前主体工程已经基本完成。广州大学城的功能定位是以大学为核心和主体，以有机联系网络（包括开放式办学、校际学术与教学协作、资源共享、后勤社会化等）为基础，包括居住、休闲、生产等多种职能，是学、研、产、住一体化的综合性城市区域。它通过其核心功能（高校科研）、基本职能（大学产业集群）、服务及辅助功能以及延伸功能（文化旅游、生态发展等），正在构建大学产业链，形成了与城市中央商务区、休闲商务区相对应的中央智力区。从地区定位来看，广州大学城综合发展大学的三大功能，成为全国的重要科教基地之一，珠三角乃至华南地区的高级人才培育中心、科学研究与交流中心、创新中心与产业化基地，广州地区的科教核心和中央智力区。广州大学城的建设与定位，是极具战略地位的，从近期看，它为广东省高教大众化创造新的空间，拉动社会固定资产投资，增加就业机会，为广州打造优质品牌，增强广州乃至全省的竞争力；从中长期看，则促成大学之间资源共享，整体上提升大学的综合竞争力，促成产科研的进一步结合，推动珠三角乃至全省经济的持续快速健康发展。

支持和规范民办教育发展的研究[*]

民办教育是指国家机关以外的社会组织、单位、个人利用非国家财政经费，通过面向社会举办学校及其他教育机构办学的活动，包括民办学历教育机构和民办非学历培训教育机构。

一、广州市民办教育的基本状况

经过27年的恢复、发展、规范和提高的阶段，民办教育已从非学历的职业教育扩展到普通学历教育，到2007年7月，广州市有1000所各级各类民办教育机构。其中：民办非学历教育机构629所，包括民办专修学院13所，在校生3842人；职业技术培训学校（中心）516所，注册人数49.98万人，分别占同类学校（机构）、学生总数的86.66%和92.88%。全市民办全日制学历教育学校370所，在校学生45.11万人，约占全市在校生总数的16.72%。民办幼儿园957所，在园幼儿16.05万人，分别占幼儿园数、在园幼儿总数的64.06%和59.01%。全市民办普通中小学和中等职业学校专任教师14948人，占中小学专任教师总数的20.06%。

二、广州市民办教育的贡献

民办教育为广州市建设教育强市作出了重要贡献。表现在：

（一）深化了教育体制改革

形成了政府办学为主，社会各界共同参与的办学体制，扩大了广州市

---

* 这是徐真华2008年为广州市人民政府提供的决策咨询报告，与张永华合作完成。

的学位供给，缓解了人民群众的教育需求，满足了社会对教育多样化的需求。

（二）有效地补充了基础教育资源

2006 年底广州市常住人口有 975.46 万人，其中领取暂住证的 300 多万人非户籍常住人口中的教育人口有 39.01 万人，在民办中小学就读的非户籍常住人口子女已达 29.01 万人。

（三）促进了职业教育发展

民办职业培训学校（中心）是广州市非学历短期职业技能培训教育的主力军，为广州市经济发展提供了丰富的技能型人力资源。

（四）支撑了学前教育

广州市民办幼儿园，无论是数量，还是在园幼儿，都超过了公办幼儿园，有力地保障了学前教育。

三、广州市民办教育特点

广州市民办教育的发展有 4 个突出特点。

（一）广州市民办普通教育数量大

表1　2006 年京、沪、穗民办普通高等教育

项　目	高校（所）	占总数（%）	在校生（万人）	占总数（%）
北京市	10	12.19	6.45	11.62
上海市	16	26.66	7.85	16.83
广州市	13	21.66	11.19	18.06

表2　2006 年京、沪、穗民办普通中等教育

项　目	中等学校（所）	占总数（%）	在校生（万人）	占总数（%）
北京市	96	13.57	3.57	6.52
上海市	126	15.86	9.3	13.07
广州市	137	29.84	6.96	12.26

注：中等学校包括高级中学和初级中学

表3 2006年京、沪、穗民办普通初等教育

项 目	小学（所）	占总数（%）	在校生（万人）	占总数（%）
北京市	21	1.6	0.67	1.41
上海市	22	3.51	2.94	5.5
广州市	158	14.2	22.52	25.2

表4 2006年京、沪、穗民办学前教育

项 目	幼儿园（所）	占总数（%）	在园幼儿（万人）	占总数（%）
北京市	350	25.71	3.55	17.97
上海市	288	27.25	4.79	16.03
广州市	957	64.06	16.05	59.01

表1显示广州市民办普通高校的在校本专科生规模大。表2、表3和表4则表明：广州市民办基础教育的学校数量、在校生人数及在全市基础教育所占的比重方面，除了中等教育在校生人数略低于上海市外，其他方面都领先于北京、上海两市。

（二）政策法制环境宽松

1992年、1996年、2000年，广州市人大常委会率先在全国先后颁布《广州市社会力量办学管理条例》《广州市幼儿教育管理规定》《广州市教育经费投入与管理条例》3个地方性法规，为民办教育创造了一个良好的政策法制环境。

（三）办学主体和学校运作机制多样化

广州市民办学校举办者主要是自然人、事业单位法人、企业（公司）法人。举办者的办学价值取向和经济实力使得民办学校形成靠学杂费办学、集约化办学、校企联合办学、公助民办等运作机制。

（四）民办教育二元化趋势明显

办学特色方面，特色学校与非特色学校并存；学校管理方面，管理水平高的学校与管理水平低的学校并存；学校准入方面，一些非法教育机构与合法教育机构争夺资源；学校存在形式方面，一校多制是民办学校不同于公办学校的特有现象。

四、广州市民办教育存在的问题

广州市民办教育存在 5 个突出问题：

（一）民办基础教育学校过度集中于义务教育阶段

截至 2007 年，广州市义务教育阶段民办学校的总量明显高于北京市和上海市，尤其民办小学高出北京、上海两市的 6 倍，70% 以上外来务工人员子女的初等教育在民办学校进行。相反，2006 年上海市非本市户籍学生在公办义务教育学校就读的比例达到 53%；北京市非本市户籍学生在公办义务教育学校就读的比例也达到 33.29%；广州市非本市户籍学生在公办学校就读的比例不会超过 15%。广州市政府在落实《义务教育法》规定的政府职责方面还需做出巨大努力。

（二）稳定民办教师队伍的政策不明确

政府没有建立民办教师退休制度、民办学校教师住房公积金制度、民办学校教师继续教育保障制度，是民办学校教师不稳定的重要原因。由于稳定民办教师队伍的政策不明确，华美英语实验学校 2004—2007 年共有 25 名骨干教师和学科带头人被公办学校聘走；2007 年 6 月白云工商技术学校十几位骨干教师被公办技校聘走；骨干教师的流失引起民办学校教学秩序混乱、教学质量下滑、学生和家长不满。

（三）民办学校法人财产权需要进一步落实

除了极少数民办学校，大多数民办学校都没有把举办人投入的办学资产过户到学校名下，举办人资产与学校资产是混同的。民办学校之所以出现种种违规办学和侵犯教师、学生合法权益的问题，其症结就在于学校法人财产权不到位，校长不能根据办学需要支配办学经费。

（四）民办教育机构的税费优惠政策未能得到充分保障

税务机关没有明确民办学校"合理回报"的纳税义务人，非学历职业教育培训机构营业税负较重，可以减免的政策性收费未予减免。

（五）政府监管不到位

法制不健全，缺乏可操作的执法依据；行政部门管理人员少，监管乏

力；多头管理、部门协调困难。这些是造成政府监管不到位的原因。

五、在规范中支持和发展民办教育

党的十七大报告指出了未来中国教育的发展趋势，这就是"优先发展教育，建设人力资源强国""鼓励和规范社会力量兴办教育"。在支持和规范的关系上，未来广州市政府在鼓励社会力量兴办教育的前提下，应该逐步把在规范中支持和发展民办教育作为鼓励社会力量兴办民办教育的政策基础，不仅要规范民办教育机构的办学行为，也要规范各级政府管理民办教育的行为，依法引导民办教育健康发展，形成政府依法管理、民办学校依法办学、行业自律和社会监督相结合的管理格局。

（一）调整结构、分类发展、打造品牌，是规范民办教育的政策目标

首先，要坚持教育公益性质，加大财政对教育投入，优化民办教育结构，促进民办学校均衡发展。针对广州市义务教育阶段民办学校过多的现象，在今后2—3年内应暂停审批新的义务教育阶段的民办初中和小学，对现有的民办初中和小学进行综合评估，分类发展。一是对于学校设置完全达到甚至超过公办学校标准且教育教学质量很高、特色十分鲜明的民办学校，给予政策扶持，鼓励其做大做强；二是对于学校设置基本达到公办学校的标准、办学行为规范、教育教学质量达到国家最低标准且有一定特色的民办学校，可以采取政府委托、选派校长、质量监控的方式，由政府出资为进城务工人员子女购买义务教育服务；三是对于学校设置达不到公办学校标准的民办初中和小学则予以淘汰，在校学生分流到公办学校和政府委托的民办学校。

其次，制定扶持政策，鼓励兴办民办普通高中和中等职业学校。表5的数据反映出广州市民办普通高中的数量仅为北京、上海两地的1/4，中等职业学校略占优势，北京、上海、广州三地技工学校的比较虽然缺乏上海市的统计数据，但三地公、民办技工学校的总数相差不大，由此可以推断出民办技工学校的数量也比较接近。

表 5 2006 年京、沪、穗民办高级中等教育学校

项　目	普通高中（所）	中等职业学校（所）	技工学校（所）
北京市	80	19	12
上海市	82	6	—
广州市	22	24	12

要改变这种状态，需要政府采取导向政策，鼓励民间素质好、实力强的企业参与兴办普通高中教育。同时，逐步引导符合条件的民办学校把办学资源主要用于高中教育，提高民办普通高中和中等职业学校的教育教学质量，为高等教育输送更多的合格人才。

再次，实施品牌战略，扶持短期职业教育培训机构做大做强。短期职业教育培训与建设人力资源强市关系密切。表 6 的数据说明，与北京、上海两市相比，广州市短期职业教育培训，无论是机构数量，还是结业人数，都存在很大差距。

表 6 2006 年京、沪、穗非学历短期民办职业培训

项　目	培训机构（所）	结业人数（万）
北京市	1767	176.86
上海市	827	161.74
广州市	629	49.98

要把短期职业教育培训纳入广州市职业教育总体规划，完善政府统筹、社会参与的职业教育体制，扶持一批在国内有影响力的短期职业教育培训的品牌机构。

（二）定制立规、强化监管、行业自律、依法行政，是规范民办学校办学行为的外部机制

要改变"国家大法不细，地方没有小法可依"的状态，结合广州市民办教育的实际，制定民办中小学的设置标准、民办职业教育机构管理、民办教育行业自律，民办学校产权管理、民办学校教师管理、民办学校举办人获取合理回报、民办学校收费、民办教育机构变更举办人等地方政府规章或地方性法规。

同时，积极探索实行教育行政管理职能有机统一的大部门体制，职业教育由教育行政部门归口管理，改变职业教育多头主管的现状；适当增加

教育行政部门民办教育专职管理人员的编制，在市政府层面构建民办教育管理的部门协调配合机制，加大监管力度；建立民办教育机构的退出机制，鼓励有志于从事教育事业的社会力量依法兴办学校。

再者，行政管理机关要依法行政，平等对待民办学校，招生和征收税费绝不能歧视民办学校。

此外，通过省级人大立法的方式，或通过省级教育主管机构，建立民办教育行业自律机制和监督机制。

（三）依法治校是从学校内部规范民办教育的重要制度

依法治校的核心是学校依法按照章程自主办学，依法接受监督。要把创建依法治校示范校作为规范民办学校办学活动的抓手，落实学校产权制度，建立办学规范、管理有序、监督有效、保障安全的学校内部管理制度，使民办学校在规范中实现自我发展。

（四）实行公办教师编制、非财政工资的扶持政策，是规范民办学校依法办学的激励制度

这种编制也称为"自筹编制"，即由政府定编，学校自筹经费。广州市民办中小学和中职学校共有专任教师14948人，占全市中小学专任教师总数的20.06%。

为了稳定民办学校骨干教师，政府宜在核定民办学校师生比的基础上，按民办学校专任教师总数20%—30%的比例确定公办教师事业编制，民办学校负责纳入事业编制的教师工资和福利待遇，退休之后按国家规定享受待遇。这项政策也是规范民办学校依法办学的重要措施，只有经过严格考核，学校产权制度落实、设施安全、管理科学民主、教育教学质量稳定、平安和谐、可持续发展的民办学校的骨干教师，才能享受公办教师事业编制的待遇。

培养全球化高素质公民的探索和实践[*]

全球化是当今世界的一个重要特征，国家和地区之间的政治、经济、文化联系越来越紧密，人员交流越来越频繁，知识传播越来越快速。信息技术发展正在改变着人们的生活方式与交际方式。面对新形势新任务，我国高等院校既面临前所未有的机遇，也面临前所未有的挑战，"培养什么人""如何培养人"是高校共同面临的重大课题。为此，广东外语外贸大学根据外部环境和自身实际革新办学理念，确立了全球化高素质公民的人才培养目标，并作了积极的探索和实践。

一、全球化高素质公民的内涵

致力于培养全球化高素质公民，就必须正确认识和深刻理解全球化高素质公民的内涵。关于公民的界定，虽有不同的概括，但有三点是最基本的：第一，公民是指社会人、政治人，他是以社会和国家的一个成员身份而存在的。第二，公民表达了个人与国家之间的一种特定法律关系，并具有相应的权利和义务。第三，公民不仅是一个政治的概念，而且是一个历史的概念、文化的概念。从学校的人才培养实践看，全球化高素质公民应有如下特征：

1. 具有强烈的爱国情感和文化认同，成为真正的"中国人"。没有民族性就没有世界性，全球化并不排斥民族性，且应以民族性为重要基础；多样化并不与一体化相悖，且应为一体化之重要前提。公民是具有一国国籍的人，要成为"有根"的全球化高素质公民，学生就应有国家意识、民族情怀和自强精神，具有健康的"中国人"意识。广外是涉外型院校，尤

* 原载于《中国高等教育》2009 年第 11 期，第 20—23 页。

其重视民族传统文化的教育，努力增强学生的文化底蕴，引导学生理性爱国。

2. 具有全球观念和国际意识，改变自我中心主义，克服狭隘民族主义，成为真正的"现代人"。广外培养全球化高素质公民，要求学生具有较强的跨文化交际能力，能熟练运用外语，熟悉国际事务，懂得并遵守国际惯例和国际礼仪，能够直接参与国际合作与竞争，在国际交往中既能与外国人和睦相处，尊重外国的风俗和宗教信仰，又能维护中华民族和作为"中国人"的尊严。

3. 具有正确的价值取向，富有爱心，有社会责任感，成为高素质的"公民"。广外要求学生能够进行内省并不断自我修正提高，使自身内在性格、气质、意志、心理、欲望等达到和谐统一，有正确的价值取向，富有爱心，勇于担当，有社会责任感，遵守社会公共准则，富有理性批判精神，善于处理人与人之间、人与自然之间、人与社会之间的关系。2008年"5·12"四川汶川大地震，广外学子感同身受，为死者祈祷，为生者祝福，并且踊跃捐款捐物、提供心理辅导，以各种形式支持灾区重建，表现出比较强烈的悲悯情怀和仁爱之心。

4. 具有向全球开放、为全球服务的意识，能够承担国内外不同岗位的工作，成为"通用型人才"。全球化高素质公民具有较强的独立思考能力、竞争参与能力、信息处理能力、跨学科知识交融能力、国际交往能力等，既能胜任国内涉外机构的工作，又能走出国门，表现出很强的适应性和通用性。

二、培养全球化高素质公民的路径和措施

1. 革新教育教学理念。传统的教育教学理念与培养高素质公民的要求有一定差距，在教育教学过程中，仍然基本上停留在传统的知识传授型模式，这种教学模式过分强调教师的主导性而忽视了学生的主体性，过分强调对知识的继承性而忽视了对知识的批判性和创造性，过分强调共性培养而忽视了学生的个性发展。在课堂教学中缺乏互动式的讨论和双向式的交流，缺乏自主式和合作式的学习，学生探究科学问题的兴趣、习惯和能力没有得到很好的培养。为此，广外在办学过程中认真贯彻这样一种教育教学理念：坚持素质教育，奉行"以人为本"的宗旨，以教师为主导，以学生为中心；在教学过程中重视健康人格的塑造，重视思维方式的培养，重视学习方法的训练，重视基础知识的积累，重视应用能力和创新能力的

提高。同时全面推进"三个转变"：一是教育者不仅要重视学生学什么，更要重视学生怎么学；二是不仅要重视学生思考什么，更要重视学生怎么思考；三是不仅要重视学生做什么人，更要重视学生怎么做人。教育教学理念的创新为培养全球化高素质公民奠定了基础。

2. 加强学科专业调整和改革。学校充分认识到，要培养全球化高素质公民，就必须大力加强学科建设，以高水平的特色学科，以学科的交叉互补带动全球化高素质公民的培养。为此，合并办学 13 年来尤其是扩招之后，广外在学科和专业建设上，坚持有所为，有所不为，不求其大，但求其优，不求其全，但求其特。一方面，进一步做好"外"字文章，重点增设中国加入 WTO 后急需的经济学、管理学、法学等学科和专业，设置外向型专业方向，优化学科专业布局和结构；另一方面，着力深化学科专业内涵建设，提高学科专业建设整体水平。学校目前拥有国家级重点学科、教育部人文社科重点研究基地、教育部外语非通用语种人才培养基地以及省级重点学科、省级名牌专业、省级人文社科重点研究基地、教育部高等学校特色专业建设点。在学科结构优化、水平提高的同时，学校进一步提高学科专业交叉渗透的深度和层次，为推进专业教学与外语教学的融合，培养全球化高素质公民奠定了良好的前提和基础。比如，根据国家尤其是广东高层次翻译人才紧缺的实际，在全国较早组建了高级翻译学院，形成了从本科、双学位/双专业、专业学位、硕士、博士完整的人才培养体系，以口译为主要特色和优势的翻译学科在全省居于领先地位，在全国具有重要影响，成为广外的"品牌"学科。

3. 改革人才培养模式。一定的培养目标要求一定的培养模式与之相适应，人才培养目标与规格的调整也可引起培养模式的变革。为了实现全球化高素质公民的人才培养目标，学校坚持"厚基础、宽口径、多方向、强能力、高素质"的培养原则，总体上实行以"基于通识教育的宽口径专业教育"为主要特征的"三层次"（通识教育＋学科大类教育＋专业教育）培养模式，努力处理好通识教育与专业教育的关系、知识传授与心智训练的关系、共同要求和个人选择间的关系；努力使学生既领会"立人之道"，又精通"做事之法"，更要使学生学会思考、善于创新，具备终身学习的能力；既注重学生共有特质的培养，同时也要给优秀学生留有个性发展的空间。比如，英语语言文化学院和国际商务英语学院从 2004 级新生开始，学生入学后前期（前两年）按照学科大类打通培养，后期（后两年）再按专业方向分流。学生在大一、大二重点学习听、说、读、写、译的基本技能，同时按自然科学类、社会科学类和艺术类模块选修通识课程，学生在大三按学习成绩和兴趣爱好实行专业方向分流，开设相关专业的核心课程，进行专业教育。通过改革人才培养模式，为学生奠定宽厚的通识基础、扎实的专业基础、强烈的国际意识，养成科学理性的批判精神，使他们在知识、能力、素质上真正具备在未来成为全球化高素质公民的潜质。此外，学校顺应高等教育大众化潮流，因材施教，对部分高起点高素质的学生实行"全英教学"、"4＋0"双学位/双专业（4年攻读2个学位/专业）、"外语专业＋辅修应用型专业"、"非通用语种专业＋英语＋辅修应用型专业"的模式，主要对学生进行跨学科大类培养，以适应国家对精英人才培养的要求。

4. 改革教学内容和课程体系。教学内容与课程体系的改革是人才培养模式改革的主要落脚点，也是教学改革的重点和难点，在全球化高素质公民培养过程中有着十分重要的地位和作用。广外与时俱进修订教学计划，在"三层次"培养模式框架内，根据全球化高素质公民培养目标进行系统设计和整体规划，压缩总学时，调整总学分，调整必修课与选修课的比例，压缩必修课学分，增加选修课学分，重构教学内容和课程体系，搭建"通识教育""学科大类教育"和"专业教育"3个课程体系平台，给学生的自主学习和独立思考提供足够的时间和空间。与此同时，扩展和丰富对人才培养具有重要作用的"隐性课程"，通过校园文化建设、社团组织建设、教风学风和师德建设等途径推进"隐性课程"建设。尤其重视专业教学与外语教学的融合，在外语专业设置商务类课程，为大学英语教学安排较充裕的学时，通过"外语专业＋应用型专业知识""专业＋外语"的强化教学，使外语专业学生掌握一定的涉外经济、管理、法律、信息技术等相关知识技能，使非外语专业学生的英语实践能力和跨文化交际能力得到不断提高。我国加入WTO为教学内容和课程体系改革提供了新的动力。加入前，国际经济贸易学院、国际工商管理学院、法学院就主动围绕培养目标，调整课程结构，增设与WTO有关的课程，使WTO知识进入课堂；加入后，进一步优化WTO课程结构，课程体系更加完善。

此外，学校十分重视跨文化交际类课程的建设，以增强学生对文化差异的敏感性、宽容度和应对能力，适应日益广泛的国际交流需要。英语语言文化学院、国际商务英语学院、国际工商管理学院和西方语言文化学院都把"跨文化交际""商务交际""商务沟通"等课程作为本科高年级学生的必修课或选修课。教学内容和课程体系改革取得积极成果，近几年来，广外有10门课程被评为广东省精品课程，其中"交际英语""英语语音""英语口译"（课程系列）还被评为国家精品课程。

5. 改革教学方法和教学手段。全球化趋势加剧和信息技术迅猛发展对高等学校教学方法和教学手段改革提出了新要求，也为教学方法尤其是教学手段改革提供了新的可能。基于培养全球化高素质公民的目标，学校大力推行以探究问题、启迪思维、师生互动、双向交流为基本特征的研究型教学模式，在广大教师中大力提倡讨论式、启发式、讲座式、案例法、研究式教学方法，在教学中不仅要传授知识，更要注重学生能力培养和人格教育，激励、引导和帮助学生去主动发现问题、分析问题和解决问题；努力增强教学内容的科学性、先进性和实践性，使课堂焕发出求知、探索与创新的活力；根据不同学科、不同课程的特点和教学要求，有针对性地设计和实施不同的研究型教学方式，在教学过程中突出学生的主体地位，突出研究的重要作用，突出知识、能力、素质的统一，使学生从被动的知识接受者转变为主动的知识探究者，在探究式学习过程中获取知识、训练思维、培养能力、发展个性。

大力建设数字化校园，努力实现课室多媒体化，积极推动教师运用现代教育技术手段。学校现有 2 个省级重点实验室、4 个省级教学示范中心以及 EDI 国际贸易全景仿真实验室等。图书馆的核心业务也实现了网络化集成管理。数字化校园建设推动了教学手段的改革。

6. 加强师资队伍建设。全球化高素质公民培养的关键在于建设一支具有中外教育背景和跨学科知识结构的高素质师资队伍。为此，广外按照"普遍培养，重点引进"的原则，一方面选送和鼓励中青年教师到国内外攻读专业学位或进修外语，提高教师的相关专业知识水平和直接运用外语授课的能力。另一方面，重点调入和接收有国外学习、研修或工作经历，能直接运用外语授课的专业教师和具有专业教育或工作背景的外语教师。近几年来，广外师资队伍建设取得积极进展，师资结构进一步优化，师资整体水平有所提高。学校能用外语直接讲授专业课或专业方向课的教师和能够采用汉、英双语教学的教师数量多、比例高，为培养全球化高素质公民提供了根本保证。

7. 加强学生社会实践和实习基地建设。学校十分重视学生的社会实践和专业实习活动，把它作为学生联系社会、提高公民素质、扩大国际视野、增强专业技能和社会适应能力的重要途径。学校积极创新机制，推进社会实践与专业学习、与勤工助学、与创新创业、与服务社会"四结合"。

首先，推进社会实践活动与专业学习相结合。一是抓好社会实践课程建设。将社会实践纳入学校教学总体规划和教学大纲，在实施学分制的前提下，加大实践课程比重。同时，专门设立创新教育学分，对有创新意识并在实践中取得突出成绩的学生给予1—8个学分的奖励。二是加强校外实习基地建设。近几年来，根据学校学科性质和专业设置情况，加强与校董单位、境内外友好机构、社会名流和知名校友特别是涉外机构的联系，建立校外实习基地，不断开拓结合本专业、本地区特点的实践项目，为社会实践活动提供了稳定场所。学校是中国出口商品交易会翻译和会务人员的主要来源，交易会也成为学校学生最大的校外实习基地，近几年每年有1600余名学生全程参与交易会的各项相关工作。交易会数以万计的海外客商、大量的贸易洽谈活动、众多的交流和沟通机会，使学生在这个重要的国际经贸平台中既检验了自身的专业知识和技能、提高了跨文化交际能力，又通过实习扩大了国际视野、增强了创业意识。

其次，推进社会实践活动与勤工助学、创业实践相结合，培养学生的创新精神和实践能力。学校结合自身的办学特色，创建了云山咖啡屋等一系列勤工助学品牌项目。这些由学生自主创建、自主经营、自主管理，实行"专业化、市场化、实体化"经营模式的勤工助学基地成为学校思想政治工作的一个亮点。近年来，莅临参观的中外嘉宾均对学校勤工助学基地建设以及大学生展示的创新能力、实践能力给予了高度的评价。

最后，推进社会实践活动与社会服务相结合，组织学生利用寒暑假和双休日走向社会，开展国情调查、扶贫支教，提供科技服务，培育学生的社会责任感和奉献精神。在深受学生欢迎的暑期"三下乡"社会实践活动中，采取"广泛组织，投标评核，择优资助"的运作模式，使学生由"要我去实践"变为"我要去实践"，激发了学生的积极性和创造性，并使其在活动的组织、策划中得到锻炼，多次得到国家和广东省有关机构的表彰。此外，学生经常被指派或被邀请参加各项重大的涉外活动，成为广东对外交流一支不可或缺的生力军。

8. 营造和谐多元的校园文化。学校在培养高素质公民的过程中，着力营造并逐渐形成了和谐多元的校园文化，和谐多元的校园文化又进一步促进了高素质公民培养。在校园里，中外文化、东西方文化共存共融、相互辉映，既可以透过汉服和旗袍窥探中华民族传统文化的绚丽丰富，透过阿里巴巴和四十大盗的故事感受阿拉伯文化的久远神秘，透过茶道与武士道精神体悟菊花与刀共存的日本文化，又可透过特洛伊战争了解西方文学的源头，透过热情奔放的斗牛舞领略西班牙文化的进取精神，透过哈姆雷特的悲剧认识英国早期资产阶级的局限性和西方人文主义的本质。多年来，学校确定了"明德尚行、学贯中西"的校训、"凤鸣岭南"的校歌以及校旗、校徽，凝练了学校办学理念和特色，彰显了外向型大学的核心价值。同时，充分利用拥有 13 个外国语专业和多学科交叉互补的优势，积极开展涉外文艺活动和跨学科学术活动，"文化·科技"知识 100 讲、人文大讲堂、著名教授论坛、英语综合技能大赛、英文戏剧大赛、英文辩论大赛、模拟法庭、模拟交易会等精品活动，形成一道道亮丽的校园文化风景线。这些校园文化活动，不仅激发了学生的学习兴趣，为学生提供了施展才华、增长才干的平台，更陶冶了学生的情操，促使学生进一步学会理解、包容、仁爱和负责任。在和谐多元校园文化的熏陶、感染下，广外学子充分体现了综合素质高、跨文化交际能力强的特点，展示了进取包容的公民素质以及现代大学生的健康形象。

9. 加强对外交流与合作。培养全球化高素质公民，离不开广泛、活跃的对外交流与合作。目前，学校已在海外开办有 3 所孔子学院，与 20 多个国家和地区的 115 所大学和学术文化机构建立了合作交流关系，通过"请进来"与"走出去"的方式，在人才培养、合作办学、课程和教材引进、出版学术成果等方面进行了卓有成效的合作，为培养全球化高素质公民提供了重要保障。比如，2000 年，学校与法国格勒诺布尔第三大学的传播学院建立了校际合作关系，开展合作办学，在广外法语专业开展中外双专业、双文凭试点；从 2003 年起，学校与英国利兹大学合办"英语教学硕士"项目，学生在广外学习，主要由广外教师讲授双方认可的课程，毕业获得利兹大学颁发的"英语教学硕士学位"。此外，学校还陆续建立了泰国诗纳卡琳大学、法国地中海高等商业学校、俄罗斯语言文化大学等国外实习基地，积极组织学生到国外的基地开展教学实习活动，使学生有国外第二校园学习或实习经历。近几年来，外语类相关专业每年都安排学生赴上述国外高校实习实践。通过国外的实践经历，学生不但增加了对语言对象国的了解，提高了专业素质，而且进一步增强了爱国热忱和社会责任感。

高校工作中的几个现象和问题[*]

今天的讲话我会分析一些现象，也会批评一些现象，说一些不中听的话，如果一年的工作只说好话，也不客观。

一、行政有为与行政安全

前几年，我在一次讲话中批评了"行政缺失"与"行政过度"的行为。今天，我想特别强调"行政有为"与"行政安全"的问题。2009年暑假，教育工委和组织部干部五处为这两年新提拔的高校系统的副厅级干部办了一个培训班，邀请我去讲课，我专门讲到了下面要讲的一些问题，包括"行政有为"与"行政安全"。我认为，"行政有为"的问题在我们学校已基本解决。从各职能部处到各二级学院，无论是党委系统还是行政系统，我们的中层干部非常"有为"，大家都在积极主动地想办法、出点子，围绕建设国际化特色鲜明的高水平教学研究型大学努力工作，但是我还想提醒一点，在"行政有为"的同时，更要注意"行政安全"。

特别是这几年教育系统违规违纪的书记、校长或一些副职，70%以上和基建工程项目或大宗采购项目有关，比如收受包工头或供应商的贿赂。这些人当年表现都不错，为各自的学校作出过重要贡献，但是他们没有经受住时间的考验，5年、6年，一届两届下来，就倒下来了。正应了一句老话："若要人不知，除非己莫为。"所以这些钱绝对不能碰。若真的推不掉，为了你自己日后的安全，你一定要交给纪委，这是一个事涉"生"与"死"的原则问题。我们学校也有做得好的例子，不是所有搞基建的处长

---

* 这是徐真华2010年1月24日在广东外语外贸大学发展战略研讨会上的总结讲话节录。题目为编者所加。

或领导都会出事，我们学校就有没出事的，做得好，是一个好的榜样。在工作中，我们一方面要广结善缘、广交朋友，比如要主动与教育部、教育厅等主管的政府机关沟通，加强联系，主动让社会和上级领导机关了解我们的学校，认识我们的学校；另一方面，有些人是不能随便结交的，特别是要尽量与搞工程建设的老板们保持距离。一名领导干部，如果一周七天夜夜灯红酒绿，怎么保证自己守得住道德的底线、廉洁的底线。因为有些人无孔不入，往往会想方设法攻破你的防线，大家要特别警惕。

二、用什么人和怎么用人

这么多年来，我看到我们周围和我们学校自身，在用人问题上也有一些思维上、认识上的偏差。第一种偏差是用听话的人，叫干什么就干什么，我就信任他，至于说他的水平、能力、德行怎么样，就放在第二位去考虑了；第二种偏差是用意气相投的人，比如一些人专门喜欢打高尔夫、打麻将、打牌，这些人互动都非常好，工作可以搁一搁，但玩球、玩牌可是一点也耽误不得，随叫随到，一周起码玩两三次，玩的过程还赌钱，当然总是当领导的赢钱机会多。如果这样的人你用了，将来可能会被这些人所害，当然是你首先害了这些人。你用这些人，他们会投你所好，为你做不合规矩的事，长此以往，你的精神就会麻木，在错误的道路上越走越远。

那么到底应该用什么人，我是主张用能干的人，用能干净干事的人，用能干成事、能干成好事的这些人。我在广外的这几十年，当校长书记的这十年，我一直秉持这个宗旨。用能干、能干净干事又能干成事，特别是能干成好事的人，不以亲疏作为用人的标准。在场的几十个处长、院长，你们有谁是靠贿赂走上领导岗位的？中层干部换届，有谁是靠跑书记、校长家跑出来的？是靠请客送礼、拉近乎走上领导岗位的？没有。所以这十年，我秉持这个原则，坚持下来了。我们学校今天之所以风气这么好，校领导带头、带好头是一个重要原因。在任何一个单位，不一定每个领导都很有智慧、很有能力，但每个领导在德行上都必须做得最好，在守法按规办事方面必须做得最好，在用什么人、怎样用人方面必须是高手。

怎么用人，有个很好的例子。汉高祖刘邦大家都知道，他行政能力不如张良，谋略不如萧何，用兵不如韩信。但是，就是这个出身草根的汉高祖，从一个小小亭长成长为一代枭雄，奠定了大汉王朝400多年的基业。但也有人不服气，说："世无英雄，遂使竖子成名。"你不服也没用，人家就是当了皇帝，他有他的超人之处。我分析，就是他善于用人，善于用这些能人，用能办成事、办好事的人，奠定了他的皇家基业。刘邦有两大特点，一是为了既定目标，排除一切干扰，义无反顾，勇往直前。第二个特点是对于危及大局的人毫不留情。比如，淮阴侯韩信拥兵自重，被吕后所杀。其实历来帝王都是这样的，否则成不了大器。为了远大目标，切切实实用能人、做好事，义无反顾地为达到这个目标拼搏，我们要汲取这种气概中积极的因素。

用能干事、干成事、干好事、得民心的人，这必然要求领导者有一种宽容的胸怀，对我们的同志，小缺点、小错误、小的不足可以忽略不计，不要斤斤计较，因为谁都不是完人。我们领导者要有听得进不同意见的胸怀。古人云，"朝无诤臣，则不知过；国无达士，则不闻善"，要避免这样一种不健康的言语环境。"讲真话，在私下讲；讲套话，在公开场合讲；骂领导，在背后骂。"这就是一种不健康的语言环境。应该说，广外的民主氛围、决策程序都是不错的。没有好的、比较民主的氛围，比较科学的决策程序，很难解释近十年广外的发展。当然，这是已经取得的成绩，不需要我们去多讲。

三、以制度管人、管事、管物

一定的制度环境产生于一定的文化环境。我先前读到一个资料，经济学家吴敬琏在 1999 年有个讲话，他说决定一个国家高新技术发展状况的最主要因素，不是物质资本的数量和质量，而是与人力资本潜力发挥相关的经济组织结构和文化传统等因素。这句话引起我的思考，我从他那里引申出一个观点，我得出这样一个判断：无论哪个行业，决定一个组织和机构生命力的，首要的并不是技术，而是这个组织和机构的制度文化、运作机制以及由此孕育出来的人的素质。

再进一步推理，到我们高校，决定一所大学发展状况的最重要因素，首先不是行政级别，不是物质条件，也不是利益配置，而是与人力资源潜力发挥相关的制度文化、组织结构和运作机制，它们是能够产生思想、理念和质量，包括技术、物质财富等的"孵化器"。所以每位领导不管以前从事什么工作，也不管你以前出身如何、级别怎样，我们都得认真熟悉、学习和研究广外的制度文化和运作机制，包括主动地创造、主动地贡献，来营造广外的制度文化，去提升、改善、创新广外的制度文化。现在已经有的、比较好的我们要熟悉它、继承它，把它发扬光大。各级领导不能游离于这个制度之外，否则就会讲错话、做错事，让别人在背后议论你。

每个人都有一个学习的过程，我们不能停留在原来的思维模式里，用习惯性的思维方式和行为方式来处理事情，用旧的经验和旧的习惯来行政。比如有的领导，要用一个人、动一个人，一句话，动了就动了；要办件事，一个指示，就让下面办了。现在广外不是这种操作方式，它有一系列的程序和制度。别说一个处长，一个副职，就是我当了十年的校领导、主要领导，也没权力来随便给某个单位增加一个人，即使要增加，也需要学校编制委员会讨论，之后再上办公会，论证有没有这个必要性，如果有这个必要性，才增加编制，办公会讨论确定后，再公示岗位，在校内或校外公开选拔或招聘。这样的程序保证了我们不以个人的意志代替行政规章，保证了大家心情比较舒畅。这就叫作制度，这个制度形成的文化就叫作"制度文化"。它能保证一个机构有效地公开、公平、公正地运作，能保证职能部门的领导依法依规办事。

习惯势力往往想超越理智和规章。不少同志有了一官半职，就都愿意按照自己的意志去办事，其实这是一个很大的缺陷，人性的缺陷。每一位有抱负、有理想的领导者，都必须深刻认识到自己的局限，要做得比一般人有所超越，比一般人放得下自我，要经常去听取同事、部属的意见，要善于、乐于与其他同事沟通。同时也不能唯唯诺诺，做好好先生，什么也不敢承担责任，那也不行。做领导的，应该要有点英雄主义的气概和超越凡人的心胸，要努力把已经在广外初步形成的、有效的制度文化做得更有特色、更有深度，切实提高学校的综合竞争力。

四、关于师德

师德问题，我们各二级学院院长、书记都要担负起这个责任，它是很具体的一项工作。怎么样让我们的老师、干部对职场、对学生有正确的认识，所有的偏差就是这两个关键的东西没有认识到位。

什么是职场？对于教师这个职业，你抱什么样的态度？我就举两个例子：有的老师上课，先是骂骂咧咧，然后才上课，上课后也不忘把学生数落一通，草草收场。这就是对事业的态度有问题，这样的职业态度在任何国家都是不容许的。不是说你不能发牢骚，你可以批评，但在课堂上你不能这样做。45 分钟的课是有严格的职业要求的，你的职责是向学生传授知识，和学生一起研究问题。你把牢骚替代了讲课内容，说严重点是侵权行为，你侵犯了学生课堂学习的权利，违背了教师的职业道德。对这些人，我们要毫不留情，书记、院长应约其诫勉谈话，要求即刻整改，不整改，调离教师队伍。这是对学生负责的最根本体现，最近我们就处理了这样一名教师。

第二个就是对学生的态度。你可以批评领导、批评同事、批评学生，但你不能骂你的学生，你得尊重学生的人格。这样的人要让他痛定思痛，改过来，这是原则问题，是不能通融的。这些关系到师德问题，需要二级学院院长、书记做工作，要找相关老师谈话，不要等问题成堆、尖锐了、激化了再来处理，那样我们付出的成本太大，一有苗头就积极疏导、扶正，他就可能改过来。

关于现代高等教育的理念与使命[*]

  2007 年 9 月，我随广东省教育厅访问团到美国马里兰大学研修。这一个月，讲的都是马里兰大学如何运作、如何管理，没有什么理论。从实务的角度看，我觉得也好，等于在一个月内解剖了马里兰大学这只"麻雀"，近距离地看了这只"麻雀"幸福、快乐而富有成就的生活、工作。

  理论太多了，行动太少了，可能造就一批空头革命家，实际上对革命没有太多用处。美国人待人处事奉行实用主义的原则，什么事情都讲究程序和结果。马里兰大学的经验再一次证明，管理一所高校凡是缺乏高远的理念、务实的精神，缺乏对学生的成长成才成人负责的态度和作风，一般都管不好这所学校。

  下面，我结合在马里兰大学研修学习一个月的体会，用几个关键词的方式谈谈我对当下中国高等教育办学理念和使命的认识。

第一个关键词：大学校与小组织

  在 9 月 4 日的开学典礼上，马里兰大学资深学术副校长兼教务长纳里曼·法旺丹（Nariman Farvandin）博士简要介绍了马里兰大学的架构和管理，他讲话中的一个理念我觉得非常重要，这个理念就是他在简短的讲话中多次提到的"大学校小组织"的思想。他说："马里兰大学非常大，马里兰大学系统有 11 个分校，10 万余学生，光马里兰大学的旗舰学校，也就是他担任副校长兼教务长的帕克学院就拥有 13 个分院，1.4 万名在职、兼职的教职员工，3.5 万名学生，其中研究生 1 万人，研究生培养项目 112 个，学校占地面积达 7500 余亩。"这么大的一个学校怎么管理？法旺

---

  * 这是徐真华 2010 年 4 月 10 日在广东省教育厅中层干部培训会议上所作的报告。

丹博士说他们的管理理念是"大学校小组织"。所谓"大学校",就是大学重在宏观管理和综合协调,对人、财、物的配置使用进行统筹。所谓"小组织",就是各个学院、各个系、各个研究生项目、各个科研项目都是一个实体,一个干实事的、高效率的、各司其职的组织实体。各个组织实体在每年一度的预算管理下有充分的自主权。此外,还设有本科教育学院和研究生教育学院,分别负责本科生的通识教学和研究生教学管理,相当于国内高校的教务处和研究生处。

美国教育部并没有统管全国教育机构的职能,也没有各州统一的教育政策,但是各个大学各自制定了许多可操作的规章制度。这些规章制度体现了美国大学的自治权,体现了美国大学比较完善的自我管理、自我监督、自我完善的发展机制。比如,教师、管理人员编制及人员工资都是由大学参照州政府的相关政策自己制订,当然,有一点是美国各级各类大学的共性,这就是自由思想、学术至上、学生为本、兼容并包。反观我们国家从指导思想到管理机制,从教学模式到培养目标都奉行大一统的指导思想,分类指导并没有落到实处,政府仍然沿袭计划管理的比较僵硬的指导政策。

首先,"大学校小组织"的管理理念来源于美国的教育管理体制,即教育由各州政府主管,美国教育部主要履行协调、督导职能,在宏观政策的制定和实施方面发挥重要作用。而州政府主要负责预算拨款以及收费标准等政策方面的调控。对学校评估、考核则主要由非政府组织进行。学校的运行管理权主要在学校自身,在大学系统内享有充分独立的人事权和财政权的各个分校。

其次,"大学校小组织"的管理理念还有可能来自20世纪70年代以来西方国家(主要是欧洲国家)倡导的"去中心化"的政府管理理念。"去中心化"不是简单地分流中央政府的权力,不是削弱中央政府的权威,而是为了发挥各级地方政府的创造性而进行的合理的权力再配置,其产生的背景是后工业化社会和电子信息化社会的来临,是欧洲社会在基本完成了工业化和城市化改造以后需要激发管理活力,提高管理效能所采取的一项必然举措。

说到管理,自然会牵涉到究竟应该奉行教授治校还是行政治校的管理原则。高校管理行政化、政府化的弊病已是不争的事实,尽管去行政化并不是简单地取消行政级别,更不是愚蠢地取消行政管理架构,但是,教授治校是否一帖救世良方?有学者提出教授治学,但主张教授治校者立马反驳说:教授一直在治学,本来就治学,还要你来教吗?用教授治学取代教授治校,那是偷换概念,实际上还是把教授们排除在高校的管理权之外。

我觉得，为了保证教授们在高校管理中不可替代的学术地位和学术作用，这两个口号不尽准确或有失偏颇，我主张"学术治校"这种管理理念，这种提法的理由是：第一，它确立了高等学校中学术至上这一不可替代的学科建设地位。第二，它更多地关心在学校治理过程中学术作用的内涵而不仅仅是形式。主张教授治校者推崇"教授委员会"这样的组织机构。其实，现在各高校的学术委员会、学位委员会都是由教授们组成的学术管理机构，如果他们的职责只是限于"评个职称，授个学位"，那教授们在学校建设中的作用仍然十分有限。第三，它有利于形成"思想自由、学术至上、以人为本、民主管理、兼容并包"的学术导向。"大学校小组织"的管理理念和办法无疑值得我们深思和借鉴。

第二个关键词：通识教育和专业教育

关于通识教育的理念，国内已有很多研究，也受到越来越多的重视，但是在实践的层面上，中国高校的通识教育做得还不是那么好。顺便说一句，美国高校的通识教育和我们目前倡导的素质教育不完全是一回事。2006 年 5 月 15 日，哈佛大学教授路易斯出版了一本"耸人听闻"的书：《优秀却没有灵魂：一个伟大的大学是如何忘记了教育》。书中，他旗帜鲜明地抨击哈佛大学体制的种种弊病，他指出："哈佛教师为了保全自己的终身教授地位，越来越精于专业，而学生们却越来越沦为一般人。"与此同时，当下哈佛大学和学生的关系，更接近"关注用户至上和公共关系"的公司形象，而忽视了对学生的教育——简而言之，金钱和声望超越了原则和理性，哈佛大学变得越来越没有灵魂。

自 19 世纪开始，哈佛大学历史上曾经进行了 4 次教育课程改革，分别是 1869 年的选修课改革（强调赋予学生自主选课的自由）、1919 年的集中分配制改革（强调必修课程和选修课程的平衡）、1945 年的普通教育改革（强调培养自由社会的公民）、1978 年的核心课程改革（强调赋予学生探索知识的途径）。每一次改革，都牵一发动全身，体现了不同时代的人才教育理念。

路易斯认为，在美国大学的教育中，特别是在哈佛大学的教育中，每个学生，无论修读何种专业，都必须接受"通识教育"。在这一类课程中，学生主要是学习未来如何做个好市民和有责任感的社会人，而不仅仅是学习具体的学科知识，为以后找工作做知识准备。对学生而言，专业课学到的数据、图形、史实等知识或许毕业了就要忘掉，但通识教育对学生的未来更重要、更有影响。因为他们将通过该课程体系学会如何对社会负责，如何审视自己的处境——这是哈佛大学自 20 世纪 40 年代以来一直保持的优良传统。

学业优秀的学生就一定会有道德？路易斯认为二者没有必然的关系。哈佛大学总是产出领袖，但有人说哈佛大学出来的人缺乏同情心和判断力。那么哈佛人所崇尚的道德规范到底是怎样的呢？路易斯认为应该引导学生理解过去，由此让他们能对未来负责。正因为从哈佛大学走出来那么多领袖人物，所以它有义务加强学生道德思辨的能力。

谈到具体的改革措施，路易斯认为除了把道德教育列为必修课程，让学生们从哲学、社会学、心理学等角度去思考人生的意义以外，更重要的是哈佛大学的教员在教学和科研上应该有侧重安排，目的是让教授更关注自己的学生。路易斯说："我们是世界上最好的研究型大学，我们的教师也是最好的，大部分在极其尖端的，或者说狭窄的领域里有着极高的成就，但是说到要教学生道德课程，教他们人生意义时，教授们会问：这归哪个学院管？答案是，这不属于任何一个学院，而是属于我们全体教员，我们都得为此做出贡献。"

路易斯在肯定哈佛大学实施的通识教育的同时，也批判了通识教育中的"用户至上主义"的倾向。他说："我们把家长当成顾客，给了学生太多他们'想要'的，而不是他们'应该掌握的'、对他们的成长最有益处的东西。"路易斯对课程设置的建议是：我们应该有那种能让学生感到"精神痛苦"的课程，让他们关注生活，为生活担忧，改变他们童年以来的一些想法，把他们推入人生和社会。你怎么可能想象到大学上课是一件轻松愉快的事情？总是很开心？这算是什么大学教育！人在 18 到 22 岁之间就应该开始想些痛苦的事情了。

此外，路易斯非常反对的另一种观点是：哈佛大学应该像一个大商店，你从柜台逛一逛，选取自己喜欢的东西，把喜欢的各个课程放进你的口袋，然后离开时带着一张哈佛大学的文凭。

在哈佛大学，分数的竞争一直存在，那么根据这种商场式的选课模式，学生在选课时很难有什么体系可言。认为分数重要的学生自然会用该门课程是否容易得高分来衡量一门课的可选性，最容易做的是选择那些他们最了解的学科或课程，这样一来他们就会有最大的机会获得高分。路易斯就曾建议他的孩子，尝试放松，不要为了分数选课，而应该选那些你感兴趣或者你觉得值得一学的课程，可以学到东西的课程。

毕竟大学教育的最终目的不是物质上的成功，不是金钱和名声，而是教授公民意识，确立道德准则，学会为公众服务，鼓励和激发学生相信充实的人生，以免他们在离开哈佛大学以后堕落、腐败。这就是路易斯推崇的通识教育的作用，它与大学的使命和教育的价值一脉相承，他对哈佛大学的批评值得我们思考。

第三个关键词：对"大学"的解读

2007 年，哈佛大学新任校长上任时有个演讲，讲了两层意思，第一层是当大学不断地沉浸在对自己的回忆中时，这个大学一定是没落了，一定是不思进取的。我觉得很有道理。第二层意思是大学如果过多地强调它对现实的责任，那么这个大学一定是功利化的大学。一针见血。当然，我们也不能把它照搬过来，因为中国有中国的国情，但它是有道理的，是值得我们借鉴的，特别是对我们中国的高等教育。

先说第一点，我们不能沉浸在对自身的回忆当中。我们过去十年是取得了巨大的进步，但还存在种种不足和缺陷，还有很大的发展空间，我们的眼睛要向前看，向国内先进的同行看，向国外高等教育发展的前沿看。看到了这一些，我们自身的不足和差距就凸显出来了，包括办学理念、办学思路、办学模式乃至队伍建设、教材建设、教学方法、考评方法上的差距都能找得出来了。前年在隋广军校长上任时我对他讲了这样一句话，我说："你应该反思我们以前的工作，找出它的不足和缺陷，大胆地否定，否定工作中做得不好的地方，然后才能大踏步地前进。"

第二点，我们应该非常关注现实，因为我们是政府办的大学，政府要求我们为广东经济社会的发展贡献自己的力量，你不能超脱的，你不能像美国马里兰大学华文中心主任戴博所说的："美国的大学不向政府负责，也不用向社会负责，我们只向学生负责，只向传播知识、创造知识负责。"当然，这是美国的教育理念，我们可以参考，汲取它有益的东西，但不能照搬。我们能不向社会、不向政府负责吗？这不行！所以，我们的教学、科研要紧紧地服务于社会。但是，我们更要注意，不能眼睛里除了服务于现实社会经济发展需要，没有其他东西。因为大学，从更高的层面上讲，它必须是超越的，特别是在思想和精神领域，大学必须有自己的办学理念，有高远的追求，它不应该成为没有灵魂的传声筒。这种超越就是要超越当下的浮躁羁绊，超越当下功利化的存在，超越工具理性主义的遮蔽，这种超越必须通过知识分子这个群体，通过他们独立的精神人格，他们自由而积极的学术思想来实现，因为这种超越必须依靠这个群体的思想成果和他们的主动参与去实现。但很遗憾，我们现在还远远达不到这种境界。

我想说的意思是，我们的办学宗旨还常常被某种教条所累，我们需要更多地关注那被掩盖着的另一种更深层次的东西，那就是高等学校对人类的精神层面、思想层面有更高的追求，有更大更积极的贡献。我们不能不关注当下，但也不能只关注当下。有一篇文章，题目是《还是要读王小波》，发表在 2009 年 12 月 11 日的《羊城晚报》"书人书事"栏目，作者王国华说："王小波的小说我读不进去，主要读他的思想杂文。每隔一段时间，都把王小波作品拿出来，翻翻，笑笑，心说，他依然走在前头，居然还是把握着今天的时代脉搏。举两个例子。20 世纪 90 年代中期，他谈论国学的时候，'国学热'其实刚冒头，远没有今天这样制度性地热火朝天。王小波说，'给我两个线圈一根铁棍子，让我去发现电磁感应，我是发现不出来的。牛顿、莱布尼兹，特别是爱因斯坦，你都不能不佩服，因为人家想出的东西完全在你的能力之外。这些人有一种惊世骇俗的思索能力，为孔孟所无。按照现代的标准，孔孟所言的'仁义'啦，'中庸'啦，虽然是些好话，但似乎都用不着特殊的思维能力就能想出来……'又如：'如果说，这（孔孟程朱）就是中华文化遗产的主要部分，那我就要说，这点东西太少了，拢共就是人际关系里那么一点事，再加上后来的阴阳五行。这么多读书人研究了两千年，实在太过分。'"

王小波把"孔孟程朱"一棍子打倒是不对的。应该说，今天人们心灵世界的素养有相当大一部分仍然来自孔孟学说，来自诸子百家。且不说半部《论语》治天下，光说中华文化人文、哲学、社会科学的积累，使中国的古代人和现代人都具有了思想，没有这些人，中华民族思想的"根"在哪里？恐怕很难找。法国思想家帕斯卡尔（Blaise Pascal）有句名言，他说："人只不过是一根脆弱的芦苇，他的全部尊严就在于思想。"孔孟之道的东西就是思想，它的价值不说高于，至少可以说与爱因斯坦的学说同等重要，你不能说科学技术的东西就比人文哲学的东西重要，这是不对的。是思想赋予了人真正的价值。中国有一小部分学者对中国几千年的文化传统、文明成果持不屑的态度，表现出一种很草率的轻蔑，这是十分错误的。雅斯贝尔斯（Karl Jaspers）在他撰写的《大哲学家》这本书里说："在科学及科学方法上，一代比一代人先进。但是，有些哲学思想，后面的人，不一定能超越前人。"从西方看，现在要解决的问题，有些还是柏拉图提出来的；中国也一样，要解决的问题，很多还是孔孟提出来的，比如"天人合一"的思想，"知行统一"的思想。所以说，学校领导的责任重大，因为要用前人的思想做基础，来整合并创新大家的思想，要以现代人的智慧来整合并提升大家的智慧，把个人的智慧上升为集体的智慧，把学校带上一个更高的发展平台。

第四个关键词：关于教育国际化

大概四五年前，我在北京参加一个会议，教育部有专家在点评"教育国际化"时，认为这个提法不妥。他说，这个"化"不知道是你"化"了别人，还是别人"化"了你。四五年过去了，很明显他的观点是错误的，怎么连这点自信都没有。高等教育国际化，绝对不等同于西方化，更不等同于美国化。

"国际化"的内涵是什么？2009年底，罗伟其厅长在给广外中层干部作的报告中阐述得很清楚，他提到要制定教育国际化的培养目标、课程体系和师资队伍，讲得很具体。今天，国际化是我们不可回避的事实、不可否认的现状。为什么？因为信息化、网络化、经济一体化正在改变着我们的生存方式、生产方式、思维方式，这是不可回避的。我想从抽象的层面，也尝试谈几点感想。我认为教育国际化，尤其是高等教育国际化，首先是在当今全球化背景下对国际高等教育规律的再探索，是对国际高等教育质量标准框架和竞争规则的建设和认同。"建设"就是我们应该积极主动地参与其中，以当事人的身份，提出我们的意见；"认同"即经过我们参与制订和修改的，我们就要接受它，就是要找到既与国际接轨又能体现自身特色的那些规律、规则的东西。它是中国高等教育对被普遍接受的国际先进教育观念的学习、融合和创新，这应该是一种平等的竞争、互利双赢的竞争。因此，国际化绝对不是民族化、多样化、中国特色等这些词语的反义词，而是同一教育大舞台上不同的模式和方法，是因应这个时代发展的不同模式和方法，它亟待我们继续去研究、去探索、去补充和完善。

第五个关键词：关于个人的进步

我曾在广外就广外学生成长成才成人的发展路径提出过一个口号，叫作"立足平凡，追求卓越"，还做过一个比喻，说：如果我们广外的学生是二级面粉的话，那么，我们一定要用二级面粉蒸出一级馒头。后来有学生提意见，说：校长，我们都是从一本线录取到广外读书的，怎么就变成二级面粉了呢？我一想，对啊，不能贬低这么好的生源！于是就把这个比喻改成：用标准面粉做出精面馒头，打造精品。

中国惠普前总裁孙振耀最近有一篇讲话在网上广为流传，这篇讲话的题目是"孙振耀先生谈工作和生活"，其中讲到励志与成才的观点和文字都很精彩。比如，他讲到如何做一名"普通人"。他说：我发现中国人的励志和国外的励志存在非常大的不同，中国的励志比较鼓励人立下大志愿，卧薪尝胆，有朝一日成富成贵。而国外的励志比较鼓励人勇敢面对现实生活，面对普通人的困境，虽然结果也想成富成贵，但起点不一样。相对来说，我觉得后者在操作上更现实，而前者则是需要用999个失败者来堆砌一个成功者的故事。我们都是普通人，普通人的意思就是，绝大多数人都将平凡地过一辈子。我们不会买彩票中500万元，我们不会成为比尔·盖茨或者李嘉诚，我们不会从飞机上掉下来，我们当中只有很少的人会创业成功，我们之中大约有30%的人会离婚，我们之中大部分人会活过65岁……

孙振耀的一席话与广外提出的"立足平凡，追求卓越"的理念十分相近。立足平凡，重在为争取远大目标而付出的一天天、一月月、一年年普普通通的劳动。说到底，立足平凡首先是要做好基层的普普通通的工作，培养起每个普通人都应该具备的品德和人格。我常常给学生说，在追求卓越的道路上，你不能急躁，你必须有耐心，一个不知道等待的人是不会有收获的；你不能狂妄，你必须谦恭，一个个性张扬自大的人是难以成气候的，一个牢骚满腹的人是不容易获得信任的；你要学会积累，你在无数个平凡的工作中表现出来的敬业精神、团队精神、创业精神以及对事业、对社会负责任的态度可能已经在不知不觉中造就了你的卓越。王小波是一位十分有思想的作家，尽管我并不认同他对中国传统文化的那些评价。有一次他和朋友聊天，谈到人生有三种态度，一是智慧人生，二是道德人生，三是行动人生。朋友问他，如果这三种人生你不能兼而得之，你宁可选择哪一种人生？王小波回答：智慧人生。因为人是有思想的动物，所以你就具备了智慧的基因。但是，你怎样思想将决定着你会有怎样的智慧，也决定着你有怎样的行为方式，并直接导致你思想、行为的结果。

坊间有一个笑话，用三种娱乐活动来戏说三个民族，说：日本人喜欢下围棋，追求的是一个势，大势，所以他们考虑问题往往从全局出发，不大计较一时一事的得失，有时为了追求大势的完美、全局的效果，不惜丢弃一子一卒，被牺牲的一子一卒不仅毫无怨言，相反会觉得自己很光荣，很值得，因为自己为全局的胜利作出了贡献。

再说美国人，美国人喜欢打桥牌，打桥牌讲究配对合作，美国人为了一个目标，打败对方，往往配合得非常默契，绝不相互埋怨、相互讽刺，打击合作的另一方，把失误主动推卸给自己的伙伴。

第三是中国人，中国人喜欢打麻将，麻将讲究各自为战，讲究上堵下截，自己糊不了，也绝不愿意让别人糊。

三种游戏，三种风格，折射出三种不同的性格特点，我听了这个笑话后，忍不住笑了，但笑声里充满了苦涩。

这里我们不妨再回到孙振耀的经验，去看看一个普通人该怎样谋划自己未来的人生。孙振耀说：职业生涯就像一场体育比赛，有初赛、复赛、决赛。初赛的时候大家都刚刚进社会，大多数都是实力一般的年轻人，这时候努力一点认真一点，很快就能脱颖而出。于是有的人20多岁做了经理，有的人迟些，也终于赢得了初赛，30多岁成了经理。然后是复赛，能参加复赛的都是赢得初赛的，每个人都有些能耐，在聪明才智上都不成问题，这个时候再想要胜出就不那么容易了，单靠一点点努力和认真还不够，还要有很强的坚韧精神，要懂得靠团队的力量，要懂得经营好人脉，要有长远的眼光……

看上去赢得复赛并不十分困难，但，也不容易。因为这个世界的规律就是给人一点成功的同时让人骄傲自满，刚刚赢得初赛的人往往不知道自己赢的仅仅是初赛。美国里根总统当年刚赢得加州州长的选举时很兴奋，他的夫人南希·里根给他泼了点冷水说："你还没到华盛顿呢！"这一句话使里根在自满的兴奋中有所顿悟，几年后他果然入主白宫，当上了总统。在我们日常生活中，这样的情形确实不少，有了一点小小的成绩就骄傲自满起来，认为自己已经懂得了全部，不需要再努力再学习了，他们会认为之所以不能再进步已经不是自己的原因，而是领导的责任了。于是他们没有耐性，没有容人的度量，更没有清晰长远的目标，就像一头愤怒的公牛，怨天尤人、牢骚不断，最终还是败下阵来。而赢得复赛的人则像斗牛士一样，不急不躁，跟随着赛事的节拍，慢慢耗尽对手的耐心和体力。赢得了复赛以后，大约已经是一位很了不起的职业经理人了，当上了中小公司的总经理、大公司的副总经理，主管着每年几百万乃至几千万的生意。

最终的决赛来了，这个时候的输赢或许就像武侠小说里写的那样，大家都是高手，要想轻易击败对手是不可能的，除了使上浑身解数，还需要一点运气和时间。世界的规律依然发挥着作用，人性的弱点再次作祟，赢得复赛的人已经不只是骄傲自满了，他们往往刚愎自用，听不进去别人的话，有些人脾气变得暴躁，心情变得浮躁，身体变得糟糕，此时，他们最大的敌人就是他们自己。其实，在决赛中要做的只是不被自己击败，等着别人被自己击败。这和体育比赛是一样的，最后高手之间的比赛，谁失误少谁就赢得了决赛。

2000年6月，我在初任校长时曾经许下过一个诺言：把办好广外作为我的第一专业。后来我曾经读过这样一段文字，这段话坚定了我的信念。话是这么说的："如果校长这棵树长得威风挺拔，而学校其他学科、其他专业都只是一丛丛低矮的灌木，那么人们来到这个地方所见到的就只是一丛丛灌木而已；如果灌木丛都长成了乔木，即便校长这棵树长得矮一些，你见到的将是一片生机盎然的树林。"我觉得这段话真的讲得太好了。它告诫我们，你当校长，要努力把学校所拥有的学科、专业培养成一棵棵大树，而不是首先把你自己栽培成一棵大树，其他则让它们自生自灭。十年过去了，我的诺言开始变成现实。

第六个关键词："以人为本"的办学思想

在马里兰大学感受最深的是学校处处做到以人为本，关心青年教师，爱护青年学生，热情地帮助他们健康成长。举两个例子：

先谈教师。马里兰大学有一个卓越教学中心，青年教师可以自行申请进该中心接受教学方法或科研方法的培训。培训一般不脱产，中心会根据各位申请者的具体情况，委派导师与青年教师开展一对一的互动。

蒙哥马利学院有一个专门为教师提供帮助的教师教学与研究中心，中心委派专人为有需要的青年教师提供教学方法、科研方法或教学技术方面的辅导。

蒙哥马利学院还有一个帮助学生特别是国际学生阅读和写作的辅导中心，只要学生提出要求，中心都会安排教师为学生提供义务的学习指导。

对青年教师和学生的个别辅导都是免费的，参加辅导的教授也不领取报酬，他们都是自己报名、自愿参加的，以此作为教授们职业贡献的业绩。

"一切为了学生。"这句话在马里兰大学已成为教职员工的思维习惯和行为习惯。在这里，学生最大的感受是自由、平等，学得好或者差都可以在学校里找到自己的位置，没有人歧视你。但是，你得对自己的行为负责，对自己的学习负责，因为迈向学习成功的路径不是免费的。马里兰大学的学生保持率是75%，毕业率也只有80%左右，也就是说有一小部分同学中途辍学或者被拒绝毕业。

第七个关键词：法治精神与民主意识

在论述这个问题的时候，我想先讲几个发生在美国的真实的案例。

第一个案例，《米兰达规则》。

1963年，美国人米兰达犯了强奸罪，当地法院判处他30年有期徒刑。在案子审理的过程中，辩护律师沃伦发现这个案件在审理之初公诉方就没有严格按相关的程序来做，比如法官没有在庭审时告诉米兰达，他有权保持沉默，他在法庭上的每句话都可能成为控辩双方的证词。

辩护律师沃伦据此认为，由于庭审法官无视犯罪嫌疑人的正当权益，因此他的当事人没有运用法律赋予他应该享受的权利，这对米兰达是不公平的。

这个案子由于某些程序缺失而被州最高法院推翻，州最高法院最后认定在公诉方没有找到足够的证据而且没有履行完整的司法程序之前，米兰达应予释放。因为法院认为，一个个案的失实或者失真，都是对公平正义的亵渎。

这个案例后来就成了一个经典，引申出了一个法律文件，即《米兰达规则》。

第二个案例，日本中学生太郎（名字为作者所撰）在美国被误杀的事件。

大约在2000年前后的一个深秋，一个日本中学生代表团访学美国，恰遇美国万圣节，也就是人们俗称的"鬼节"，时间是11月1日。当地接待的学校邀请日方代表团成员参加当晚的活动，穿上宽松的袍子，戴上各种各样的面具，上灯以后到各家各户要小礼物。当地小镇的居民们按照惯例准备了丰富多彩的礼品，从玩具到糖果，应有尽有。日本高中生太郎和他的伙伴们一起挨家挨户地要礼物，他们来到一户人家，主人给每个孩子发了礼品，但是轮到太郎时，礼物发完了，主人让太郎等一等，自己返回屋里找一件礼物送给太郎。太郎一个人站在门口，看着自己的伙伴们吵吵嚷嚷地转过街角向另一户人家走去。几分钟以后，那家主人从屋里出来送给太郎一大块巧克力，太郎非常高兴地道谢一声以后撒腿跑过街角寻找自己的同伴，可是他惊讶地发现他的同伴们不见了。可能是出于紧张也可能是出于兴奋，他快步向邻近的一户人家跑去，推开那户人家院子的木门，不假思索地跑了进去。这时候，这户人家的男主人正坐在门口的台阶上抽烟，看见一名高大的小伙子连招呼也不打一声径直跑进院子，吃了一惊，连忙大声吆喝：Freeze！Freeze！太郎没有听明白，继续向前跑去，这时男主人顺手抓起放在门边的一把猎枪，扣动扳机，太郎应声倒地，等到救护车赶到时，太郎已经气绝身亡。

这个事件轰动了整个小镇，同时也震动了日本朝野。人们无法理解一个天真无邪的日本中学生，手无寸铁，你美国人怎么就把他一枪给毙了。于是日本民间迅速组织起了一个由9名律师和法官组成的律师团，自费赴美帮太郎打官司。官司一直打到联邦法院，联邦法院的9名陪审团成员最后裁定误杀太郎的美国人无罪，理由是"联邦法院不能允许任何人以听不懂英语为由践踏美国的法律"。

大家知道，在美国私有财产神圣不可侵犯，私人住宅和场所未经允许不得私自闯入。

这个案例后来也引起了语言学界和外语教育界的争论和反思。按理说，中学生太郎应该听得懂"站住"这个英语单词，遗憾的是，太郎在学校学到的"站住"是"Stop"，而美国人日常口语中很少用"Stop"这个词，他们更多地使用"Freeze"这个词。

第三个案例，2000年后，美国的企业界、金融界出现了不少财经丑闻，有的公司还因此倒闭。我们研究一下这些丑闻的主角，好些都是哈佛商学院的高才生。这些人智商不可谓不高，能力不可谓不强，但是他们偏偏犯了一个常识性的错误：没有按章办事，脑子里少了法的精神。

20世纪90年代以来美国的金融业可说是独步天下，美元代替金本位制，美国人靠什么赢得了金融的天下？一是科技，二是服务。但是在春风得意马蹄疾的叫好声中，他们忽略了金融营销的安全性。只要有钱赚，什么风险项目都做，结果2007年金融风暴来了，昔日繁华不可一世的金融大厦顷刻间"倒塌"。

我讲这几个案例，想说的东西很多，可又不知从何说起，因为我对中国司法制度没有研究不能妄加评论，但是我总觉得像实行"无罪推定"，嫌疑人"可以保持沉默"这一类普世公认的理念应该得到肯定及推崇，在努力"行政有为"的同时，更要注意"行政安全"这一类的提醒应该得到重视。另外，法制在当下的中国还仅仅停留在作为"裁判规范"这一层面上，还远远没有变成公民的"行为规范"。也就是说，还远远没有融入我们日常的生活方式、行为方式之中。

至于民主意识，我想，在高等学校的运作过程中，我们至少应该首先坚持以人为本、人文关怀、校务公开、民主理财、法治重于人治，也就是说应该弘扬制度治理的能量和力度等。唯其如此，才能达到我们所追求的

"昂扬向上，和谐有序"的这么一种气候与环境。

我曾经多次讲过这样一个观点：决定一所大学发展状况的最重要因素，首先不是行政级别，不是物质条件，也不是利益配置，而是与人力资源潜力发挥相关的制度文化、组织结构和运作机制，它们是能够产生思想、理念和质量，包括技术、物质财富等的"孵化器"。

每个人都有一个学习的过程，我们不能停留在原来的思维模式里，用习惯性的思维方式和行为方式来处理事情，用旧的经验和旧的习惯来行政。

法国当代著名女作家沙莉叶·芭贝里 2006 年在法国加利玛出版社出了一本小说，书名叫《刺猬的优雅》（*l'elegance du herisson*），书中有一句话讲得很深刻，芭贝里写道："如果你忘记未来，你失去的就是现在。"中国人喜欢历史，喜欢引经据典，喜欢从昨天的故事中寻找解决现实问题的智慧，这倒没有什么不好，因为我们有五千年灿烂的文化，其他大多数国家都没有。我想说的是，千万不能让五千年的文明变成负担，阻挡住我们本应该远投的目光，把目光投向世界，投向他者，更多地思考未来，思考中国在未来世界中的存在，思考中国人在未来世界中的存在状况。或许真的只有站在未来的地平线上，才能把握好今天。

徐真华教育文集

中西文化比较漫谈[*]

一、关于中西传统文化的比较

中国的古代文化是建立在农业经济与宗法等级基础上的以伦理道德为核心的文化体系。古代的炎帝即神农氏，尧、舜两位帝王是教老百姓种五谷的，禹是水利专家。禹治水，一是为了治水患水灾，二是为了灌溉，也是重农的。

中国文化的特点是宗法等级政治。宗法等级政治是家天下的政治，是建立在嫡系血统血缘关系上的政治。这一政治体系始于禹，大禹以前的社会是原始社会，原始公社式的权力是禅让的，尧让位于舜，舜让位于禹。到了大禹时代，社会经济有了很大的发展，奴隶社会初步形成，禹传位于儿子启。西方哲学家称这种政治体系为"亚细亚式的政治"，它不同于西方进入文明社会的形式，带有民主革新的色彩，史称"古典式"。这一社会形态发展的结果是形成了以法律为特征的西方文化，比如古罗马城邦式的政治结构。而中国古代的宗法等级政治，其文化特征则是伦理道德，这是中国古代文化的核心。那么伦理是指什么呢？伦理即人伦，一辈一辈地延续，形成了封建社会长达数千年的核心价值体系。

中国文化的另一特点是以人为本，它与西方文化不同。如果说西方传统文化研究的重点是宗教、是神，那么中国传统文化研究的对象则是人。儒家学说的核心是"仁"，仁义道德也是孔子学说中的重要思想，仁即是两个人，它凸显的即是人与人之间的和谐关系，孔子说，仁者爱人，仁，人也。而西方传统文化，那是另一码事，西方传统文化以神学为其文化特

---

* 这是徐真华 2011 年 6 月在广东外语外贸大学南国商学院学生讲座上的讲话。编者收入本文时做了修改。

征。法国作家安德烈·马尔罗把形式世界划分为三大时期：超自然、非真实和超时限时期。

当形式受到神明的统治时，艺术就与宗教难舍难分，并且服从并服务于它，人们所能做的就是颂扬上帝，表达神秘的基督生活。

中世纪是宗教和神学统领意识形态并占据人们生活、劳动与创造的时期。在长达几百年的历史长河中，绘画、音乐、建筑所凸显的是宗教艺术，以至于笃信于神性的建筑、音乐和绘画艺术都得到了惊人的发展。教堂采用的哥特式、罗曼式或拜占庭式的建筑，既具有富丽堂皇和巧夺天工的风格，又充满了神秘色彩，烘托出了浓郁的超越世俗的神秘氛围。这就是为什么人类总是被置于仰视上帝的处境里，而艺术创造者们面临着的则是企盼进入却又进不去的神圣境地，触及无法触及的神明世界，这就使得艺术变为与超自然交流的一种工具。

大家当然更不能忘记，哥白尼的学说只因为证明地球是围绕太阳旋转的，结果被宗教法庭判处死刑。15世纪以前，神学是至高无上的，西方只是在15世纪以后，科学才开始昌明起来。

在中国，你看山有山神，门有门神，土地有土地老爷，财有财神赵公元帅，连取火做饭的地方都有神明，那是灶神。中国人信奉的多神论，实际上是无神论。法国作家安德烈·纪德（Andre Gide）写过一本很有名的书《地粮》，在这本书里作者以第一人称的口气，以一个基督徒的身份宣扬他对宗教的不满与背叛。他说，上帝啊，你无处不在，在我眼里世间一切美好的事物都是上帝。他还对弟子说，不要止步于只品尝一种果实，这个世界是美好的，生命的空灵让你的成长、发展之旅具有了无限的可能性，你要准备品尝天下一切之美、一切之善，因为你就是上帝。

宋明理学是儒家学说的第二次革命，但是我们应该看到无论是汉代大儒董仲舒的"罢黜百家，独尊儒术"，还是理学的思想家朱熹、王守仁等人主张的"存天理，灭人欲"这一理学思想纲领，都有极大的局限性，因为前者的主张力图把人的思想禁锢于一家一派之学说，后者的观点则把道德与人性对立起来。一方面，这些思想在中华文明思想史上如耀眼的北斗；另一方面，客观上，它们也严重地限制了自由思想的争鸣，严重地扭曲了人的本性，严重地束缚了人的创造性思维。

中国传统文化的另一个特点是"天人合一"的思想。《易经》写道："天大地大人亦大。"人是与天地一样永恒的，在这一思维模式中，主体和客体融合为一，这与西方中世纪以来把人视为自然的主人，人活着就是要征服自然的思维方式是完全不同的。中国的传统文化，有人称之为综合文化，例如中医治头痛，可能首先诊治的是你的眼睛或是你的耳朵。西方文化则具有明显的分析文化的特征，它讲究的是有的放矢，就事论事，头痛就治头痛。司马迁的《史记》是一本历史书，但文史哲、经济农耕、社情民意包罗万象，而西方的学术著作纲目分列很细。中国人主张综合性思维，所谓"横看成岭侧成峰，远近高低各不同"，就看你从哪个角度切入，怎么去把握。欧洲人推崇精确，赞赏逻辑性思维。所以说，中国传统文化是比较内敛的，它追求人的内心世界的和谐安宁，追求人的道德与自然的和谐统一，追求的是圣人贤者的风骨，它奉行的是"德行主义的人性论"。而西方传统文化则更具外向特征，更富进取性，它追求的是能人智者的哲学，而人常常被置于自然的对立面，所以它倡导的是"自然主义的人性论"。于是，中国文化追求人的德行、人的品格的力量，追求内圣外王的人格力量，而西方文化则弘扬"知识就是力量""一切均源自欧洲，一切都归统于欧洲"（瓦雷里语），这种文化里多了一份张扬与傲慢。

归纳起来，中国的哲学以内在超越为特征，像上面所提到的儒家靠道德修养成圣贤；佛家，特别是中国禅宗讲"一念觉成佛，一念迷即众"；道家也一样，特别是庄子讲"心斋坐忘"，认为要把自己的身心忘掉，才能达到"同于大通"的超越境界。但是西方不同，从柏拉图开始，他认为理念世界与现实世界是两个不同的世界，没法打通；一直到笛卡尔仍然认为思想和物质两者是独立的二元，研究一个可以不研究另一个；基督教更是先验地认为，人想超越，一定得依靠上帝，要忏悔，靠上帝拯救，只有借助神力才可以。所以西方哲学更具外在超越性的特征。①

世界四大文明古国，完整保存下来、生生不息、延续至今，而且仍然保持其独特的先进性、包容性、创造性的，只有中国一个国家。究其原因，这与中国几千年文明史始终如一的价值追求，即"天人合一"的思想不无关系。中国的文化核心是研究人，研究人就必然要研究家庭，就必然要研究聚居的群落、研究国家。天下的公平正义、家庭的和谐、个人的责任与担当、社会的稳定、国家的统一就作为一个崇高的目标，一代一代一朝一朝地传承下来，这些公共的社会品德就得到了弘扬，得到了凝聚，几千年间虽战争不断，但没有分裂，即使短时分裂过，但很快又复归统一。欧洲不是这样，它统一过，但很快又分裂了。中东地区作为一个共同文化

①　参见褚国飞：《不断提出问题，推动思想进步——访北京大学汤一介教授》，《中国社会科学报》2010 年 4 月 22 日。

圈，它统一过，但现在又分裂成 10 多个国家。

有人说，中国"天人合一"的思维模式是一种早熟的思维模式，它在社会经济形态尚处于初级阶段时便过早地主张人与自然的和谐一致，从客观上阻碍了人向自然的开拓与利用。我不赞同这种思想。"天人合一"思想是中国传统文化的精华，是古代先贤们智慧的结晶，它对中国几千年文明发展的贡献是无法替代的，它对现代世界的影响也是有目共睹的。中国传统文化发展到今天也面临一个对它重新认识和解读的问题，以便使它适应现代社会发展与建设的需要。北京大学著名教授、哲学家汤一介在第 17 届世界哲学大会上提出了儒家在新时期发展的可能性问题。汤一介认为，古希腊哲学讲真、善、美，但中国哲学明确讲真、善、美问题的很少，他提出了三个"合一"的思想。他说："也许中国'天人合一'是解决一个'真'的问题，因为'天人合一'是讲人与外在世界的关系，人和天两者是互动的，不能分开的；第二个就是'知行合一'，这是个'善'的问题，因为中国从《尚书》开始就讲'知之非艰，行之为艰'，从儒家思想一直到王阳明思想，都在讨论'知行合一'的关系，而且主要把它看成是首先的问题；第三是'情景合一'，这应该是关于'美'的问题，美感是怎么产生的？美感是在人的内在情感与外部世界接触以后才有的，比如孔子听音乐可以三个月不知肉的味道，他将情感与音乐结合在一起了。"

20 世纪 90 年代，法国作家米兰·昆德拉写了一本书叫作《不能承受的生命之轻》，书中有一句话可以说是西方对人与自然关系的反思。他说："世界是人的一部分，世界是人的状态。"以前我们习惯了西方关于人是世界的一部分、人是世界的主人的说教，那么从人是世界的一部分，到世界是人的一部分，不能不说是一个巨大的进步。这一思想把人与世界、与自然的关系由索取、征服的二元对立转变为和谐共存、利用与保护这么一种至亲的关系。

二、关于人才与用人

我们的思维方式通常是复制性的思维方式，也就是说，我们中的大多数人习惯于以过去遇到的相似问题为基础，遇到问题时，我们一般会这样想："以前是怎么处理的？"然后我们会选择出以经验为基础的最可靠的方法，而把其他办法排除在外。

相比之下创造性思维则不会先乞求于经验，面对困难，人们会问：有多少种方法可以解决这个难题呢？以前人们用过的方法有没有改进的地方？如果有，那么现在的方法应该是怎么样的呢？于是，顺着这种思路，他们常常能对一个复杂的问题提出多种解决方案或办法，甚至可能梳理出一些非传统的、独到的思路。运用创造性思维，你就可以在众多的选择中筛选和比较，找到最佳的思路和方法。

很多同学可能看过电视连续剧《三国演义》。三国鼎立，曹操、刘备、孙权大战，三位霸主都是用人的高手。如果说曹操以威望和机智得将才，刘备则以仁义与亲情笼络部下，那么孙权呢，他有什么高招，有什么异乎寻常之处？若论才干，孙权不如曹操，论手段孙权比不上刘备。可是，孙权18岁继承长兄孙策基业，至70岁去世，前后52年实在不容易。归纳起来，孙权用人有三大特点：一是尊重老臣。张昭、顾雍都是东吴元老，张昭爱摆老资格，时时在言语上冲撞孙权，孙权度量比曹操大，不以为忤。张昭生气不上朝，孙权亲自登门拜访并"深自刻责"。二是大胆起用青年才俊，用人不疑。他用鲁肃、吕蒙、陆逊、凌统，放手让他们指挥军队。三是体恤部下，孙权没有杀过一个大臣或大将。曹操杀了孔融、杨修，连跟了他几十年的荀彧都被他杀了。孙权不这样，他待鲁肃等人如同朋友，这一点很不简单，因此尽管孙权胆识不如曹操，谋略不如刘备，但是在他手下干事，大家比较宽心、比较放心，不必担心被加害。吕蒙在江夏驻军时，与太守蔡遗有些过节，蔡太守时常在孙权面前打小报告，但孙权还是信任吕蒙。吕蒙、凌统死后，孙权悲痛甚切，对他们的家属也体贴备至，由此可见"生子当如孙仲谋"的确不是客套话。大凡成功的政治家在用人方面都有不同寻常之处，孙权不以一方君主之态傲视部下，表现得非常有人情味，这在那个时代是绝无仅有的。善于用人的君主并不少见，如刘邦、曹操、朱元璋，但他们都有既爱才又忌才的毛病，比如曹操之杀荀彧。荀彧是曹操手下第一谋士，极具战略眼光，是真正的"王佐之才"，迎汉献帝"挟天子以令诸侯"的策略就是荀彧的主意，使曹操占得天时之利。官渡战役时又是荀彧极具穿透力的分析坚定了曹操的决心并最终赢得了这场具有决定意义的胜利，奠定了曹操统领北方的霸主地位，所以曹操称赞荀彧"吾之子房也"。其实荀彧是拥汉派，当曹操封魏公受九锡、篡汉之心袒露时，荀彧就站出来公开反对。此后不久荀彧生病，曹操以探病为由，派人送去一个食盒，荀彧打开一看，食盒是空的，于是荀彧就很自觉地服毒自杀了。

所以曹操的思贤若渴与刘备、孙权的爱才惜才是不一样的，人才纯粹是曹操实现霸业的手段，而手段终得为目的服务，一旦手段妨碍了目的，那么无论是学富五车的孔融，还是才高八斗的杨修，抑或是被赞为"吾之子房"的荀彧，都逃不脱被清除的命运。①

相比之下，刘备与孙权做得比较好，尤其是孙权，待人宽厚，不断起用年轻人，他的这种政治智慧，甚至超过了诸葛亮。

我们还不妨从蜀汉速亡分析、比较诸葛亮在运筹帷幄及用人问题上的某些失误。"三顾频烦天下计，两朝开济老臣心；出师未捷身先死，长使英雄泪满襟！"杜甫的千古绝句道出了人们对诸葛亮"鞠躬尽瘁，死而后已"的敬佩与惋惜之情。然而，距"星殒五丈原"并没有多久，刘禅就向兵临城下的邓艾自缚而降，诸葛亮苦心经营的蜀汉政权宣告灭亡。这样的结局似乎与诸葛亮足智多谋的形象太不相称。那么到底是什么原因导致了蜀汉的最终灭亡呢？

南宋学者陈亮说："吾尝论孔明而无死，则仲达败，关中平，魏可举，吴可并……"陈亮将蜀汉灭亡归结于诸葛亮的早死，虽然可能犯了将问题简单化的错误，但也说出了一个重要的问题，就是诸葛亮一死，西蜀失去了灵魂与统帅，人才的匮乏，造成了蜀汉的败亡。

纵观蜀汉政权的发展史，初期尽管刘备失势落魄，几度全军覆没，但总有一帮文臣武将舍身相随；到了全盛时期，蜀汉武有"五虎上将"与魏延等人，文有卧龙、凤雏、法正、马良、蒋琬、费祎等人，可谓盛极一时，蜀汉政权的实力此时也达到了顶峰；然而盛世一过，随着刘备和一批将领谋士的去世，却没能有新的人才出现，直弄得"蜀中无大将，廖化作先锋"，虽有一个姜维也无济于事，到了邓艾偷渡阴平，出现在成都城外的时候，城中空有兵马数万，竟无人能出面主持大局，只得开城迎降，真正可悲可叹！

那么造成蜀汉人才昙花一现、后继无人的原因是什么呢？

韩愈说得好，"千里马常有，而伯乐不常有！"的确是这样，有没有人才其实并不是问题，问题在于有没有人能去发现并使用这些人才。而令人遗憾的是，诸葛亮并不是一个"伯乐"。

诸葛亮"明察则短而必见，端方则有瑕而必不容"，但问题是"水至清则无鱼，人至察则无徒"。孔明自己几乎是个完人了，因而也总想用完人的标准去要求别人。但天下哪有那么多完人？绝大多数人才总有这样那样的毛病，求全责备，则可能一无所得。

魏延长于奇谋、英勇善战，有独立指挥大兵团作战的才能。而孔明却抓住他"不肯下人"的缺点不放，始终用而不信，最后还要弄点小花招，

① 王延峰：《曹操的爱才与杀士》，《中国社会科学报》2010年6月3日。

非"激反了他，再杀掉"不可。马谡本是个颇有见地的参谋型人才，但在实战上显然还缺乏经验。而孔明却偏偏一下子就把他放到一个独当一面的关键场合上去与优势的魏军作战，一旦失败，就死心眼地非要杀了不可。其实斩首可明军法，军棍、革职就不能明军法？难道真的非采取那样极端的做法不可吗？李严长期镇守白帝城，负责东方防务，本是个有用之才，只因一次运粮不及时，又文过饰非，就被孔明一棒子打倒，再不录用，直到最后大哭病死。

诸葛亮的苦心确实令人敬佩，但他难道就没有想到，终究会有一天必须让他人去接替自己的位置？

诸葛亮就像是一颗明亮的巨星，在它的光芒之下其他闪光的星星通通被掩盖住了。蜀汉不是没有过出人才的苗头，能言善辩、三言两语间说服东吴的邓芝；在三郡皆反、孟获大举进犯的困难条件下坚守永昌、力挽狂澜的吕凯、王伉；街亭之战中表现出相当指挥才能的王平。如果好好培养，在这些人中未必不会产生诸葛亮第二或者至少是法正第二、马良第二。然而，就像参天大树之下长不出新的幼苗一样，在诸葛亮这颗巨星的笼罩之下，他们最终都默默无闻，没能成长为真正的栋梁之材。

再夺目的明星也有坠落的一日呀！星殒五丈原之后，天空立刻变得漆黑一片，没有任何星星能够代替巨星的位置。

由此可见，蜀国之速亡，诸葛亮难辞其责。①

三、关于学习与智慧

勤于学习、善于学习是我们每个人可持续发展的必由之路。向书本学习，向同行学习，通过网络学习，在实践中学习，在工作中学习，不放过一切学习的机会，那么我们不仅能变得聪明起来，更可以提升自己的修养和能力，使自己变得富有智慧。

近日读报，读到一篇漫谈智慧的散文，文章说："现在的社会一点都不缺少聪明人，可是有智慧的人却并不多见，因为聪明并不等于智慧。"②

聪明人爱动心机，凡事都要以个人为出发点与归宿作功利性计算。"预算"的结果，利大于弊"行之"，若预算的结果是弊大于利则"避之"。智者不用心机，他们甚至不愿意作功利性的计算，他们意志坚定、

---

① 张剑锋：《蜀汉何以亡耶》，《学习时报》2010年4月5日。
② 郑连根：《散说智慧》，《广州日报》2006年6月9日。

行为果断，常常有知其不可为而为之的过人胆略；聪明人则往往为一己之私利而放弃原则，甚至放弃信仰。智者常常为信仰而不计个人的成败利弊，因为惯于趋利避害，聪明人则常常与智慧擦肩而过。

那么怎样才能获得智慧呢？孔子说："好学近乎智。"古来圣贤看重的都是学习。坚持学习，并能够从学习中收获愉悦、收获快乐，这本身已经是一种有智慧的表现。

今天的社会很多人也在学习，但是他们中相当一部分读书的功利性太强，为考公务员读书，为考各种资格证书读书，为评职称读书。当然有目的的读书不是坏事，但是如果仅仅是为了这些东西而忙于读书，那么这种学习的境界，读书的境界就低了一些。所以说功利心太重、欲望太多的人难以拥有智慧。成语"利令智昏"，说的就是这个道理。现在的中国社会过于强调经济的发展，过于强调工业化、城市化建设，客观上滋长了浮躁之风、焦虑之气，这样的风气不利于智者的诞生。

博学多思之外，严于律己也是抵达智慧之门不可或缺的品质保证。"智者不饮盗泉之水"，说的是孔子厌恶偷盗者，所以对从名为"盗泉"喷涌出来的泉水也保持了一份警惕。

中华民族历来有廉洁奉公的优良传统。东汉时期有会稽（今绍兴）太守刘宠，出身贫寒，自幼接触下层社会，乐与贫民子弟为伍，曾表态：一旦得志，定要为百姓兴利除弊，造福桑梓。

天下只怕没有好官，不怕没有好百姓。在会稽主政期间，刘宠简除烦苛，宽政爱民，办案公正廉明，且不畏权贵；他体恤民瘼、兴修水利，发展农桑生产；他不媚上、不贪赃，自奉节俭。后来刘宠奉调离任，越中父老眷恋不已、顶香跪送，在郡城西 25 千米外的西小江畔，五六位老人热泪盈眶，各自拿出一百钱币，赠予刘宠，以表越中乡梓的感激与爱戴之情。刘宠心情万分激动，有意婉拒，但此时此刻又岂能拂逆父老盛情，遂取一枚钱币以资纪念。

船开后，刘宠取出此枚钱币，对着东流的江水，对着江东父老朗声道："我刘宠以公心造福会稽，此钱当璧还越郡。"遂把钱币抛入江中。据说，此后一向浑浊的西小江水变得清澈见底。

百姓为感念刘宠勤政廉政之恩德，在刘宠投币处建造"清水亭"，筑刘太守祠，后人还将当地改名为"钱清乡"，真可谓"一钱沉江底，万古留清名"。

刘宠的形象与今天那些放纵自己欲望的人形成鲜明的对比，放纵自己欲望的人不仅不可能拥有智慧，而且可能受到法律或道德的制裁。

四、关于合作与竞争

2007 年，经济学家厉以宁在北京 301 医院医学人文博士论坛上做了一个演讲，他在演讲中借用"龟兔赛跑"这个故事阐释了现代管理学中的一个普遍问题，就是企业间的"互信"与"双赢"。他说，龟兔赛跑一共跑了四次：第一次，兔子骄傲，半路上睡觉了，乌龟赢了。赛完以后，兔子不服，于是进行第二次赛跑。第二次，兔子吸取经验教训，不睡觉了，一口气跑到终点。所以，第二次，兔子赢了，乌龟输了。乌龟不服。它说，咱们比第三次吧，前两次都是你指定路线跑，这次得由我指定路线跑。兔子想，反正我跑得比你快，你爱指定就指定吧。第三次赛跑，兔子按乌龟指定的路线跑了，兔子又跑在前面，快到终点时，一条大河挡住了去路，兔子过不去。乌龟慢慢爬到河边，它游过去了，又赢了。再赛第四次？乌龟与兔子商量说，干嘛老这样赛呢？咱们优势互补吧，咱们合作吧。于是，陆地上，兔子背着乌龟跑，过河的时候，乌龟驮着兔子游，同时到达终点，取得了双赢的结果。在现代市场竞争中，请记住这个规则：互利双赢。

这个故事在现代管理中有什么启示？

第一次龟兔赛跑的启示：当你处在劣势的时候，不要气馁，不要松懈，要坚持到底，等待对手犯错误。大家看到，乌龟处在劣势的时候，不气馁，不松懈，坚持到底，等待对手犯错误，果然，兔子睡觉了，乌龟赢了。

第二次龟兔赛跑的启示：要善于把潜在的优势转化成现实的优势。你看，兔子能跑，但这是它的潜在优势。第一次，兔子睡觉了，潜在的优势没有转化。第二次，兔子之所以赢，是把潜在的优势转化成了现实的优势。现在有的单位老是夸耀自己有多少优势，但只有把潜在的优势转化成现实的优势，才能形成实实在在的优势。

第三次龟兔赛跑的启示：当你发现原来的策略不管用了，要及时调整方法，改变策略。第二次跑完后，乌龟懂了：假如顺着原来的路线跑，只要兔子不睡觉，我就永远不会赢。及时调整策略，就换条路线跑，一条河把你挡住了，到时候你过不去了，我可以过去。

第四次龟兔赛跑的启示：优势互补、互利双赢。那是建立在互相信任的基础上的合作。假如不是互相信任，陆地上，兔子背着乌龟跑，兔子一扭身把乌龟甩个半死；或者过河的时候乌龟往下一沉，把兔子淹死了。这怎么行？所以，双赢必须以相互信任的合作为前提。

学问与人生[*]

"学问与人生"这个题目定得好，因为这是当代每一位大学生都会自觉不自觉地思考的一个问题。

古人说"学无止境"，学问是无限的，可是人的生命却是短暂的。于是，学问与人生同样构成了现代人生命历程中苦苦求索的一对矛盾。对待学问，可能一百个人，有一百种不同的态度。我的导师——老校长黄建华先生说："学者当自树其帜。"这与古人所推崇的"语不惊人死不休"倒有异曲同工之妙。黄建华教授已年届七十有余，早几年已经退休，可是他一年365天，天天坚持到他的书斋工作，在他的《汉法大辞典》上倾注了10多年的时间和智慧。这种"寂寞为治学"的精神令人肃然起敬！遗憾的是当代相当一部分青年学子对学问的态度仍然停留在"功利"的层面，为"文凭"而学，为"考研"而学，为"出国"而学，成了不少大学生的学习目标。

对待人生，可能一百个人也有一百种不同的态度。德国哲学家黑格尔说"存在即合理"，这里的存在当然也包括了人的存在。可是在他逝世100多年后，法国哲学家萨特却反驳说"存在即荒诞"。德国哲学家莱布尼兹断言："人的生命可喜可贺，因为这个世界至善至乐。"法国思想家伏尔泰则借他在《老实人》中创造的悲观主义哲学家马丁之口，反驳说："人的生命可悲可叹，因为这个世界至苦至难。"德国哲学家尼采这样说："人生于偶然，死于必然，向往神圣却又无法根除兽性，生命从根本上来说是悲剧性的。"叔本华则这样解释生活：生活就是盲目的渴望，无尽的渴望和追求变得毫无结果，解脱的最好方式是弃绝愿望。

＊ 这是徐真华2011年11月9日在给广东外语外贸大学学生开设"学问与人生"讲座上的讲话节录。

法国 18 世纪的著名哲学家帕斯卡尔则不然，他认为人是伟大的，但也是可悲的。人之所以伟大，因为他懂得思想，他也是这个星球上唯一一个能用理性思维来思考人生的动物；人之所以可悲，因为他自知必死。法国文学家马尔罗则进一步阐述说，生命本身毫无意义，因为死亡使一切归为虚无。但是人类毕竟是这个地球上唯一有理性思维能力的动物，因此人类必须赋予生命一个意义，人类必须通过行动、通过艺术创造、通过自己的劳动去拒绝荒诞。当代美国心理学家弗兰克认为生命本身富有意义，人必须活得有意义，但是意义不能刻意创造，意义不能给予，意义是通过每个人的奋斗、感悟被发现的。意义是不能像某件物品一样可放心购买、可以赠予，而必须通过自己的努力奋斗去发现、去创造、去赋予。

海德格尔试图超越对人类始初"有"与"无"的关切，从而牢牢把握存在自身，而萨特则力图呼唤个体生命的存在意识，使其进入实存状态。法国小说家昆德拉与存在主义作家不同，他不研究现实，他思考的是现实中的存在，是人的存在的可能性。于是，他把悲天悯人的目光投向了分裂的现代境遇中人类的具体存在。他主张小说创造的人物与他的世界都应该被作为可能来解读，因此小说创作的主要目的，就是凸显自我对存在的思考。他写道："任何时代的所有小说都关注自我之谜。您一旦创造出一个想象的人，一个小说人物，您就自然而然地要面对这样一个问题：自我是什么？通过什么才能把握自我？这是小说建立其上的基本问题之一。"换句话说，小说家对存在的探索，即是认识现象世界中人的可能的自我。

生与死构成了存在的两极，重与轻谱写了存在的两种形态。当个体的存在面临冲突与责任的拷问，遭遇良知与选择的判断时，分裂与异化窥视着，存在被笼罩在一片模糊之中。不过，我们看到，在《不能承受的生命之轻》中托马斯身上仍然冲动着人的意识和人的价值观念，他逃避，但他选择了背负生命之重。或许这正是托马斯的悲剧所在。在一个没有永恒轮回的世界中，唯有对自我的准确把握，才能赋予个体存在某种积极的意义，才能在轻与重的正负两极间找到支撑前进的平衡点。

中国的哲人毛泽东明确指出：人总是要死的，但死的意义有不同，有的重于泰山，有的轻于鸿毛，为人民利益而死就比泰山还重，就死得其所。显然这一争论已经从学问与人生的命题上升为生命与精神对立统一的本体矛盾之争。但是有一点是可以肯定的，那就是中国共产党人对精神与生命所作的本体性解释、追求个体生命的超越和精神人格的完善是客观而可信的。

现代大学的使命及高等教育的价值追求[*]

一所大学的办学理念是由这所大学所倡导的大学文化与它所推崇的大学精神决定的。所谓大学文化，一般包括传统文化、精神文化、组织文化和环境文化 4 个方面。

传统文化指一所大学在数十年、数百年中所积淀的人文素养与科学素养，后两者转化成一种无形的文化修为，熏陶着它的教职人员与学生。

精神文化指由思想方法、价值追求和道德情感等构成的人本品质。

组织文化指由大学的组织架构及其运作规则等构成的制度文化。

环境文化指由大学的建筑、教学设备、休闲绿地等空间和设施构成的物质文化。

大学精神是大学文化的精髓，是大学的灵魂，它主要体现在大学的教育理念和价值追求两个方面。

我们的办学现实常常差强人意，但是我们不能因此而放弃对理想中的教育理念的追求，因为我们每一天的努力都是对科学的教育理念的呼唤。而大学精神最根本的价值判断恰恰是思想独立、学术自由、大学自治。正因为如此，《世界高等教育宣言》明确指出："大学自治和学术自由是 21 世纪大学发展的永恒原则。"

大学应该培养什么样的人？大学生应该成为什么样的人？我们生活的这个社会、这个世界对大学生有什么样的期待？各位同学对这些问题或许有所思考，或许考虑不多，今天我想就这些看似宏大但又与每位老师、每位同学息息相关的问题谈谈我个人的认识，与大家交流。

21 世纪是一个竞争的世纪，全球化的竞争需要全球化的高等教育。那么全球化的高等教育需要什么呢？我想，大学首先要确立的是全球化的

---

* 这是徐真华 2012 年 12 月 18 日在广东外语外贸大学学生代表座谈会上的讲话。

办学理念，因为有什么样的办学理念，就有什么样的人才产品，就有什么样的文化创新与传承。

现代教育的目的是开发人的自由创造的本性，培养公民。1998 年联合国召开首届世界高等教育大会，会后发了一个文件，对 21 世纪的高等教育应该培养什么样的大学生做了一个十分明确的描述，即现代大学应该培养"高素质的学生，负责任的公民"。

这十年，我曾多次访问北美和欧洲，考察发达国家对当代高等教育的认识。我觉得与他们相比，我们对当代高等教育本质的认识还是相当模糊的。

我们先把目光投向他者，看看别人在做什么，再回过头来反思我们自己，看看我们自己是怎么做的。

2007 年 9 月，我随广东省高等教育代表团访问美国，在美国待了一个月。

9 月 17 日我们考察了美国马里兰大学，在与马里兰大学校长莫特会谈时，我向他提了一个问题："马里兰大学培养什么样的大学生？"

莫特校长思考片刻后回答说："马里兰大学致力于培养'具有领导素养的全球化公民'。"

9 月 27 日，我们拜访了马里兰州的一所两年制的社区学院——蒙哥马利学院。在与学院领导的会谈中，我们再次讨论了"现代大学在人才培养目标问题上的价值判断"问题。

蒙哥马利学院主管教学的副院长告诉我："我们的培养目标是能在不同国家、不同地区、不同种族、不同文化、不同宗教环境中有效工作的世界公民！"他们对美国高等教育在人才培养目标上的价值追求使我想起了我在美国的另一次访问。那是 2005 年秋天，我有机会访问亚利桑那州立大学，会见了亚利桑那州立大学的校长和商学院院长。初次见面当然要交换名片，让我感到诧异的是，亚利桑那州立大学商学院院长的名片上赫然印着这样一个院名：亚利桑那州立大学领导素养与世界管理学院。

当时，我笑着对院长说："当我们中国人还在讨论企业管理的时候，你们已经开始讨论怎样领导并管理这个世界了！"

院长听了我的话，也笑着说："这只是一个口号，我们只是想招收更多优秀的学生，把他们培养成能到世界各地有效工作的世界公民。"

显然，"领导并管理这个世界"并不是美国高等学校的领袖们随意杜撰的一个口号，它是在信息全球化、经济全球化大背景下为美国的全球战略服务的一个十分重要的教育发展战略，也是美国谋求 21 世纪世界主导权的一个战略目标。10多年前曾经听过外交部部长李肇星的一个报告，李部长说他在出任中国驻联合国常驻代表时曾专程拜访过当时美国常驻联合国代表，和她讨论21世纪的世界大势。李部长说中国将致力于"和平与发展"的外交政策，因为中国的改革开放需要和平与发展的国际环境。那位美国大使紧接着说，她认同李部长的观点，美国将积极"领导"和平与发展的世界潮流。

五年前，我访问过美国联邦高等教育委员会，该委员会的副主席玛德莱娜·格林对我说："21世纪的美国大学将以'三个满足'为己任，即大学必须满足现代社会的发展需要，必须满足人的发展需要，必须满足美国全球战略的发展需要。"很显然，"培养具有领导素养的全球化公民"已经成为美国大学校长们为满足美国全球战略发展需要的一个共同的行动纲领。那么，中国高校的领导者们又是如何设计人才培养目标的呢？2011年12月，我受广东省政府学位委员会委托，带领15名专家到几家本科层次的独立学院评估，这些学校建设得都不错，但是一些办学理念值得商讨，比如讲到学校的定位，这些独立学院都强调要培养面向本土的应用型人才。本来面向本土本地没什么不对，这种理念之所以显得滞后，是因为他只关注本土，只关注眼前这1000平方千米的土地，这就有点不妥了。本科大学不是职业培训机构，除了关注当下，它还必须有远投的目光，它还必须有超越当下的思考。但是没有，大家觉得这个层次的学校能做到这一点就很不错了。为什么没有一点志向，至少大学的书记、校长应该有这个志向，培养既能留得住又有本事走得出去的大学生。走向世界不是一个空洞的口号，如果说这二三十年，我们走出去的大学生大多沦为打工者而治于人，我们走出去的企业也是失败连连，那么从今天起，我们应该学一学发达国家的做法，培养具有领导素养的全球化公民。因为总有一天，中国需要，世界也需要大批能走出去的，具有国际视野，具有领导素养，能与他者和谐共事、有效工作、创造知识和财富的中国公民。而且可以说这一天已经到来，随着"一带一路"倡议在世界各地的推行，随着中国治理、中国道路、中国模式被越来越多的国家接受，中国人特别是高素质的中国人参与世界治理的机会已经来临。

下面再让我们看一看我国部分高水平大学，比如"985"大学、"211"大学，他们在培养目标层面上所追求的价值、所锁定的目标。北京大学提出本科人才培养目标是"揽天下英才而育之……为国家的社会主义现代化建设事业培养能够在各个行业起到引领作用的顶尖人才"；清华大学主张"培养拔尖的创新型人才"；南京大学提出培养高层次、高质量、少而精的基础性人才；上海交通大学在 2010—2020 年的发展规划中提出要培养中国未来所需要的创新型领袖人才；华南理工大学强调培养创新、创造、创业的"三创型"人才。我认为，国内部分著名高校对大学育人使命的认识显得过于狭窄，缺乏高度，它们对人才培养的目标设定仍然带有浓厚的政治化、技术化的倾向，它们对高等教育的价值追求并没有摆脱功利主义的羁绊，当然也就缺少了远投的目光，缺少了"形而上"的思考。哈佛大学现任校长几年前上任时说过的一个观点值得我们深思，他说：一个只关注当下的大学，一定是一个堕落的大学。

我认为，高等教育的本质并不像我们国内教育界的一些专家学者所主张的那样，是培养能改变世界的大师，培养能获得诺贝尔奖的天才，或者是培养能引领经济社会发展的拔尖、创新人才。不是的，至少，不纯粹如此。国外一流大学很少有把这种层次的指标定为自己的办学目标，他们中大多数校长更认可下面这些观点：让每块金子都闪光；让每个学生都成为对社会负责任的公民。我们从一些高校的校训里或许可以读到这种闪光的思想，比如：哈佛大学的校训是"与柏拉图为友，与亚里士多德为友，重要的是与真理为友"；耶鲁大学的校训是"真理和光明"；斯坦福大学的校训是"愿学术自由之风劲吹"；早稻田大学则主张"学问独立，培养模范国民"。

爱尔兰都柏林大学校长休·布兰迪讲道："我们希望我们的学生从毕业那天开始，就可以在不同环境下、不同国家中顺利地开展工作，我们才能培养出真正意义上的全球公民。"

2010 年，哈佛大学再次提出改革的四大目标，开宗明义第一条就是培养全球性的公民；第二条，发展学生适应变化的能力；第三条，使学生理解生活的道德取向；第四条，让学生意识到他们既是文化传统的产物，又是创造这一传统的参与者。这一改革涉及教学内容和课程体系，刷新后的核心课程大类包括：文化传统与变迁、道德生活、美国、世界上不同的社会、理性与信仰、生命科学与自然科学、写作与外语。这体现了美国人关于现代大学理念和精神与时俱进的发展观。

我认为，教育的发展、学术的进步、文明的演变，历来不是由教育的"高目标""大目标"引领的，教育的本质是把每一个学生都培养成高素质、负责任的公民。这是当今世界一流大学所崇尚的精神、所追求的目标。他们没有制定培养领袖的路线图，但是从他们的毕业生里走出了很多领袖；他们没有先验地设置生产学界精英或者商界奇才的特殊模式，但是他们的毕业生里精英辈出、光芒四射。世界就是这么奇怪，很多事情，你把目标定高了，往往事倍功半；你按规律办事，把目标定在人人必须遵守的底线上，你的目标往往不断地被刷新，被超越。

早在 2003 年，广外就提出了"培养高素质公民"的目标，2007 年又把"培养全球化高素质公民"确定为大学的使命。为了努力接近这个目标，我们给广外的学生们设计了"立足平凡，追求卓越"的人才成长路径，给他们制定了"双高"（即思想素质高，专业水平高）、"两强"（即跨文化交际能力强，信息技术应用能力强），能直接参与国际合作与竞争的具体要求；给广外的老师们提出了"3 个转变"的教学指导思想：一是教育者不仅要重视学生学什么，更要重视学生怎么学；二是教育者不仅要重视学生思考什么，更要重视学生怎么思考；三是教育者不仅要重视学生做什么人，更要重视学生怎么做人。

最近读到易中天写的一篇关于底线的文章，很有启发。他说：

> 你问当下最缺什么，我看最缺底线。这很可怕。
>
> 一个人，没了底线，就什么都敢干；一个社会，没了底线，就什么都会发生。
>
> 比方说，腐败变质的食品，他敢卖；还没咽气的病人，他敢埋；自己喝得五迷三道，那车也敢开；明知里面住着人，那房也敢拆。
>
> 可见，底线是最重要的。没有了底线，企业就会弄虚作假，学者就会指鹿为马，裁判就会大吹黑哨。从这个角度说，底线就是生命线……
>
> 其中，通过立法程序明文规定下来的，是"法律底线"；在社会生活中约定俗成，大家都共同遵守的，是"道德底线"；各行各业必须坚守的原则，是"行业底线"和"职业底线"。
>
> 境界不一定人人都有，底线却不能旦夕缺失。因为底线是基础，是根本，是不能再退的最后一道防线……①

我觉得，培养具有领导素养的高素质公民就是高等教育必须坚守的一条底线，这是高等教育的本质决定的。美国马里兰大学的培养目标是把学生打造成具有领导素养的全球化公民；蒙哥马利学院的育人目标是让学生成为能在不同地区、不同文化、不同宗教、不同种族环境下有效工作的世界公民；日本早稻田大学主张培养学生成为模范国民。这就是当今东、西

---

① 易中天：《底线是最重要的》，《广州日报》2012 年 5 月 21 日。

方发达国家高等教育的领导者、管理者、实践者们坚守的一条底线。

其实刚才我已经把国内一些著名大学对高等教育的价值判断与国外名牌大学的价值追求作了一些比较，那还只是思想层面上的理论与观念，属于概念性的东西，现在让我们把目光再次投向国内，投向操作层面，投向我所熟悉的广东两所高校的办学理念和治校实践，一所是中大，一所是广外。

先说中大。中山大学前任校长黄达人教授在 2011 年曾应邀来广外做过一次演讲，他讲的题目就是中山大学的办学理念。归纳起来，黄达人校长在中大执掌校印 10 年里提出的治校方略大体上就是三句话，第一句：大学是个学术共同体，这是 18 世纪德国哲学家康德发明的；第二句：教授就是大学；第三句：善待学生。这三个观念相互联系又各有侧重，形成了一个完整的大学治校理念，其中第一个理念最具有核心意义，它涉及大学的本质和定位。

首先，"大学是个学术共同体"。这一思想在高等教育领域具有普遍的意义，具有纲领性的价值，每所大学都是在这个本质价值的基础上去创造自己的风格，打造自己的品牌，发扬自己的优势。大学的师生作为这个"学术共同体"中的一员，必须崇尚这个核心价值观念。作为大学的老师，他必须把自己的职业规划定位在"教学和科研"上，定位在"学生的成长成才"上；作为大学的学生，他必须清醒地认识到自己现阶段的使命就是学习、学习、再学习。学习科学知识，学习专业技能，学习谋事做人，学习合作与竞争，学习付出与担当；作为大学的管理干部，他也必须明白自己的每项工作都是为老师的教学、科研服务的，都是为学生的学习服务的。这种各司其职、相互包容、互为支撑的教学管理架构的运行目的就是为了增强"学术共同体"的凝聚力。

与此相关，黄达人校长又提出了"教授就是大学"的理念。黄校长在演讲中引述了一个故事：1952 年，美国艾森豪威尔（Eisenhower）就任哥伦比亚大学校长，在全体教授们举行的欢迎大会上，他表示很荣幸地与大学的各位"雇员"会面。谁知他话音刚落，在座的一位物理学教授纠正他说：将军阁下，今天在座的不仅仅是您的雇员，他们还是哥伦比亚大学的教授，教授就是大学。既然大学是一个学术共同体，学术就是大学的生命线，大学要培养人才，要创造思想，要传承文明，要服务社会都不得不通过学术来进行。这是大学区别于其他任何社会机构，任何企业单位的本质所在。因为教授是承袭传统、创造文化、传播知识、延续文明、弘扬道德、推动科学、技术进步的主体，因为教授是培养学生成长成人成才的主体，在大学中没有其他任何力量比教授们更能胜任这一神圣而崇高的使命。从这个意义上说，教授是大学精神的塑造者和弘扬者，教授就是大学。也正因为如此，一所大学教授们的水平，他们的境界决定着这所大学的水平和境界。中山大学有陈寅恪、蒲蛰龙、詹安泰等学界泰斗，正是因为他们的学术生命不朽，才造就了中山大学的辉煌。

"善待学生"是黄达人校长推崇的另一个重要的治校理念。大学里师生关系是平等的，教书育人、尊师重教是师生关系的最好写照。

善待每一个学生是对老师最基本的要求。作为老师要上好每一堂课，绝不能马虎敷衍了事。有少数老师"忧国忧民"，他们喜欢骂人、骂政府、骂学校、骂领导、骂社会，上课的时候似乎不发泄一下，便难以进入角色。我不赞成这种形式的"忧国忧民"，骂领导、骂政府是可以的，但在课堂上骂是不允许的。学生们更认同老师严谨的教学态度、高尚的师德师风、崇高的育人情操，因为正是这些无形的品德能够起到书本所起不到的潜移默化的育人作用。

善待每一个学生，对机关干部最基本的要求是想学生所想、急学生所急，主动地、及时地、耐心地为学生排忧解难。比如放假要买车票，办证要盖个印，课堂的灯管不亮了，宿舍的厕所出现故障等，你的举手之劳，是对学生学习、生活的莫大支持。

再说广外，2000 年到 2010 年 10 年间，我担任广外主要领导，也与广外几届班子的领导一起就办学理念、办学思路、办学定位提出了一些建议性的想法。比如在大学管理的层面，我在担任广外校长之初就提出了一个口号：内抓管理，外求发展。后来经过讨论，这个口号优化成：内抓改革，外谋发展。正是在这一思想的指导下，我们在 2001 年启动了决定广外这十年发展走向的五项改革：非学历教育办学管理模式改革；大学教学科研架构改革；校内分配制度改革；干部人事制度改革；后勤社会化改革。这五项改革同时启动，互为关联，在广外引起了一场深刻的变革。

在办学理念层面，我提出办学以教师为本，教学以学生为本的观念。在这一思想的指导下，全校展开了"广外发展路在何方"的大讨论，继而出台了一系列关于加快引进人才，加强学科建设的文件。从 2001 年到 2010 年，经过 9 年的努力，广外的博士点从 1 个增加到 7 个，硕士点由 7 个增加到 28 个，编制内专任教师由 579 人增加到 1161 人，正教授由 31 人增加到 210 人，具有博士学位的老师由 26 人增加到近 300 人。2001 年当年省部级以上科研立项仅 5 项，2010 年当年就有 94 个省部级以上立项项目。教师公开发表论文 2001 年仅 364 篇，2010 年达到 1368 篇，其中核心期刊上发表的论文达 500 余篇；教师公开发表的著作 2001 年仅 53 部，2010 年达到 179 部。从人事处和科研处的统计数据看，广外 70% 的科研成果由引进的高层次人才完成。

在大学的发展定位上，新一届大学党委提出"建设国际化特色鲜明的高水平大学"的战略目标。在大学所肩负的使命层面，早在 2003 年，我们就提出了两个观念：一是在形而下层面，提出了培养"双高""两强"，能直接参与国际合作与竞争的通用型人才的培养理念。二是在形而上层面，把"培养全球化高素质公民"作为大学的使命；在办学特色层面，我们构建了"专业教学与外语教学融合，培养国际化通用型人才"的专业教学模式；在人才成长成才的思路方面，我们提出了"立足平凡，追求卓越"的人才成长路径，强调学生的成长比成功更加重要。

从这一意义上看，广外追求的办学目标和基本价值与发达国家大学的教育理念是非常接近的。现代高等教育人才培养的核心理念是塑造学生知识、能力和素质三者的统一，即不仅要使学生有知识、有能力、会做事，更重要的是会做人，要把学生培养成为有社会责任感的高素质公民。那么高素质公民主要内涵是什么呢？我想不妨借用邓小平对青年学生提出的"四有"要求，这就是有理想、有道德、有文化、有纪律。高素质公民能够进行内省并不断自我修正提高，使自身内在性格、气质、意志、心理、欲望等达到和谐统一。而全球化高素质公民的目标旨在培养学生具有正确的价值取向，富于爱心，有社会责任感，遵守公共准则，拥有理性批判精神，善于处理人与人之间的关系。在街坊，他们是友好的邻居；在企业，他们是有能力的业务员；在机关，他们是称职的公务员；在家里，他们是孝顺的儿子或女儿；成家以后，他们又是负责任的父亲或母亲；在社会，他们富于爱心，敢于担当，是合格的公民。他们的生命是多维度的，他们的视野是超越的，他们的发展具有多种可能性。我想，这应该成为当代大学生"立足平凡，追求卓越"的一条职业底线、道德底线。从这条底线出发，他们才可能在平凡的工作岗位上做出不平凡的成绩。我完全赞同易中天的看法，坚守住了底线，才可能成人、成才，才可能图发展、谋大事。

我们要求学生做"全球化高素质公民"，我们还力求培养学生一定的跨文化交际能力和宽阔的视野，培养他们一定的领导素养和协调组织能力，熟悉国际相关领域的规则与惯例，掌握国际礼仪。"全球化""国际化"的内涵很丰富，我们这里也只设了一个最低的门槛，先达到这个门槛，将来你自己再去深造，再去深化，看你自己的造化，但学校给你设计的一条最基本的底线你必须达到。你有了富有弹性的思维能力，有了瞄向国际的视野，有了较强的跨文化交际能力，你就不仅知道中国有马克思主义，有中国特色社会主义，你还得知道黑格尔，知道萨特、海德格尔、德里达、福柯等现代哲学大师。你就不仅知道唯物主义和辩证法，你还应该了解唯心主义和形而上学，这时候你会发现，迄今为止的世界文明史，迄今为止的人类文明成果中有相当一部分还是唯心主义大师和形而上学的理论家们所创造，所贡献的。你就不仅知道人是世界的一部分，人是世界的主人，你还得知道后现代主义者提出的"人与自然是一个共同的生命体"的新观念，知道米兰·昆德拉提出的"世界是人的一部分，世界是人的状况"的新思想。你就不仅知道中国的海尔、格力，你还得知道世界五百强，知道他们的经营理念和营销策略。如果你连这些都不知道，你怎么做"建设者"和"接班人"？将来怎么"走出去"？即使走出去了，可能用不了两个回合，就被别人打败了。

同学们，在成长为全球化高素质公民的道路上，我们必须学会去谋划自己未来的人生。哈佛大学是世界著名的学府，它非常强调学生要有长远的眼光，及早地设定人生目标，为未来投资。哈佛大学做过这样一项跟踪调查，对象是一群在智力、学历和环境等方面差不多的大学生。调查结果发现，27%的人没有目标，60%的人目标模糊，10%的人有着清晰但比较短期的目标，其余3%的人有着清晰而长远的目标。以后的岁月，他们行进在各自不同的人生旅途中。25年后哈佛大学的研究人员再次对这一群学生进行跟踪调查，结果是这样的：3%的人，25年间朝着一个方向不懈努力，几乎都成为社会的成功人士，其中不乏行业领袖和社会精英；10%的人，他们的短期目标不断地实现，成为多个领域中的专业人士，大都生活在社会的中上层；60%的人，他们安稳地生活与工作，但没有什么突出的成绩，几乎都生活在社会的中下层；剩下27%的人，他们的生活没有目标，日子过得很不如意，常常抱怨他人、抱怨社会。其实他们之间的差别仅仅在于25年前，他们中的一些人已经知道自己最想要做的是什么，并且为之付出了切实的努力；而另一些人则不清楚自己的未来，没有人生的目标，也就缺少了奋斗的努力。

在成长为全球化高素质公民的道路上，我们必须学会支配时间，努力提高自己的能力。爱因斯坦曾经说过这样一句十分深刻的话：人的差异在于业余时间。

20世纪初，在数学界有这样一道难题，2的76次方减去1的结果，是否就是人们猜想的质数。这一难题吸引了一大批科学家，但结果并不如意。1903年，在纽约举行的国际数学年会上，一名叫科尔的数学家通过令人信服的运算论证，成功地证明了这道难题。人们在惊讶和赞许之余，问科尔论证这道难题一共花了多少时间。他平静地回答："3年内的每个星期天。"

在成长为全球化高素质公民的道路上，我们必须努力塑造自己的品格。比如责任心、领导素养、国际视野、创新意识；比如怎么对待合作与竞争，怎么处理创新与守规；等等。20世纪90年代以来，美国的银行业发展迅猛，主要得益于创新和服务的理念，但他们中不少人忽略了风险管理，突如其来的美国次贷危机所引发的全球金融海啸，一下子把昔日强大的美国银行业冲击得七零八落，强大如美国花旗银行，需要美国政府出资几百亿来救助。究其原因，正是因为很多银行在高速发展的时候，在靠创新和服务来提高竞争能力的时候，没有考虑到用法律法规来规避可能产生的风险，忽略了制度层面的保证，忽略了规则规范的建设。而美国富国银行原是一家名不见经传的中小银行，但它十几年稳扎稳打，坚守规矩，几乎没有受到次贷危机太大的冲击，一跃成为美国唯一一家获得AAA评级的银行，目前按商业银行资本市值，全球排名第四。同学们，当我们培育企业家精神的时候，除了强调创新和合作，还要谨记守规矩，这是你立于不败之地的根本。

刚才我主要从中外高等学府办校治学的理念层面，阐述了现代大学的使命，以及当代高等教育的价值追求。我希望每一位大学生、研究生坚持向社会和实践学习，知行统一、脚踏实地，不断在学习中增长知识，不断在人生旅途中陶冶情操，不断在社会实践中磨炼意志。崇高的信仰，坚定的意志，强健的体魄，明确的方向，理性的分析能力和批判能力，富有创新精神的思维能力将引导你们走向生活和事业的成功彼岸。没有人能够预测生命，也没有人能把自己的人生完全看透彻。我们的生命是由不同时期、不同地点、不同环境中的无数个不同的片段组成的，在生命成长的过程中，我们仅能看到自己生命中许多不连贯的碎片，而对于每一个此时此刻的碎片，我们却是可以把握的。在我们的身后，这无数个碎片承载着我们生命的经历，正在拼合成一个日益完整的图画。我们每个人的生命都是独特的，她的独特性、差异性是由我们在奋斗中所创造的意义或发现的意义所揭示的，让我们以积极的态度去创造、去发现每个人的人生意义。

当然首先是发现大学生活的意义，大学生活的意义除了学习外，它还包括大学的经历和有责任的自主生活的开始这两个层面的东西。大学的经历与学习同样重要，且彼此交融。与一批同样优秀的年轻学子相互交流、争论并彼此激励，是大学生活之所以影响深远的重要原因。学生从其中获得的是和从老师或书本那里获得不一样的经验和激励；大学生活也为各位同学的自主生活提供了很好的环境和舞台，比如参加多种多样的社团活动，成为某个团队、某个项目的组织者或参与者，从而学会策划，学会承担责任，学会克服困难，学会与同学共事，学会支配时间和生活，这对帮助你们确定自己的人生态度和立场，成长为一名高素质的社会人有万利而无一弊。于是，一所大学深厚的整体性和丰富的多样性在不经意中造就着你们自由的心灵、崇高的理想、远大的志向、独立的人格和善良的心地。你们走向世界的道路开始铺就，我想这就是大学学习之所以能改变人生的缘由所在，希望同学们珍惜。

徐真华教育文集

科学研究与教师的发展*

一、学科建设该以什么为重点?

高校的科学研究工作离不开两个基本的工作平台,一个是学科建设,另一个是专业建设。在中世纪的欧洲大学,没有学科与专业的区分,只是随着现代社会的发展,随着知识的膨胀,各种不同系统的知识开始形成了自己的体系,并逐渐分化、综合、再分化,才产生出了不同的学科和专业。到今天,学科和专业似乎已经成为现代大学里两个不同的概念。一般说,学科指"相对独立的知识体系",重在研究学科发展的内在规律;专业则是教学内容的一种组织形式,重在建立具有明显专业特色的课程体系。

学科建设的主要内容包括教师队伍建设、硕博点建设、研究团队建设、研究基地建设、公共服务平台建设以及确定研究方向,争取研究项目,形成科学合理的学科管理制度等。专业建设的主要内容包括专业师资队伍建设、专业课程开发、专业教材建设、专业实验室建设、专业教学手段与方法的改善、质量监控保障机制等。

当然,具体到一个二级学院、一个系,学科建设与专业建设是不能截然分开的,两者是互为支撑、共同进退的。所以二级学院的领导、系的领导必须厘清这两者之间的共同点,作为工作中的重点抓紧抓实,以期对本单位的科学研究工作起到纲举目张的作用。我认为这个共同点主要反映在以下两个方面:

一是师资队伍建设,包括教师队伍的年龄结构、职称结构、学历结

高教探索篇

---

* 这是徐真华 2012 年 4 月在广东外语外贸大学高级翻译学院青年教师和硕士、博士研究生座谈会上的讲话。

107

构、学缘结构；学科方向的凝练；学科团队的组建，学术骨干的培养；重点学科、特色优势学科的培育与建设，重点科研项目的培育与申报；科研成果的显示度及社会贡献的显示度；等等。

二是教学内容与课程体系建设，包括专业课程开发、课程师资配备、精品课程建设、专业教材建设、教风学风建设、专业实验室建设、教学方法研讨、考试与论文指导以及包括教学督导在内的质量监控举措和教学过程管理；等等。

那么，我们该怎么谋划学院的发展、教师的发展呢？作为一所大学，不可能在各个方面都是一流的，而且所谓一流也一定是分层次的，公办大学可以有公办大学的一流院校，民办大学也应该有民办大学的一流院校。但不管是公办还是民办，一流大学一定要有被同行们公认的办学特色。所以高级翻译学院一定要选准研究的领域，将来一提到翻译学科，人们会说广外不错，在某某研究领域它是领先的。

二、教师个人的科学研究要重视投入与积累

投入，首先是时间和精力的投入，这个道理大家都明白，你投入少，收获当然也不会多。那么积累呢？首先指知识与学问的积累，包括时间的积累、精力的积累、经验的积累、阅读的积累、研究的积累。怎样积累？我主张先从学术跟踪做起。

学术跟踪就是密切关注与自己的研究方向或自己的研究兴趣一致的学术前沿的专家学者们的研究动态、研究方法、研究成果，归纳、总结、梳理他们的学术思想、学术见解、研究方法及其产生这些思想、观点的思辨过程。这些思想和观点常常会反映在他们对某个问题的论证过程，体现在他们或定性或定量的研究方法之中。

学术跟踪是一个学习的过程。在这个过程中阅读，特别是分析性阅读是一项最关键、最不可缺少的学习环节，因此占有学习资料比如图书或网络上的研究资料是基础。没有阅读，没有资料的归综，学术跟踪就无从谈起。

学术跟踪是一个积累的过程。在这个过程中，通过你长期的锲而不舍的分析性学习与研究，你知识的厚度会得到聚积，你学术的视野会上升到一个比较宽的广角。中国有"厚积薄发"的古训，厚积尚且只能薄发，不积何以谈产出，何以谈发展？

学术跟踪也是研究方法的形成过程。首先是定性或定量的研究。现代

科学研究，包括人文社科类的学术研究，有一个非常好的趋向，就是把社会学田野调查的方法或者把理工学科中的数量统计方法、数理模型建构的研究方法引进到了人文社会科学的学术研究中，使得一些成果更贴近人们企求获得的真知，更符合事物的客观规律。以我们在定性研究中常常使用的个案研究为例，好的个案研究应该有比较充分的理论准备，要明确个案的性质，截取一定的数量，判断这些研究的个案有多大的代表性，是否可能成为否定某个既有思想观点的实证或者是否可能成为支持某一个新的发现的例证。这时候，你或者运用观察、访谈、问卷或群体调查等方法，或者运用语篇分析、语料分析、思辨推导的方法对所收集的资料进行分析挖掘，并努力在理论与资料的互动中建立自己的框架，把对个案研究中的局部把握提升到整体框架中去思考，就可能建立起自己的理论模型。

不久前，媒体报道了冯军旗的博士论文《中县干部》。冯军旗在读博士期间，有机会到某县挂职担任县长助理。他从社会学的角度，对一个县的官场情况做了十分透彻的解析。冯军旗的《中县干部》几乎就是当今中国政治与社会的一个缩影，成为研究中国基层政权成败得失的一个非常好的标本。不论谁完成了这样的论文，国内外学界都会向你敞开大门。论文的选题非常重要，好的选题就是成功的一半。中国正处于历史转型时期，对社会科学、人文学科而言，或者再具体些，对外国语言文学学科而言，如果能触及转型的某一个侧面，比如高等教育如何与国际接轨？外国语言文学学科如何培养能直接参与国际合作与竞争的国际通用型人才？这些问题也是当下中国需要解决的现实性问题。如果你的研究提出了具有前瞻性的见解，那么论文的价值就可能不限于职称晋升的通行证，而能成为进入社会的通行证，今后的人生之路就可能越来越宽广。

再谈自主研究的问题。自主研究说到底就是具有鲜明的个性特色的科学研究。个性特色指你的研究有自己独立的观点、独立的见解，至少在某一个方面具有创新性。比如，你的个案研究解释了一个用现有理论解释不通的现象，或许你的解释就是一个新的观点，就是一个创见。再比如，同样是一篇归纳综评性的文章，假如你的综述说出了人家没有说过的，总结了人家没有注意到的，那也是一种创新。自主研究要注重研究问题的前瞻性，注重长远的发展目标，切入点不宜太大，努力做到从一个具体的问题研究起，要学会小题大做，争取以小见大。

自主研究要注重对研究问题的顶层设计，不宜头痛医头、脚痛医脚。自主研究还应该重视研究领域的关联性，重视对策研究的协同性，避免"各人自扫门前雪，不管他人瓦上霜"。

比如有一篇博士论文研究近百年来我国外语教育政策的流变，我去做答辩委员会主席，论文只字未提教育理念，而其实任何教育政策的制定都离不开一定的教育指导思想，都受到一定的教育理念的制约。再如有一位博士对恩格尔系数与中国居民的收入对教育投入的影响分析，她提出一个观点："居民收入的提高是实现教育公平的基本保证。"事实上，教育不能等老百姓有了钱才去追求公平，这首先是政府的事情，看看穷国——印度、古巴，再看看富国——法国、德国，它们的教育公平都是建立在国家对教育这一公共事业投入的基础之上。

自主研究并不主张单兵作战，自主研究是一种方法，它特别推崇团队合作，寻求团队的集体智慧和由此产生的攻关能力。

自主研究的最高境界当然是原创性的研究与开发，在很多很小的研究领域内，很尖端的研究领域内，往往是美国人世界第一，这与美国人大都热衷于原创性开发有极大的关系。

比如关于创新，在当今的手机领域，业内人士把这个领域分为两大块，一块是苹果，另一块便是所有非苹果类手机。在全球手机行业的利润蛋糕分配比例上，我们注意到苹果占据了全球手机产业70%的利润额，而全球所有其余品牌手机的利润额仅为30%。

其实在生产智能手机前，诺基亚已经发明了像苹果智能机一样的手机，但是诺基亚的管理和决策层没有把握好他们的创新，而是把这一新型的手机束之高阁，据说理由之一是较之诺基亚当时的产品，它没那么结实，经不起摔，结果错失了占据产业高峰的大好良机。

另一个典型案例便是柯达相机了。柯达最先发明了数码相机技术，但是担心风靡全球的柯达相机及胶卷产业可能因此受到冲击而迟迟没有形成规模生产，结果其他相机企业抓住机会脱颖而出，柯达因自己的落后思维而陷于破产。可见，优势是在抓住机遇的过程中逐步形成的，差距也是在错失机遇的过程中逐步拉开的。

苹果手机是怎么做出来的？据说苹果总裁史蒂夫·乔布斯一次接到朋友的一个请求，请他在苹果公司生产的诸多品牌手机中推荐一款。此前乔布斯从没有考虑过公司手机产品的优劣或适合性，因为他对苹果的品质充满信心。可是，这一次他犯难了，不知道哪一款更好，更适合他的朋友。再三比较之后，他向手机生产部门下达了一条指示：将来苹果只生产一种手机，就叫 iphone，界面大方简洁、功能实用、操作方便是最高原则。于是 iphone 的设计者设计了一款集多种手机的优点于一身的手机，把一些关系不大的部件统统舍弃，比如换电池、书写笔。开机前，机身上只留下一个按钮。

再比如以动漫产业为例，有学者分析，中国与美国的差距不是反映在技术层面，而是出现在理念上。

第一，中国动漫行业过多考虑成本控制，能用中专生做成的产品就一定不用大学生，能用本科生做成的事就一定不用研究生。

而美国则不然，无论哪个动漫设计公司，从设计创作人员到动漫制作人员都以硕士、博士为主体。他们认为这些思想活跃、知识丰富、视野开阔的年轻人干出来的活更富智慧、更具灵性、更富市场竞争力。因为光有一个好的设计构想是不够的，动漫制作人员的智慧与灵性同样是作品高质量的基本保证。

第二，中国人笃信"三个臭皮匠顶个诸葛亮"，不管你用什么方式和手段，也不管你事前有没有不一样的美学追求，只要把东西做出来就行。

美国人不这样想，他们认为皮匠就是皮匠，诸葛亮就是诸葛亮，三个臭皮匠也顶不过一个诸葛亮，两者毫无共同之处。三个臭皮匠能做成诸葛亮做的事即使有，那也是例外，不能成为一个行业的处事规则。因为活不是干出来就行，而是必须干得好、干得出色、质量上乘。同样做一个 3 分钟动画片，美国顶级的动漫设计公司是以每秒钟 1 万元作计价单位，而在深圳，有的动漫公司可以打包出售，有两三万元人民币就帮你搞定了。差别在哪里？人家出的是可以传世的精品，我们出的只是一次性用品，缺乏长久的市场竞争力。作为买家，中国人首先考虑价格因素、关系因素；美国人首先考虑产品的精准性、效益性、延续性、选择性。

上面的案例分析告诉我们，任何一个内涵层面上的创新都可能成长为一种不一样的特色，一种新的优势。就外国语言文学学科而言，翻译学、区域与国别问题研究已经或正在成为新的学科建设增长点。2011 年教育部国际司在全国建设了 37 个区域与国别问题研究基地（广外有一个加拿大研究中心，北外有两个基地），这些中心或基地的研究呈现出跨学科研究和国际化协同创新研究的新特点，走的是与国际接轨的学术研究新路子。据南京大学著名教授许均介绍，南京大学引进了 2008 年诺贝尔奖得主、法国当代著名作家勒克莱齐奥。请注意，南大并不是简单地引进、翻译并推介他的作品，而是把勒克莱齐奥也引进南大，建立了他的工作室，请他每年在南大工作 3 个月，形成外国文学、翻译学与跨文化学研究的一种新的格局，反映出学术国际化的水平与能力。

特色是研究的生命，着力打造本校、本单位最具特色的学科专业点，把这个平台做优做强，形成品牌优势和辐射，一提起某某研究，学术界或企业界立马会想到你这个学校，你这个学校的哪几位教授。这就是特色的力量、特色的价值。

当然，上面这些话我都是从大处着眼的，是一种趋势、一个方向，我们中的一部分人，一部分学术功底扎实、学术观察力敏锐、变异思维能力强、善于发现问题、善于归纳并表述思想的人是可以达到这种境界的。那么对大多数老师来讲，尤其是对大多数青年教师来讲是不是就难以有所作为呢？

不是的，研究的机会对每个人来说都是一样的，关键是看你在日常的教学实践中有没有准备。如果只是以完成每周的教学工作量为你的目标，或者只是以争取多上几节课，多挣一些超课时费来补贴家用为目标，那么提高自己科研能力的机会你可能就没办法抓住了，因为你的注意力，你的意识完全不在这一块。

美籍华裔学者吉晨，现在就职于中国科学院半导体研究所材料重点实验室。他说，美国的实验室流行"放手式"管理模式，就是说项目负责人只负责提出研究的粗框架，细节是由手下的研究人员和研究生去完善并执行的。在半导体所，他发现由于没有导师的安排和监督，他的一些博士生在一周里居然什么也没有做。可是在美国，吉晨教授身边始终有一群"只为物理"而活的同事和学生，他们每天除了 6 小时睡眠，其余的 18 小时都在思考物理问题。在吉晨看来，中国要实现尖端创新殊为不易，因为实际上中国人是在跟这一帮科学狂人竞争。

也许还有老师会说，我也想搞科研，我也努力写了论文，但是发不了啊！发论文的确是一个难题，一是专业类的期刊少；二是各高校科研处对专业类期刊和非专业类期刊普遍会分一个三六九等，并不是每一种期刊都得到认可；三是老师们的论文经验总结性的、内容分析介绍性的或者是对一些思想、观点解释性的文章居多，论文的学术性欠佳，也影响了论文的刊载使用率。因此，论文自身质量的提高是一个必须正视的问题。

三、我们该怎样提高自己的研究能力呢？

我觉得研究能力的基础是学习能力，因为人的智力发展始终是以学习为基础的，因为学习首先是关于知识的习得。而我们在大学前的学习阶段甚至包括大学学习阶段所获得的知识具有非个人的、经验主义的、普遍的意义。今天，当我们自己当了老师，走上了讲台，我们必须经历一次蜕变，即从被告知式的学习转化为研究式的学习。我们要做的不应该再是重复我们听到的、学到的知识，而应该是通过对知识或者经验的综合、分析、质疑、提炼，对既有的知识、经验、理论、方法进行创造性的思考或者说个性化的思考，然后再去讲述我们所认识的学科知识、专业知识，才有可能在前人思想、观点的基础上阐发我们自己的思想、观点。

研究式的学习一般是基于问题的学习，在当下还常常具有跨学科学习的特点。当你在教学工作或是在学生的学习过程中发现了新的问题，你可能会接着改善你的工作并帮助学生发展他们的学习，这时候你就可能写出一篇不错的教学研究的论文；如果你开始关注一些形而上的理论，思考你所从事的学科领域内的一些相对抽象的话题，那说明你已经开始用一种不同的方式去思考事物相对于你的环境、你的世界和你自身的含义了，你所从事的无论是语言文学研究，还是教学方法研究，或者是案例分析，还或者是艺术创作，可能有了自己独立的思想。这几年，我比较多地参加一些学生的博士论文开题或答辩，思维的狭隘、视角的窄小使得一些本来不错的研究缺乏应有的深度和信度。比如有一位学生作交替传译中情景知识与有无受众在教学训练中对交传质量的影响研究，我读了这位同学的论文，发现有两个致命的问题：第一，把知识的丰富与能力的提升视为同一性，没有区分知识的丰富与能力的提升有着不尽相同的迁移渠道，所以论文中缺了口译能力的研究；第二，他所得出的研究结论，没有经过他的训练方法与常规训练方法的对比研究，结论的可靠性受到质疑。

基于问题的学习非常重视提高研究发现问题的能力。如果说发现问题能帮助我们认清研究的方向和路径，那么敏锐的判断力和洞察力是把问题引向深入的指挥棒。2012年10月9日，《中国科学报》发表了唐凌峰的文章，对科研的创造力、洞察力与执行力作了较为深刻的分析，他的文章题目是"他们为什么没有获得诺贝尔奖"。

四、我们该怎样规划自己的人生？

今天座谈的主题是"追求卓越，拒绝平庸"。在座各位都是高级翻译学院的青年教师和正在学习的硕士、博士研究生，在"追求卓越，拒绝平庸"的道路上，我们必须学会谋划自己未来的人生。当然，机会、天赋等因素也会起一定的作用，但是明确的方向、锲而不舍的努力始终是最重要的。另外，我们必须学会支配时间，努力提高自己的能力。

除了学习上、科研上的能力，一个人的人文素养在追求卓越，拒绝平庸的道路上也显得非常重要，我们必须努力塑造自己的品格，比如责任心，比如领导素养、国际视野、创新意识，比如怎么对待合作与竞争、怎么处理创新与守规，等等。最后说说关于怎样申报省部级课题：

首先，熟悉前沿的理论。怎么熟悉？多上网查资料，了解自己学科的最新动态，看看兄弟大学本学科的教授们在思考什么？研究什么？有哪些最新的成果？同时要多写研究笔记，也可以写写研究综述，建立一个属于自己的研究资料库。

其次，抓准具有一定普遍意义的理论问题或现实问题，深入研究，力争提炼出带有一定规律性的学术思想或学术观点。

再次，与志趣相投的同事组成研究小组，用团队的智慧去攻坚克难，用团队的智慧去推陈出新，力求使成果在某一方面具有新意。

最后，规范研究方法。人文社会科学最常用的研究方法大致有以下几种：一是问卷调查法。问卷调查法最关键是要做好问卷设计，所提的问题应排除任何作者个人先入为主的主观因素，力求客观并具有一定的针对性和普遍性。设计问卷前应该先做一个预调查，以便对问题的设计做到心中有数，比如有人说手机里可以安装电子字典，那么纸质工具书在书桌上还有没有地位。二是深度访谈法。关键是要避免访谈对象的随意性，注意访谈对象的代表性、可靠性。三是参与式观察与非参与式观察法。比如到营业性机构当工作人员，现场获取你的研究所需要的真实数据或信息。四是文本文献分析法。比如语篇分析，比如作者或作品中某个现象的语用分析，比如语料分析研究、文学评论，等等，都属于这个范畴。

一所学校、一个学院的成功与否，关键在于以下四点：一是学科建设的水平与质量；二是领导班子尤其是班子主要负责人的精神状态（领导集体是否有较高的智慧和驾驭大局的能力，教师和科研人员的敬业精神与工作状态，并由此延伸至学风、校风）；三是制度治理结构，科学合理的规章制度和组织治理结构能让责任、权力、利益和效果清晰明了；四是这个机构的组织文化和大学的校园文化。

一位老师的成功与否关键也在于四点：一是个人的思维能力和精神状态（主要指个人发现问题的能力、判断能力、写作研究能力、敬业精神、创新意识等）；二是集体意识、团队精神和协调执行能力，包括宽以待人、严以律己的品格修养，认真负责的教学态度等；三是耐得住寂寞，争取在长期的积累中有所作为，因为教师这份职业已不是你打的一份工，而是你所选择、你愿意献身的一项事业，它值得你为之奋斗一辈子；四是个人的文化修为。

德国哲学家康德说：大学是一个学术共同体。哈佛大学教授杜维明讲道：人的智慧，对自己的理解，对社会的理解以及认识人、与人相处和做事的能力是人的一种"文化能力"。大学是学者、能者、智者、思想者集聚的地方，从周围的领导、教授、同事乃至普通教职员工和学生身上都可能发现许多思想的火花和文化的启迪，学校的文化传统与环境也在深深地影响我们。大学教师应该是优秀传统文化和先进现代文化的自觉传承者、弘扬者，应该在实践中不断地锤炼自己、提升自己，逐步形成具有自己个性特征的教学风格和研究特色，当一名无愧于学生的好老师。

师德是教师职业发展的灵魂[*]

　　德国哲学家康德在《教育论》中指出，教育以人类个体的未完成的状态为起点，通过养护、学习、管教等环节，最终发展人（儿童）的向善倾向，使教育成为一种道德的存在。康德的后继者赫尔巴特则更将"道德"归结为"教育的唯一的、全部的工作""是人类的最高目的，也是教育的最高目的"。今天，倘若我们以挑剔的眼光审视康德和赫尔巴特对于教育本质的认识，或许这些观念还有需要修正和完善的空间。但是，不管怎样解释，教育作为一种道德的存在，显然具有普世的意义。那么教师呢？作为教育者，教师必然要通过对学生人文情怀的培养和熏陶，使这一道德的存在内化为学生健全的人格。因此，一名优秀的大学教师，必须牢记为苍生立德、为天下立言、为社稷立功的神圣使命。

　　在中国历史上，历朝历代对教师的要求都是很高的。学生爱戴老师，除了老师的学识、能力、水平与教学方法得当以外，最重要的当然是老师的人格与品德。因此，师德师道更是世代中国知识分子所孜孜以求的精神境界。被誉为"万世师表"的孔子第一个提出了"有教无类"的"仁爱"思想，并且认为，教师在教学态度上应该有"诲人不倦"的乐道精神，在教学实践中，应该善于观察并掌握学生的个性，从而做到"因材施教"。

　　另一名儒家代表人物荀子则强调教师就是传授"礼"和践行"礼"的典范，教师应该具备庄严的威信、丰富的阅历、深厚的学养和崇高的信仰，并且善于学以致用，阐发微言大义，站在人性和人道主义的立场上，守护道德和正义。唐宋八大家之一韩愈的《师说》则被认为是中国教育史

　　* 这是徐真华 2013 年 9 月 23 日在广东外语外贸大学师德建设座谈会上的讲话节录。题目为编者所加。

上第一篇专门论述教师作用与职责的名篇名作。"师者，所以传道、授业、解惑也"，当是时时告诫士子们的师道标识。

师者，德为先；师者，德高为范。这已是当代社会的共识，也是我们全体教育工作者的共识。本世纪初，北京的一家著名媒体，对北京 10 所大学的大学生做过一个问卷调查。每所大学随机选取 100 名学生，其中有一道题目：你认为在大学教师的诸多特质中，最重要的有哪三项？答案从老师的教学水平、科研能力、教学态度、责任心到德行、品格等 10 个标志性的特点中选取。统计结果显示，绝大部分学生看重的排名前三位的教师的品质是：教师的人品、责任心和学问。这个调查结果也印证了中外思想家、教育家、哲学家对教育本质的把握，对教育者本质的把握。这是因为大学不是专注于培养某个专业技能的职业培训所，大学的首要功能、终极功能是培养人，培养学生健全的人格。作为学生的导师，作为办学的主体力量，教师就应该把师德的养成放在首位。

英国教育家纽曼说："University is a place teaching universal knowledge." 意思是大学是一个传授具有普世价值知识的殿堂。广外培养的大学生，不仅要在专业素养上有扎实的基础，有走向未来的发展潜能，还要拥有面向世界的开阔视野，拥有高尚的人品。这就是我以前常常说起的要"立足平凡，追求卓越"，成为一名能在不同国家、不同地区、不同文化、不同宗教的环境中与他人合作与竞争的高素质的全球化公民。

当然，作为一名高校教师，学问的高下也常常决定着你在专业圈子内、在学生中的影响。大学不仅仅是一个教与学的课堂，更是你在传授知识的过程中钻研学问、提升学术能力的领地。你发现问题、分析问题、解决问题的能力越强，你的学术见解也就越深刻，你就不会再满足于关照当下利益的应用，而会把思想投向理论层面的建树，因此你给学生释放的正能量也就越强。1883 年，在美国科学促进会年会上，美国物理学家亨利·奥古斯特·罗兰发表了题为《为纯科学呼吁》的演讲，原话说："假如我们停止科学的进步而只留意科学的应用，我们很快就会退化成中国人那样。多少代人以来，他们都没有什么进步，因为他们只满足于科学的应用，却从来没有追问过他们所做事情中的原理。这些原理就构成了纯科学……"罗兰的《为纯科学呼吁》随即被称为美国科学的"独立宣言"。后来，我们都知道了美国的进步。这是 100 多年以前的事情，但在今天，差距依然存在。习近平总书记访美期间，奥巴马说，中国的 GDP 已经是世界第二，有可能超过我们，但是世界上最先进的科学和技术，特别是核心技术、最优秀的人才在美国。这种傲慢和优越感不亚于 100 多年前罗兰带给我们的刺激。①

　　因此青年教师的成长与发展仍然需要把立足点放在自己的教学水平和科研能力上。我希望大家都能把关注的重点定位到自己的事业上来，大家必须明白一个道理，今天的选择并不能决定你未来的天地。能决定你未来事业发展走向的，是你选择了教师这个职业以后的付出与坚守。

　　第一，你必须站稳三尺讲台。学习新知识、新理论、新理念，讲授新知识、新理论、新理念，与学生一起研讨这些新的知识、理论、理念可能对现代中国的建设，对塑造具有现代意识的中国人的可能性与可行性。

　　第二，你必须学会研究。作为一名大学讲师，不能只满足于上好课，你必须学会研究问题。关于如何研究问题，或许应该从学术跟踪做起，学会关注你这个学科领域里的名家名师们的理论热点，你得学会归纳总结，学会从中发现可能的问题，从中感悟到对你的启发……

　　第三，你必须学会坚持，忍得住寂寞，甘愿当教授们的助手。一些青年教师不愿参加团队科研活动，一些青年教师懒得做收集资料、填表等一些看似琐碎的工作，认为那都是替人家作嫁衣，干活有我的份，成果署名轮不到我，总觉得自己吃了亏。但是，我想说，这不是吃了亏，而是对你的信任，将来你要独立从事科学研究，这些过程都是必需的。老师们要把眼光放长远一点，分清哪些是短暂的，哪些是长远的，不要因为暂时的顺心而动摇了自己向目标奋进的决心。

　　第四，你必须保持浓厚的学习兴趣，始终保持对某一研究领域的好奇心。这是你长期坚持下去的不竭动力。有人说，人文学科最难出影响力的成果，最难创新。这并不是没有道理，但是我们也应该看到，急剧快速发展变化的社会结构、经济结构、文化形态更为科学研究提供了前所未有的素材视角。比如，网络的兴起之后，随之而来的法律问题、伦理问题仍需要专家们的智慧来破解社会和政府面临的困境。

　　应该说，广外绝大部分教师在师德师风建设上做得还是比较好的。最近与我当年读大学的一位老同学吃饭。他在深圳工作，共进晚餐的还有他的一位侄子，在广州某政府机关当公务员。席间得知他的侄子是广外南国商学院的专科毕业生。他对我说，当年在广外南国商学院学习得到老师的很多帮助，很感激老师们不仅仅传授知识，更引导他们怎么做人，使他受益匪浅。后来毕业时，他考上了另一所学校的专升本。他跟我说，那所本

　　① 郑晓静：《打通迈向未来的三个通道》，《中国科学报》（理论）2013 年 9 月 12 日。

科学校的教师，在教学的责任心、教学态度等方面不如广外南国商学院的老师。他们基本上不与学生交流，甚至不改作业、不答疑，考试后也没有分析讲评，教学呈现出一种很随便的放任自流的状态。这一对比让他感触很深。

这位学生的一席话让我思考一个问题：同样是大学教学，为什么学生的感觉有这么大的反差？我想问题不在教师的水平、教学能力上，也不在学校的办学条件和环境上，问题就在教师的教学态度、教学责任心上，问题就在师德教风上。

师德是教师职业发展过程中的灵魂，是教育现代化建设过程中的一个核心内容。师德甚至比教材和德育教学课程更为重要，因为无论在三尺讲台前，还是在校园的任何一个角落中，教师的言行举止无时无刻不在影响着周边的学生。教师在待人处事方面所表现出的博学、严谨、文雅、谦和、善良、宽容，在日常的校园生活中常常能起到润物细无声的作用。

也许有人不一定同意我的观点，他们会把责任推向社会，推向社会的大环境。他们认为，在一个缺乏社会公平正义、价值观紊乱的生存现实中，你谦和、你善良，你可能常常被人欺负；而谦和、文雅，则可能是懦弱无能的代名词，同适者生存的丛林法则格格不入。

很显然，这些观点是错误的。难道老师也得满口粗话、一身匪气，才像个老师，才算吃得开，才算混得好？

说到底这是一种粗俗化甚至是粗鄙化的社会文化。粗鄙代表着"强悍""有力量"，其实这是对"文化"正能量的反叛和反动。一些信奉"我行我素"的人，嘴里喊着"我到哪儿不能混，用得着你来教训我？"这样的人是不配当老师的。视学校的规章制度为儿戏，我行我素、任性而为，眼睛里没有权威，没有规章制度，没有组织纪律，这样的人是不适合在学校工作的，因为他师德不合格，第一关就通不过。

台湾的师德教育做得比较好。我曾几次访问台湾高校，我觉得无论是在儒学还是在现代性思维上，台湾的大学教师很重视个人的修养。他们谦和有礼，秉持"道德文章"的士子节操，一方面潜心学问，一方面关注学生的成长成才，主动参与学生的课外学习。

"用文化来陶冶情操"是台湾师德教育或推行德育教育的一大亮点。这在台湾学生、老师的言行举止中都有所表现，说话轻声轻语，会顾及到不要妨碍周边的人；排队时不会探头探脑或者显得焦躁不安，或者担心有人加塞；人与人之间、师生之间彬彬有礼。老师与学生的互动也很多，他们的教学工作已不局限于课堂，而是延伸到了课堂之外。周末公休日，在图书馆、实验室都能看到学生和老师商讨问题的身影。在座的都是年轻有为的青年教师，而且都是学法学、教法学的青年教师。也许有老师思考过德治与法治的关系问题，会觉得法律彰显的能量是道德难以比肩的。这个问题自秦汉、魏晋南北朝至今一直成为历朝历代统治集团的纠结。我不知道各位有何新的见解？我想听听各位学者们的意见。

我认为，法律是一个国家的基础，是一个国家的根本。在当今世界，倘若治理一个国家不是以法律为准绳，那么这个国家的吏治一定是混乱的，这个国家的社会一定是病态的，这个国家的繁荣背后一定隐藏着巨大的危机。因为人治必然会使国家的治理失去公平、正义的尺度。那么德治呢？离开了法治，德治只能是一句空话。但是，话又说回来，在任何一个法治社会，德治又是不可或缺的。

因为德治代表了一个国家的价值取向，培育着每一个社会人正确的人生观、价值观，是和谐社会得以健康有序发展的导航仪、方向标。在西方社会，宗教起着社会的润滑剂的作用；在中国，传统的价值观依然在发挥着育人的作用，从文天祥的"人生自古谁无死，留取丹心照汗青"，到儒家倡导的"修身、齐家、治国、平天下"，再到"先天下之忧而忧，后天下之乐而乐"，以及近现代"复兴中华，强国富民"的中国梦，等等，都无不昭示着这种自强不息、矢志救国、奋发报国的民族精神。所以法治与德治是不可分割的，是并行不悖的。

说了半天，也许有老师会问：我们在师德修养方面该怎么做？是的，我们的追求，我们的目标，我们的工作总得接地气，总得在实践中明白该怎么做才行。

我想，我们不妨把这个显得比较深奥宏大的问题简单化，不妨从个人最基本的要求做起。这个最基本的要求，我觉得不妨把它定位在：做一名受学生尊敬的大学老师！受学生尊敬的因素可能有很多，让我们再回到底线上来，这就是有严谨的教风，有负责任的教学态度，有善待每一位学生的胸怀，或者说得再高远一些，有立德、立言、立功的抱负。

青年学生必须树立理想信念[*]

理想信念是指引我们前进的动力，是从思想层面指导我们发展走向的方向盘、指南针，没有理想的人往往走不远，也往往难以成大器。最近，我读了两本书，一本是《解放战争》，第二本是《长征》，这两本书的作者叫王树增。王树增讲，他写《长征》的时候，看到美国《时代周刊》出版的一本书，叫《人类一千年》。它是美国《时代周刊》请了全世界43位各行各业的顶级专家，来评定人类这10个世纪以来发生的100件大事。这100件大事入选的唯一条件是：它必须影响了人类的历史进程。10个世纪是1000年，中国的1000年往上追溯的话，大约是北宋时期。中国入选的有三件，第一件事是火药武器的使用，请注意不是火药的发明，而是火药作为武器的使用。那是在第一个千年之初，北宋军队和金军作战时第一次把火药装在竹筒里面发射，从此开创了人类热兵器时代。这个热兵器时代确实改变了人类进程，我们至今还在热兵器时代。入选的第二件事是成吉思汗远征。我个人理解，说它影响人类进程，不仅仅是因为蒙古骑兵对欧洲的征服，更重要的是成吉思汗打开了中西方文化交流和文明交流的一个通道，所以说它影响了人类进程。入选的第三件事就是长征，这非常令人惊讶。为什么我们党史上的一件事情会入选影响人类进程的大事件？请注意，发生在20世纪的两次世界大战都没有入选！难道这些国外的专家们和西方的主流精英们对中共党史感兴趣？对中国工农红军感兴趣？都不是。这只能有一种解释，那就是长征在精神层面上影响了人类的历史进程。因为从军事上解释不通，长征在军事上的规模小到可以忽略不计，红军加起来不过几万人马。

* 这是徐真华2015年5月在给浙江越秀外国语学院第二十八期入党积极分子上党课的讲话节录。

王树增说，他写《长征》的时候，专门去走长征路。在长征路上，碰上一些当代青年也在走长征路，其中有 4 个瑞典人，两男两女，非常年轻。他们从于都河边出发，拿着地图按照当时红军长征路线走，他们走了两年，才走到会宁城，一步不落。王树增在贵州境内碰见他们时，对他们说，在贵州你们可以抄近路啊，四渡赤水你们没必要转来转去吧？他们说，不！不！不！就按这个走。王树增看他们都穿着草鞋，就说你们不一定要穿草鞋，走不了多久脚丫子就打泡了，穿个旅游鞋吧！但他们回答，红军当年就穿草鞋呀。王树增非常感慨，看着这四个瑞典青年衣衫褴褛，如同乞丐，当时就想，这些高福利国家出来的青年在追求什么？他们是在做一次精神朝圣，他们在寻找他们在当代纷杂的生活当中能够快乐地、勇敢地活下去的理由，他们认为在这条长征路上是可以找得到的。从某种意义上讲，这就是信仰。共产党人如果没有坚定的理想信念，别说万里长征，就是十里百里也走不出去。王树增还讲了一个让人感动至深的例子。湘江战役几乎是红军的灭顶之灾，8 万多人倒下了 5 万多人，血流成河，中国革命差点就葬送在那里。他每次到那个地方，都会烧一张纸，因为有一个名字永远在他心中。他就是红三十四师师长陈树湘，在这次战役中腹部受伤被捕。湖南军阀何键要求前线国民党士兵把陈树湘抬到长沙。何键就是下令杀死杨开慧的人。国民党士兵抬着陈树湘，陈树湘乘敌人不备掏出肠子绞断，壮烈牺牲，至死也不让敌人侮辱。敌人把他脑袋割下来，挂在长沙的小东门城墙上。王树增说，我能想象那颗头颅在那个城墙上挂着是一种什么样的情感。我相信他的眼睛是闭不下的，为什么？因为小东门前面两百米就是他的家，他是那个瓦屋街的人，破门板后就是他长年卧床不起的母亲。我们的红军师长是用这种方式回到了他的故乡，那一年他才24 岁。没有信仰的支撑，没有精神力量的支撑，他做不到这一点。

再说解放战争。1946 年国民党发动内战时，没有太多人认为中国共产党能打赢。当时抗日战争胜利后不久，可以说，蒋介石和国民党所领导的国民政府威望还是比较高的，毕竟很多人认为是在他的领导下取得了抗战的胜利。更重要的是，其军事力量亦达到了顶点，军队的总人数将近500 万，主力部队都是美式装备，连苏联的援华物资都装备给了国民党军队。而中国共产党部队，当时毛泽东在重庆谈判时有个清单，说是 120万，武器装备更没办法和国民党军队相比。但如果从 1946 年 6 月内战爆发开始计算，仅仅过了 2 年零 10 个月，解放军就过了长江，占领了南京，中国共产党就取得了政权。为什么？原因或许有很多，但最根本的原因，归结起来只有一条，那就是信仰，那是信仰的胜利。

徐真华教育文集

大家都知道辽沈战役中的塔山阻击战，解放军用1个纵队相当于1个军阻击国民党5个军。我们这一辈人都读过高玉宝的《半夜鸡叫》，塔山战役时，高玉宝是一名通讯员，白天负责送命令，晚上不打仗时负责抬战士遗体。他说，最残酷的时候，一天连续多次去传达命令，二连三连，团长让你们上去，二连三连上去不久，打没了。五连刚上去，也打没了。团长说让六连再上去，他看到六连刚从战场上下来，只剩40多人，浑身衣衫褴褛，三天都没吃过东西，正捧着高粱米往嘴里塞。高玉宝说："连长，团长让你们连上去。"当时连长站起来说：弟兄们，吃饱了，这是我们这辈子最后一顿饭，吃完了跟我上。据史料记载，六连最后活着下来的只有7个人。塔山战役后，国民党的军长师长们不理解为什么5个军打1个纵队就是打不下来，到阵地一看，前沿阵地有很多木牌子，上面都写有毛笔字：轻伤不下火线，共产党员冲在前面，打倒蒋介石，解放全中国。这些军长师长们看后说，我们打不过共产党，原因就在这里。其实那些牌子就是信仰，就是精神。

还有一本书，书名叫《朝鲜战争》，有两个例子更让人感动。一是美国海军陆战队一师，就是在第二次世界大战中从未打过败仗的史密斯领导的那个师。这个师当时被志愿军分割包围在长津湖地区。这个区域属于盖马高原，和西伯利亚接壤，气温在零下三四十度。美军担心有人埋伏阻击，对驻地附近的山头进行轮番轰炸。

有人说，不用轰，也不用炸，这个地方零下三十到四十度，积雪半人深，什么动物在这都待不了一个晚上，冻也会冻死。但当他们接近山头的时候，雪地里埋伏的中国人民志愿军予以迎头痛击。美国军人觉得不可思议，中国军队没有冬衣啊。长津湖战役的美军幸存者告诫后人，美国人有钢铁，但中国人有钢铁般的意志，千万不要同中国军人比拼意志。第二个例子是，我们一个部队在打穿插时，为了按时到达指定地点打阻击，很多人在雪地里跑着跑着就把鞋子跑脱了，有一个战士的两脚被冻住，动不了。美军路过时，看到路中间站着一个中国军人，他们以为是冻死了的，下车准备上来查看，我们这位战士用冲锋枪扫射。美军士兵开枪还击，战士中枪倒地，两条腿折断了。美军上来一看，愣住了，他们觉得真不可思议。在朝鲜战场，这样的例子太多了。大家想一想，我们的战士为什么有这种不怕苦不怕死的精神？我认为就是因为他们有崇高的信仰，这就是信仰的力量，精神的力量。如果不是从信仰层面解释，我们对先辈们抛头颅洒热血的光辉人生、勇于牺牲的精神，就无法解释。李大钊38岁，彭湃33岁，瞿秋白36岁，方志敏38岁，这是他们从容赴死的年龄。视死如归，义无反顾，就是因为坚信"人生最高之理想，在于求达于真理"。因为这一信念，毛泽东 10 多个亲人献出了生命，2100 万革命者慷慨捐躯。中国共产党靠什么把一个 8000 多万人的大党凝聚起来？是信仰；靠什么让中国革命的星星之火成为燎原之势，使"山沟里的马克思主义"赢得了中国？还是信仰。

可是，我们也不得不承认一个事实，相当一部分当代大学生理想信念正在淡化，有一个例子颇能说明问题。2010 年上海某大学的一名大四女生到一家公司面试，经理看了看她的简历，抬头问她："你是党员？"那个女同学顿时紧张起来，激动地说："党员也有好人啊！"就因为这事，上海交大国际与公共事务学院大四年级学生党支部展开了一场关于信仰危机的讨论。讨论后，大家决定把"无论何时何地都亮出党员身份"作为这个支部毕业前的最后一次党课的主题。

同学们，共产党员是一个光荣的称号，是一个崇高的称号，它的光荣与崇高就在于它始终把人民的利益，把民族的利益，把国家的利益放在第一位。

我曾经就广外学生成长、成才、成人的发展理念提出过一个口号，叫作"立足平凡，追求卓越"。

事实上，每个人几乎都有成功的可能，植根于他身上的性格弱点，才是阻碍他成功的最大的敌人。

我希望每一位要求入党的同学，在以下几个方面都要起到模范带头作用：

第一，要有良好的学习自觉性，通过课堂学习和社会实践改善自己的认知方式，把知识的含义由记忆和重复的能力转化为发现、评价和自主学习的实践能力，并进而改变你看待事物的方式。学习暂时有一定困难的同学，我不建议他马上去当学生干部，先把主业搞好了，把学习搞好了，把学习能力提高了，再去发展其他相应的能力。

第二，学会改变，当然首先要学会改变自己，一个坚韧不拔有坚定信念和远大志向的人并不是一个什么都比别人做得好的人，而是一个每一年都比原来的自己有所进步的人。

第三，学会热爱生活、善待他人，对家庭、对生活、对社会都多一份担当，多一份责任。

第四，学会丰富自己。在追求卓越的道路上，我们必须设法培育并塑造自己的品质，比如国际视野、全球意识；比如怎么对待合作与竞争，怎么处理创新与守规，怎么培养遵纪守法的精神；等等。

我希望每一位青年学生既要仰望星空，又要脚踏实地，不断在学习中、在实践中增长知识和才干，不断在人生旅途中陶冶情操、磨炼意志。崇高的信仰，坚定的意志，强健的体魄，理性的分析能力和批判能力，富有创新精神的思维能力将引导你们走向生活和事业成功的彼岸。

大学教师的四重境界[*]

2018 年 9 月 10 日，习近平总书记在全国教育工作大会上发表重要讲话指出："教师是人类灵魂的工程师，是人类文明的传承者，承载着传播知识、传播思想、传播真理、塑造灵魂、塑造生命、塑造新人的时代重任。"这当然是对教师职业生涯的最高要求。要达到这个高远的目标，对教师队伍中的高层次高水平团体——博士生导师来讲，还应该从"知识的境界、学问的境界、育人的境界、师德的境界"这四个方面去努力改变自己，提升自己。

一、知识的境界

作为大学教师，一般都已经做到了对某一领域专门知识的系统掌握，那么作为大学导师群体中的高层次人才——博士生导师，他们应该具有怎样的知识境界呢？我想，作为博士生导师，全面提升自身知识的系统性、完整性、前沿性，对某一专业知识有深刻的认知和洞见，是必不可少的基础。在这个基础之上才是悟道、传道、创新。《学记》说："人不学，不知道。"作为攻读博士学位学生的指导者，博士生修业的引领者，教师是"道"的传承者、解惑者。进入知识境界的不二法门是学习，导师和学生建构的应该是一个学习共同体，研究共同体，学术共同体。师生在讨论、质疑、比较、批评、互鉴的过程中，训练并提高学生的思维能力，激发学生追求新知、探索未知的热情与兴趣。在研究生的学习环境里，知识要通过学生们的自主学习与研究得到发展，更要通过导师们组织的学术活动，在思想观点的碰撞与交锋中推陈出新，融会贯通。

---

* 这是徐真华在广东外语外贸大学 2021 年新晋博导聘任仪式上的讲话。

北大教授钱理群批评说，现在大学教师群体中存在的一个突出问题是少读书，甚至不读书。书是知识的载体，承载着海量的文化信息与思想经典。试想，如果连老师都少读书甚至不读书，那我们还侈谈什么知识的境界。

说到知识的境界，不免要关注当下外语类大学呈现的学科、专业建设现状。在高校，知识的境界往往需要学科建设的层次、专业建设的水平来体现。这几年外语类高校在因应国家战略，响应社会关切等方面做了大量工作，成绩斐然。但也不是没有问题，比如：①学科建设与人才培养目标脱节，还没有形成由此及彼的逻辑关联，部分毕业生知识面狭窄，视野窄小，参与国际合作与竞争的意识差、能力弱；②应用型本科高校专注于技能培训，忽略知识的体系性和思维方法的多样性以及思维能力的不可替代性；③根文化知识教育失衡，强调"学好外国语"，忽略"做好中国人"的思想扶正；④学生重复性思维、适从性思维、同质化思维强，而批评性思维、独立思考能力弱。四个方面的问题，每个问题都很棘手，头痛医头，脚痛医脚式的改革不能奏效，需要教育的决策者、管理者更多地从教育哲学的角度，从教育系统论的角度予以研究并提出总体性的改革指导方案。更需要教育计划实施者、执行者从专业的"象牙塔"里走开来，更多地关怀我们这个社会，更多地关注我们生活其中的这个存在，从知识的至高境界，引领当代大学生、研究生在知识的大海里游向彼岸的时候，不要成为精致的利己主义者。

二、学问的境界

但是，一个具备系统专业知识的导师未必一定是一位优秀的导师，知识的迁移有其自身的规律，从专业课程的讲授、教学内容的研讨到学生们的理解、接受抑或拒绝，教学的溢出效果还取决于导师授业、解惑、传道的艺术。从知识到能力的迁移也有其自身的规律，做学问的态度、能力与方法决定了你的学问能达到何种境界。

博士生导师的专业工作属于学术活动的范畴，而研究"学问"是学术活动的第一要义。所谓"学问"应该是指能够引导人们去思考、去质疑、去研究、去探索、去寻找、去发现某个专门的知识系统的理论、结构、规律、方法。

博导的学问之一是要惠及学生，通过课程、教材以及讨论等教学方法，通过课题、项目等研究平台，通过实验统计、社会调查、数据分析、模型建构等研究手段，引导并训练学生，提高他们的思维能力、创新能力。

博导的学问之二是要赋能社会进步与科学昌明。在科学技术变革日新月异的当下社会，博导应带头适应学科领域新的发展趋势，面向学科前沿的新思想、新理论、新方法，终身学习，终身追梦，争取小有所成。

我发现，我们的一些教授，一些博导，尤其是一些青年教师，他们不是没有努力的目标，而是目标太多；也不是不愿意学习，不愿意做科研，而是缺乏把一件事情做细做实做好的恒心和毅力。动物学家发现，猎豹一旦"锁定"目标，绝不轻易放弃。在追捕与逃命的博弈过程中，即使有一个不速之客惊恐闯入，猎豹也不为之所动，坚定不移地追击既定目标。其实在研究学问的道路上，同样需要"只追一只羚羊"的执着。

当然，"学问产出"的另一个问题也不容忽视，就是成果发表难。在大学教师中普遍存在着"论文焦虑""项目焦虑""课题焦虑"。据统计，全国外语教师总数大约 24 万人，外国语言文学类期刊中的 CSSCI 刊物仅 17 种，年学术论文发文总量大约 1700 篇，加上各大学学报，综合类期刊可能刊发的少量外语类论文，年发论文总量也就在 2000 篇上下，摊到各位导师大约是零点零零零几篇。至少，我对你们的学生不会有太多苛求。

三、育人的境界

育人的境界也就是教育的境界，因为教育的终极目标是立德树人。

习近平总书记这样描述自己心中的好教师："教师不能只做传授书本知识的教书匠，而要成为塑造学生品格、品行、品味的'大先生'。"这就是育人的境界，教育的境界。所以，在知识的传承过程中，在帮助学生提升能力的过程中，教师应该重视对学生科学道德、科学伦理的教育，引导学生在价值取向上有更高的要求。退下领导岗位以后，我有机会到不少民办高校参加教学评估或考察活动。我注意到一些民办高校的办学指导思想并不恰当，比如有的学校把学生的成功列为人才培养的目标，有的学校设计的人才成长路径，把成功列为鼓励学生追求的最高目标。

显然，对学生来说，成长比世俗意义上的成功更重要，因为最能体现生命价值的是，你给这个社会贡献了什么，而不是你从这个社会获得了什么。蔡元培先生认为："教育是帮助被教育的人完成他的人格，于人类文化上能尽一份责任。"我在主持广外校政期间对教师的职责曾经提出过三个转变：教育者不仅要关心学生学什么，更要关心学生怎么学；教育者不仅要关心学生思考什么，更要关心学生怎么思考；教育者不仅要关心学生做什么人，更要关心学生怎么做人。我想这就是教育的价值所在，学习、研究和工作的目标不应该是功名利禄，而应该是责任心、道德感和使命感凝聚而成地对社会发展与时代使命的担当；应该是严谨的科学精神和不忘初心的敬业精神；应该是对人类社会文明进步的关切；应该是对弱者、对穷人、对普通劳动者悲天悯人的情怀和善良。

教育的价值还在于知识和学问所凝聚的思想的广度和深度，还在于教育者所积累所深耕的思想的广度和深度。大学教师承担"培养什么人""怎么培养人""为谁培养人"的历史重担，理应坚守自己的"政治站位"，帮助当代大学生树立正确的理想信念，养成正确的价值取向。大学教师，尤其是高层次的教授、博导，不应该是只关注自身专业的教书匠，而应该成为关怀社会、关心人的存在、关注世界的"人类灵魂工程师"。

四、师德的境界

师德的境界也就是做人的境界。对一所大学来讲，博导应该成为学校学科建设、专业建设的引领者，应该成为校园文化风尚和大学精神的践行者。

引领者、践行者要求博导树立崇高的职业理想和道德操守。修身、正己、立德也是博导"做人""做学问""树人"的根本，只有把"做人"做好了，才有资格成为学生的导师。教师的道德是大学文化的底色，也是作为学生导师的博导所必须坚守的底线。做人之于做学问，正如修身之于教书育人，博导身之不修，何以立德树人？在日常的大学生活中，我们也常常耳闻目睹一些有失斯文的"失德"事件（师德师风案例）。可见没有好的人品，就会突破做人的底线，失却做人的廉耻之心，在高等学府的殿堂里以权谋私，生邪念，走歪路，做坏事，带坏大学的风气。因此要成为一名优秀的博导，首先得做好人，得以好的人品打底。有了好的人品，才能忠于自己的理想信念，才能对学校、对同事、对学生有深厚的感情，才能保持知识分子应该秉持的人格和气节，才能和光同尘，经受住社会的考验。

我一直有这样一个固执的思想，就是个人的修德与自律息息相关，一个富有自律精神的人，一个心里装着集体、装着他者、装着社会的人，一定是一个精神力量十分强大的人。我还想，修德一定是一种教养的养成，而一个有教养的人，一定十分注意生活细节，一定非常注意尊重常识、遵守常识、践行常识。常识当然也有谬误与科学之分，我想说的是尊重生活常理，遵守法纪规约，践行公序良俗是人在社会生存的一个基础，比如：在工作中认真负责，恪尽职守，这是任何职业的常规要求，但就有人遇事推诿，不愿担当；在生活中与人为善，和睦相处，这是日常生活中普遍的待人之道，但就有人斤斤计较，甚至与同事、与邻居恶言相向；在教学实践中，注重教学方法，关注学生的学习状态，关心学生的学习效果，重视师生互动本是课程教学的一般要求，但就有老师只顾讲课，根本不思考如何帮助学生取得应有的学习成果，无视"以学生为中心"教学理念；在科学研究领域，"躺平"似乎成了一部分教师的常态，还有一些老师对团队合作似乎不感兴趣，作为项目主持人或小组成员需要收集资料，需要填写申报书，需要花费时间和精神，但常常因为一些个人的考量而不愿意承担，不愿意参与。

　　各位同事，《少有人走的路》这本书中有一句话说得非常好：自律，是解决人生问题的首要工具，也是消除人生痛苦的重要手段。你想做得比以前的自己更好更优秀，那你得把自律当成习惯，把努力当成平常。你选择什么样的姿态，付出多大的努力，去学习、去工作、去指导你的学生、导致怎样的结果，这一切都取决于你自律的决心与程度。热爱你的事业，把你的时间、精力还有智慧都集中到你的学问上，集中到教书育人上，那么你就能够最大限度地实现你的人生目标。要想达到常人所未能企及的高度，你就得付出常人所未能做出的努力。多说了几句高大上的话，与各位老师共勉。

　　谢谢大家！

新文科背景下外语专业教育的改革与发展[*]

　　十八大以来，我国扩大对外开放的政策得到了进一步强化，"一带一路"倡议成为中国政府所倡导的建设"人类命运共同体"的重要支撑，成为在全球治理中，坚持"共商共建共享"中国主张的重要载体。这十年来高等教育领域的国际合作推动了不同文明互相尊重、和谐共处、交流互鉴的新风尚。正是在这一背景下，中国的外语教育已经成为国家战略的重要组成部分。

　　新文科建设也对外语教育提出了新使命新要求，外语教育要深化改革，要图谋发展就必须确定适应并符合当代社会发展规律的外语专业教育教学的战略构想。

　　这是一个庞大的命题，我只想从教学实践的角度谈谈以下三点不成熟的看法。

一、发达国家的外语教育战略

　　1. 20 世纪 90 年代末，美国政府出台了适应新世纪全球战略的《外语学习标准：为 21 世纪做准备》，并制定了面向全美 K—12 年级所有学生的"外语教学 5C"计划，即语言交流（communication）、文化交流（cultures）、相关知识（connections）、比较能力（comparisons）和社团活动（communities）。很显然，5C 标准概括了现代外语教育的目的与方法，践行了开放式的学以致用的外语教育理念。

　　2. 美国高校的人才培养策略。以马里兰大学、蒙哥马利学院、亚利

---

　　* 这是徐真华 2019 年 12 月在上海外国语大学新文科背景下多语教育高端论坛暨专家咨询会上的发言提纲。

桑那州立大学 3 所大学为例，它们均围绕美国高等教育委员会确立的两个人才培养目标——"为美国的国家战略服务""为人的全面发展服务"而开展外语教育教学活动。

二、中国的外语专业教学：四个转变

18 世纪工业革命的崛起使英国引领世界治理百余载。20 世纪以降，世界治理的格局因为美国的强势而发生了巨大转向。新世纪前后，中国的和平崛起正在改变固有的世界格局，中国建立和谐社会的理想、构建人类命运共同体的抱负、中国特色社会主义和平发展的路径、中国梦的愿景赢得了全世界多数国家的理解和人民的赞赏。

世界正经历着百年未遇的大变局，世界治理模式一定会发生新的嬗变，而这一历史性的变化必将得益于语言、人文及科学技术的昌盛与传播。因此，在中国走向世界的过程中，需要更多人文素养丰厚、专业基础扎实、通晓国际礼仪、熟悉世贸规则、善于跨文化交流、既仰望星空又脚踏实地的应用型、复合型人才。那么传统的外语教育需要经受哪些变革，才能紧跟时代巨变的节奏呢？

新时期外语专业教学应该有更高的站位、更宽广的视野，设计适应时代发展的新理念。

在重视外语教学工具特性的同时，更加重视外语教学的人文特性，帮助学生挖掘并掌握语言所蕴含的经济、社会、历史、文化、宗教、审美方面的人文元素。

在重视学习他者文化、帮助学生弄懂弄通异族文化的同时，更加重视本民族的根文化，指导学生讲好中国故事、中国主张、中国理念。

在重视学生语言学习能力培养的同时，更加重视学生的语言服务意识，从满足本土教学、培养本土人才向培养能走向全国、走向世界的国际化人才转变，提升学生积极参与国际合作与竞争的自觉性。

在重视学生外语交际能力的同时，更加重视学生的思维能力培养，改善他们的思维方法，避免本科学习 4 年后，离开学校的是一批思想贫乏、没有观点的外语文盲。

三、外语专业教师面临的挑战与机遇

以上所述，实际上就是社会发展对外语教师这个职业巨大的挑战。在挑战面前，我最想说的一个应对办法就是改变，就是不断地研究新问题，不断地学习新知识，不断地改变提升自己。我始终认为，一所高校的领导者，要做到以下"三个认识"：不仅要重视学生学什么，更要重视学生怎么学；不仅要重视学生思考什么，更要重视学生怎么思考；不仅要重视学生做什么人，更要重视学生怎么做人。

都说哈佛大学厉害，首先因为它有钱，它获得的社会公益性捐款和校友馈赠在全球大学里排名第一，所以它有钱雇佣全球最优秀的专家、最杰出的教授，添置最先进的教育设施，建设最好的图书馆和网络教育技术。我想说的是，哈佛大学的不同寻常远还不止于此，更在于它构建了最完备最前沿的、可供学生作最优化选择的课程体系和教学内容，哈佛大学的不同寻常更在于它切切实实地彰显了丰富的人文精神和科学精神，它所哺育的人格力量、精神力量、知识力量就蕴含在学校各专业设计的通识课与专业必修课中，这些基础课的目标是让学生在进入某一个具体的工作领域之前，具备这样的思维能力，即他能对其所处的世界，无论是工作世界还是生活世界有一个整体性的认识，并对自己生存的局部世界能够作出恰当的判断与把握。

各位同事，教育现代化的目标是人的现代化，是人的思想、思维能力、道德情操、行为习惯乃至社会的公序良俗的现代化，而外语教育则为人的现代化拓宽了另一个维度，面向他者、面向世界的维度。从这个意义上讲，中国的外语教育任重而道远。

X

治校方略篇

关于高校合并办学的几点思考[*]

自《中国教育改革和发展纲要》颁布实施以来，联合办学、合并办学已经成为我国高等教育改革发展的一个重要趋势。1995年6月，原广州外国语学院和广州对外贸易学院组建成的广东外语外贸大学就是这一教育体制改革的产物。

合并办学一年来的实践证明，新大学的组建对优化我国外语类高校的教育结构和知识板块，调整涉外学科（专业）的布局，实现教育资源的合理配置，提高教学质量和办学的整体效益有着十分积极而深远的意义。但是，我们也清醒地看到，合并办学作为一项重大的改革举措，带有比较明显的"政府行为"色彩，不少干部和教师在合并办学的决策面前显得心理准备不足，这种认识上的滞后必然影响到合并的进度和质量。因此，摆在我们面前的首要任务是：以讲政治为指导，以实质合并，提高教学、科研水平为目标，以扩大学科（专业）间的合作、交流、渗透、互补为重点，在磨合中逐步统一思想，扎扎实实地深化改革。

下面主要就合并办学后学科调整的基本思路谈一些个人的理解和看法。

一、学科调整的基本思路、特点、原则及其意义

（一）现状分析

新大学组建时，全校共有15个本科专业，5个专科专业，1个博士学位点（国家级重点学科"外国语言学及应用语言学"学科组），7个硕士学位点。从办学层次和专业布局看，我校外语类学科的教学层次较整齐，

---

* 这是徐真华1996年6月在广东外语外贸大学中层干部会议上的发言节录。

外国语言学及应用语言学的教学和研究在全国有较大影响。经济类、法律类学科有国际经贸、国际金融、市场营销、国际企业管理、会计学和国际经济法6个专业，其中国际经贸、市场营销、会计学等专业有较高的教学水平和较强的科研实力。

（二）调整思路

第一种方案：平行模式。从照顾特点、平稳过渡、合而不乱的角度出发，新大学下设国际经贸学院和外国语言文化学院。

第二种方案：交叉模式。从"大基础、宽口径、多方向、高素质"的人才培养目标考虑，从培养大批外语和国际经贸、法律专业相结合的"两强"人才的角度考虑，选择若干二级学院为切入点，把外语学科与经济、法律学科中具有共同的应用背景的不同专业交叉组合，重建一种具有明显特色、充满活力的教学模式。

第一种方案风险小，但两个学科各自为"政"的"联邦式"的组合难以发挥两校合并后 $1+1>2$ 的整体效益。

第二种方案困难大，但符合高等教育应主动适应社会进步、经济发展的教育改革趋势。经过多次讨论，新大学党政领导班子最后决定以第二种方案作为指导日后学科建设的基本策略。

（三）交叉模式的特点

交叉模式不同于过去外语专业教学中不同语种的主次结合，也不同于传统的外经贸专业教学中的平面结合，而是外语专业教学与国际经贸、市场营销、会计学、国际经济法等学科（专业）教学的深层糅合。我校1996年5月筹备成立的7个二级学院和1个系（国际经济法系）中，有若干个二级学院就是采取这种糅合的方式组建的。由不同学科（专业）组建成立的二级学院主要有以下几种培养外语和经贸（或法律）"两强"人才的教学模式。

1. 外语专业＋经贸或法律专业知识。经过4年本科教学，学生的外语程度应达到全国专业英语统测的8级水平，经贸专业或法律专业知识应不低于相应学科专科毕业生的水平。

2. 专业（经济或法律学科）＋外语实践能力。经过4年本科教学，学生在国际经贸或国际经济法等专业领域具有该学科本科毕业生应该具备的扎实的基础理论和专业知识，学生的外语程度应达到专业英语三年级的水平，具有在涉外经贸、法律工作中独当一面的外语听、说、读、写实践能力。

3. 少数优秀学生可达到外语本科、经济学科本科毕业生水平，修满规定学分，经有关学科考试合格者，授予双学位。

（四）学科调整的基本原则

1. 以学科或专业群为建设二级学院的主体，将原来分散在各系、各专业的互不相干的学科力量有序地结合起来，形成其对相关学科（专业）的带动性、渗透性和互补性，加强不同学科（专业）间的交流、渗透和互补。

2. 能发扬外语类高等院校的外语优势，保证学生在涉外工作中具有熟练的听、说、读、写外语实践能力。

3. 能体现外语、外经贸、涉外法律等学科在高等教育中的办学特色和教学优势，在培养应用型、复合型的高级涉外人才方面有利于形成新大学的"拳头"产品。

4. 有利于学校办学资源的优化配置，在运行体制上体现高效、一致的特点，从而提高办学的整体水平和效益。

5. 有利于形成按国际惯例办高等教育的整体框架结构，在学校的学科建设、课程质量建设和科研发展上体现超前意识。

（五）学科交叉合作的意义和作用

1. 从认识论的意义上看，它有助于促进学科的开放性，形成知识结构多元融合的格局，从而有利于知识向能力的转化，培养社会急需的应用型、复合型高级涉外人才。

2. 从教育学的意义上看，它丰富了人们对教育规律的认识；从更深的层次上揭示了交叉培养模式对发展学生的思维能力，特别是发展学生的发散性思维能力的必要性和必然性。

3. 从社会学的意义上看，它有利于提高人对社会的适应能力和对环境的改造能力。

4. 从经济学的意义上看，学科之间的交叉合作可以充分提高教育资源（人才、资金、信息、设备、课程、教材）的有效使用率。

5. 从培养教师队伍的意义上看，不同学科（专业）教师在学科交叉的小环境内通过不同学说、理论、方法、视角的交流、碰撞、渗透、互补，可以发挥思维的相干作用和旁通作用，获得超出单一专业范围的知识和能力。

二、学科调整中出现的矛盾与问题

（一）"自我保护意识"膨胀

由于思维方式或学术观点的差异，不同学科的交叉组合激发了一部分教师的"自我保护意识"。例如，一些外语专业教师担心专业组合后，外语教学可能由"专业教学"而降格为"公共课教学"；而经贸专业的部分教师则对"采用引进教材，主要用外语讲授经贸专业课"的发展趋势表示疑惑或忧虑，害怕有朝一日因不能用外语授课而失去自己的位置。这种各抒己见、互不相让、不无偏颇的思维方式，在一定程度上成了从学科交叉组合向专业渗透融合转化的主要障碍。

（二）利益矛盾突出

办学经费除了国家拨款的正常渠道外，合并前，相关院校一般都有各不相同的社会资金来源渠道，干部、教职工的奖酬金金额及分配方式也不尽相同。合并办学后，经济利益成了极易触动大家情绪的一根最敏感的神经。如果说从整体而言，新大学的财政制度、分配方式还相对容易统一的话，那么在一些由原分属两校的若干不同学科（专业）组合筹建的二级学院，这个矛盾尤为突出。倘若不未雨绸缪，及时做好二级学院领导班子及骨干教师的思想工作，利益"冲突"不仅可能影响正常的教学秩序，而且还将直接关系到"专业交叉渗透、优势互补"这一改革举措的成败。

（三）消极行为及其后果

1. 从"小集体利益"的立场出发，在二级学院的筹备过程中过分强调自我发展，忽视协同发展；过分强调权利，忽视义务；过分强调困难，忽视解决困难的责任。

2. 对遇到的问题不是采取积极合作的态度去化解矛盾，而是以消极的情绪随意请假、缺课，从而延误正常的教学秩序。

三、对策研究

1. 加强校级领导班子的宏观调控能力，引导广大干部、教师树立全局观念，多从合并办学的大局出发考虑问题。

2. 发挥党组织的堡垒作用。各级党总支、党支部加强对党员干部、党员教师的思想疏导，提倡团结互助、顾全大局的党内民主作风，努力使合并办学成为广大党员干部、教师的自觉行为。

3. 加强规章制度建设。尽快统一原两校在教学、师资、人事、外事、行政、后勤、财务、学生等管理的章程和条件，以规范化的管理促进教育改革。

4. 强化机关职能部门的管理、协调功能。各级职能部门要以教学为中心，各项工作必须及时到位。

5. 承认差别，照顾特殊。在学科交叉、专业渗透的模式与方法上显示更大的灵活性，不搞一刀切，不求一步到位。

四、合并办学应该注意的几个问题

（一）决策的科学性

合并办学要有明确的目标，既要从面向 21 世纪的高教发展战略上考虑合并办学的得失利弊，也不能脱离合并办学院校的实际情况，应从实际出发，深入调查研究，对"需要、合理、可能与发展前景"进行严格的论证，然后制定切实可行的实施方案。从我校合并办学的实践看，倘若有一个过渡期，即有一个从联合办学发展到合并办学的过渡期，工作或许会更顺利些。

（二）"亲缘"关系

合并办学不妨先寻根，根据科学、合理的原则，从有一定渊源关系的院校做起，倘若有关院校缺乏这种合并办学的基础，即使巨额投入也可能无法收到预期的效果。

（三）"互补、相近"的原则

合并办学不能不考虑合并建校后原有各学科对相关学科的带动性、渗透性和互补性。这是合并办学后学科得以沿着"大基础、宽口径、多方向"发展的不可或缺的条件，只有具备了这种学科交叉、专业互补的必要条件，人员、课程、资源的交叉、融合、共享才会成为可能。另外，合并办学也应考虑合并院校的距离，相距太远会给实质性的融合带来许多难以克服的困难。因此，不在同一座城市里的相关院校不宜合并。

（四）"不均衡"原则

合并办学的改革思路能否达到预期的目标，在很大程度上取决于新大学领导班子的思维方法、办学观念和组织、调控能力。因此，新大学的校长、党委书记一定要超脱于合并前原有院校的利益与矛盾之上，在一个更高的起点上勾画新大学的发展蓝图。

至于中层干部，更应以"德、才、能"的标准，统一考察，而不能囿于原有框框，搞照顾和平衡。

（五）加大投入，积极扶持

由于种种原因，合并院校一般"欠账"较多，或是硬件建设差强人意，或是学科建设亟待扶持，因此，中央及地方政府巨额投入和积极扶持将在很大程度上决定合并办学院校回报社会的速度和质量。

1996年3月28日，江泽民总书记在接见4所交通大学负责人时指出："我们的教育工作必须进一步解决好两大重要问题，一是教育要全面适应现代化建设对各类人才培养的需要，二是要全面提高办学的质量和效益。这可以说是当前我国教育工作面临的两个重要转变。"广外的教育体制改革是对实现这"两个重要转变"的积极尝试，在广外的努力下，这一尝试必将结出丰硕的成果。

徐真华教育文集

谈谈学校当前的几个改革问题[*]

一、当前广东外语外贸大学面临的形势

（一）学校面临着来自各个方面的压力

1. 来自扩招的压力。高等教育的革命性转变：由精英教育到大众化教育。广东省提出，到 2005 年，适龄青年的入学率要由 2000 年的 9.9% 提升至 16%，学生人数由现在的 55 万人增加到 110 万人，其中本科生约 60 万人。全国普通高校到 2005 年约招 300 万人（相当于俄罗斯全国的在校大学生）。扩招任务艰巨，广东省高校学生规模的扩大已成必然。

扩招就意味着对有限的教学资源进行优化配置，以提高它的效益，而资源的优化配置就意味着对现行计划经济时代的教学、行政架构以及管理模式进行势在必行的改革。

2. 来自外部竞争的压力。要在 21 世纪的普通高校队列中走在前面，首先在省属普通高校中处于领先的地位，在全国同类高校中处于领先地位，就必须凸现我们的办学特色和优势，而办学的特色和优势主要反映在学校的教学质量和科研水平上，反映在学校人才培养的成效与质量上。假如说，我们的老师现在所关心的还是怎样完成一周 20 节的教学量，以获得更多的课酬，除了上 20 节课外，脑子里一片空白。对教书育人，对做项目，搞研究不闻不问。我们二级学院的党政领导整天还在为创收，为分配煞费苦心，而没有更多的时间来考虑本科教学、研究生教学该怎么组织，科研项目、课题该怎么组织；我们二级学院的机关管理人员还把本院的专业当作致富的资本去开发，去运作，那么，我们这个学校的前途就很

这是徐真华 2001 年 1 月 15 日在广东外语外贸大学发展战略研讨会上的讲话节录。

令人担忧了。

3. 来自学科建设的压力。学科建设是学校工作的生命线，学科建设的核心问题是专业建设，专业建设的内涵是硕、博点的建设，是课程建设，是教材建设，是课堂教学质量的评估与监控。而专业建设的核心问题是人才问题，是师资队伍建设问题，其终极目标是"如何培养学生，培养什么样的学生"问题。人才问题不解决，师资队伍不放在头等重要的地位来考虑，一切都是虚的，一切都是假的。教书育人，培养"四有"学生，教师是主导，如果我们的老师疲于上课，连同学生交流，哪怕是书面交流，比如改作业的时间，指导自修、进行答疑的时间都被省略了，怎么谈育人啊？提高教学质量要靠教师，如果我们把集体备课取消了，把考试测评、分析讲评淡化了，这个质量还怎么保证？申报重点课程，申报重点学科、硕士点、博士点更要靠教师，靠学科带头人。一个单位除了有饱满的工作量，一名教师除了上课，没有项目，没有课题，没有成果，或者说都只是校级的项目、成果，何年何月才能上重点学科，上硕士点、博士点？什么时候才能确定自己的专业地位？可能有些同志会批评我官僚主义：年轻教师刚刚集资建房，不多上些课，不多挣些钱，你学校给他买房？我主张以平和的态度来对待购房问题、集资建房问题。在这个世界上，哪怕是在最发达的资本主义国家，恐怕也难找到刚刚走上工作岗位的青年教师，在几年之内就能把购房款付清了的！你用牺牲研究、牺牲教育质量的方式去炒更（指用业余时间加班，从事第二职业）、赚钱来购房的方式是很愚蠢的。总有一天你会发现，钱是赚了，房子也买了，可是你的专业水平实实在在地落后了，而这一天，你可能会被学生遗弃，被学校淘汰。

4. 来自建立现代大学运作机制的压力。什么是现代大学的运作机制？我没有很好地研究，也不是今天这个会议的主题。但是我可以肯定地说，在现代大学的运作机制里，一个学科的专业建设肯定是开放式的，它必然面向并追踪本学科、本专业领域里那些最新的知识、理论或者技术，这个学科肯定是充满活力的，肯定会有以一个或若干个学科带头人为代表的这么一支团队力量；在现代大学的运作机制里，各专业是互相包容并互补互动的，教师对各种交叉学科知识、各种边缘学科知识肯定是持宽容的、支持的态度，对个人的道德、文章持执着追求的态度。可是回过头来看看我们目前的学科建设和专业建设现状，缺少学科带头人，缺少研究活力的现象很普遍。我们的一些院系领导在考虑引进人才的时候还受到创收、感情甚至某些学术偏见的束缚。一些同志还囿于狭隘的专业观，对交叉学科、复合专业的建设持怀疑，甚至排斥的态度，还有一些同志，工作没做多少，牢骚倒不少。说什么不是我不想发展，而是我这个专业不热门没法发展。这话不全对，哲学专业该不是热门专业吧，可是省内有一所大学，20世纪80年代初只有一个硕士点，经过10多年建设，这个哲学系有了3个博士点、2个重点研究基地、20名博导，人家是怎么发展起来的？开放式、包容的用人进人机制是一个关键因素。

5. 来自学校内部的压力。在座的每个人都对学校将来在学科建设上的发展提出了十分善意的意见和建议，都希望我们把多年来的积弊清除掉。但是要办好广外，要靠大家在一个共同目标的感召下努力付出。如果说当改革开始触及自身的利益或小团体的利益就改变态度和立场，从大家在理论上都选择支持改革，到一旦遇到涉及自身利益时就选择维持现状，那么就太令人失望了。

下面讲第二个问题，面对以上五大压力。我们该怎么办？

（二）改革的内容和步骤

改革说到底必然会触及利益的分配问题，触及资源的配置问题，而任何一个改革的方案都不可能符合各个群体方方面面的利益。在改革中求发展，目前有哪几项重要改革？教学科研架构调整、非学历教学管理模式改革、校内分配制度改革、人事管理体制改革、后勤社会化改革。这五项改革各自独立又相互依存，共为一体，全面推进这五项改革困难重重，殊为不易。目前，我们关注的重点是如何使我们的改革方案尽量做到有理、有据、有利。所谓有理，就是合乎道理，合乎道理就是合乎规律，合乎科学；有据就是有一定的政策依据，或者是事实依据；有利，从广义上讲就是要合乎学校的整体发展利益，合乎学校可持续发展战略；这个战略就是从现在起的五年内，学生规模从现在的6000人达到1.2万人，本科专业由18个增加到33个，硕士点由7个增加到12个，博士点由1个增加到4个，省重点学科由3个增加到6个，并建设好国家级重点文科研究基地1个、非通用语种教学基地1个；有利，从狭义上讲就是学校的财源应该有一个可靠的保证，大多数干部、教师、职工的校内分配收入水平有较大幅度的提高。

为了达到这个目标，有必要对校内管理体制作较大力度的改革。下面我代表学校讲一讲与人事体制改革、分配制度改革有关的几项改革内容：

1. 教学科研架构调整（略）。

（1）现行教学、科研组织架构的弊端。

（2）现行教学、科研组织架构的后果。

（3）怎样优化教学、科研的组织架构？

（4）新架构的特点与优势。

（5）聚焦一个目标：本科教学的质量与特色。

2. 非学历教学管理模式改革（略）。

（1）现行模式的弊端。

（2）现行模式的后果。

（3）新模式的特点：统一管理，统一办班，统一调控，统一品牌，集约管理。

（4）新模式的结果：把办班创收剩余价值最大限度地用到学校的建设上来。

3. 校内分配制度改革（略）。

（1）现行分配制度的弊端。

（2）现行分配制度的后果。

（3）新分配制度的特点。

（4）新分配制度的方式。

4. 人事管理体制的改革（略）。

目标：把党政机关管理人员数量控制在全校教职工总人数的 16% 以内，真正做到按需设岗，竞聘上岗，择优聘任，一人多岗，满负荷工作。

（1）机关党政管理人员定编定岗。

（2）机关党政管理干部及工作人员竞争上岗。

（3）教学辅助人员定编定岗。

（4）教学辅助人员竞争上岗。

这几项工作由校人事改革领导小组领导，具体工作由人事处组织实施；党校办、组织部、财务处、总务处、信息中心、图书馆及各二级教学单位应积极配合。

5. 后勤社会化改革（略）。

后勤社会化改革的准备发动工作已进行了一年多了，全国、全省的大环境都在敦促我们迈出这历史性的一步。请分管的校领导，请总务部门的同志，一定要解放思想，转变观念，树立只有改革才能打破后勤几十年吃计划饭，吃皇粮的旧传统、旧模式。一定要引进竞争机制，确立服务意识。用企业化的管理机制激活我校的后勤板块，先迈出第一步，小机关大集团也罢，小机关多实体也罢，这一步迈出去就是胜利。

二、发展才是硬道理

怎么样加快贯彻落实"学科建设是学校工作的生命线"这个战略思想，刚才简要描述的这几个改革项目的大致方案就是这一思想的产物。

今天我想从另一个角度来谈学校的改革，就是我们应该以一种什么样的视野来考虑我们的改革，来决定我们的立场，是遵循高等教育的自身规律，走可持续发展的道路还是拘泥于各自的部门利益，裹足不前；是主动适应已经改变了的或正在改变中的高等教育的发展方针（规模、指导思想、教学模式、结构、效益、体制、方法），还是继续奉行计划经济体制下封闭式的管理模式和办学方式；是站在省级重点高校、全国同类一流高校的高度来设计学校的未来，还是满足于各个院系各自耕耘自己的小天地？作为一名党培养多年的党员干部和教师，我们没有权利让局部的利益妨碍全局的发展，我们没有权利把党和政府交给我们的高等学府当作商场来经营，当作官场来周旋。我们的事业是要在完成 12000 人的办学规模的同时，把本科教学质量抓上去，把硕士、博士点的数量抓上去，把有一定档次和质量的科研项目、标志性成果抓上去，把广外的外语特色充分地凸现出来。这才是我们的正道、我们的王道，其他的一切比如创收、办班、搞教育产业开发等都是为这个"道"服务的。离开了这个正道，我们的办班、创收，我们的教育产业开发就会变味，因为它背离了我们创收的终极目的。比如一个教学单位，办班红火，但科研项目是空白，科研成果档次低，教学质量徘徊不前，这样的路还能走多远？

明白了这个道理，我们就可以从理智到感情到利益这三个方面都能对当前推行的改革达成共识，就有了一个讨论问题的共同基础，就可以平稳而有序地推进我们正在进行的这几项改革，为学校今后 5 至 10 年的发展创造一个良好的教育环境、研究环境、学习环境、人际环境，减少内耗，增强学校的凝聚力和向心力，增强学校的发展后劲。

通过这几项改革，我们到底可以达到什么目的？

第一个目的，让教师和干部把"学科建设是学校工作的生命线"当作自己工作的指南，把这一指导思想落实到各自的行动与实践中去。我们原来的办学模式和架构之所以难以在学科建设中取得突破，得到提高，下面三个现象是一个重要原因。第一个现象：群体目标和个体目标不一致，学校的办学质量和效益难以改善；学校的目标很明确，规模要上去，质量不能降，教学要有序，科研要上水平。但个体的目标，至少相当一部分中青年教师的注意力被投放到炒更上面。在这些同志看来，学校办得好不好是你书记、校长的事，但创收办班赚钱则直接关系到自己的切身利益。所以，有少部分干部、教师，从小单位或个人的利益出发，对学校的几项改革计划持不同的态度并不奇怪。但是，作为一名领导者，作为一名职能部门或教学单位的负责同志，我们不能对这种思想采取迁就的态度，更不能信口开河，不负责任地说："学校如果把办学权收回去，我就把进修生都转让给周边的办学单位。"这种玩笑不能开，这种牢骚不能发，这种事更不能做。如果真有人要这么做，那么，不仅我不能容忍，而且学校的领导班子也不会容忍这种败家子的胡作非为。第二个现象：同一群体成员之间的利益矛盾突出，抵消了群体的工作效益和质量。教师和办公室工作人员，同一等级的干部，比如机关与二级学院的正处、副处干部利益矛盾到了互不相容的地步。另外，这几年随着招生规模的扩大，除了利益分配矛盾尖锐外，专业规范化建设的矛盾也很突出，我们在强化非外语类学科学生的英语特色的同时，忽略了不同学科的专业特性，正确的做法应该是对于任何一个专业来说，专业的规范化建设，本专业的特色培育和凝练是第一位的，外语特色不能够代替其他专业特色，外语特色应该是对专业特色的补充和扩张。第三个现象：利益驱动下的人对个人自身的专业修养、教学水平、科学研究产生了惰性，无心搞教学研究，无心搞科学研究的现象在我们学校一部分专业人员身上相当严重。这种惰性降低了学校的总体学术水平，长此以往对学校的教学质量会构成严重的威胁。

第二个目的，学校教育的决策者和管理者在思想观念上能跟上现代高等教育发展的步伐，在制订或实施教学计划的时候能超越眼前的需要与利益，着眼于长远与未来，保证广外的可持续发展。有了这种观念，有了这种视野，我们就会有勇气打破目前的这种反映在利益分配、资源利用、专业教学上的形形色色的壁垒，形成人才资源、物质资源的集约使用，进而形成专业优势和学科优势，并把这些优势转化成办学特色，在我们的教学成品——学生身上反映出来。

第三个目的，在一个比较广阔的层面上唤醒广外干部们、教师们的忧患意识和责任意识。我多次举过这两个例子，华南师范大学在2000年一举拿到了8个博士点，广东中医药大学虽然是一所单一学科性大学，但是他15个专业个个都有博士点。2000年全省新增硕士点98个，我校仅占1席；新增博士点29个，我校为0。第十个五年计划期间，广东高等教育将有一个大的跨越，2001年1月12日上午省政府召开全省教学工作会议，副省长卢钟鹤着重指出要加大9所省属重点高校建设的力度，我校名列其中。省教育厅厅长郑德涛在提到我省高校"十五"战略措施时也强调要全面加强在体制、结构、机制、模式、办学条件和环境5个方面的改革力度。形势逼人，如果我们满足于在原有的轨道上各自为政，靠着"诸侯经济"小富则安，没有建设强校名校的雄心大志，那么我们就时时有掉队的危险。这绝不是危言耸听，这种危机，只要我们把我们的现状同形势的发展比照一下，同兄弟院校的改革和前进步伐比照一下，那真是已经到了"危在旦夕"的地步了。

改革难，不改革更难，我们别无选择，我们期待大家的理解、支持。让我们同心同德，把广外的事业当作我们自己的事业，因为广外的事业不仅维系着学校的前途，更维系着我们每一位党政管理干部，每一位专业技术人员的发展空间和前途。

改革难，不改革更难。舍得小利，才能维护大局；大局顺畅，小利才不至于落空。让我们携起手来，把握大势，脚踏实地，一件一件把广外的工作抓起来，抓出成果，抓出效益，抓出质量，抓出特色，重塑广外的品牌和形象。

关于学校可持续发展的总体思考[*]

邓小平同志再三强调这样一个思想：发展是硬道理，稳定压倒一切。小平同志关于发展的理论不仅对企业界，对国民经济良性运作至关重要，对高等教育也至关重要。高等教育要适应中国社会现代化的进程，要适应全球经济一体化的大趋势，在思想观念上就必须经历一场类似于由社会主义计划经济向社会主义市场经济转变的这么一种本质的跨越，而要完成这种跨越，我们能依靠的最有力的武器就是改革。这就是为什么我常常说：改革难，不改革更难，一定要从改革求发展，在稳定的大背景下求发展。

下面讲两个问题：一是高校改革改什么？二是高校发展靠什么？

改革改什么，改革一切不适应现代高等教育发展的旧的理念、旧的运作机制和管理方式，说得通俗一点，先把学校的门户清理一下，先把家里的事做好了，把富有生机和活力的运作机制管理模式确立起来，才能使现有的教育投入发挥最佳效益。为了妥善处理好"规模、质量、结构、效益"均衡发展的辩证关系，我们必须认真贯彻落实新大学第一届党代会的决议，一步一个脚印把"185"计划落到实处，当前首先要深化开始实行的5项改革，把教育、科研、行政管理3个方面的体制与管理模式创新摆在突出的位置，突破影响"教学上质量、科研上水平、管理出效益"的体制性障碍。

影响学校可持续发展的体制性障碍是多方面的，有宏观方面，也有微观方面。涉及宏观方面的有高校办学自主权的问题，政府的教育拨款政策，中外合作办学政策与教育主权的界定，大学的收费政策，等等。今天我想多谈一些微观方面的问题，希望引起各位领导、各位同事的关注。

---

* 这是徐真华 2001 年 9 月 6 日在广东外语外贸大学新学期工作布置会上的讲话节录。

第一点是学校各职能部门的管理观念问题，我想咱们高校各职能部门的管理理念应该是"依法依规服务师生员工"。目前我们的行政管理、教育管理中至少存在两个比较严重的问题。

第一个问题是权利与责任不够统一，我们少数职能部门、少数二级学院的领导对自己有什么权利，要求得比较具体，而对自己应承担的责任要求就很抽象，结果一方面出现了权利使用过度的弊病；另一方面又出现了责任缺失，也就是责任承担不到位的现象。

所谓权利使用过度就是行政超越权限。比如未经学校批准，擅自与外单位签署合作办学、房屋租赁之类的协议；未经学校财经领导小组审核同意，擅自设立收费项目；未经学校批准，擅自把外单位的培训人员引到学校参加某些考试；擅自指派本单位的外籍教师到其他单位的办学点授课，损害学校的利益。有的甚至出现了公款私存，私设"小金库"，把学校明令规定只能用作单位发展基金，不能发放个人奖金的钱全部分掉，或变相分掉，严重违反国家的财经制度，违反学校规范理财的管理原则。

所谓责任缺失，也就是责任承担不足，是指由于某些单位职、权交叉的客观原因，出现了一些领导或具体工作人员办事互相推诿、扯皮等极不负责的现象，全无互助协作的全局意识。

在教学领域同样存在责任缺失的问题。少数教师、研究生不听学校的劝告，不顾学校的明令禁止，到周边一些外单位的办学点兼课，使学校处于不公平竞争的被动局面；一些学院的考试与课程安排随意性大，有个学院的某一高年级学期，每周竟安排了 26 节课，期末考试要考 7 门专业课；一些学院的教材使用缺少监管，老师愿意用谁的教材就用谁的教材，甚至出现有了什么教材才开什么课的十分错误的做法。在后勤管理方面，同样存在责任缺失或沟通合作不到位的现象。因此，我们的行政机关、后勤服务、教学、科研单位一定要注意权利与义务的统一，我们的每一位教师、干部、职工也一定要注意权利与义务的统一。

第二个问题是怎么样正确看待局部利益和全局利益的问题。去年"三讲"教育以来，我校在校党委领导下实施的一系列重大改革主要属于行政管理和教学管理体制改革的范畴。邓小平同志说过，改革也是革命。既然是革命那就必然会涉及利益关系的调整，涉及调整某些特定人群或团体的既得利益，这就难免产生阻力。为了排除阻力，切实推行行政与教育管理体制的改革，我们每一位领导同志，每一位党员同志首先要正确对待并处理好局部利益、个人利益与全局利益的关系。当个人利益、局部利益与全局利益发生矛盾时，应以全局利益为重，因为只有全局利益才能够代表广外多数教职员工的根本利益，这个全局利益的中心目标就是：通过改革，使广外走上可持续发展的轨道，促进以"教学上质量、科研上水平、服务出成效"为主要标志的学科建设，建设全国一流的涉外型大学。

谈到利益，最近一些二级学院的院长及一些中青年骨干教师还和我讨论过这个问题。这里有一个误解，认为学校对创收办班管理模式的改革损害了教师的利益。我跟这些同志算了一笔账，我认为他们的利益并没有受损，而且从综合的角度看，学校维护了教师的整体利益。

谈到利益，它反映出来的矛盾是多方面的，以后勤服务实体为例，后勤处和各个服务实体要注意两个结合，一是阶段性目标与高校可持续发展的长远目标相结合，要防止短期行为，新旧两种管理模式、两种运作机制的交替不能出现空白，改革要切切实实地稳步前进，规章制度要及时到位。二是注意后勤社会化过程中后勤实体的经济属性与教育属性相结合。因为它所面对的是一个特殊的消费群体——学生与教师。学校的经济实体，不能像社会上的经营单位那样认钱不认人。遇到急、难、险的问题，一定要先工作，后讲价钱，一切"给多少钱干多少活"的纯经济观念是不符合教育经营实体的管理理念的。

第二点谈谈大学的发展靠什么？

有同志说，发展主要靠国家的投入。在当前国家投入严重不足的情况下，首先要解决教师的奖酬金问题，以稳定队伍，保证学校的正常运作。学校工会在2001年6月征求校内工作各方面意见的汇总材料上就有不少"多发奖金，少批评""多发钱，少开会"这一类意见。是的，我们不得不搞一些创收，创收能稳定教师队伍，改善办学条件，保证正常的教学秩序。但是我想明确地阐明我的一个思想：创收只是一个手段，不是目的。我们的目的是建设一个与省级重点大学的地位和名声相适应的学科体系、学术团队体系、教学质量体系和有效的监督、管理体系。改革以前，不少二级学院的钱袋子比大学的钱袋子大得多。我们的教师通过辛勤地兼课也挣了不少血汗钱，但是大家搞科研的积极性并不高，说得明白一点，我们的教学质量、科学研究水平、办学层次，在最近十年中徘徊不前，没有大的起色。从结果反思，我想一定是我们的指导思想、管理机制出了什么问题。因为作为高等学校，它所追求的首要目标并不是给教职员工多发奖金，多发钱。设想一下，假如没有今年实施的这5项改革，我们的前进方向仍然往创收办班上靠，我们的管理仍然在小团体的利益分配上纠缠不清，我们的精力仍然无法向学校的教学、科研、人才培养聚焦，那么，我们拿什么去向党和政府交代？拿什么去向社会交代？还谈什么对学生负责？因此，以主人翁的态度，积极参与学校的 5 项改革，从大局利益出发，从整体利益出发，摈弃个人及小团体的小算盘、小钱柜，讲学习、讲正气、讲政治，真正把学校的专业建设、学科发展、队伍建设、课堂教学质量建设放在首位，那么，我们的目的一定可以达到，我们的事业一定会取得长足的进步。

必须正视学校教育管理中的缺陷与不足[*]

广东省第九次党代会提出，人才是第一资源。在高校，最重要的是教学、科研方面的专业技术人才。有的人说，引进人才花了几百万，引进人才的水平也不怎么样。的确，我们无法保证引进的人才每个都出类拔萃，但事实上，这些引进的人才绝大多数都已经成为我校教学骨干或学术带头人，在学科建设中起到了不可替代的作用。近年来，我们引进高层次人才30人左右，据人事处统计，补贴的钱还不到100万元，这些人才的价值，对学校做出的贡献，对学校未来发展的影响，远不是100万元所能估量的。

近年来，我们的管理工作有所改善，但一切为教师、为教学服务的观念尚未完全确立。管理仍是困扰我们的一大问题，现在管理队伍存在三个缺陷，一是院系领导为教学管理，为学生付出的时间和精力还未完全到位，在一定程度上对学科建设和专业发展产生了不利影响。二是建章立制工作滞后，上个月副校长李华登带领部分党务部门负责人和院系党总支书记到西南和华中有关高校学习，经过考察，发现我校的规章制度还很不完善，在党务工作方面就有10多个应该建立的制度尚未建立起来。比如，党总支书记的职责，我们就还没有制定。高校不像企业，企业有很强的行政权威，高校缺乏足够的行政权威。确立高校的行政权威不是靠个人，而要靠规章制度，这是我们处事的依据，检查工作的尺度。规章制度是否完善是管理水平高低的一个标志。三是党政管理人员文化层次不高。去年在科级干部轮岗换岗、竞争上岗前，我们了解到，当时大专及以下学历的党政管理人员的比例高达42%，作为一所重点高校，低学历人员比例之高、

---

* 这是徐真华 2002 年 7 月在广东外语外贸大学教学单位党政负责人座谈会上的讲话节录。题目为编者所加。

面之广，真有点匪夷所思，这不利于学校的发展。所以，在干部选聘条件中，我们规定，大专及以下学历的人员原则上不能担任比其现任职务更高一级的行政职务。要担任更高一级职务的，可以，条件是你得去进修，提高你的学历层次和思想水平。今后，党政机关补充党政管理人员，也一定要求新进人员具有研究生以上学历。鉴于目前我校的实际状况，一定要加强对管理干部的考核，比如，新的考核办法规定，在对机关部处负责人进行年度考核测评时，测评总分的构成采用4：3：3制。作为机关各部处的服务对象，教学和科研单位的主要负责人可对机关部处负责人打分，其评定分占测评总分权重的30％。这在以前是没有的。我们要建立和完善服务对象对管理干部的监督机制。

在管理方面，学校实行战略管理和目标管理，二级单位实行目标管理和过程管理，三级单位是各类各项教学计划、工作计划的实施者和操作者，执行计划或项目管理；在教学模式上，实行专业教学、外语教学、计算机教学三位一体的捆绑式教学；培养目标是，培养具有"双高"（思想素质高、专业水平高）、"两强"（外语实践能力强、信息技术运用能力强），能直接参与国际合作与竞争的高素质涉外通用型人才；发展目标是，建设具有国内一流水平、部分学科在国际上有一定影响的涉外型大学。我同意经贸学院的意见，加强对本科教学的过程管理，但过程管理主要由各院系来抓，学校主要抓战略管理、目标管理。各院系的院长、党总支书记要做千里眼、顺风耳，及时、准确地了解和掌握本院系教学、科研、党建、思政、学生、社团、秩序等各方面工作的情况，熟悉所在单位每个人的特点、能力和工作状态。知人善任，调动各方面的积极性，形成教学、科研、思想政治工作的合力，使我们的工作能适应社会发展的需求。

要充分发挥学术委员会的作用，以前校学术委员会每个学期只开一次会，这个学期开始更加注意发挥其作用，大概已开了三四次会。今后，一些重大的学术问题事先都应由学术委员会讨论。

我校已是一个多科性大学，我们在制定政策、措施，进行专业布局乃至科研立项、评奖时都应充分考虑到各个学科的特殊性和规律性。外语学科是我校的传统优势学科，我们要在发展中进一步发扬光大它的传统优势，但现在须下大力气，把经济、管理、法学、工学等非外语学科的建设抓上去，这些学科与社会经济发展联系十分紧密。我于2000年6月任校长后，就提出要大力发展经济、管理、法学等学科，把工作的重心移到这些学科、专业的建设上来，改变我校学科发展极不平衡的被动局面。在实际工作中我们一定要牢牢抓住这个工作重点，通过几年的努力，把经管法学科抓上去。

刚才有几位领导谈到项目申报填表工作量大，没有人愿意干，很多工作落在院长、主任肩上，能否算工作量给具体填表的同志？我觉得算工作量的做法不妥。填报申报表是学科带头人的应尽义务，也是一名教师应担负的责任，不应由学校额外增加其课时，但可由各教学单位从各自的教研经费中拿出一定的款项给予奖励。有一点我想强调一下，就是绝不能迁就给多少钱办多少事的思想，教育工作无法全部量化，教育工作根本不能与商品交易相提并论，请大家多在师德方面做工作。

"双代会"提案办理过程太长的问题，请"双代会"常委会抓紧督办，督促各有关职能部门在规定的时间内给提案人特别是主提案人一个答复，说明哪些是可以解决的，哪些是不能解决的，不能解决的原因是什么。也要注意"双代会"提案的质量，对违规的议案应不予受理，要多作解释，多沟通。

人是需要一点精神的，在当前社会转型期从事高等教育及高等教育管理，就更需要一点精神。人总是要死的，所以生才显得如此重要。为了拒绝死亡对生命的否定，我们一定要赋予生活一个崇高的意义，对于教育工作者来说，这个崇高的意义存在于我们的努力工作之中，所以我们必须把党和政府交给我们的学校办好，把教书育人工作做好，这需要大家的共同努力。我十分欣赏法国作家马尔罗的一句话：人生本来没有意义，因为死亡使生命变得如此荒诞，但是人是世界上唯一有理性思维的动物，所以人必须赋予生命一个意义。

大学的指导思想、办学理念、定位及思路*

新大学成立以来，广东外语外贸大学已经和正在经历三个不同的阶段：

第一阶段：合并阶段（1995 年至 1999 年）。在校党委的领导下，通过统一全校师生员工的思想认识，逐步实现了原两院实质性合并。这一阶段的工作已经完成。

第二阶段：改革阶段（2001 年 3 月至 2002 年 12 月）。实施教学科研架构调整、非学历教育管理模式改革、分配制度改革、人事制度改革、后勤社会化改革 5 项内部管理体制改革。这几项改革取得了积极的成果，得到广大教职工的拥护和支持，也得到广东省教育厅领导的肯定。特别是通过非学历教育管理模式改革，进一步增强了学校的财力，完善了财务管理制度，规范了学校的经济行为，从源头上预防和制止了二级单位办班创收、大量资金账外运作及私设"小金库"现象的发生。实践证明，我校实施的这 5 项改革，不是为了解决某几个具体问题的应时之作，而是具有全局性、基础性、先导性的重大举措，为学校的可持续发展奠定了坚实的基础。

第三阶段：发展阶段（从现在开始）。党的十六大报告提出，发展是我们党执政兴国的第一要务。发展同样也是我们创新强校的首要任务。广东省委书记张德江到任后，省委更加重视和支持广东高等教育的发展。张书记在广东省教育厅和中山大学调研时指出，广东高等教育发展水平与广东作为经济大省的地位不相称，与提高经济质量和水平的要求不相适应，与广大人民群众对高等教育的需求还有较大差距，要充分认识到教育尤其是高等教育在广东经济社会发展中的基础地位和先导性、全局性作用。他

---

* 这是徐真华 2003 年 1 月在广东外语外贸大学 2002 年度工作总结会暨发展战略研讨会上的讲话节录。题目为编者所加。

特别强调，与江苏省、浙江省等高等教育先进省份相比，我省高等教育发展水平差距明显。但"追兵就是标兵，对手就是老师"，必须加快发展高等教育，增强广东发展后劲。因此，我校面临的不是要不要发展的问题，而是怎么发展的问题，是如何按照省委、省政府的要求开展教育创新，实现跨越式发展的问题。新的形势要求我们必须继续探索学校办学的指导思想、理念、思路、模式、方法、优势、特色。这些思想和理念都是滚动更新的，不同的时期有不同的内涵，在近四十年办学积累的基础上，我们已经初步形成并须继续强化的有如下若干方面。

一、指导思想

高举邓小平理论的伟大旗帜，以"三个代表"重要思想为指导，做到"三坚持，两遵循"。"三坚持"即坚持党的领导，坚持社会主义的办学方向，坚持求真务实的思想作风和工作作风。"两遵循"即遵循现代教育与社会、经济、文化同步发展的适应规律，遵循高等教育发展的自身规律。

二、办学理念

大学作为人类社会中知识生产与传播的主要基地，作为先进思想与文化的重要源泉，作为培养学生健全人格及创新思维的神圣殿堂，应以崇尚学术、追求真理为己任，弘扬理性的批判精神，追求兼容的学者胸怀，倡导严谨的治学态度，确立科学精神和人文精神的主导地位。

三、定位

一是类别定位，即广东省重点建设和发展的涉外型重点大学。二是属性定位，即完成从单科性、专才型大学向多科性、通才型大学转移。三是学术定位，即逐步从教学型大学向教学科研型大学转移。四是优势与特色定位，即外语优势突出，专业特色鲜明，人文氛围浓郁，综合实力和整体水平居于国内同类大学前列、部分学科在国际上有一定影响的涉外型大学。五是规模定位，到 2005 年，在校本科生、研究生总规模将达到 15000 人，其中本科生 14000 人，研究生 1000 人；到 2010 年，在校生总规模将达到 25000 人（未含民办二级学院学生）。六是校区功能定位：（1）校本部：学校发展的龙头和母体。校本部继续开展本科教育，办学规模基本维持 2003 年的水平，重在质量提高、结构优化和层次提升，大力发展研究生教育和外国留学生教育，使校本部成为学校研究生教育、外国留学生教育、高层次培训和科学研究的主要基地。（2）广州大学城校区：本科教育的主体。该校区将以全新的办学思想和管理理念培养广东经济社会发展急需的应用型、复合型人才，在功能上使之按照校本部的特色逐步发展成为与校本部相对独立的新校区。（3）国有民助二级学院（国际商学院）：本科教育的辅助。学校将根据当年的社会需求和办学能力确定该学院的招生规模。创办国际商学院的意义在于探索并实行新的管理体制和运行机制，促进办学规模的扩大，增强学校可持续发展的能力。七是社会定位，即立足广东，辐射华南，服务全国，面向世界。

四、任务

抓住机遇，乘势而上，加快发展，把广外做大做强做新是 21 世纪初的 10 年内我校面临的首要任务。

五、目标

（一）学科建设目标

1. 总体目标：突出重点，协调发展，充分发挥外国语言学及应用语言学学科优势，继续建设好外语强项学科，大力培育和发展适应中国加入 WTO 和广东外向型经济发展需要的经济学、管理学、法学、信息科学等应用学科，扶持适应我国经济社会发展需要的非通用外语语种专业。

2. 专业建设目标：学科门类从目前的 5 个增加到 7 个，拟增加的学科门类是：理学、教育学。扩大本科专业覆盖面，优化专业结构，本科专业从目前的 29 个增加到 40 个左右。

3. 办学层次建设目标：硕博点和研究生教育是反映学校学术水平和办学层次高低的重要指标。应全力以赴增加硕士、博士点，特别要较大幅度地增加经济学、管理学、法学等应用学科硕士点的数量，并力争扩大外国语言文学一级学科博士学位授予专业的数量。

（二）人才培养目标和规格

人才培养目标和规格：教育的终极目标始终是培养全面发展，具有健全人格，把专业技能、人文素养和科学精神有机整合起来的人。因此，我校确定的人才培养目标和规格是，培养一专多能，"双高""两强"，具有国际视野和全球意识，能直接参与国际合作与竞争的涉外型通用人才。

（三）校园建设目标

环境幽雅，风格新颖，特色鲜明，文化气息浓厚，人文环境与自然环境和谐统一，有利于学校可持续发展；教育教学设施齐备、先进，有利于现代科学技术的充分运用。

六、思路

（一）内抓管理

1. 加强党的建设和思想政治工作：发挥各级党组织在学校"改革、发展、稳定"工作中的核心作用和保障作用，各党总支、党支部应把党的建设和思想政治工作放在首位，坚持党要管党。加强在青年教师和学术骨干队伍以及优秀大学生中发展党员的工作，把"支部建在教研室、建在学生班"作为工作目标，增强基层党组织的战斗力、凝聚力和吸引力，发挥好党员的先锋模范带头作用。

2. 增强各级干部的民主法治、勤政廉政意识，把完善规章制度作为依法治校、以德治校的基础性、保障性工作抓紧、抓实。

3. 坚持对党务、教学、行政工作的过程管理，坚持深入师生员工，靠前指挥，努力把问题和矛盾解决在基层。

4. 深化管理体制改革，强化党政管理机关的责任意识与服务意识，提高服务水平和管理效益，逐步建立起规范、有序、科学、高效的管理体制和运行机制。

（二）加强队伍建设

牢固树立人才资源是第一资源，人才竞争力是第一竞争力的思想，切实改善教职工队伍结构，提高队伍整体素质。

1. 把干净、干事作为考察干部能力与业绩，选拔聘（任）用干部的主要指标。

2. 深化师德教育，倡导教书育人的良好风气，质量与特色是学校的价值追求，以学术树学校的品牌，以师德树学校的形象。

3. 培养与引进相结合，重点建设三支队伍：一是学科、专业带头人队伍；二是青年骨干教师队伍；三是党政管理干部队伍。

（三）外谋发展

1. 周边拓展：筹集资金，征购学校周边土地，扩大校本部的发展空间。

2. 外部发展：以我校首批进入小谷围广州大学城为契机，按照现代化大学的办学思想和管理理念建设大学城校区，再造一个广东外语外贸大学。

3. 体制创新：积极探索多元办学、多元投入体制，创办和发展国有民助二级学院。积极引进更多的社会资源如社会捐赠、银行贷款，投入到学校的建设和发展中来。

七、模式与方法

1. 坚持"厚基础、宽口径、多方向、强能力、高素质"的培养原则，实行外语教学、计算机教学和专业教学"三位一体"的捆绑式教学；推广双语教学、全英教学模式。

2. 逐步从精英教学模式向大众教学模式转移，逐步实行完全的学分制，改革教学管理体制。

3. 深化教学内容和课程体系、教材体系改革，把学科建设和本科教学质量作为生命工程来抓。

4. 革新教师教学手段与教学方法，规范教学要求，实行分类指导，鼓励讨论式、研究式授课方式，提倡专题调研式的学习方法，发展计算机辅助教学。

5. 拓宽国际合作办学的领域和途径，积极探索和推行与国外高校联合培养学生的新模式。

八、优势

继续发挥已经初步形成的比较优势：外语教学优势、专业交叉互补优势、复合型知识结构优势。

九、特色

努力把办学优势和特色转化成学生的能力特征：开拓创新能力强、专业实践能力强、外语应用能力强、工作适应能力强、国际交往能力强（跨文化交际能力强）。

十、重点

按照学校首次党代会确定的方针，继续重视外语优势学科，重视两个基地建设（国家普通高等学校人文社会科学重点研究基地——外国语言学及应用语言学研究中心；国家非通用语种本科人才培养试办基地——非通用语种教学与研究中心），优先发展经济、管理、法学、信息科学等学科，努力扩大学科、专业数量，拓宽办学空间，努力提高办学层次，加快硕博点建设。

十一、要求

奉行"以人为本"的教育宗旨：办学以教师为本，教学以学生为本，在教学过程中坚持五个重视，即重视健康人格的塑造、重视思维方式的培养、重视学习方法的训练、重视基础知识的积累、重视应用能力的提高。

十二、条件

争取政府投入（专项建设经费、基建经费等）；争取政府贴息贷款；做强做大教育产业；完善财务制度，规范理财行为；倡导艰苦奋斗、厉行节约的创业精神；加大投入，大力改善学校人才队伍和办学环境。

十三、对未来工作的思考

强调两个观点，一是领导干部要讲大局，讲大势；二是要强化全体干部、教师的政治意识、大局意识、法纪意识、责任意识、质量意识、服务意识和创新意识。

讲大局就是要坚持党的领导，坚持社会主义的办学方向，坚持把"三个代表"重要思想作为我们的行动纲领，坚持求真务实的思想作风和工作作风，彰显团结奋斗、昂扬向上的精神面貌。

讲大势就是要以创新谋发展，把张德江书记提出的"加快发展高等教育，增强广东发展后劲"的重要指示变成我校干部、教师的实际行动；讲大势就是要把"规模、质量、结构、效益"的协调发展作为一个系统工程来抓。当前，首先要在办学规模上有所突破；讲大势就是要抓住机遇，克服困难，创造条件，实现我校教育事业的跨越式发展，就是要坚持在发展中提高，在提高中发展的发展战略。

这是我们共同面临的大环境、大气候。广东外语外贸大学的小环境、小气候必须适应"加快发展高等教育"的大环境、大气候。可以这么说，加快发展是省委、省政府交给我们的压倒一切的任务。我们必须通过深化改革，维护稳定，加快发展。具体地说，就是要通过促进学校在办学规模、办学质量、办学层次、办学优势与特色、办学条件与教学手段、校园文化与环境6个方面的全面发展，使广东外语外贸大学以一个崭新的面貌和姿态，跻身国内涉外型高校的前列。

为迎接今年下半年的教育部本科教学工作水平评估，我提两个口号，第一个口号是"我为迎评创优作贡献"，第二个口号是"把本科教学质量作为学校的生命工程来抓"。并再次重申"三个确保，六个到位"，即确保精力投入、时间投入、资金投入，思想认识到位、宣传动员到位、布置落实到位、评建措施到位、工作进度到位、监督检查到位。

广外发展的第十一个五年规划问题[*]

　　2000 年以来，广东外语外贸大学每学期召开一次发展战略研讨会，研究学校的改革、发展、建设问题，讨论在学校发展、建设过程中出现的新情况、新问题，明确我们前进过程中不同阶段的目标与任务，制定具体的实施纲要与计划，统一全校教师、干部的思想和意志，对学校的跨越式发展起到了积极的指导作用。

　　今年校务委员会进行了换届，从本学期开始，校务委员会每学期的例会也将与发展战略研讨会合并举行，鉴于我校各民主党派的主要负责人都是校务委员会成员，希望民主党派在学校建设中能发挥更多的参政议政作用。

　　下面我就本次会议的主题，谈一些意见。

　　所谓做计划，我想主要就是出思路，出未来几年学校发展什么，怎么发展的思路。有了思路才有出路，没有办学思路的学校是没有前途的学校。

　　对于发展什么及怎么发展的问题，有三样东西构成发展的主体：一是发展目标，二是发展的计划与措施，三是发展的支撑条件。关于发展的近期目标和中远期目标，发展的内容与举措，这在"十一五"规划要点里都有了比较明确的阐述。

　　要达到这个发展目标，实施这些发展计划，需要哪些必不可缺的支撑条件？

　　发展的核心条件是人才，就是带领一个群体一起执行人才培养计划，一起做科学研究，在学科建设和专业建设中起核心主导作用的人。是高水

　　* 这是徐真华 2004 年 7 月在广东外语外贸大学发展战略研讨会暨校务委员会扩大会议总结会上的讲话节录。题目为编者所加。

平的师资队伍和管理精英队伍的建设。学科带头人的作用怎么体现？最好的体现就是以他为主心骨，做大做强学术团队的学术扩散效应、学术研究的增大作用。

所以积极引进高层次专业技术人才，积极培养中青年学术后备力量，应该是放在学校发展中必须首先考虑的问题。

发展的基础动力是本科教学质量和研究生教学质量。本科教学质量我们有了一个比较好的基础，在2003年教育部组织的全国首批本科院校水平评估中，我校被评上了"优秀"等级，但是优秀没有止境，优秀始终是一个动态的发展过程。本科教学、研究生教学我们怎么继续创优？我想有两个方面：一是要坚持办出特色。以特色塑形象，以特色树品牌。因为特色就是优势，特色就是质量。二是要切切实实抓好教学过程管理。每一个教学环节都不能疏忽，不能马虎。通过严谨、严格、规范的过程管理去保证教学工作的全方位优良。

发展的关键是科学研究。本科教学的质量是目前我们这一类以教学为主的教学型高校的生命，而科学研究的水平将是学校强大与否的标志。只有生命而没有力量的大学或者说本科教学质量高，而科研水平较低的大学是难以发展成为教学研究型大学的，是不符合我校的发展目标的。

发展的三个重要的支撑条件：一是师资和管理人才，特别是师资；二是教学质量和科研水平；三是顺畅的体制机制。这三个条件的到位都离不开一个最根本的条件，就是钱，就是经费的筹措与投入。而学校目前最缺的就是钱，我在今天这个会议上不谈开源节流的问题，我只想说两个观点，一是在目前的资金运作框架内，我们的干部，我们的职能部门一定要有这么一个十分明确的指导思想，就是今后每年的预算一定要向这三个方面倾斜，这是实现跨越式发展必不可少的条件。二是我们一定要摈弃这样一种十分落后的观念，就是你学校给我多少钱，我就办多少事，这是一种十分惰性的思想，一种十分不负责任的观点。在目前的办学条件下，只能用我们的智慧，用我们对人民教育事业的忠诚，以较少的钱办较多的事，办较好的事。唯其如此，我们的既定目标才能实现，我们的学科建设规划才能有效地实施，大家正竭尽全力争取设立的硕士、博士点才能一步一步地建立起来，我们的学校才能既有健康的生命，又有强大的力量。

抢抓机遇　深化改革
推动学校工作上新台阶[*]

　　爆竹声中辞旧岁，金鸡报春迎新年。这辞旧迎新的爆竹声声，让我联想到10年以前，也就是1994年12月18日，我在第38期原广外的校报上撰写的一篇短文，题目是"总把新桃换旧符"。我在文章的一开头引用了北宋政治家王安石的一首诗："爆竹声中一岁除，春风送暖入屠苏。千门万户瞳瞳日，总把新桃换旧符。"时光倒流935年，王安石新任参知政事，当上了宰相，他决心推行新政，实行变法。春节已至，变法亦小有所成。春风传送着辞旧迎新的一声声爆竹，旭日照临着驱鬼辟邪的一块块桃符，他的心情似乎特别高兴，不禁端起了用药草浸泡的美酒。王安石的这首诗让我重温了10年前我写这篇短文时的心情。10年了，我们的改革也小有所成，但是新桃换旧符的工作没有止境，因为形势在变化，因为时代在前进。

　　改革是发展的源动力，发展是硬道理。学校要在新的平台上加快推进跨越式发展，实现建设高水平教学研究型大学的奋斗目标，就必须抢抓机遇，深化改革，进一步革新不适应学校发展的办学思想、教学体系、管理理念、管理体制和运行机制，把有限的教育资源最大限度用在教学和科研上。

　　本次改革的指导思想是：把握发展的重要战略机遇期，在跨越式发展的大背景下，围绕我校由教学型大学向教学研究型大学转移的大目标，解放思想，转变观念，创新思维，完善机制，强化学科建设意识，强化教学质量意识，强化学术研究意识，提高治校办学的能力和水平，提升办学层

　　* 这是徐真华2005年2月24日在广东外语外贸大学新学期工作布置会暨深化改革动员大会上的讲话节录。

次和学术声望。

新一轮改革是多方位、多层次的，是一个复杂的系统工程，要体现超越性和前瞻性的战略思想，重点解决思想观念问题、治校办学能力问题以及相关的制度建设问题。

一、改革的历史背景

回顾新大学的发展历史，我们走过了两个时期，第一个是 1995 年至 2000 年的合并磨合时期，逐步实现了原两院实质性合并，成为合并高校中融为一体最彻底最成功的高校之一。第二个是 2001 年至 2004 年的改革发展时期，学校实施教学科研架构调整、非学历教育管理模式改革、分配制度改革、人事制度改革、后勤社会化改革 5 项内部管理体制改革，改革取得了积极的成果，为学校的发展打下了良好的基础。正是有了合并办学 5 年的融合及由此产生的学科交叉，专业互补，资源共享，也正是有了学校从 20 世纪 80 年代以来的学科积累与沉淀，我们才创造了"专业教学和外语教学融合，培养国际通用型高素质人才"的办学特色，广外才有资格作为优质教育资源首批进驻广州大学城，并于 2003 年在教育部对我校的本科教学工作水平评估中取得了"优秀"等级的可喜成绩，学校的社会地位和影响力迅速提升，学校的建设事业步入了良性发展的轨道。从 2005 年开始，学校将全面进入跨越式发展的新的历史时期。

那么，当前我们面临的又是一个什么样的现实呢？首先，学校规模扩大了，校区增多了，新的专业增多了，学生人数和教师人数也大大地增加了，科学管理的问题迫切地摆到了我们的面前；在规模大、新专业多的背景条件下，继续提高教学质量，提升科学研究水平和办学层次的问题迫切地摆到了我们的面前；跨越式发展过程中的师资队伍建设问题迫切地摆到了我们面前；深化改革，为学校的跨越式发展确定一个科学的富有前瞻性思路的问题迫切地摆到了我们的面前。其次，我们刚刚制订了全校的学科专业调整和校区布局方案，刚刚确定了主要校部机关进驻大学城校区的时间表。刚刚草拟了对学校未来发展具有十分重要的指导意义的三个纲领性文件，即学校教育事业的第十一个五年计划，学校的学科建设规划和科研发展规划。最后，学校党委于去年提出了用 10 至 15 年时间，建设优秀的教学研究型大学的奋斗目标。也许有同志会问教学研究型大学有哪些量化指标，我们广外与教学研究型大学到底有多大差距，下面我把国内学者对教学研究型大学的有关研究给大家作一简要介绍。

教学研究型大学，教育部的官方文件将其定义为"教学与研究并重"的大学。按美国卡内基教学促进基金会 2000 年分类标准，这类院校提供大量的学士学位课程和 20 个或更多的硕士学位授权点，强调学术声望、学科规模和科研水平。衡量一所大学是否属于教学研究型大学，应当有一个可以量化操作的指标，《美国新闻与世界报道》的评定指标主要考虑学术声望、招生选择性、师资力量、财政资源、学生保持率、校友满意程度六个方面。考虑到中国教育体制的不同，学生自由选择度不大，学生转学率低，公立高校除了财政资金、学生学费和校办产业收入外，少有校友资助。我国学者邓周平提出了中国教学研究型大学的 5 个判断指标：一是硕士点数量。教学研究型大学的硕士学位授权点不得少于 20 个，其学科应该覆盖 3 个以上。二是生师比。在美国，有权授予博士学位并排名前 10 位的大学和学院的平均生师比为 6.73∶1，有权授予硕士学位的排名前 10 位高校的平均生师比为 9.4∶1。2001 年，中国普通高校的平均生师比为 16.1∶1，教学研究型大学的生师比应该低于普通高校的平均生师比，而高于研究型大学的生师比。据此，邓周平认为我国教学研究型大学的生师比在 9∶1—14∶1 这一区间比较切合我国国情的。三是教师人均年科研经费及其浮动比例。根据邓国平的研究，以 2000 年为准，讲师以上的教学研究人员每人每年的科研经费不得低于 13.30 万元，实际参加科研和实验发展的科研人员每人每年的科研经费不得低于 23.11 万元，全校投入科技活动的经费（包括实验设备仪器购置费和非教学科研人员的科技活动经费在内）每人每年不得低于 7.429 万元。四是本科生与研究生的比例。一般而言，教学研究型大学应该以本科生教育为主，研究生次之，其本科生与研究生的比例应高于 3∶1。这一指标体现的是教学为主、研究为辅的办学理念。五是班级规模。在美国，研究型大学最为显著的特征之一是小班教学。有权授予博士学位且排名前 10 位的大学，20 人以下的小班规模平均所占比例为 68.2%，而 50 人以上的大班规模平均所占比例为 9.55%。邓周平认为根据我国的实际情况，把 40 人以下的班级视为小班，进行正常教学是切合国情的，而且教学研究型大学在 40 人以下的班级占全部班级教学规模的比例不得低于 75%，低于这一比例就很难保证教学质量。

参照以上指标，我校与教学研究型大学相比仍有较大的差距，但有差距不要紧，关键是要有思路，有了思路才有赶超的出路。

毛泽东同志说得好，政治路线确定之后，干部就是决定因素。经报告中共广东省委教育工委同意，学校党委郑重决定，对全校本科层面二级教学单位的行政领导班子进行全面的届中调整，新成立的 5 个二级学院的行政领导班子的配备遴选工作同时启动。

我想首先强调说明一个问题，就是本次调整绝不是对本届二级本科教学单位行政领导班子的工作予以低估或否定，不是的，这两年来，说得更准确点是这5年来，各二级学院的历届行政班子在学校党委的领导下做了大量的开拓性的工作，取得了令社会瞩目的巨大成绩，否则不足以解释为什么这5年是广外历史上发展最快也是发展最好的时期，否则也不足以说明近5年来我校招生和就业"进口出口"顺畅的良好局面。这些成绩是大家锐意改革，团结拼搏，开拓创新的结果，是各位院领导特别是各学院的一把手勇挑重担，埋头苦干，默默奉献的结果，是我们各二级学院这几届领导班子取得的看得见摸得着的成绩。学校党委之所以提出对各学院行政领导班子进行届中调整的计划，其唯一目的就是为了增强学校可持续发展的后劲，在未来几年的竞争中，在与大学城强校名校的竞争中，在与全国同类高水平大学的竞争中，不仅不落败，而且要增创新优势，更上一层楼。

在肯定我们已经取得的巨大成绩的同时，我们也不能不看到我们工作中的不足与差距，不能不看到我们干部队伍中在观念上、思想上、行动上的某些不适应。纵观学校发展状况，我们认为，与发展变化了的形势和任务相对照，目前我校至少存在着六大不适应：

1. 部分领导的学科建设思想包括有些教学行政领导的学科建设思路、学术视野、教育管理和教学行政能力等尚不能较好地适应已经发展变化了的大环境和小气候。例如，一些单位的学科建设多年原地踏步，起色不大；一些领导和引进的高层次人才的学术思想没有到位；一些领导对所在学院、所在学科专业在全国学科专业领域所处的位置不清楚，对本学科本专业在国际国内的前沿研究、发展状况不清楚，缺乏进入国际甚至国内某一研究领域圈子的气魄和胆识，没有获得相应的话语权。

学科建设水平决定着学校的竞争力、影响力和生命力，是学校各项事业发展的龙头，是衡量大学水平高低的主要标志之一。近年来，学校的学科发展取得了一定的成绩，但发展很不平衡，处于国内领先或在国内外有一定影响的学科专业很少，学科平台过小、层次较低，同时各学科专业师资力量也不平衡，尤其是高层次、有影响力的学科带头人匮乏，人才队伍内部结构亟待优化。同时，学校实施学科专业调整和校区布局方案后，又将成立5个新的学院，急需配备班子开展工作。对此，如果我们不能站在对人民教育事业负责任的高度，不能跳出广外看广外，不能形成具有前瞻性的发展战略思维，那么，我们就不可能有符合跨越式发展需要的既科学可行又超乎常规的举措，就不可能让优秀人才脱颖而出，不可能有学校教学水平和科研水平的全面提高，也不可能如期实现向教学研究型大学转移的目标。

2. 教师群体的科学研究意识和能力不能较好地适应学校由目前以本科教育为主的教学型大学向教学研究型大学转移的办学思路。根据统计，近三年全校科研情况是：专任教师在核心刊物发表的论文数 3 年共计 524 篇，平均每人每年 0.24 篇；省部级以上科研项目立项 32 项，其中获奖 4 项；厅级科研项目立项 25 项；横向科研项目立项仅 7 项，获得的横向经费仅 26 万元。

3. 教师队伍总体水平尤其是高学历、高职称、高水平、低年龄的结构指标未能较好地适应已经扩大了的办学规模和建设教学研究型大学的人才质量要求。最近广东省教育厅对全省 34 所本科高校进行了排名，公布了这方面的指标，我校专任教师中高级职称比例仅为 33.2%，排在第 24 位，具有研究生学历教师比例也只有 65.1%，排在第 8 位。这是一个十分严峻的现实。

4. 部分干部、教师的精神状态尚不能很好地适应建设教学研究型大学的本质要求。经过多年的建设，学校的教学质量意识强化了，生源和就业形势呈现良好的发展态势，但形势仍不容乐观，因为从总体上看，同心协力地提高教学质量，提升科研水平和办学层次的积极性，还没有很好地提高起来；建设高水平教学研究型大学的氛围，还没有很好地建立起来。

5. 学校的管理水平（包括党务、行政、教学）尚未能较好地适应跨越式发展对学校在党务、行政和教学工作三方面尽快出新思路、新举措，开创崭新局面的要求。比如，我们的一些领导干部，包括我们一些具有高级专业技术职务的教师，有的安于现状、不思开拓进取，认为课都有人上了，大家也挺安心的，没什么问题；有的从小集体的利益出发，在课时安排、超工作量收入等方面搞利益优先；有的只顾自己多上课，不去思考本学科本专业的发展大计；有的学术视野狭窄，对本学科本专业上水平上层次没有长远的计划和具体的举措；有的服务意识薄弱，脸难看、话难听、事难办的现象时有发生；有的管理能力薄弱，小错不断，工作处于被动落后的状态；有的胸无大志，只满足于当个副教授就够了，不写论文，不搞科研；有的被购置第二套住宅所累，只想着多上课多挣钱早还贷，如此等等，成为学校积极、健康、稳步地在跨越式发展进程中争当排头兵的消极因素。

6. 从未来几年社会对大学毕业生的素质要求来看，我校培养出来的学生与能够较好地适应新形势下经济社会发展的新要求相比尚有一定差距。教学研究型大学的主要评价指标之一，就是培养具有创新意识的高素质人才，而目前我校本科生培养的质量，实事求是地讲，还停留在应用型、复合型的层面上，离具有国际视野和创新意识、能直接参与国际合作与竞争的国际通用型人才的培养目标，还有不小的差距。要改变这一培养目标的不适应，就必须从现在抓起，在教育与教学的两个层面上包括教学理念与管理模式、师资、课程体系、教材、教学计划、第二课堂教学、校园文化建设以及办学的特色和优势等诸方面深化改革，才能确保我们广外的毕业生有持续的发展后劲。

以上这些不适应我们如果不加以重视，以上这些矛盾我们如果不加以研究解决，将会严重制约学校的发展进程，甚至会损害学校已经建立起来的声誉、形象和品牌。我们没有时间等待，在竞争中前进，在改革中发展，是我们的必然选择；发现问题，找出差距，毫不犹豫地修正我们的不足和弱点，义无反顾地搞建设、抓质量、上水平、谋发展是我们的唯一追求。

二、改革的基本内容

这次改革，将涉及干部、人事、教学、科研、分配、后勤等方面观念上、制度上、模式上一系列的变革与提升。从这个意义上讲，本次改革是2001年5项改革的延续和深化，其目的不是简单地调整几个二级学院的行政领导，而是在思想的层面、观念的层面、制度的层面、管理和行政能力的层面进行一场创新性的变革。事实证明，没有新思想、新观念、新思维，就不可能有治校办学的新思路，就打不开跨越式发展的新局面。

1. 深化干部人事体制改革。

二级学院实行院长负责制，实行"院长负责、集体领导、分工合作、民主管理"的领导模式。集体领导主要通过党政联席会议的形式进行，副院长对院长负责。

党的总支部委员会和支部委员会是确保贯彻落实学校党委的决议，做好二级学院党建和思想政治工作的十分重要和必须依靠的党的基层组织。党的总支部委员会要发挥保证、监督、参与和支持等作用，党的支部委员会要发挥先锋堡垒作用，党员要发挥先锋模范作用。

本次改革对有本科教学任务的各学院的行政领导班子进行全面的届中调整，新成立的5个学院的行政班子配备工作一并启动。正副院长向校内外公开招聘。

制订各单位领导班子责、权、利统一的岗位责任制和任期目标责任制以及相应的业绩考核奖励制度。最近首先出台各二级学院目标管理大纲，行政班子目标责任指标体系，院长、副院长岗位职责，院长任期目标责任和相应的业绩考核奖励制度。由校领导牵头，人事处、教务处、科研处、财务处、研究生部等单位负责，做好目标责任制的督导与评估等工作，加大教学科研监管力度；加大人才培养和引进招聘力度，对人才培养和引进的相关指导思想、政策、举措等进行一次全面梳理，使之更符合事业发展要求和我校实际；着力推动教师高学历、高职称、高水平、高素质的"四高"工程，打造人才高地。

2. 深化教学管理与人才培养模式改革。

大学的管理由目标管理调整为宏观管理，重在对二级教学单位工作的指导、调控、监督、考核。二级学院由以过程管理为主转变为以目标管理为主，目标管理和过程管理相结合的管理模式。

由于管理重心下移，各二级学院在行政班子调整完之后，须立即着手重新梳理并细化本单位的专业教学计划（包括本科生和研究生）、学科建设规划和师资队伍建设计划等。专业建设除了要推行并完善学分制，精简并优化课程，加强以文史哲为主要内容的素质教育，倡导自主式、研究型学习外，还要积极创新符合经济社会发展需要的人才培养模式，注重具有较深厚人文素养的"复合型、国际化"人才培养特色，增强我校毕业生的核心竞争力和发展后劲。学科建设要注重提升办学层次和教师的科研能力。队伍建设要在教师学历提升和高层次、高素质人才引进上下功夫。

3. 深化科研管理体制改革。

为了达到提升科学研究能力和学科建设水平的目标，进一步提高我校科研管理科学化、规范化水平，充分调动我校教师和科研人员的积极性、主动性和创造性，培育科研团队，确立我校在若干学科和学术领域的地位。学校决定充实完善原有的科研管理制度，修订科研业绩考核与激励办法。鼓励多出有理论研究深度，符合国家发展需要，在学科建设方面显示度高、贡献大的高水平、高层次科学研究和成果，加大对国家级、省部级科研获奖项目和在权威与核心期刊发表文章的奖励力度。同时，根据不同学科实际情况，实事求是地采取有针对性的扶持或激励措施，推动我校科研事业和学科建设的有序发展。

4. 深化分配制度改革。

理顺大学与各学院之间的分配关系，试行切块管理的经费使用办法。

制订并试行各级领导干部年度业绩考核奖励实施方案。深化分配制度改革的前提是开源节流，因此我们在坚持勤俭办学，用较少的钱办更多的事的同时，还要下大力气做好开源这篇文章。各有关单位要在国际合作办学、社会培训、项目培训等方面加大工作力度，为学校跨越式发展提供财力支持。各学院都要把继续教育学院、公开学院、国际学院、附设学校（含两个附设外语学校和附中）的事业看作学校事业不可分割的部分，积极支持他们的工作。

5. 深化后勤社会化改革。

借鉴兄弟院校后勤社会化改革正反两方面的经验教训，对我校近几年来的后勤社会化工作作一次全面的总结，探索适应学校跨越式发展的具有广外特色的后勤改革新路子。

三、几点希望

深化改革、加快发展是我们面对新形势新任务的战略决策，但改革如何深化，发展如何加快，不是一句简单的口号所能奏效的，它既需要我们具有前瞻性的战略思维，还需要我们奉行求真务实的思想作风和脚踏实地的工作作风，采取切实可行的改革举措。

1. 希望广大共产党员、领导干部、教职员工继续发扬在 2001 年实施校内 5 项改革中的优良传统，识大体、顾大局，同心同德促改革，一心一意谋发展。为此，我希望大家做到"四个坚决摒弃，四个牢固树立"，即坚决摒弃本位主义，牢固树立全局意识；坚决摒弃守旧观念，牢固树立开拓意识；坚决摒弃不作为思想，牢固树立责任意识；坚决摒弃围城思维，牢固树立发展意识。学校新一轮改革事关大局，全校宛如一盘棋，每一个棋子、每一步棋都至关重要。大家一定要有这个自觉性，一定要有紧迫感，把广外的建设与发展，而广外跨越式的建设与发展作为我们每个人共同的奋斗目标。

2. 希望广大共产党员、领导干部、教职员工坚守岗位，切切实实把投身改革与做好当前工作紧密结合起来，用改革推动当前工作，通过做好当前工作加快改革进程。大家知道，全面贯彻落实学科专业调整和校区布局方案时间紧，任务重，耽误不得，我们不能人为地将改革与做好本职工作割裂开来。当然，改革可能会带来阵痛，但是，改革难，不改革更难，发展是我们唯一的出路。在充满困难的改革与发展的历史进程中，每一名党员干部都应该是一面旗帜，每一个基层党组织都应该是一个坚强的堡垒。

3. 希望广大共产党员、领导干部自觉强化改革意识，勇挑改革重担，要将正在开展的"理想、责任、能力、形象"教育活动和即将开展的保持共产党员先进性教育活动融入这场改革当中，将这场改革作为检验、考核党员和干部素质能力形象的一个重要关口。绝不允许有人借机撂担子，捅娄子；绝不允许有人借机等一等、歇一歇，该做的不做或少做，该抓的不抓或少抓。谁耽误了学校的工作，谁就必须承担责任。

学校已进入跨越式发展的关键时期。到 2007 年学校在校生将达到 22000—24000 人的规模，比 2004 年接近翻一番。在扩大招生规模的同时，学校提出要把跨越式发展的过程当作学校转变教育观念，深化校内管理体制改革的过程；要把跨越式发展的过程当作学校强化学科建设，优化学科、专业结构，提高教学质量，提升科研水平和办学层次的过程；要把跨越式发展的过程当作学校有效实施多校区管理，提高行政能力和管理水平的过程；要把跨越式发展的过程当作加强教学研究型大学内涵建设的过程。展望未来，我们任重道远。抓住机遇，迎接挑战，深化改革，加快发展是我们一切工作的重中之重，也是我们唯一的出路。我们将全力以赴地抓改革、促管理、重建设、谋发展。在前进的道路上，我们还将面临许多困难、许多阻力，但是再大的困难也改变不了我们向前迈进的决心，再大的阻力也动摇不了我们建设高水平人文社科类大学的信心！我们的目标一定要达到，我们的目标一定能够达到！

大学的目标管理及其核心问题[*]

2004 年春天，学校党委提出了"建设高水平的教学研究型大学"的战略目标，同年秋天，学校党委又酝酿并提出了为实施这一战略目标而进行的新 5 项改革的决定。今年春，深化教学科研管理体制改革，深化人事制度改革的工作率先拉开了新五项改革的序幕，大学将实施以宏观管理和战略管理为主的管理模式，二级学院将推行以目标管理和过程管理相结合的管理模式，并同时实施"院长负责、集体领导、分工合作、民主管理"的领导模式。从理论上讲，我们已经知道我们将前往何处，即我们已经明确了奋斗的目标，但是我们在很大程度上还不清楚如何前往，即如何达到这个奋斗目标。

这就提醒我们，如果只有一个建设教学研究型大学的宏伟目标，而缺少实现这个宏伟目标的一系列具体措施和手段，那么我们制定的宏伟目标就可能变成空中楼阁，就可能变成镜中花、水中月。因此，我们要有意识地、始终如一地追求既定的战略目标，并根据这个目标确定实施的方案和细则，然后从可行的和明显需要改进的事情做起，从对全局工作可能产生积极影响的主要矛盾着手，一步一个脚印地迈进，那么我们就可以积小胜为大胜，就一定能够达到我们预期的目标。

就改革而言，不存在通用的方法，也不存在最好的方案。任何一个可供采纳的方法，任何一个可供实施的方案都具有优与劣的相对性。比如我们在前期讨论中出台的以湖南大学考核指标体系为蓝本的二级学院考核评估指标体系，以及今天出台的改进版的以教育部本科教学工作水平评估指标体系为蓝本的二级学院考核评估指标体系，湖南大学以全量化为考核评

---

    * 这是徐真华 2005 年 7 月在广东外语外贸大学发展战略研讨会暨校务委员会扩大会上的讲话节录。题目为编者所加。

估的主要尺度，在他们那个系统内得到了认可，而在咱们学校的讨论中则遭遇了强烈的批评，于是我们采纳了大家的意见，把定性评价和定量评价结合起来，尽可能找到那个比较客观、比较公正、比较符合高等教育管理规律，也比较可操作的平衡点，于是出台了现在摆在大家面前的这几个文件。也许有的同志会说，这几个文件还不理想，我们承认，尽善尽美的方案一定存在于人们思维的某个尚未被发掘的角落，但是它的出现可能是遥遥无期的事情，我们可能没有时间在等待中错失难待的机遇和挑战。我们的基本考虑有以下四点：

第一，进一步改善校内管理体制是高等教育跨越式发展的要求，一所大学要科学、有序、快速地发展必须有一个良好的制度环境，有一个规范的运作机制，必须建立起有权必有责，有权必尽责，用权受监督，立功受褒扬，失责要追究的责、权、利相一致的这样一种管理制度。

第二，"管理产生效益，细节决定成败"是现代企业制度总结的一条普遍规律，而"实效性"和"高效性"作为企业追求利益最大化的前提条件，已经成为检验企业行为目标的重要指标。假如我们借鉴这一理念，把这一理念也应用到高等教育的管理上来，那么，如何改进和革新高校内部的运作机制和管理体制，用科学管理提高效率，更好地满足社会和学生的需求，是我们不得不面对的首要问题。

第三，随着学校管理重心的下移，过程管理必然成为二级教学单位首选的管理方式，因此，科学制定行政管理和教学科研管理的规章制度，明确管理职责和权限，加强二级学院各项工作的规范化建设，使行政与教学科研的每个环节都有章可循，有据可查，有法可依，是规范过程管理的必然选择。

我们必须认识到：管理的规范化、制度化过程也一定是提高我们各层次教学管理工作者素质的过程，也就是行政管理和教学、科研管理科学化形成的过程。

第四，为有效管理教育、教学过程，我们还必须在各二级学院推行行政、教学与科研等各方面工作的目标管理。也就是在教学过程开始之前，通过上下互动的方式，通过教学单位与职能部门互动的方式，合理制定各项工作目标并尽可能量化，由二级学院在既定的目标和管理规范、管理制度框架内，实行自主管理，以便大学依据各单位工作目标的实现程度作出比较客观公正的评价。

下面我想换个话题，谈谈当前国际高等教育出现的一些新的态势，以及在国际化背景下，发达国家在大学管理中一些比较新的理念与办法供大家参考。

6月上旬，我去美国访问了5所高校，同这些大学的校长、商学院的院长们进行了友好的交流和磋商，很有意义。除了具体的关于校际合作办学项目的讨论和谈判外，我和他们的谈话在高等教育领域内主要涉及以下3个问题。

一是办学理念问题。在华盛顿特区，我们拜访了乔治城大学外交学院——美国最古老最著名的外交学院，会见乔治城大学外交学院院长，此人曾任克林顿政府的副国务卿，是共和党的外交智囊团队成员。谈到培养目标，这位院长说，乔治城大学致力于培养未来具有处理国际关系能力的外交领袖。我问他外交学院在校生有多少人，他说大约2000人，我问他毕业生中进入外交界从事外交工作的比例大约多少，他说大约占毕业生10%。我对他讲，这些外交领袖大都是在未来的外交实践中，在国际交往的舞台上自己成长起来的。我说，我们大学的培养目标是高素质的公民，高素质的涵义是指有理想、有道德、有能力、有纪律。他听了以后，表示赞同，说通才教育也是美国大学教育遵循的一条基本原则，外交学院遵循的也是这个原则，但他们的外交学专业方向教育是独一无二的。他的讲话有2个主要的信息点：一是美国大学实施通才教育，二是通才教育绝不意味着培养对象的模式化、固质化，专业方向教育必须独具特色。

在哈町大学，我拜会了哈町大学校长，礼节性的会谈在他的办公室进行，本来说好只是见个面不超过一刻钟，谁知坐下来一谈就谈了一个半小时。当谈到大学教育的职责时，哈町大学校长说，哈町大学致力于开发学生的学习能力，特别是学生自主学习的能力，注重培养学生的学习方法。哈町大学校长的这一思想和我对高等教育的职能的认识是完全一致的。我对他说，我们学校也正在致力于这方面的改革，正在努力实现3个转变，就是从关心学生学什么到关心学生怎么学，从关心学生做什么人到关心学生怎么做人，从关心学生思考什么到关心学生怎么思考。此话一出，哈町校长大为感动，点头表示这正是当代大学的使命。与哈町大学校长的会谈也有两个十分重要的信息点：一是对培养目标的定位问题，二是怎样达到既定的培养目标，这是我国在走上高等教育大众化道路以后，尚没有很好解决的问题，我总的感觉是对培养对象的目标要求定得过高，一个基本特点是培养这个"家"那个"家"。

在亚利桑那州立大学，我们会见了校长及商学院院长等人。会谈也非常友好坦诚，看得出亚利桑那州立大学对广外客人的到访做了认真的准备，他们从我校英文网上下载了广外以及我个人的相关资料，可能是为表示友好，把商学院近几年去摩洛哥、加拿大、法国工作过的7位教授一并请来跟我们见面，最有意思的是亚利桑那州立大学商学院的院名，它不叫商学院，而叫全球化管理和领导艺术学院。在宴会后的交谈中，我对亚利桑那州立大学校长以及全球化管理和领导艺术学院院长说，你们这个商学院的名称起得好，有霸气。我说，中国还是一个发展中国家，中国高校的管理专业大都还停留在一国一地企业管理的层面上，眼光还停留在中国，停留在亚洲，还远远没有跨过太平洋。因此，对中国的和平崛起，你们远远不用担心。同亚利桑那州立大学校长及全球化管理和领导艺术学院院长的会谈也有 2 个重要的信息点：一是全球化背景下的办学理念，二是全球化背景下的学科体系和教学内容都已发生革命性的变化。

无论从与乔治城大学外交学院院长的对话还是从与亚利桑那州立大学校长、院长的对话中，我都有一个强烈的感受，那就是在办学理念上，美国人已经把学科专业建设与全球化背景下的国家安全、区域合作与发展、经济扩张、社会发展紧密地联系在一起，体现了一种超级大国的超越的气魄与能力，这种理念、胆识、气魄值得我们反思，值得我们学习与借鉴。

二是教学内容和办学模式创新问题。我们所走访的 5 间大学，加州大学洛杉矶分校、乔治城大学、美利坚大学、哈町大学、亚利桑那州立大学都采用了一种十分开放的办学模式，大学治理的模式总体呈现分散化、社会化、多元化的趋势。在美国高校，"分散化的公共治理"模式已经基本上取代了传统的"集中统一"的管理模式，由于超级大学大都实行"统一领导、独立运作"的分校制管理模式，所以现代大学刚性的科层制组织结构已经大量地向柔性的分散连接组织结构转移，大学职能的分化和多样化，导致了利益分配的分化和多样化，也导致了美国大学的治理权力从集权走向分权，组织结构从紧密走向松散。大学也更注重对学生个性化的培养，分校制的普及构建起了灵活高效的教学运行机制，选课制的推广，拓宽了学生研究式学习的领域；教学内容也对社会需求高度敏感，应用型的新专业、交叉学科专业能以最快的速度进入学校的教学计划和课程体系，在学术取向上学者与管理者大都表现出一种兼容并包的思想，高等教育的大众化还使大学教学的学术性与职业取向融为一体，凡此种种都值得我们思考，值得我们以理性的批判精神去探索，去借鉴。

三是数字化校园与信息时代同步发展的问题。美国恐怕是最早研究高等教育如何面对由网络促成的人类社会全球化发展趋势的国家。网络，不但改变了国际关系，而且改变了人们对世界的认识，要自立于这个全球一体化的现代社会，教育特别是高等教育应该具有国际化的特征，因为信息化时代必然孕育着一个大学革命化的时代，这个革命的结果之一就是建立信息化校园。人的知识获取渠道空前增大，人类获取知识的量空前增大，人类无国界的交流机会空前增大，人类的认知方式、生活方式、思维方式也必将以一种新的学习形态和交流形态而出现，高等教育如果对此不做准备，固守传统的教学模式不思改变，一定是没有出路的。

让我们回到中国这个现实的大地上，回到广外这块热土。我想说，不管人家发展得怎么快，怎么好，我们国家的事还得靠我们自己来做，新的理念、新的方法、新的模式我们固然要学，但也不能生吞活剥，不能不顾条件和环境，不能不顾国情和我们所面临的社会现实照搬照套。我讲了这么多，有一个重要的意思是要告诉大家，大学管理的核心结构是校院两级的教育教学管理决策系统和组织实施系统，第一个系统主要取决于党委领导下的校长负责制的良好运行，第二个系统主要取决于二级学院的领导班子，尤其是院长以及学院党政领导班子的团结、开拓、进取精神，勤政、廉政、讲奉献的意识，有了这种精神，有了这种意识，那么，我们的二级学院就一定能够处理好学术系统和行政系统的互补关系，处理好学术权利和行政权力的互补关系。一个改革方案的不同组成部分是彼此增强互为支撑的，领导班子成员的工作能力肯定也是互补的；同样一个班子的成员因团结而彼此增强，因不团结而彼此削弱。我代表学校党委希望我们每个职能部门的领导以及每个二级学院的领导一定要把建设高水平教育学研究型大学摆在优先发展的地位，真抓实干，团结宽容，同心同德，群策群力下决心解决目前制约我们建设高水平教研究型大学中存在的突出问题，下决心解决我们在目标管理、过程管理中仍然存在的不到位、不落实等主要矛盾，那么我们制定的建设高水平教学研究型大学的战略目标就一定能够实现。

关于真理与真理形成的过程，黑格尔讲过这么一句话，他说："所有真理都是慢慢形成的。"人们往往有这样一种认知偏差，即都愿意接受真理，而不大愿意关注真理形成的过程，都习惯于把思想看成一件成品，而忽略思想形成过程中争论、交锋、斗争甚至牺牲。现代经营管理告诉我们：只重视结果不重视过程的领导不是一个好领导。高校管理的实践也告诉我们：没有规范、合理的过程管理就没有良好的结果。培养思想的过程是漫长的，培育结果的过程同样是漫长的、具体的，充满了艰难险阻，其中会有多少矛盾、多少纠纷、多少痛苦让我们备受煎熬。所以，当我们决定选择令人振奋的结果的时候，我们必须有这样的思想准备：我们必须同时接受实现这个大目标的艰辛过程，因为过程是哺育思想，哺育真理，形成规范化、制度化管理优势的必由之路。

学院目标管理的核心要义[*]

  随着经济全球化和教育国际化进程的加快，我国高等教育已进入"大众化"的快车道。大学招生规模的快速增长，必然对原有的教育理念和管理模式产生巨大的冲击，大学内部的运行机制和管理架构必然要做出相应的调整。而要顺应这一已经变化了的教育环境，高校面临的最迫切的任务之一就是要引入新的管理机制和方式。学校党委经过多次调研和反复分析研究，结合我校近年来专业设置的变化，学科门类的增多，办学规模的扩大，南北两翼校区开始并轨运转的现实状况，决定实施学院目标管理，降低管理重心，增强办学活力。通过目标的导向作用，调动各学院在办学过程中的创造性和积极性。今天，我们在这里举行学院目标管理责任书的签字仪式，就是要把学校各项目标任务进一步分解落实到各个学院，并以此为指挥棒，围绕学校的中心工作，首先把近期和中期的目标管理责任制建立起来。

  实施学院目标管理是全新的探索，必将带来学校管理体制的深刻变化。学院目标管理是学校继 2001 年推行 5 项内部管理体制改革后，2005年提出的新一轮深化 5 项改革的重要内容，是这一轮改革的难点，是改革成败的风向标，这对进一步提高我校人才培养质量和学科建设水平，实现建设特色鲜明的高水平教学研究型大学的奋斗目标具有长远的重大意义。这种管理方式把学校整体目标和近期任务分解给各二级学院，既是学院工作的努力方向，又是学校指导、检查和考核各学院工作的依据。学校在制定《学院目标管理责任书》时，集中设置了 8 项目标内容，基本涵盖了学院的主要工作。如果这 8 项目标实现了，学院的工作也就做好了，学校的

  * 这是徐真华 2006 年 4 月 29 日在广东外语外贸大学学院目标管理责任书签字仪式上的讲话。题目为编者所加。

总体目标也就实现了。

当然，学院目标管理是一项探索性、创造性的工作，有一个不断发展、完善的过程。目前的学院目标管理方案，肯定有不完善的地方，但任何事情总要有开始，任何完美的东西也必须经历一个从不那么完善到比较完善的过程。如果要等到方案完美了才做，那就没有开始的时候，我们没有时间等待，我们也等不起！学院目标管理实施过程中，一些学院提出了各自的困难，大家提出的这些困难确实存在，有些还比较突出。比如办学经费匮乏，这是一个普遍性的问题。从目前我校的实际经济能力来讲，我校在这方面的矛盾又更加突出。财务处提供的 2005 年财务报表显示，上级拨款只占总支出的 52% 左右，有 48% 的支出需要自筹。这还没有包括巨大的基建及设备购置的还贷压力，可见经费缺口之大。经费问题已经成为学校发展的瓶颈，我们大家都要努力破解这个瓶颈，这要做好长期艰苦奋斗的准备，不能说等有了钱再建设，也不能说给多少钱办多少事，该干的事情还是要干，没有条件创造条件也要上。创造条件靠什么，靠我们对人民的教育事业极端负责任的态度，靠我们每一位干部，特别是党员干部无私奉献的决心和信心。所以目标管理责任制一定要落实。

事业要发展，有压力是好事。学校各项工作顺利发展的保证就是上下齐心干事业，少争论，多务实，领导带头，理清思路，认清方向，毫不动摇地带领干部教师向着既定目标前进。这次任务书的签订是我校考核方式和管理模式的一大改革，下一步学校的工作重心将放在引领、指导、监督、管理和落实上。任务目标定下来后，务必请各位做到以下几点：

一是各二级单位的负责同志一定要统一思想，提高认识，胸怀大局，以积极主动的态度认真组织本学院教职工学习和研究目标体系。结合实际对目标体系层层分解，将每一项目标具体落实到系和教研室，落实到每一个责任人，让每一名干部、每一名教师明确自己的岗位职责和具体的工作任务，知道什么时候该干什么，工作绩效该达到什么程度，自觉能动地做好每一项岗位工作，实现自己每一阶段的工作目标，从而促使学校总体目标的全面实现。在学院目标管理的实施过程中，要努力克服"本位主义"和"小团体主义"的狭隘观念，要努力克服"我是院长，我说了算"的草头王思想，真正把党政联席会议制度建立起来，把"个别磋商，集体讨论，民主监督，科学决策"的学院办公机制建立起来，把急教师所急，想学生所想，"以人为本"的观念，真正化为学院领导班子成员的自觉行为。

二是学校各职能部门要提高服务意识，为各学院实现目标提供优质的服务和热情的咨询。同时，要建立高度灵敏、准确、及时、得力的信息反馈机制，以此疏通学校各项工作之间协调、配合的渠道，使上情准确下达，下情及时上报，便于学校能在第一时间准确地掌握教学、科研和管理过程中的动态，有针对性地解决目标管理实施过程中的问题。机关职能部门的业务工作还要坚持"分类指导"的原则，坚持说实话，办实事，解决实际问题的求真务实的工作作风，使职能部门与教学单位形成和谐有序的良性互动，提高办事的实效。

三是各学院的领导，尤其是党政主要负责同志，一定要把领导好自己的学院，管理好自己的学院当作一切工作的首要任务来抓；一定要切实提高自己的执政能力和执政水平，或者说领导能力和领导水平。

至今我们仍有少数领导对领导能力和领导水平不很重视，似乎只要排好课，只要课有人上了，天下就太平了，工作就无所顾虑了，这是一种十分有害的行政方式，是最墨守成规的领导方式。它的最大特点就是靠惯性运作，没有创意，缺少成效。随着管理重心的下移，学院已由单一的教学实施单位变成了多元的组织结构、多种利益矛盾的综合体，比如同一学院内不同专业甚至不同学科之间，新专业与老专业之间，教师与行政之间，教师与学生之间，学院与学院之间多种多样的不同意见、不同处事方式、不同的认知矛盾，都会在学院层面反映上来。你作为院长、书记、副院长、副书记怎样去协调？怎样去解决？如果你还是坐在家里办公，对本学院的思政、教学、科研、学生工作没有深入的了解，遇到问题心里没底，工作中没有思路，没有激情，对学院里的矛盾能推则推，能拖则拖，那么你制定的目标责任肯定完成不了。

在一个恪守传统的校园环境里，在一个按常规思维设计运作机制的组织框架里，习惯往往会成为一种无形的规则束缚着人们的思想，人们往往会变得按部就班，没有创见，对正在发生的变化缺乏足够的应变能力。可是我们必须看到，我们今天面临的是新的问题、新的挑战，比如，怎样把本质上还是教学型的广外建设成高水平的教学研究型大学？怎么样在大学规模快速膨胀的条件下，建设好我们的师资队伍？怎么样运筹帷幄，整改已经被大家确认的学校工作中的薄弱环节？比如，怎样提升教师的科研能力和教学水平问题；怎样解决科研创新团队量小人少的问题；科研项目和成果档次质量不高的问题；本科生、研究生教学内容和课程体系优化和提升问题。这些都是今天的广外，作为今天的广外的大学领导和各学院、各职能部门的领导必须考虑的新问题，必须应对的新挑战。我们一定要清醒地认识到，教学研究型大学的运行规则和传统的教学型大学的运行规则是不一样的。以引进教师为例，教学型大学引进一名教师时可能只关注这名教师试讲的结果，教学研究型大学引进一名教师时除了看试讲水平外，更要看这名教师具备的科研实力，还要分析预测他的科研后劲。因为教学水平和质量只能撑起你这所学校的半边天，还有半边天一定要靠学校的科研实力去支撑。今天学校之间的竞争已经不仅仅是教学质量的竞争，还有科研水平的竞争，更有领导能力的竞争、社会服务能力的竞争、学校影响力的竞争。一所优秀的大学在研究自己所处的竞争环境时不屑于把能力低下的对手作为自己的参照系。她一定会竭力进入一个更高的层次，参照比自己更高明的对手，只有这样她才有可能跃上一个新的更高的竞争平台。

这是事业发展本身带来的挑战，我们只有跳出广外看广外，只有跳出自己的学科局限去考量广外的发展，谋划广外的未来，才能找到新的制高点，汲取改革与发展的新的动力。

发展的目标增大了，发展的预期水平提高了，思路更宽广了，任务更艰巨了，这就是现在的广外与5年以前的广外不一样的地方。5年前的广外在变化，今天的广外仍在变化，我们的观念在变化，我们的管理制度和模式在变化，这让我感到十分欣慰，虽然这会让我也让你们，我亲爱的各位同事，干得很累，干得很苦，但是这种累、这些苦是值得的。我们制定的目标是符合广外全体师生利益的，也是符合高等教育发展规律的，是符合经济社会发展需求的，它值得我们去奋斗！

这就是全球化对大学的挑战，这种局面对大学的执政能力提出了更高的要求。广外的竞争不应该再局限于全国外语类高校，广外参与的竞争应该是与全国人文社科类高水平大学的竞争，应该是与全国高水平大学的竞争，我们应该有这样豪迈气概，应该树立起这样一种雄心大志。当然我们外语类高校的优势和特色绝不能丢掉，也绝不会丢掉。这些就是我作为校长最近思考得比较多的问题，广外必须定好位，找准发展方向，各个教学单位也必须定好位，找准发展的方向，各个专业也必须定好位，找准自己的发展方向。各个老师更必须定好位，找准自己的发展方向，你这个专业10年以后怎么样，你这个老师5年以后怎么样，一切的一切都关系到你今天的观念、你今天的努力，一切的一切都关系到广外的竞争力。如果我们还意识不到这一点，不做积极的引导，不能忍受艰难的转型和艰苦的转变可能或者已经给我们带来的阵痛，不做可能会遭遇批评和责难的探索，总是按着老规矩、老传统做，那么我们可能永远也无法自立于高水平大学之林。

确定目标，明确责任，这仅仅是一个开端，实现目标的关键在于狠抓落实。各学院要结合自己的实际，以组织实施任期目标为动力，用踏踏实实的工作，来实践我们的庄严承诺，最大限度地调动各方面积极性，为实现既定的目标作出应有的贡献。我相信，《目标管理考核指标体系》和《目标管理责任书》工作的逐项推开落实定会对我校的长远发展起到不可估量的推动作用和指导作用。

大学的战略定位、规划落实、团队及环境建设*

我想讲四个方面的问题。

第一个问题，广东外语外贸大学一定要坚持建设高水平教学研究型大学的战略定位，我们的一切发展思路、发展计划、发展举措都要服务并服从于这个战略定位。

具体到各二级教学单位，院长、书记首先要考虑清楚我们准备建设一个什么样的学院，我们准备怎么样来建设这个学院，要把这个发展建设的蓝图描绘出来，要把距离这个目标还有多大的差距和不足找出来，把负面清单列出来，然后把发展的计划定出来，把要采取的有决定性影响的重大举措列出来，把大体的时间表制定出来，让每位干部、老师都清楚，一个学期，一个学年，一步一个脚印地去落实。

为了达成这个高远的目标，全校的干部、教师一定要强化7种意识，即责任意识、忧患意识、大局意识、奉献意识、创新意识、质量意识、科研意识。坚持这7种意识的基础就是我们具有建设好我们自己的学院、自己的部门、自己的大学的一份事业心。

教学工作不是一件普通的工作，教学管理也不是一件随便的工作。它们是一种职业，是一种事业，只有培养起了这种职业精神，具有了这种自觉自愿为其毕生奋斗不止的信心和决心，广外的前途才有希望，才有保证。

广外这几年的发展很有特色，在办学质量上、在管理模式上、在交叉学科边缘学科的培育与发展上、在硕博点建设等方面都有一些亮点。这主

---

* 这是徐真华2006年8月在广东外语外贸大学发展战略研讨会暨校务委员会扩大会议上的讲话节录。题目为编者所加。

要是在座各位率先垂范，带领各中层领导班子和教职工劳心劳神劳力奋斗的结果。尤其是在南校区工作的教师、干部和职工，他们比常人付出了更加艰辛的努力。刚刚结束不久的学校第二次党代会对同志们近 5 年来的工作和取得的成绩做了总结，我们有理由感到欣慰和鼓舞。但是，我们还必须努力学习并具备另一种品质，即敢于否定自己的品质。如果说，我们在2001—2002 年间进行的 5 项内部管理体制改革是对否定自己的一次成功尝试，这次尝试使我们把握了第一次真正意义上的变革创新的机遇。时隔 5 年，在 2006 年 8 月 31 日这一天，我代表学校党委、代表学校行政班子，再次呼吁，要敢于否定自己，以建设高水平教学研究型大学为纲，在办学的理念上，视野上再来一次变革创新，在思路上、规划上、举措上再力争有新的突破，甚至由上而下再进行一次"思想观念"的解放，把握好把广外提升到一个更高更新更宽阔的大平台的发展机遇。

广外不可能按照北外、上外的路子来走，他们的规模仅是我们的三分之一甚至四分之一，他们的专业结构也相对单一，基本上还在精英教育的轨道。广外也不可能走中大、华师的发展路子，根据办学传统和专业结构，我校走大而全的综合化路子不可取。广外跟它们都不一样，它应该是唯一的，应该是不可替代的。要做到唯一，要做到不可替代，它就必须有自己的办学特色，有自己别具一格的形象和风格。这个特色就是作为一所人文社科类大学，它奉行"专业教学与外语教育融合，培养具有国际视野和创新意识，能直接参与国际竞争和合作的国际通用型人才"的办学特色，这个特色就是"应用型、高水平、国际化"，就是"立足平凡，追求卓越"，就是"明德尚行，学贯中西"。这是从教学的角度来讲，从人才培养规格的角度来讲的。那么从教育者、管理者的角度讲呢，我们的干部教师必须是专业性的，必须是职业化的，也就是说他们在教学、科研、管理等工作层面上必须努力做得更好，必须力争上游。他们是独立的思想者，他们提供的高等教育质量应该是上乘的，科学研究的水平应该是先进的，管理服务的质量应该是优秀的。他们是自由的知识分子，但是他们又必然是爱国守法、爱岗敬业的，他们是高素质的，他们应该成为学生的楷模，他们是学校的光荣和骄傲，这就是广外应该塑造的大学教师和高等教育管理者的形象。

这就给我们各级领导干部交代了一个非常非常重的任务，通过塑造人，即通过塑造我们的教师和学生，来塑造我们的学校。在这一艰难的改造、建设过程中，我们一没有体制方面的优势，二没有强大财力方面的支撑，三是缺乏自主办学的权威，我们可能掌握的优势就是上面提到的七种意识，就是我们忠于教育事业的那一份事业心。有了这份事业心，有了这些意识，我们可能变得聪明起来，能干起来，通过统筹协调去解决前进道路上的各种矛盾和困难，把发展落到实处。

第二个问题，做好规划的问题。从大学的层面上讲要做好 3 个规划：一是整体规划，比如第十一个五年规划以及与这个规划相配套的部门（专项）规划。二是学科建设规划，包括人才培养方案。学科建设是学校发展建设的核心内容，所以必须把它单独列出来，独立成文。三是校园规划。

其实做规划的问题就是在理性思考和科学论证基础上作出选择的问题。你选择什么，选择什么样的发展定位、发展思路、发展举措，你怎么选择？是理性地还是盲目地，是随大流地还是独立自主地，都是学问，都有讲究。由规划我想到了选择，由选择我想起 20 世纪 80 年代曾在中国大陆广泛流传的一首诗，这首诗的题目叫《一条没有走的路》，作者是美国诗人弗罗斯特。诗中写一个人在树林中走到了一个交叉路口，两条小路通向不同的方向，此人很想两条路都试一下，他决定先走那条看上去人烟稀少的小路，回头再试另一条路。结果他的希望落空了，因为当他踏上了这条小路之后，又不断地遇到了新的交叉路，再想回头走当初见到的那另一条路已经不可能了。当初在两条小路之间的选择似乎显得无足轻重，但是这一选择所导致的过程和结果却可能并非赶路人所期待的，因为它深刻地影响了这个人以后的路，从此他的经历和结局可能迥然不同。

这首诗的哲理是浅显易懂的，交叉路的象征意义告诉我们，第一次选择意味着我们的人生走向已经开始形成。办大学也不例外，你选择什么样的发展定位，必然影响这所大学今后的地位和形象。我们为建设高水平教学研究型大学所做的每一次抉择都意味着我们放弃了另外的选择，走另外道路的可能性。因为每当我们面临十字路口的时候，我们只能选择最好的最有价值的路。诗中那个人的经历提醒我们当我们面临抉择的时候一定要看得准，千万不能出差错，不能听凭大众舆论，也不能光凭主观意愿，要有科学的判断和决策。也许应当犹豫片刻，再犹豫片刻，以便有时间作足够的调研和论证，让思维作一个理性的、科学的、有预见性的评估，这种评估既来自我们的智慧，也来自我们平时对事物发展规律的认识和把握。人生最丰富最生动最让人回味无穷的时刻或许就是事业悬而未决的时刻，或许就是你排除假象、诱惑和干扰，作出决断前的再三思考和犹豫。这种犹豫不是优柔寡断，而是我们对生活中、工作中隐藏的多种可能性和不可捉摸性的智者的把握。

第三个问题，抓师资队伍建设，尤其是抓好以学科带头人和学术骨干为核心的团队建设。

团队建设要做好5件事：

一是凝练方向。瞄准学术前沿，结合广东经济发展的实际，确定若干个学科研究的方向，争取在某些学科领域内有所突破。

二是聚集人才。引进和培养相结合，加大扶持力度，加快学科带头人和中青年学术骨干队伍的建设步伐。

三是搭建平台。硕博点的培育计划；重点学科的发展计划；重点实验室、重点研究基地的建设计划；名牌专业的建设计划；新兴学科、交叉学科专业的建设计划；边缘学科专业的培育与发展。比如商务英语专业、国际商务专业、经管法学科的一些课程设置，外语与专业的融通等。

四是建立机制。一个好的充满活力、规范有序的管理体制和运行机制，是上述3个问题所阐述的关键工作得以落实并能取得进展、产出成果的有力保证，这套机制主要包括：英雄不问出处，唯德才是举的用人机制；能进能出、能上能下的滚动管理机制；以项目争取经费，以项目转化成果的投入产出机制；兼容并包，学术自由的研究机制；为奋斗者谋的奖励、激励机制；等等。

五是产出标志性的项目和成果。高水平项目是实力的标记，高显示度成果是水平的体现；这是科研平台的亮点，是增长、发展和提高的标志；这是硕博点的支撑，这也是聚集、辐射和带动作用的动力源。

第四个问题，抓好环境建设。

高等教育的大环境，我们无法左右，而且大环境也并不完备。比如，教育支出占国民经济的比重还较小，政府投入还没有完全到位。这些暂且不提，我只说学校的小环境，因为小环境是可以靠我们的努力去改造、去建设、去完善的。比如：

第一，要营造一种干事业的小环境，把不同类型的知识分子的积极性都发挥好，而不是相互埋怨指责和窝里斗。

第二，在学术研究上倡导尊重与宽容的小环境。你可能不认同你某个同事的研究成果或者研究方法，但是请你不要轻易地否定别人的劳动，我们应各自努力，把自己的研究尽可能做得更好一点，不要把时间和精力放在指责别人的不足上。当然，以论文的形式开展学术争鸣不在此列，相反那是应该鼓励的。

第三，在学院的空间或者机关职能部门的处室空间营造团结干事、昂扬向上、和谐进取的小环境。要学会尊重别人，我们支持竞争，但我们更赞赏合作。只有懂得尊重别人的人才会受人尊重，只有常怀宽容之心，我们的心情才会充满阳光。要学会容人之短，谅人之过，厚道谦和的大家风范较之于盛气凌人的权威作风更能得到众人的拥护和爱戴。

第四，营造说实话，做实事的小环境，确立质量到位、工作到位、服务到位这样一种求真务实的工作作风。

这几年，我们一直在努力，努力建设一种属于广外自己的校园环境和氛围。这一环境和氛围应该具备以下的特征：一是广外是爱国、敬业的知识分子自由思想的一个精神空间。二是广外是"立足平凡，追求卓越"的事业发端之地。无论你是教师、干部或者学生，每一个人都能心情舒畅地把自己的学习或工作做得更好。三是理性的批判精神，求真的创新思维和务实的工作作风是广外人的形象和风格。

大学本身是一种教学、科研、社会服务的组织机构。这个机构应该有自己的文化，有自己的行为准则和规范。这个组织应该具有对自己的思维方式、行为模式、文化形态不断进行反思和创新的勇气和能力。

这样一种品质和气度需要我们用心去栽培，需要我们每一位领导干部的智慧和努力。为了学校的今天，更为了学校的明天，让我们携起手来，共同奋斗。

治校方略篇

大学的教学、科研、行政管理
应处理好的几个问题[*]

同志们，说一句比较客观比较公道的话，我们学校想做大事的人不少，但是身体力行，愿意在教育教学的目标管理和过程管理中从每个具体环节抓起，把"小事"做细，做实，做出彩的人仍然比较少。我们学校也不缺运筹帷幄、经天纬地的战略家，但是，能在教学、科研、学科建设、行政管理中"短兵相接"，化一个个困难于无形的踏踏实实的学问家、管理者仍然比较少；我们也不缺各类规章制度，缺的是对规章制度不折不扣的执行。

正是基于这样一个考虑，想要重点谈一谈我们在教学、科研、行政管理中应该处理好的几个问题。

一、贯彻"一条主线"，就是要做到
"三坚持，两适应"

办什么样的广外，如何办好广外；培养什么样的广外人，怎样培养广外人，这是广外的各级领导首先要认识清楚的一个根本问题。2003 年 1 月，我在佛冈召开的学校发展战略研讨会上，提出了"三坚持，两适应"的办学原则。"三坚持"即坚持党的领导，坚持社会主义的办学方向，坚持求真务实的思想作风和工作作风；"两适应"即主动适应高等教育发展的自身规律，把学科建设放在学校各项工作的首位，主动适应当下中国经济社会快速转型的发展规律，培养复合型、国际化的人才。

---

[*] 这是徐真华 2007 年 1 月在广东外语外贸大学发展战略研讨会暨校务委员会扩大会议上的讲话节录。

要真正把"三坚持，两适应"变为我们的自觉行动，首先在办学的思想观念上要力求有所突破。要努力革除我们部分干部、教师在治校办学过程中思维上无所作为的惰性、不思上进的保守性和故步自封的凝固性，要从学校长远发展的大局出发，跳出广外看广外，找准定位，科学管理，深化改革，强化特色。其次在管理体制上力求有所突破。学校从2005年下半年以来推行了新一轮"五项改革"，其中校院两级管理体制的改革，就是一次积极而有益的尝试。党政集体领导，院长负责，分工合作，实行目标管理，实施目标管理和过程管理相结合的管理模式，优化资源配置，理顺分配关系，降低管理重心，缩小管理跨度，规范管理行为，明确各教学单位领导班子的责、权、利，把建设高水平教学研究型大学的总目标分解成每届班子、每个领导班子成员、每个学期、每个系统内的具体的工作任务，内化为我们每一位领导干部的自觉行动。再次在办学的层次上力求有所突破。我们的共同点是：为了建设高水平教学研究型大学，大家都在爬坡。我们的不同点是：各教学单位的历史各有长短，积淀各有厚薄，队伍各有强弱。因此，各学科各专业在发展建设的进程中，不要求同、不要求全、不要求大，应该树立差异性的定位观，以特色求发展。差异性定位不是不求上进，不是无所作为，而是要以人才队伍建设为切入点，用较短的时间汇聚队伍，凝练方向，调整结构，搭建平台，以鲜明的办学特色凸显质量，以强劲的团队实力带动整体，以富有个性的办学模式吸引学生，坚持走富有自身特色的发展壮大之路，较快地树立起后发学科、后发专业的形象与品牌。

怎样凸显办学特色，有三点不能不注意：

一是教学内容和课程体系：择优的原则，理论深度和应用实践相结合的原则，规范和延续的原则。

二是教学方法和手段的创新：双语教学，多媒体辅助教学，主辅修制，启发式与讨论式的教学方法，自主性学习与研究性学习。

三是质量监控和评估体系：立体式多维度的监督、评估体系，提高教师的主导意识、质量意识，包括课堂教学评估（学生评老师），领导听课制，同行听课制，公开课教学，导师制，督导员制，学生教学信息员制，教学责任事故认定与查处，网上教材评价，集体备课，课程组教研活动等。

二、把握"三个环节"

第一个环节，提高师资素质。

学科建设是学校一切工作的生命线，其灵魂是高素质高水平的教师队伍，是一大批具有创新思维能力、国际视野宽广、学养深厚、爱岗敬业的学科学术带头人。一所优秀的大学往往是由一批杰出的学科学术带头人造就的，因为他们的知识魅力和人格魅力构成了高等学府的崇高境界。"普遍培养，重点引进"是我校人才强校工程的既定原则，校院两级领导务必把师资队伍建设当作能否实现建设高水平教学研究型大学总目标的关键工作抓紧抓实。

第二个环节，强化教学管理。

学校管理是一门学问，其管理水平的高低，直接影响着学校的改革、发展、稳定，直接影响着学校的口碑和形象，而学校管理的核心内容是教育教学的管理。

总的来说，现代大学管理的大趋势是管理的科学化、法制化、人性化和民主化。

科学化管理既是一种理性的带有前瞻性的战略决策，也是从高等教育自身规律、从学生成长成才规律出发，对教育教学的一种过程安排和细节安排。

法制化管理既是一种制度安排，更是一种行为规范。其目的是按制度办事，靠制度管人。

人性化管理的基础是管理的科学化和精细化。其目的是营造有利于教师工作、学生学习的宽松环境以及富有活力和创意的发展空间。人性化管理也是对刚性管理原则的补充和修正。在管理过程中，人性化管理特别重视合作与补位，在这一管理行为的意识里，管理过程的各个环节不像电脑程序设计，上一程序不对，下一步就无法继续。人性化管理强调增强与互补，一个管理环节没有到位，第二个环节、第三个环节即时补上，形成了环环增强、互为支撑的行为格局，而且这种增强方式是多时空、多角度、多方位的。

民主化管理崇尚公开公平的用人、治事原则。广开言路、调查研究、实事求是是实施民主化管理的三大法宝。而校务院务公开、民主理财、程序公平更是广外教师关注的焦点。

第三个环节，落实校园文化建设。

校园文化是学校教育教学的重要组成部分，是培育大学精神的土壤。经校园文化的长期积淀和浸润能够形成具有共同的价值观念、兼容并包的学术环境、科学民主的管理理念以及开拓创新的意识和能力。北大学者陈平原说："大学除了博大精深的'学问'，还需要某种只可意会难以言传的精神。在某种意义上，这些没有体现在考核表上的'精神'更能决定一所大学的品格与命运。我特别看重一所大学由于历史原因以及一代代人的努力凝聚而成的某种特殊品格……办大学，必须有超越技术层面的考虑。"陈平原所倡导的只可意会不可言传的精神，我想就是在校园文化的沃土里哺育而成的为每一所优秀的大学所特有的精神。从校园文化的建设到大学精神的形成需要时间，需要有意识地培养哺育。

如果说大学精神的培育与传承是一所优秀大学生生不息的本质追求，那么校园文化建设的当下话题非建设和谐校园莫属。大家知道，当今中国正处在社会转型的重大时期，高校也一样。校内管理体制的深刻变革，学科专业结构的大幅度优化，利益格局的重大调整，办学层次与学术平台的激烈竞争，思想观念的急剧变化都可能导致各种矛盾的凸显和扩大，有时甚至连一些非原则、无厘头的冲突也来干扰我们的工作，稳定工作的形势更加复杂，和谐校园建设的任务尤其繁重。

学校的发展势头越好，我们就越要珍惜并抓住难得的发展机遇，就必须确保和谐稳定的发展环境。人心的稳定，环境的稳定是一项事业走向成功的基础。从国家治理的层面看，古今中外治国安邦的历史经验无不昭示着这样一个真理：有了稳定，才有发展；有了团结，才有进步。中国历史上西汉的"文景之治"，唐朝的"贞观之治"，清朝的"康乾盛世"都是在社会长期稳定的背景下出现的，没有和谐稳定的环境什么事都搞不成，已经取得的成绩也会丢失掉。

建设和谐校园的另一个重要指标是校园安全。大家不要忘记，一些地区、一些高校发生的大的事端和风潮都是触发于一些小事，比如伙食的质量与价格，违章违规用电，校园交通隐患，乱收费，学生身心健康，工作不投入不落实而导致的对情况不了解不掌握，应急处理滞后，对学籍文凭的虚假承诺，等等。在我们办校治学的过程中，一定要努力做到工作到位不出事，忙在平时少出事，出了事也不要惊慌，要在第一时间靠前指挥，及时处置，尽可能减少损失和消除不良影响。

无论从理论还是从实践的层面上考量，规章制度是可以移植的，唯有大学自身的文化无法仿效，唯有独具个性的大学精神无法拷贝。大学的校园文化反映了大学在其办学过程中所逐步形成的理想、信念和追求，以及由一代代师生积累、创造的传统、优势和特色。广外的校训较好地体现了独具广外人品格和追求的大学精神，它是属于我们自己的校园文化的结晶，它所涵养的大学精神向全校师生提供了卓有成效的价值支撑、行为规范、学术品质、办学特色和力量整合，必将引导我们迈向卓越的目标。

三、关于责任与能力

先说责任。"责任"两字重如泰山。

我们的责任是什么？

说得直白一点，就是要办好我们的学校，办出广外的特色、广外的质量、广外的品牌、广外的形象、广外的学科建设水平、广外的管理效率和效益。

而要达到这样一种办学目标，我们的每一位干部必须树立这样一种意识，站在中国高等教育发展的大背景中乃至站在世界高等教育的大背景中来谋划广外的学科建设和发展思路，也就是我常说的要跳出广外去看广外。

要达到这样一种办学目标，我们的每一位干部必须具备这样一种境界：把广外的事业当作自己的事业，把广外的发展当作自己的发展。这就要求我们凡事从大局出发，在履行我们每个不同工作岗位的职责时多一点大局意识，少一点本位主义；多一点大学科的开放意识，少一点小专业的封闭观念；多一点团队精神，少一点个体主义；多一点奉献精神，少一点私心杂念。

要达到这样一种办学目标，我们每一位干部必须弘扬这样一种思想作风和工作作风：求真务实的作风，干净干事的作风，为了做好做强广外，不怕困难、勇往直前、团结拼搏的作风。

说一说能力的事。有两种类别的能力需要我们认真思考并正确有效地加以运用。一种是个人的领导能力，另一种是集体的组织能力。

学校的教学科研能力、学科建设能力、和谐校园的建设能力以及依法行政的能力是以各教学、科研、行政职能部门的思想能力、开拓能力、执行能力为基础的。为什么有一些单位自主发展能力比较强，而另一些单位自主发展能力则比较弱呢？这是各单位自身的原因在起作用。我认为，从总体上看，制约当前我校各单位自主发展能力的一个重要因素是单位自身的管理素质还不够强，综合治学的举措还不够科学，还没有完全到位。哈佛商学院战略管理学家钱德勒认为，一个单位的组织能力（这里指这个组织的整体领导能力）决定这个单位的创新能力及其成长。

那么，集体的组织能力与个人领导能力的差别在哪里呢？组织能力是指一个组织整体，依靠本单位比较完善的管理制度和运作机制所发挥的策划、实施、协调、监督、总结评估等所产生的集约效应，集体的组织能力较之个人的领导能力往往更具权威性，也更具可持续发展的愿景，它是对个人领导能力的导正和匡扶。

一个单位有了这两种能力，还要明确该干什么？该怎么干？

一所大学也好，一个学院也好，发展战略和目标管理过程管理就像一辆单车上的两个轮子，缺了哪一个，学校也无法前进。

无论在大学层面还是在学院的层面，发展战略的制定是第一重要的。但是当方向一旦明确，任务一旦确立，那么管理就上升到一个不可替代的位置。我认为，高校的管理者不应该把领导的职责简单地理解为给下属分配任务，他们首先应该学习如何领导，如何组建多元的团队，如何决策，如何行动，如何合作，如何营造充满朝气又和谐有序的学习、工作环境，以及如何指导教师和学生养成负责任的工作态度和学习态度。

同志们，我们的定位已经明确，我们的教育思想已经明晰，我们的理念已经清楚，我们的发展战略已经敲定，我们的发展思路已经厘清，我们的培养目标已经确立，我们的培养模式和办学特色也已经在实践中开始形成和显露。

这个定位就是建设高水平教学研究型大学。

这个思想就是教育者不仅重视学生学什么，更要重视学生怎么学；不仅要重视学生思考什么，更要重视学生怎么思考；不仅要重视学生做什么人，更要重视学生怎么做人。

这个理念就是立足平凡，追求卓越，培养有理想有文化有道德有纪律的高素质公民。

这个战略就是三个五年分三步走，到 2020 年达到我们的建设目标。

这个思路就是巩固以外国语言学及应用语言学为龙头的文学传统优势学科；大力培育和发展适应中国加入 WTO 和广东经济社会发展需要的经济、管理、法学、工学、理学、教育学等学科；扶持我国对外交流和合作不可或缺的非通用语种专业；加强薄弱、新办学科建设，使各学科相对均衡发展；通过体制和机制创新，促进各学科交叉渗透，提高学科建设整体水平。

这个目标就是培养"双高""两强"，具有国际视野和创新意识，能直接参与国际合作与竞争的通用型人才。

这个模式就是人文教育和科学教育融汇共建的通识教育；专业教学、外语教学和信息技术教学"三位一体"的复合式教育。

这个办学特色就是专业教学和外语教学融合，培养国际通用型人才。

广外正面临一个强化特色、确保质量、提升平台、铸造品牌和形象的新时代。在向理想的彼岸奋力前进的时候，我想再一次地提醒大家在建设高水平教学研究型大学的漫长过程中，最重要最核心的变量是我们的教师队伍和管理干部队伍，特别是各学科专业由专家教授们组成的学科建设团队。

在我们前进的道路上还横亘着一个个困难，需要我们用顽强拼搏的斗志、求真务实的作风、克己奉献的精神去跨越它们，但是真正需要跨越的最大障碍，可能正是我们自己，只有摆脱了落后观念与惰性思维的束缚，只有摆脱了教育工具主义和利益价值导向的桎梏，我们才能带领广外的全体师生去创造新的更加辉煌的明天。

准确定位　凝练特色
努力建设高水平教学研究型大学 *

　　十七大精神正春风化雨般成为各行业新一轮发展的强大动力，今天我们相聚在这里，感受着我校近年来学科建设与研究生教育的丰硕成果，共同商讨今后一个时期我校学科建设和研究生教育发展改革大计，具有非常特别的意义。

　　这次会议的主要任务是认真回顾和总结近年来我校学科建设与研究生教育的成绩与经验，分析当前面临的形势与任务，明确今后的战略目标、发展思路、工作重点和主要措施，增强广大师生员工开创学科建设与研究生教育新局面的信心。下面，我就加强学科建设和研究生教育讲几点意见。

一、学科建设与研究生教育工作的成绩与问题

　　在过去的几年中，我校学科建设与研究生教育得到迅速发展，取得了可喜的成绩。一是研究生教育规模得到较大的发展。二是学科布局逐步合理。随着我校成功申办 MBA 和翻译硕士学位点，我校正逐步形成多学科门类、结构和布局比较合理的学科格局。三是确立重点学科的战略地位。重点学科建设水平是大学综合实力、办学特色和核心竞争力的主要标志。我校把学科建设当作各项工作的龙头，把重点学科建设作为学科建设的核心，基本构建了国家、省、校三级重点学科建设的体系，促进了我校教育资源的合理配置。四是导师队伍建设得到加强，队伍结构进一步优化。五

* 这是徐真华 2007 年 11 月 30 日在广东外语外贸大学第二届学科建设与研究生教育工作会议上的讲话节录。

是研究生教育管理机制得到逐步完善。

虽然我校学科建设与研究生教育取得了很大成绩，但还存在一些问题，主要表现在如下几方面：一是各学科专业之间发展还不平衡，重大科研项目不多，原创性和高显示度成果较少。二是高层次领军人才匮乏。三是研究生实践能力和创新能力不强。四是研究生思想政治教育和心理素质教育需进一步加强。而这些问题，都需要我们在今后的工作中切实加以改进。

通过本次会议，希望能够重点解决以下 5 个方面的问题：

1. 全校上下必须不断提高对学科建设和研究生教育重要性的认识。学科建设是我校一项长期而艰巨的工作，是学校各项工作的重中之重，需要各级领导、各相关单位和同志们同心同德，积极创新，长期脚踏实地地不懈努力，不断提高学科建设与研究生教育水平。

2. 以"科学规划、优化结构、准确定位、创新机制"为指导方针，做好学校学科发展规划，形成优势突出、协调发展的学科体系。从全局出发，在学科设置、招生计划、资金划拨、学位申报等方面统筹规划，合理调配，进一步优化研究生教育体系及布局，力争硕博点建设取得新的突破；根据经济社会发展需求，充分发挥优势学科的作用，拓宽学科建设视野，加强学科交流和合作，通过学科交叉与融合，以推动学科创新发展。

3. 加强研究生导师队伍建设。"学高为师，身正为范"，研究生导师的素质直接影响研究生培养质量。要破除研究生导师终身制，完善研究生导师遴选、评估机制，激励导师不断提高学术水平，树立良好的师德师风。建设一支政治合格、师德高尚、业务精湛、有创新观念和能力、结构合理的导师队伍，培养和造就一批教学科研骨干。

4. 规范管理，形成良好的运行机制，确保学科建设与研究生教育可持续发展。健全和完善学科建设与研究生教育的管理制度，建设一支高水平教育管理队伍，使研究生教育管理工作制度化、规范化和科学化，确保学科建设与研究生教育工作可持续发展。

5. 深化研究生教育改革，探索新的培养模式，推进研究生创新能力培养，全面提高研究生教育质量。创新能力是衡量研究生培养质量高低的重要指标之一。我们要努力实施研究生培养创新计划，探索校企合作培养研究生的新模式，建立校内研究生创新平台，提倡研究生与导师形成共同创新主体，充分发挥研究生潜力。同时，继续规范研究生培养过程各个环节的管理，不断提高我校研究生的培养质量。

二、学科建设与研究生教育工作的目标定位

在面临新一轮大学竞争激烈的形势下，准确定位，凝练特色，是迎接挑战的关键；提出对策，努力创新，是求得发展的途径。大学分层次建设是历史的必然，也是大学发展的内在逻辑。现代大学的层次化和多样化，一方面是由社会需求的多层次性和多样性所决定的，另一方面是由知识劳动的分工和分类特点所决定的。目前我国高校主要分为教学型高校、教学研究型高校和研究型高校。去年召开的第二次党代会上，我校清醒地分析了现状，清晰地定位于教学研究型大学，并明确提出了"到2020年把学校建设成为高水平教学研究型大学"的发展目标。

经过近30年改革开放，我国高等教育发生了深刻的变化，现在基本形成了圈层式发展格局。按办学层次和水平，可分为8个圈层。从里往外第一圈有10所高校，基本目标是建设世界一流大学和世界高水平大学。第二圈有28所高校，基本目标是建设国内外知名高水平大学。两圈所涉及的38所就是进入"985计划"建设的高等学校，属于密集性研究型大学。这类学校的共同点是办学历史较长，办学条件很好，标志性研究成果突出，教育质量受到社会高度评价。第三圈有22所高校，是除了"985计划"建设高校之外的设有研究生院的高校。第四圈有40所高校，和前三圈合起来是进入"211工程"建设的近百所高校。第五圈有200所高校，是经批准能够授予博士学位的高校。第六圈有230所高校，是经批准能够授予硕士学位的高校。第七圈有160多所高校，是以培养本科生为主要目标，基本上进行纯教学活动的高校。第八圈有1109所高校，是高等职业技术学院和大专层次的高校。

从我校目前的实际看，尚处于第五圈层内，即属于有博士学位授予权的大学。处于这个圈层的高校的共同特点是"教学与科研并重，突出本科教育地位，积极发展研究生教育"。我校具有的另一个特点是发展历史较短，在综合实力和学科整体水平上与研究型大学不具可比性。从学科设置来看，我校已拥有文学、经济学、管理学、法学、理学、工学和教育学7个学科门类，在某些学科领域已形成比较突出的优势和特色，居全国领先地位，但有的学科比较薄弱，学科的综合程度也有限。我校将办学目标定位在建设高水平教学研究型大学，是切合实际的。

目标定位是特色发展的方向和动力。有特色就有优势，有优势就有实力，有实力就可能有比较好的发展。我们应审时度势，在目标定位、特色

形成与发展战略等方面确立新的理念，走特色发展的道路。一所大学要有水平，必须有学科专业特色，它保证了学校竞争力的提升。

大学的办学特色是一所大学明显区别于其他大学的办学风格，表现为一所大学具有与众不同的校风、学风、师资水平、学科专业层次、制度规范、教学与研究特色，等等。办学特色是靠优势学科对社会的贡献体现的，一所大学的学科特色所在，就是这所大学的特色所在。大学根据自己的独特优势发展某些重点学科，使之成为优势学科，并率先在自己优势学科领域为社会发展做出显著成绩，是大学形成办学特色的重要切入点。我校要根据学校的目标定位对学科结构进行调整，以利于各学科互补、协同发展，以利于整合全校学科建设的实力，凝练学科特色。

为此，我们提出了学科发展的目标：到 2020 年，建成布局合理，以文、经、管、法四大学科门类为主体，学科定位清晰，优势学科特色鲜明，多学科协调发展，结构合理的学科体系。

三、对学科建设与研究生教育的要求

全面落实科学发展观，转变教育思想，更新教育观念，积极改革，开拓创新，把工作重心转移到更加注重学科内涵建设和研究生教育质量上来，是我们在今后一段时期的工作任务。

根据学校的定位和目标，我们的发展战略是"三个五年，分三步走"，到 2020 年把我校建设成高水平教学研究型大学。要想在我国新一轮大学的分层次重点建设中再上台阶，头五年是关键。所以，我们现在正处在第一个关键的五年。这个时期的工作应做到"三个必须"。

一是必须以科学发展观统领学科建设与研究生教育工作。坚持科学发展观，统一思想，结合实际抓落实。以研究生教育质量为基础，以高显示度科研项目和科研成果为导向，以提高研究生教育的办学层次为抓手，以重点学科建设为载体，充分发挥学科建设在学校发展和改革中的引领作用。

学科是高校的基础，学科能够集中体现大学的人文观念、科学精神和学术制度。学科建设是高校发展的"龙头"，是承载人才培养、科学研究和社会服务三大功能的平台。因此，学科的结构布局、服务功能、创新机制和发展活力决定了大学的办学质量和学术水平，我们应该深刻认识和把握这一点，以学科建设为核心提升学校办学水平，推进学校又好又快地发展，规划学校美好未来，从而使我校以蓬勃向上的发展面貌面向社会、面向世界、面向未来。

二是必须坚持学科建设与研究生教育为社会现代化建设服务，不断加大学科建设与研究生教育对我国经济社会发展的贡献力度，以服务求支持，以贡献树形象，以质量创品牌。教学研究型大学的社会服务功能就是积极主动为地方经济、区域经济和行业发展服务，强调学用结合、学做结合、学创结合。所以，学科建设与研究生教育必须秉承这样的理念：全球化高素质人才培养是目标，高水平师资队伍建设是关键，创新人才培养体系建立是重点。我们要力争在高等教育大众化的大环境下，为社会输送基础扎实，知识面广，创新能力强，能在不同文化、不同种族、不同地域、不同环境下有效参与合作与竞争的高层次通用型人才。

三是必须用改革和创新办法解决学科建设与研究生教育发展中出现的问题。我们应坚持把大力推进改革创新作为推动学科建设与研究生教育发展的根本动力，在学科建设的过程中，我们会遇到各种各样的问题与困难，面临新的挑战。我们应努力突破传统的束缚，用发展的观念去分析、解决这些问题，凸显学科建设的龙头作用，积极创新，推动学科建设与研究生教育的健康发展。

解放思想　深化改革
开创广外发展的新局面[*]

徐真华教育文集

广东是中国改革开放的先锋，理论创新的热土。改革开放以来，我们党许多标志性的理论创新成果都是在广东首次提出的，20世纪70年代末，南粤大地吹响了改革开放的号角，迈开了探索中国特色社会主义的第一步，深圳特区成为中国改革开放的第一个窗口。

1992年春，邓小平同志在广东发表了南方谈话，要求继续解放思想，推进改革开放；2000年春，江泽民同志在广东提出"三个代表"重要思想，要求广东增创新优势，更上一层楼，率先基本实现社会主义现代化；2003年春，胡锦涛总书记在广东提出科学发展观的思想，要求广东加快发展，率先发展、协调发展，在全面建设小康社会，加快推进社会主义现代化建设的进程中，发挥排头兵的作用。

2007年12月25日，广东省委召开十届二次全会，汪洋书记的讲话是代表了省委、省政府的施政纲领：解放思想、更新观念，以科学发展观内审广东的形势，外察外省外国的潮流，增强忧患意识，当好科学发展的排头兵。

我想高校的发展亦是如此，要通过改革更新观念，更新思路，谋求新的发展格局，下面对学校今后几年治校办学的一些思路，谈一些个人的意见。

一、加强组织领导，注重过程建设，
狠抓措施落实

第一，要努力把握当前我校建设高水平教学研究型大学的阶段性特

＊　这是徐真华2008年1月在广东外语外贸大学发展战略研讨会暨校务委员会扩大会议闭幕式上的讲话节录。

征，充分认识师资队伍建设、科研团队建设、教学质量建设、高水平项目和高显示度成果建设以及和谐校园建设的紧迫性和重要性。

经过高校扩招以来的七八年发展，广外的建设呈现出一系列新的阶段性特征，这些阶段性特征表明，我们的发展在几十年积累的基础上已经具备了许多有利的条件，但也面临许多挑战和困难。比如：长期积累的教师队伍结构性矛盾和粗放型教学及教学管理方式问题还比较突出，结构性矛盾主要表现在教学科研两强型教师少，专业和外语两强型教师少，在全国有影响的学科带头人少，标志性成果少；粗放型教学及管理主要表现在相当一部分老师只是满足于上课，多上课，少研究教学，少作科研甚至没有任何科研成果，有的博士，有的教授、副教授多年没有一篇像样的论文，这些问题看起来是个业务问题，实际上也是思想认识问题，也是事业责任心问题，它不仅关系到学校的整体教学质量和科研水平，也关系到学校可持续发展的长期战略。

第二，要清醒地认识到把握人的全面发展是发展的根本目的，要克服"见物不见人"的错误倾向。我们有些二级单位的领导过于关心硬件条件和硬件环境的到位，忽略了这些条件和环境建设只是手段不是目的，人的全面发展，尤其是学生的全面发展，才是学校建设的根本目的。大家一定要牢记，办学以人才为本，以教师为主导，教学以学生为本，以学生为主体是高等学校落实科学发展观的核心内容。

第三，要认真把握实现高水平教学研究型大学的发展进程。我们必须充分认识这一发展进程的艰巨性和复杂性，实现"高水平教学研究型大学"的远大目标需要我们坚持不懈地全心付出，努力奋斗，需要我们再一次解放思想，更新观念。睁开眼睛看学界前沿，睁开眼睛看世界高等教育的发展态势，仍然是每一位领导干部、每一位学科带头人的首要任务。我们面临的现实是：一方面，不少同志习惯了传统的发展观念和方式，要完全扭过来不容易；我们过去的很多制度层面的东西已经不能再适应建设高水平教学研究型大学的发展需求；另一方面，对刚刚建立起来或正在建立起来的新的体制机制，大家还不很习惯，或者口头上表态是积极的，但行动上的执行又是被动消极的，从总体来看，缺乏行政上和管理上的创造性劳动。我希望我们每一位校领导，每一位二级单位的领导，每一位学科带头人，都要深刻审视我们所处的环境变化，深刻分析我们的优势与不足，深刻反思我们的思想、精神状态，把我们的思想从不适应、不习惯的认识中、误区中解放出来，从不利于实现学校总体发展目标的不作为、少作为的状态中解放出来。

第四，要把握好和谐校园的建设。和谐校园建设是创新发展的基础，和谐校园建设的出发点是善待每一个学生，善待每一位教职工，尊重人、爱护人，人性化地处理我们日常工作中的矛盾和问题；和谐校园建设的关键是规章制度建设，完善各种规章制度，依法行政，民主管理，廉洁奉公；和谐校园建设的重点是营造一种昂扬向上的校园文化，创造良好的学习环境和工作条件，搭建宽阔的事业平台，创造科学、有序的发展愿景；和谐校园建设的目的仍然是稳定与发展。

事物发展的辩证法告诉我们，形势越好，就越需要增强忧患意识。日本是世界第二大经济体，日本政府最近斥巨资拍了一部影片，叫作《日本沉没》。说明日本民族的忧患意识是多么强烈。胡锦涛总书记在党的十七大报告中要求全党同志一定要居安思危，增强忧患意识，这对我们的工作同样具有很强的针对性。

第五，要把握发展愿景。不谋全局者不足以谋一域。党的十七大报告指出，当代中国同世界的关系发生了历史性的变化，中国的前途命运日益紧密地同世界的前途命运联系在一起。要实现"高水平教学研究型大学"的总体目标，广外的领导以及各二级单位的领导必须树立世界眼光，加强战略思维，美国不少高等学府都把大学的价值追求定位在"培养具有领导素质的全球化公民"这一个目标上。这是基于美国的国家发展战略，基于美国称霸世界的立场，从世界视野审视大学所肩负的历史使命而确定的一个人才培养目标。没有世界眼光，就不能预见未来世界经济社会的发展趋势；没有世界眼光，就不能应对国际社会的变化；没有世界眼光，人才产品就不可能具备跨文化的沟通协调能力，就不能直接参与国际合作与竞争，这是国际竞争形势对高等学校人才培养的必然要求。我国加入 WTO 时间不长，我们不熟悉的东西还很多，各种新规定、新标准、新方式层出不穷，中国要走出去，要积极参与世界各国在发展中竞争与合作的大格局中去，就必须下大力气培养学生在不同国家、不同种族、不同宗教、不同制度、不同文化环境中有效工作的通用型人才，广外应该有这样的抱负，应该有这一份勇气，率先在培养能直接参与竞争与合作的全球化公民这个大目标上有所作为。

二、解放思想，更新观念，集中力量，把专业建设和学科建设当作学校发展的生命线来抓

第一，在整合学科资源的基础上，挑选文学、经济学、管理学、法学

等作为重点学科率先发展，以重点学科和博士点建设为核心，围绕其中某一个领域，形成若干个比较优势明显，且相互关联，有若干稳定学科方向的特色学科群，以此辐射和带动相关学科发展。

我们的工作重点是打破学院之间的壁垒，立足学科平台，以发展学科群的思路与模式开展学科资源的整合工作。在学科资源整合中，要突出和加强特色学科和优势学科，重视新兴学科和交叉学科的发展，努力形成学科间资源共享、相互关联以及特色与优势相互依托、互为支撑的学科体系。

第二，进一步强化学科建设管理职能部门的综合协调功能，建立科学有效的学科建设管理体制和运行机制，大学各相关职能部门相互配合，制定并落实具有突破性和可操作性的学科建设政策。根据学科建设的需要，在学科群或学科领域的概念下，瞄准省部级以上的重点科研项目和国家社科重大研究课题，创造条件，破除壁垒，实现跨学院的学科队伍组合，积极推进跨学科的综合研究；争取承担更多重大研究项目，充分发挥学科的集成优势。

第三，确立前瞻性的办学思路。办学思路是学校对落实办学理念的原则、策略、途径、措施等学校发展总体规划的理性认识。我们必须按照教学研究型大学办学理念的核心内涵和基本要求，以适度前瞻的思维，选择实现学校可持续发展的最佳路径。一是坚持走内涵发展之路。大力实施质量立校战略，不断提升教学质量、科研能力和服务水平。二是坚持走重点发展之路。必须牢固确立学科建设的龙头地位，优先发展重点学科与专业、重点研究领域，以重点学科、特色学科和优势学科的培育与形成作为学校工作的重中之重。三是坚持走特色发展之路。我们必须致力于凝练鲜明的办学特色，这既包括学科专业特色、科研特色，也包括人才培养特色、校园文化特色，这是教学研究型大学必备的办学个性要求。四是走人才强校的发展之路。加大引进人才和培养人才的力度，强化教授治学的作用和地位，创造更好的"学者治学、学术自由、学品至上"的条件和环境，逐步理顺行政管理和学术管理的关系，按教学和科研的特点设计管理程序，充分发挥学术管理在大学管理中的核心作用，充分发挥学术权利在大学管理中的影响力。

第四，进一步完善校务公开、院务公开制度，进一步健全学校民主管理制度。当前，完善我校党务、校务、院务公开制度是我校推进民主管理的重点。各二级教学单位、各科研所的领导要靠前指挥，在考虑个人业务工作的同时，更要谋划本单位的发展方向、工作计划和实施意见。工作重心应当逐步地转移到学科专业建设的规范化、特色化、品牌化、精细化建设上，形成富有竞争力、凝聚力和创造力的工作局面，以培植我们的学术规范、教学规范、管理规范，强化我校的办学特色，真正提升办学的核心竞争力。

最后，我想强调两个关键内容：

一是师资队伍是核心竞争力的创造主体，是核心竞争力的孵化器，建设高水平教学研究型大学的关键在于拥有一批名师。广外要在未来20年、30年的高校竞争中立于不败之地，务必把师资队伍建设放在首位，谁忘记了这一点，谁就会在未来的竞争中败下阵来。

二是高水平的教育教学管理是学校坚持科学发展的重要保障。

学术化管理的特征是注重知识分子的自主选择和自由创造，强调个人的价值判断，追求平等与民主的工作氛围。高等学校的可持续发展呼唤学术化管理的理性回归。请注意，我对学术化管理的理解是遵循学术规律，提升学术权利，发挥教授在大学治理中不可替代的积极作用，营造良好的学术氛围。强调学术化管理，淡化行政化干预，并不是不要行政管理，对于我们这样一所几万人的大学来说，离开了有效的、有权威的行政管理是不可想象的，要让教授们来处理日常的行政事务，那恐怕也是不可想象的。

思想政治工作是一切工作的生命线[*]

根据教育部和广东省教育厅的部署，学校党委宣传部在相关学院党组织配合下，对我校教师思想政治状况进行了调查，并根据调查结果分析了当前我校部分教师的思想状况，使我们看到成绩的同时也能看清努力的方向。这是一项很有意义的工作。

在学校新的发展时期，如何更好地开展教工思想政治工作，我提出以下几点意见，供大家参考。

（一）信息化时代各种思想意识传播迅速，教职工的思想政治工作尤显重要

《论语》中孔子和他的学生子贡就"信念"有一段对话，大意是：子贡问孔子，具备什么样的条件，才能治理国家呢？孔子说："足兵足食民信之矣。"就是说，国家有强大的兵力做保障；有足够的粮食让老百姓丰衣足食；老百姓对国家要有信仰。子贡说，三条太多，如果舍去一条，该舍去哪一条呀，孔子说那就不要兵。子贡又问，如果再舍去一条，该舍去哪一条呀，孔子说，去食。最后留下的是信仰。老百姓相信你，就有了信念和理想，有了精神，就使一个国家有凝聚力，不断强大起来。

信念靠什么确立？一是学习和思考，二是教育和历练。

我们很多问题，仅靠钱是解决不了的，而且钱永远不可能解决所有的问题。比如进驻大学城的问题，我们不可能补贴更多的钱，也暂时不能在那里盖更多的教工住宅，但1万多名学子在那里学习、生活怎么办？要不要人去执教、去管理？我们的教职工有没有一种责任和义务？这个时候就

---

*　这是徐真华 2009 年 4 月 16 日在广东外语外贸大学教工思想政治工作座谈会上的讲话。

要拿出精神和信念来，这就要靠在座的各位做老师的工作，请他们克服早出晚归的困难，把大学城校区教书育人的工作担当起来。

在互联网普及的时代，各种意识和思潮相互激荡，传播更加迅速，过去采用的"封"和"堵"的办法已经不起作用了，不适应了。封和堵不行，那就需要疏导，即疏通矛盾、引导思想——这也是思想政治工作的核心内容。

如何疏导？做起来并不容易，因为教职工多是有思想、有理性、自我意识强、见多识广的知识分子。这就决定了大学的思想政治工作是一个复杂的系统工程，要做好它，不仅要发挥职能部门的牵头作用，更要发挥学院党组织的政治核心作用，多方协调，确保各项工作目标顺利实现。当前，新校区生活、工作还有诸多不便，思想政治工作正面临着前所未有的挑战。

人们常说，思想政治工作是一切工作的生命线，这也适用于高校。一个单位要维持正常的运转就需要通过思想教育去协调内部关系，消除各种矛盾；一个单位要想发展壮大，就需要通过思想教育去构建坚强的精神支柱。最近几年，我们在抗击"非典"、本科评估、大学城建设、校区布局调整、学院目标管理、财专划转等多项重大工作中取得了成效，与学校思想政治战线特别是各学院党组织同志们卓有成效的工作，是分不开的。

（二）思想政治工作必须紧密围绕中心工作，为学校的改革发展提供思想政治保证

如何做好思想政治工作呢？大学的工作方方面面，如何理解和把握呢？我们不可能回到政治挂帅的老路，大学的中心工作是教学、科研，是培养人，学校的其他各项工作都必须围绕中心工作来开展，包括思想政治工作——这是最根本的把握。

思想政治工作做得好不好的标准是什么？如果从目标管理的角度来说，最终要看是否为中心工作提供了思想政治保障，是否形成了和谐奋进的工作局面，是否促进了中心工作的开展。

我们这么定位，不是弱化思想政治工作，而是为我们的思想政治工作找到了根基，找到了出发点和落脚点。

我们强调结果并非不重视过程，为了达到这一结果，我们思想政治工作战线的同志们就要注重思想政治工作的过程和方法。

（三）虚功实做，增强思想政治工作的实效性

人们常常认为思想政治工作是"虚功"，之所以这样说，一是因为所

涉及的是非物质的思想意识领域，二是因为多数时候其紧迫性不突出，三是因为其成果不好量化界定。

于是有一些领导不问不闻本单位干部、教师的思想状态和工作状态，不愿意做人的工作，更多地关注有轰动效应的活动，重视整材料，甚至可能出现"工作做得好不如材料整得好"的情况。这些现象和风气的出现，会助长浮夸、虚假的歪风，导致一些单位和个人不将主要精力放在经常性的思想政治工作上。

但是，思想政治工作做了还是没？做得好不好？做成了什么结果？明眼人都能看到，外人到你单位小住几天也能感受得到，你不"实做"，光搞花架子不行，这也是思想政治工作要求"虚功实做"的根本原因。

如何做到虚功实做？我这里提几点看法供大家参考：

第一，加强调查研究，深入师生，了解真实的、第一手的状况。

这是思想政治工作具有针对性、实效性、前瞻性的根本要求。只有了解真实的第一手的工作状态和思想状况，我们才能把握思想变化的脉搏，联系实际，实事求是，取得实效；才能预料到可能出现的思想政治偏差，未雨绸缪，取得主动。问卷调查、座谈讨论、考察、谈心等，均是很好的调查研究的方式。

第二，以身示范，以典型示范，坚持"身教重于言教"、润物无声的原则。

孔子曰："其身正，不令而从；其身不正，虽令不从。"如果院长书记经常上班开会迟到，他下面的工作人员也是不可能守时的，一个单位一把手的喜好和习惯，会悄无声息地传达感染下级——这就是所谓的润物无声。要积极挖掘和树立好的典型，大力宣传，教育感化。

第三，以灵活多样、喜闻乐见的形式开展丰富多彩的活动，打造精品。

这里讲的是思想政治工作的载体。参观、考察、调研、会议、自学、餐叙、茶叙、谈心、恳谈会、集体生日会、竞赛、网络、板报、多媒体等，只要使用得当，都可以产生令人鼓舞的效果。师生们都很忙碌，组织一项会议或活动不容易，这就要求我们有精品意识，活动不在多，而在精——精心组织、精心策划，调动大家的参与积极性，每搞一次活动都要争取有创意，每搞一次活动都要争取让大家觉得快乐且有收获。这就要求大家动脑筋、想办法。

第四，确立"大思政"的理念，全员育人，全方位育人。

学校的思想政治工作，校党委是领导者，宣传部等职能部门代表学校党委策划、培育、组织、协调和落实。各基层党组织是具体责任人。但并非说思想政治工作就跟行政工作、跟教师无关，其实，在大学里，人人都有教书育人的义务，或直接或间接，或宏观或具体——这就是所谓"大思政"的理念。教师如果只教书不育人，那么他提供的教育是不完整的，是残缺的。相反，如果一位受学生欢迎的老师同时也教给学生做人的道理，一定能达到较好的育人效果。

第五，积极探索思想教育方式的良性互动。

思想政治工作不是单向的，而是双向的，有互动才会有效果，网络时代为互动提供了更好的平台，思想政治工作进网络的空间很大。

第六，以人为本，从解决实际困难和实际问题入手。

平等地对待每一个人，无论他是干部、教师还是学生；民主地决策每一个重大问题，特别是涉及利益分配的问题；更好地统筹兼顾，协调好各方面的关系，特别是对弱势群体予以更多的关注；为每一位干部、教师、学生提供自由发展、全面发展的空间，鼓励他们在各自平凡的岗位上作出卓越成绩。总之，从解决教职员工和学生的实际困难和实际问题入手，关心他们的成长，是做好思想政治工作最好的切入口。这样，我们的工作就容易获得认同。

第七，凝练共同的理想和追求，打造共同的精神家园。

各单位各学院要根据学校建设高水平教学研究型大学的目标，确定各自相适应的发展规划，积极提炼各自的组织文化和价值追求，将思想凝聚到共同的理想和目标上来，打造共同的精神家园。在这方面，不少学院做了一些工作，比如凝聚本单位文化特色、培育"一院一品"项目，制定院训，提炼学院精神，召开学院发展恳谈会等，这很好，要继续努力发扬光大。

思想是行为的先导，思想工作做好了，教工的工作积极性调动起来了，学校各项工作就容易开展了，学校就会有较大的发展，我们就能更好地做到"感情留人，待遇留人，事业留人"，广外才能有更美好的明天。

《论语》记载了一段对话，大意是鲁定公问孔子："能否用一句话概括使国家兴盛的方法？"孔子答道："不可能有这样的话，但如果能体会到'治理国家不容易'，这就近乎于一句话可以使国家兴盛了。"

同样的道理，我们办好一所学校，也没有一句话能概括的万能方法，但如果大家能体会到"治校办学不容易"，有了一种自觉的意识，这就接近做好了。有些学院的书记对我说，教职工的思想政治工作不容易做——体会到不容易，说明大家在认真地思考，认真地做，做好是迟早的事情。大家都做好了，学校就更兴旺了。

高水平大学建设需要强化五大办学理念[*]

这里谈的办学理念既是对广外几十年发展历程尤其是近十年来办学实践的总结，也可以看作是广外开展学习实践科学发展观活动的成果。五大理念：追求卓越（发展目标定位）、质量第一（发展重点确定）、开放办学（发展模式选择）、制度创新（发展路径保障）、以人为本（发展核心理念）。

一、追求卓越理念

建设高水平大学，并不在历史长和规模大，关键要有追求卓越的理念；有了追求卓越的理念，就有好的制度，就可以引来好的人才；有了好的人才，就能做高端的研究项目，出一流水平的科研成果，培养出一流的具有创新性的人才，学校就能获得突破性的发展。

追求卓越首先要聚焦定位，把握好高水平大学的基本特征。参考教育界的研究成果，可以大致归纳出我国高水平大学的几个基本特征：第一，具有较齐全的学科门类，学科专业特色和优势明显，一批学科专业居于国内甚至国际领先地位或处于先进水平；第二，本科教育和研究生教育并举，本科教育质量受到社会公认，研究生创新能力比较强；第三，拥有一支数量和结构合理、素质较高的师资队伍，有一批国内乃至国际知名的专家和学者；第四，具有较强的科研创新能力，优势学科能产生高水平的科研成果；第五，主动适应国家和区域经济建设和行业发展需要，社会服务能力比较；第六，广泛开展国际交流与合作，教育国际化程度不断提高。

---

* 这是徐真华 2009 年 4 月在中南财经政法大学中层干部大会上的报告节录。题目为编者所加。

211

追求卓越就要聚焦人才，真正发挥第一资源的作用，关键要解决好两个问题。一是高端人才的引进问题。第一，从心底认同并敢于引进比自己更强的人，并将其用活用好。第二，要以更长远的眼光来谋划团队建设和平台建设。人才引进关键要目标明确，选什么样的人才，发挥什么样的作用，一定要心中有数。第三，要充分利用校内与校外、国内与国外多方人才资源。二是人才的分类管理和体制机制问题。我们正在探索对教师实行分类管理。探索将教师的岗位划分为教学科研并重型、研究为主型、教学为主型等不同类型，分别实行不同的绩效考评办法，实施不同的激励方式和政策支持，让教师专注于自己擅长的领域，把自己得心应手的工作做到最好。

追求卓越就要聚焦文化，提升推动学校科学发展的软实力。要有海纳百川的胸怀，协调好行政权力与学术权利的关系，尊重专家，重视专家的作用，确保学校学术环境开放，学术氛围浓厚，不同的学术观点交流碰撞，不同的学术流派互鉴互补，"不强调认同他人而否定自己，不努力否定他人而标新立异"。要加强学校管理的制度化、规范化建设，既重战略管理、宏观管理，又要抓好微观管理、目标管理、过程管理，构建高效有序的管理运作体系。要注意丰富体现办学理念的校园文化活动，展现师生的时代风采和精神面貌。比如，广外充分利用拥有 18 个外国语专业和多学科交叉互补的优势，积极开展涉外文化活动和跨学科学术活动，着力营造并逐渐形成了和谐多元的校园文化，和谐多元的校园文化又进一步促进了学校科学发展。

二、质量第一理念

在高等教育大众化背景下，要把关注教育质量作为高等学校永恒主题和高等教育的生命线。通过学习实践活动，以培养高素质、高质量人才为中心任务，从队伍、学科、教学、管理、投入等各个方面找准影响高等教育质量的各种问题，并切实加以解决，从而建立和完善高等教育的质量保障体系。

一是要坚持内涵式发展道路。内涵式发展就是要把主要精力放在提高质量上。广外着力实施质量立校战略，推进从量的扩张为主向品质提升为主的发展方式转变，通过内涵发展提高学校办学质量和水平。

——加强学科专业调整和改革。广外在学科和专业建设上，坚持有所为，有所不为，不求其大，但求其优，不求其全，但求其特。一方面，进一步做好"外"字文章，重点增设中国加入 WTO 后急需的经济学、管理学、法学等学科和专业，设置外向型专业方向，优化学科专业布局和结构。另一方面，着力深化学科专业内涵建设，提高学科专业建设整体水平。比如，广外根据国家尤其是广东高层次翻译人才紧缺的实际，在全国较早组建了高级翻译学院，形成了从本科、双学位／双专业、专业学位、硕士、博士完整的人才培养体系，以口译为主要特色和优势的翻译学科在全省居于领先地位，在全国具有重要影响，成为广外的"品牌"学科，全国翻译硕士专业教学指导委员会就设在广外。

——改革人才培养模式。广外坚持"厚基础、宽口径、多方向、强能力、高素质"的培养原则，总体上实行以"基于通识教育的宽口径专业教育"为主要特征的"三层次"培养模式（通识教育＋学科大类教育＋专业教育）。比如，英语语言文化学院和国际商务英语学院从 2004 级新生开始，学生入学前两年按照学科大类打通培养，后两年再按专业方向分流。学生在大一、大二重点学习听、说、读、写、译的基本技能，同时按自然科学类、社会科学类和艺术类模块选修通识课程，在大三时按学习成绩和兴趣爱好实行专业方向分流，开设相关专业的核心课程，进行专业教育。

——加强师资队伍建设。重点打造一支具有中外教育背景和跨学科知识结构的高素质师资队伍。为此，广外按照"普遍培养，重点引进"的原则，一方面选送和鼓励中青年教师到国内外攻读专业学位或进修外语，提高教师的相关专业知识水平和直接运用外语授课的能力。另一方面，重点调入和接收有国外学习、研修或工作经历，能直接用外语授课的专业教师和具有专业教育或工作背景的外语教师。比如，国际商务英语学院现有教师 109 人，其中约 70％ 曾在国外进修或攻读学位，具有相关专业硕士以上学位（在国外获得 MBA、商务与法律硕士等相关专业硕士学位）超过 40％，部分老师还同时拥有英语和相关专业学位。

二是要坚持特色发展道路。质量往往是与特色紧密联系在一起的。在高等教育大众化背景下，不同层次和类型的高等学校应该承担不同的任务，有不同的发展定位，应该体现出发展定位和培养目标的差异性，显示发展个性，强化办学特色，彰显比较优势。

——在人才培养上，调整人才培养目标和规格，提出培养"全球化高素质公民"和"一专多能，'双高''两强'，能直接参与国际合作与竞争的国际通用型人才"，以顺应全球化趋势和广东外经贸发展的需要。为此，着力推行专业教学与外语教学融合的教学模式，培养学生的跨文化交际能力。广外学生由于具有国际视野和创新意识，跨文化交际能力强而受到社会欢迎，毕业生就业率一直保持高水平。据广东省教育厅统计，广外 2008

年本科生总体就业率达到98.7%，研究生就业率达到97.8%，均位居全省高校前茅。

——在学科建设上，按照"特色—优势—高峰"的路径，采取有效措施大力推进学科交叉和多学科联合，加强传统优势学科改造升级，鼓励和支持经济学、管理学、法学等学科与外国语言文学优势学科结合，寻求在局部领域和若干方向上实现重点突破，形成交叉学科特色和优势，力求部分学科达到省内一流水平，长期的目标是跻身全国先进行列，成为继外国语言文学学科之后新的学科高地。

三是要提高科研创新水平。我们加快科研管理体制机制改革，着力加强顶层设计和整体协同，促进学科交叉会聚和科研内涵发展，推动科研工作又好又快发展，增强为经济社会服务发展的能力。

——构建并完善与学科发展相适应的管理体制和保障机制。以广东省"211工程"三期项目建设为载体，完善重点学科发展规划，推进学科建设与科研布局协调发展。

——采用集聚交叉战略，加强科研创新平台和学科交叉创新团队建设。

——加强科研创新文化建设，强化科研服务管理，不断提高科研发展软实力和影响力。

三、开放办学理念

高水平大学实施开放办学理念就要进一步解放思想，开拓视野，着力推行社会服务计划和国际合作计划，坚持在服务与贡献中发展，在国际交流与合作中提高，增强统筹协调校内外办学资源的能力。

一是推行社会服务计划。我国高水平大学要立足地方、服务全国、面向世界，努力成为区域培养创新型人才的源头、区域自主创新的重要高地、区域内块状经济发展的战略伙伴、区域对外合作与交流的桥梁和窗口。近几年来，广外面向区域经济建设和社会发展的主战场，把服务广东经济社会发展尤其是外经贸发展纳入学校中长期发展规划，努力体现高水平大学服务区域科学发展的优势和特色，取得了积极成效。在学习实践活动过程中，国际金融危机迅速升级，国际经济形势急转直下，广东经济外向度高，所受影响最深，所受冲击最大。广外牵头完成了省政府下达的外经贸发展专题调研任务，调研报告受到省委、省政府的高度重视，相关领导对此作了重要批示，对广外积极为广东应对困难、危中寻机出谋划策，为广东提振信心、重振经济多做工作表示充分肯定。

二是推行国际合作计划。在全球化背景下，我国高水平大学要积极推进与世界一流大学的深度合作，不断提升学校国际影响和竞争力。

——制定完善对外交流与合作的总体规划，加强政策引导和逐级考核，构建学校、院系所、教师、学生等多元化对外交流主体、全方位推进的对外交流与合作工作格局。

——进一步加强大学生国际交流工作，拓展大学生的国际视野。比如，在法国、俄罗斯、泰国、越南等国家和地区建立广外学生国外实习基地，每年选送部分学生去实习研修，使学生有国外第二校园经历。我们计划通过搭建政策平台和项目开发，为学生赴国（境）外学习创造更多机会，争取用10—15年的时间，使出国（境）学习的学生人数占在校本科生、研究生总数的比例达到10%。

——加大与国外重点大学联合培养研究生力度。经国务院学位办批准，广外与英国利兹大学联合培养英语教学硕士生，学生在国内学习，使用英方认可的课程和教材，双方教师共同授课，学生考核合格获授利兹大学英语教学硕士学位。

——优化留学生教育资源，扩大和提高留学生教育规模和层次，争取用10—15年的时间，使来华留学生人数占在校本科生、研究生总数的比例达到10%。

四、制度创新理念

我们认识到，要建设高水平大学，就必须着眼于建立完善现代大学制度，增强基层学术组织活力，积极推进内部组织架构、运行机制的改革创新。近几年来，广外把深化校院管理体制改革和推进校部机关工作民主评议作为现代大学制度创新的突破口。

一是深化校院管理体制改革，推进学院目标管理。在办学摊子比较大又是多校区运作的背景下，学校更加坚决地迈入战略管理、宏观管理和科学管理的轨道，对学院实行目标管理，简政放权，降低管理重心，减少管理层次，缩小管理跨度，增加学院的自主权。同时，在各学院推行院长负责制，实行"院长负责、集体领导、分工合作、民主管理"的领导模式。集体领导主要通过党政联席会议的形式实施。学校对学院实行目标管理，一般不具体干预学院的日常办学行为，在考核期内按协商确定的发展目标对学院进行考核，并且根据目标的完成情况决定学院的奖惩。为了顺利推进学院目标管理，学校相继出台了《学院目标管理大纲》《学院目标管理考核指标体系》《学院目标管理考核试行办法》《切块经费划拨使用管理办法》等文件，在强化对学院目标考核的同时，适当增加学院的人事权和财权，使学院实现治事与用人的有机结合，责、权、利的有机统一。在操作过程中，我们强化对学院的分类指导和考核，注意根据各学院不同的发展定位、发展任务和发展条件设定不同的考核指标。基本考核指标体系有学科建设与研究生教育、本科教学工作、科研工作、师资队伍建设、党建与思想政治工作、学生工作、财务与资产管理、综合管理8个一级指标，下设22个二级指标（其中8个重要指标）、69个主要观测点。学院目标管理从2005年开始实施，4年为一个考核周期。在学习实践活动过程中，我们对各学院进行了期末考核。考核结果表明，实施学院目标管理取得了重要的阶段性成效，增强了学院的办学活力，规范了学院的办学行为，促进了学院之间的良性竞争，各学院逐步成为教学、科研和学科建设的真正主体。

二是推行校部机关工作民主评议。在强化对学院考核的同时，我们也采取各种措施着力提高校部机关及其工作人员的工作水平和行政效能。在出台实施《校部机关工作人员首问责任制度》《校部机关工作限时办结制度》和《校部机关工作责任追究暂行办法》的基础上，又于2008年开始推行实施校部机关工作民主评议制度，由学校领导、服务对象（学院、教师、学生）以及随机抽取相关人员组成的测评小组对校部机关工作进行评议。评议的内容包括年度工作、日常管理、协调配合、工作效率、工作作风、党风廉政建设6项内容。今年初开展了评议工作，在20个校部机关中，16个获得"优秀"等级（其中5个为先进单位），4个获得"良好"等级。校部机关工作民主评议制度的实施，使校部机关及其工作人员的服务意识得以增强，服务效率和质量进一步提高，同时也为职能部门与各学院提供了新的交流平台，学校工作出现崭新局面。

五、以人为本理念

以人为本是科学发展观的核心，创建高水平大学，要通过全体师生员工、干部群众的共同努力；办学要以教师为本，为教师的发展服务；教学要以学生为本，为学生的成长服务；要重视学风建设，着力激发学生学习的自觉性、自主性和创造力。

为此，广外在办学过程中认真贯彻这样一种教育教学理念：坚持素质教育，奉行"以人为本"的宗旨，以教师为主导，以学生为中心；在教学过程中重视健康人格的塑造，重视思维方式的培养，重视学习方法的训练，重视基础知识的积累，重视应用能力和创新能力的提高。同时全面推进"三个转变"：一是教育者不仅要重视学生学什么，更要重视学生怎么学；二是不仅要重视学生思考什么，更要重视学生怎么思考；三是不仅要重视学生做什么人，更要重视学生怎么做人。在国际金融危机背景下，我们特别注意做好家庭经济困难学生的资助工作、就业困难学生的帮扶工作和有心理问题学生的疏导匡扶工作等"三项工作"。比如，建立了20个云山系列勤工助学实践基地，吸收近千名学生勤工助学和创业实践。这些基地实行独立核算，由学生自主创业、自主经营管理，做到"济困助学、专业实习、社会实践、思想教育、就业教育、服务师生与社会"六位一体的有机结合。勤工助学实践基地运作模式和取得的成效受到中宣部、教育部和团中央的肯定。

同时，学校通过实施人才兴校战略、依法治校战略、和谐建校战略三大战略，将以人为本的理念引向深入。

人才兴校战略：通过体制创新和激励机制改革，调动教师积极性，集聚并提升学科带头人队伍的力量，激发基层组织活力，推动学校全面协调可持续发展。

依法治校战略：进一步推进依法治校，完善和落实"党委领导、校长负责、教授治学、民主管理"的模式，逐步建立中国特色现代大学制度。

和谐建校战略：弘扬大学精神，在校园内形成社会主义核心价值体系的基本导向，增强师生员工的归属感、获得感和荣誉感，努力调动各方面的积极性和创造性。

有人将思想分为"箱子外"和"箱子内"两类。"箱子内"是指在思维定式之内，现有的条件之内。但是我们不能只是在"箱子内"思考问题，而应在思维定式之外、固有的思维模式之上去创新；在"箱子外"的思维空白区去寻求创新和突破的立足点。学习实践科学发展观，要求我们少一点禁锢性思维，多一点"箱子外"思想，创新的源头将永不干枯，思维的活力将永远激荡。

贯彻落实《珠江三角洲地区改革发展规划纲要》的重要意义及主要任务*

徐真华教育文集

在离本学期结束只有一个月时候，学校集中各单位主要负责同志专题研讨贯彻落实《珠江三角洲地区改革发展规划纲要（2008—2020）》（以下称《规划纲要》）的基本思路、主要内容和保障措施。学校作出这种特别安排主要有两方面的考虑，一是贯彻落实《规划纲要》的主题十分重要，影响深远，事关广外今后一段时间的发展策略、发展重点和发展路径。二是机遇在前，时不我待，我们必须解放思想，主动适应，对接需求，迅捷行动，拿出方案，全力实施。我主要讲两方面内容，一是贯彻落实《规划纲要》的重要意义，二是贯彻落实《规划纲要》的主要任务。

一、充分认识贯彻落实《规划纲要》的重要性和紧迫性

2009年初，国务院批准的《规划纲要》从国家战略全局和长远发展出发，对珠三角地区当前和今后一个时期的改革发展作出了部署和安排，就教育事业而言，《规划纲要》通篇都突出了其在珠三角地区改革发展中的推动、引领和支撑作用，很多部分直接涉及教育改革发展的内容。这为广东高等教育的改革发展提供了前所未有的有利条件和广阔空间。我省部分重点高校反应快、行动早、措施硬，华南理工大学于2月下旬、中山大学和暨南大学于4月中旬就将各自学校贯彻落实《规划纲要》的方案上报省委、省政府。其他高校也纷纷根据自身学科和人才优势提出落实意见和

---

* 这是徐真华2009年6月21日在广东外语外贸大学贯彻落实《珠江三角洲地区改革发展规划纲要（2008—2020年）》专题研讨会上的讲话节录。题目为编者所加。

建议。省委、省政府高度重视高校在贯彻实施《规划纲要》中的作用。4月2日，汪洋书记在广州主持召开座谈会，听取中大、华工、暨大等高校贯彻落实《规划纲要》情况汇报。汪洋书记要求，各高校要抓住《规划纲要》贯彻实施的机遇，改革创新，先行先试，在服务广东经济社会发展的过程中实现教育事业的大发展。他精辟地把高等教育落实纲要、服务社会的作用归纳为三个方面：一是要充分发挥高校的人才优势，为落实《规划纲要》提供智力支撑。二是要充分利用高校的创新能力，为落实《规划纲要》打造新的引擎。三是要全面调动高校改革的积极性，为落实《规划纲要》培养更多可用之才。简单来说，就是要发挥智囊、创新和育人三大作用，这为全省高校贯彻落实《规划纲要》指明了方向。5月15日，广东省副省长宋海主持召开广东高校贯彻落实《规划纲要》座谈会，对全省高校贯彻落实《规划纲要》做了动员和部署。在会上，包括我校在内的7所高校分别交流了贯彻落实《规划纲要》的工作情况。上周，广东省教育厅起草的《关于高等学校贯彻落实（珠江三角洲地区改革发展规划纲要）的指导意见》正式发往各高校征求意见。

《规划纲要》对广东高校的改革发展提供了新机遇新空间，也提出了新任务新要求。可以这样说，《规划纲要》的贯彻实施必将对未来广东高校的战略布局和分层建设产生重大影响，在这个进程中，强者可能更强但也可能变弱，弱者可能更弱但也可能脱颖而出。这主要看各高校战略决策和谋篇布局的能力和水平，看各高校的教育质量和办学水平，看各高校与广东经济社会发展实践的联系程度。面对新形势，我们是因循守旧、故步自封，还是改革进取、创新发展？是主动适应、积极运筹，还是被动等待、消极应付？这是思想认识问题，也是应变力、决断力、执行力问题。广外在发展进程中曾经抓住和利用了很多机遇，形成了崭新的局面，拥有了自己的地位。但由于各种各样的原因，我们一些学科在改革开放以后也曾经错失了实现重大突破的战略机遇期。我们提出在2020年前后实现建设高水平教学研究型大学的战略目标，这一时间点刚好与《规划纲要》的规划期一致。

因此，我们必须紧紧抓住和切实用好贯彻实施《规划纲要》的机遇，始终把握"科学发展，先行先试"这一灵魂和精髓，以改革发展为动力，以全面对接《规划纲要》、服务广东经济社会科学发展为己任，通过改革发展更好地服务社会，通过服务社会更好地促进改革发展，相辅相成，互相促进，最终实现建设高水平教学研究型大学的目标。这是我们本届校领导班子也是各位同志对广外未来发展的一个使命、一种担当、一份责任。面对这一重大历史机遇，各单位都要增强改革发展的使命感、紧迫感和责任感，认真对照《规划纲要》，看看广东经济社会发展有什么需求、自己有什么优势、能做什么、准备怎么做，形成贯彻落实的意见。在实际工作中要按照"先行先试、科学发展"的要求，注意应用新思想、新理念，推出新措施、新办法，求真务实、真抓实干，力争在服务广东经济社会发展的过程中实现本学科本学院本单位上层次上水平。

二、贯彻落实《规划纲要》的主要任务

在全球化背景下，珠三角地区构建现代产业体系，率先建立全方位、多层次、宽领域、高水平的开放型经济新格局，迫切需要高等教育提供国际化战略决策支持和国际化人才保障。我校具有更好地服务珠三角地区改革发展的学科基础，外国语言文学学科综合实力和整体水平位居全国高校前列，经济学、管理学、法学等学科建立了较为整齐的研究队伍和较为稳定的研究方向，而且跨学科、跨学院合作不断深入推进。这是我校的办学优势和办学特色，也是发展的核心竞争力所在。贯彻落实《规划纲要》应围绕建设高水平教学研究型大学的目标，集中资源，利用优势，彰显特色，突出核心竞争力，不断提高服务广东经济社会发展的贡献率。

下面，我结合广东省委教育工委、省教育厅有关部署，强调下一步贯彻落实《规划纲要》的几项任务。

（一）加强高层次人才队伍建设，为落实《规划纲要》提供智力支撑

1. 实施高层次人才培养和引进工程。积极参加"国家杰出青年基金""珠江学者岗位计划""新世纪优秀人才支持计划"和"千百十工程"计划，培养造就高水平学科带头人和科技领军人才。要拓宽视野，面向海内外招聘学科带头人和学术骨干，加强中青年骨干教师培养，积极推进优秀青年创新人才支持计划，培育青年学术骨干。

2. 加大创新团队建设力度。按照相对稳定、合理流动、专兼结合、资源共享的原则，创新教学团队和科研团队的管理模式和资源配置方式。要根据教学和科研的运行规律，调整和改革教学、科研的组织方式，突出发挥学科带头人和学术骨干的作用，建立跨学科跨专业的教学、科研团队，在更宽领域、更深层次、更高水平上组织以学科群、专业群为基础的人才培养和科学研究协作体系。加强与行业组织、企业、科研院所在申报科研课题上的交流与合作，探索学科专业与创新平台共建、项目联合研究

等多种引才方式和团队发展模式，加大扶持力度，不断提升创新团队科研攻关能力和学术水平。

3. 建立健全用人制度和机制。加强教师队伍尤其是高层次人才队伍建设，汇集各学科优秀人才，充分发挥人才集聚优势，为学校自身发展和我省经济社会发展提供人才和智力支撑。健全符合学校特点和教育教学要求的人事分配制度，积极稳妥开展岗位分级设置和聘任工作，坚持推行并大力完善学院目标管理，充分激发各级各类人才的积极性、创造性和主动性，为保证教育质量、提高自主创新能力提供人事制度保障。

（二）增强科研创新能力，提高为经济社会发展的贡献率

1. 加强重点学科建设，深入实施"211工程"。以重点学科建设为核心，加强广东省"211工程"第三期重点学科项目建设。国家重点学科、国家和省人文社科基地要遵循高等教育和科学研究的发展规律，瞄准学科前沿和国家、广东重大需求，努力在建设"珠江两岸文化创意产业圈"中发挥服务与引领的独特作用。

2. 加强国际化战略研究和外包服务业的科学研究。优化配置外国语言文学、经济学、管理学、法学、工学等学科资源，按照"先行先试、科学发展"的要求，建设好国际化战略研究院和服务外包研究院。以科学研究为抓手，采取新机制、新办法利用境内外、校内外学术资源，对珠三角地区区域发展尤其是外向型经济发展的重大理论和实际问题进行研讨，为省委、省政府和地方党委、政府科学决策提供咨询服务，实现资政与决策的"对接"。

3. 加强校企合作、校市合作，提高直接服务经济社会发展的能力。要充分发挥人才和科研优势，努力与珠三角地区城市以及与海西、北部湾经济区密切相关的省内城市建立稳定、长期的市校、区校战略合作伙伴关系，与海外机构、国内知名企业以及在国内投资的国际性企业合作建立研发机构和人才培养项目，按照"境内外合作""政产学研合作"的模式，为地方产业结构升级和科学发展提供强有力的支撑。根据深化省部产学研合作内涵建设的部署，积极承揽省部产学研合作的新项目新课题。

（三）创新人才培养模式，为落实《规划纲要》培养更多国际化人才

1. 调整优化学科专业结构。人才的培养必须以支持国家尤其是广东的产业结构调整为目的，加快培养现代产业发展紧缺人才。结合学科发展的规律，按照我省产业发展和人才资源发展的总体规划调整优化学科专业

结构。既要着眼长远，注重学科发展的历史和内涵，在进一步拓宽专业口径的基础上，努力按学科大类构建基础平台，倡导高年级灵活设置专业方向，积极开展与传统产业体系结合较紧密的学科专业改造。做好人才需求预测，前瞻性地培养适应未来发展需要的人才，积累人力资源的先行优势。

2. 深化本科人才培养模式改革。适度压缩课堂教学学分学时，探索实行"在长学期中嵌入短学期的四学期制"，在春、秋季广交会期间设置2个"实践实习与科学研究短学期"，强化学生实习实践和创新能力的培养，强化教师的科学研究和教学研究。要以新增国际服务外包专业方向为试点，全面深化教学内容和课程体系、教学方法和教学手段的改革，大胆引进与专业培养目标相适应的国际执业资格证书课程，开设更多跨文化课程，提高学生的综合素质，拓宽学生的国际视野。加强大学英语教学，实现大学英语教学与双专业、双学位英语专业课程的无缝对接，并在条件成熟时增设法语、西班牙语、日语等语种作为大学外语语种，深入推行全英/双语教学，以适应广东区域经济发展对国际化人才的需求。积极探索引进国外一流大学的服务性管理机制，建立与国外院校相匹配或可衔接的教学管理制度（特别是在学位、学分、证书互相承认上要有所突破）、学籍管理制度、质量评价方法等，使人才培养质量标准尽可能符合国际通用标准，以促进教育的国际交流与合作。

3. 实施研究生教育创新计划。加快推进研究生培养机制改革，落实以科学研究为导向的导师负责制和资助制，加强研究生教育教学改革和课程建设。建设研究生创新培养基地，加强研究生培养的产学研结合，提高研究生解决实际问题的能力和创业能力，促进研究生培养与科技创新有机结合。

（四）创新合作办学机制，提升教育国际化水平

1. 探索中外合作办学新模式。按照"科学发展、先行先试"的原则，在中外合作办学体制、机制上大胆创新。根据《规划纲要》关于放宽与境外机构合作办学的精神，争取开展中外合资和中外合作的试点，探索中外合作办学新模式，大力推进对外交流与合作，努力提升教育国际化水平。抓住粤港澳合作的新契机，积极创新粤港澳教育交流与合作机制，积极开展与港澳地区高等学校的交流与合作。不断拓展学术研究的合作领域，鼓励高水平的国际合作研究，增强我校科研的国际化特色。

2. 优化中外合作人才培养模式。积极开展全方位、宽领域、多形式

的智力引进、人才培养和学术交流。积极探索与境外知名大学合作创办二级学院、培养高层次人才的途径和办法，充分利用粤港澳区位优势，借助区域间社会不断融合的有利条件，积极探索三地联合人才培养新模式。要积极探索吸引优秀外籍教师、外国留学生及港澳台人士来校工作、学习的机制，不断优化人才培养结构和环境。加大双语教学团队的建设力度，通过有计划地选派教师到国（境）外进修、访问、讲学、开展合作研究、参加国际学术研讨会等途径，拓宽教师交流、学习的空间，提升教师的国际化视野。学校的目标是，争取用10—15年的时间，使我校出国（境）学习的学生人数占在校本科生、研究生总数的比例达到10%，使来华留学生人数占在校本科生、研究生总数的比例达到10%，使境外教师占在编教师总数的比例达到10%。

（五）加强和改进大学生思想政治教育工作，加强学术氛围、学风校风等软环境建设，营造严谨务实的岭南学风

1. 构建以人为本的思想政治教育工作体系。优化思想政治教育课程教材体系、质量监控体系和学生心理健康监护体系，改进学生社会实践教育，注重校园文化建设，加强网络思想政治教育，培养具有独立人格、自由精神和引领社会文化发展使命的高素质国际化人才。加大思想政治教育队伍建设力度，培养一批思想政治理论课学术带头人和骨干教师，努力实现思想政治教育队伍职业化、专业化、专家化。

2. 营造良好的教风、学风。认真贯彻党的教育方针，始终坚持正确的办学方向。增强广大教师明德育人的责任意识，努力构建"全员、全方位、全过程"的"三全"育人机制。广大教师要爱岗敬业，以"学为人师、行为世范"为准则，以高尚的人格和精湛的专业精神感染、引导学生。严惩各类学术腐败，净化校园学术环境。抓好学风建设，营造刻苦学习的氛围，注重德育内涵的提升，提高教育效果，夯实严谨务实的岭南学风。

大学的使命与高校干部领导力的提升[*]

我今天演讲的题目是：大学的使命与高校干部领导力的提升。

我们先从大学的使命说起。1998年，联合国召开世界首届高等教育大会。会上，与会的各国政府教育官员和教育专家一致认为，高等教育的首要任务是培养"负责任、高素质的公民"。2000年以后，我担任广外的主要领导，有机会多次出访欧美发达国家，考察这些国家的教育体制和教学管理。美国高等教育对于"培养具有领导素养的全球化公民"的期许引起了我的注意。

美国没有全国统一的教育制度，各州也没有统一的教育规章制度，但是每个学校都制定了操作性较强的管理规范，校长都在积极地筹款，积极地延聘人才，招揽优秀学生，制定在全球范围内的竞争策略，努力确立自己的竞争优势。

第一个问题是关于大学的使命。

马里兰大学校长莫特在2006年发表的新学年献词中，分别用创新、合作、领导力和国际化4个方面来阐述自己的治校理念。

莫特认为一所面向未来的大学，必须紧紧抓住这四根主线，才能使大学及大学培育的人才始终站在社会和时代发展的前列，引领社会的发展。2007年9月17日莫特校长会见了广东省高教访问团全体成员并发表即席演讲，他再次阐述了马里兰大学所肩负的历史使命，即"帮助学生成为具有领导素养的全球化公民"。无独有偶，蒙哥马利郡的社区学院——蒙哥马利学院的副院长索梅萨利女士在谈到办学宗旨时强调，致力于培养能在不同文化、不同地区、不同宗教、不同种族环境中有效工作的世界公民。

＊ 这是徐真华2010年5月18日在广东省教育工委第一期高校基层党组织负责人广外培训班的讲话节录。

莫特和索梅萨利的演讲，使我联想起2005年秋天我在美国的另一次访问，在亚利桑那州立大学商学院，也谈到了领导与管理，该商学院的院名干脆就叫"全球化管理和领导艺术学院"。

上述3所美国大学的办学目标、治校理念和价值追求代表了美国高等教育的发展主流。这一教育的最明显的结果，反映在培养人的层面上，就是强调个人的品质、个人的领导力、个人的追求，学生想象力丰富，自信心强，适应力强，富有质疑精神，勇于冒险，敢于创造。而其中，领导素养又显得特别重要。

因为领导素养是领导力的基础，从素养到能力有一个积累、迁移、转化的过程。美国要在"和平与发展"的世界潮流中掌控主导地位，它关注的第一个重点环节，就是教育，就是培养具有领导素养、能在世界各地有效开展工作的国际化人才，这反映了美国企图"领导并管理这个世界"的勃勃野心。这一考虑不是现在才有的，它是美国因应互联网时代、全球经济一体化时代的到来，早在20世纪就开始布局的极具前瞻性和全球性的一个战略决策，其目的是谋求21世纪的世界霸权。

所以第二个问题，我想谈谈"领导力"的内涵。

对于"领导力"的内涵，西方人这样认为：

2006年12月11日，英国《金融时报》发表了弗兰克·布朗的一篇文章，文章的题目是《我们需要的不是经理人》。布朗的文章开宗明义提出了一个尖锐的问题："为什么首席执行官会失败，政权会被推翻，民选领导人会失宠？"他认为，本质上来说，他们并不缺乏领导力，而是缺乏具有远见卓识的领导团队，团队中又缺乏具有领导素养的支撑梯队。公司的掌舵者往往自信有余，保持着控制的最佳方式，而其唯一的方式是培养起一群唯命是从的"马仔经理"，即一个只会接受并执行命令，但几乎从不挑战他们权威的团队。这种管理模式凸显的是董事长或CEO超强的个人领导能力，削弱的是一个集团、一个企业或一个团队集体，也就是一个组织的领导力。这种个人的领导能力强，组织的领导能力弱的现象在中国的企业尤其是私营企业中比比皆是，于是就有了这么一个"一荣俱荣、一损俱损"的后果。比如，我们时常耳闻目睹省内外的一些知名民营企业家，由于种种原因离开了领导岗位，家族企业交给了涉世未深的儿孙辈，第二代接手后很快发现，整个家族企业的运作事实上都是靠父辈一个人多年积累的个人关系支撑着，而企业上上下下面对危机竟提不出积极的对策，致使企业陷入了困境。可见企业家的个人能力完全不能代表企业、集团作为一个组织所应有的生存、发展能力。

弗兰克·布朗认为，真正的领导不只是简单地给管理者分配任务。实际上，真正的领导者是尽责的导师，是培训及发展计划的推动者和组织者。在这么一种组织文化里，员工可以养成独当一面的领导者的素养，甚至可以攀登上领导者的阶梯。我们现在都习惯把"领导"称作"头"，称作"老板"，布朗显然不认同这种称呼，他认为"领导"一词不应该被狭隘地理解成"首领"，它其实是指每个人都可能拥有的一种素养，每个人都可运用的一种能力。于是布朗建议，对领导者的培养应始于更早的职业生涯准备阶段，培养领导者的素养与能力应是大学教育的主要目标之一，大学生不可以只盯住学位，中层领导干部不可以只盯住个人的升迁，他们应该学习怎样具备领导能力，学习与同事沟通和有效而快速地执行，学习如何组建多元的团队，如何决策，如何设定目标，以及如何指导他人或接受他人的指导。

最近，中央编译出版社出版了一本由 4 位韩国学者写的书，书名就叫《中层领导力：来自世界 500 强的中层内训课》。读完全书，掩卷而思，我发现"领导力"不是领导者头上耀眼的头衔和光环，不是夸夸其谈的说教，而是要努力成为受人尊敬的上司。该书的作者给每一位中层领导者送了 10 面镜子：

1. 无能上司造就低能下属；
2. 监工上司造就爱搞小动作的下属；
3. 独裁上司造就盲目服从的下属；
4. 自命不凡的上司没人帮；
5. 推卸责任的上司让下属无所归依；
6. 表里不一的上司让下属关系疏远；
7. 不近人情的上司没人受得了；
8. 苛求统一的上司抹杀创新思维；
9. 偏心上司造就一个应声虫和众多反对派；
10. 工作狂上司身边多懒惰的下属。

单靠经验行政的时代结束了，在知识经济时代，领导者的领导力最可靠的来源只有两个：一是知识，不仅要具有赖以发展的技术能力和专业知识，更要具备兼容并包的思维能力和融通多种知识结构的宽广视野；二是典范力，准确的判断力，坚定的执行力，乐于奉献，诚恳踏实，恪守职业操守，等等，凸显你独特的人格魅力，赢得下属的尊敬与信任。

这本书突破西方企业话语模式，突破学术化的话语模式，立足东方文化传统，以我们身边常常发生的但并未引起我们重视及思考的鲜活的事为案例，把领导力的提升变成我们每个人都能身体力行予以追求并达到的一种技巧、一种能力、一种修养。

从某种程度上讲，中层干部是大学运作的支柱，中层领导力是大学运作成效的关键。中山大学校长黄达人有一个观点，他说："科级干部无过便是功，处级干部无功便是过。"在高校少数干部不求有功，但求无过，碌碌无为，做一天和尚撞一天钟的现象确实存在。我提醒过我们的干部，批评过行政不作为与行政过度两种现象，强调过行政安全，这些都必须引起大家的重视。

下面引出我要讲的第三个问题，即"优秀的制度文化及完善的组织运作机制"。

哈佛商学院战略管理学家钱德勒认为，企业的组织能力决定企业的创新能力及其成长。也就是说，一个卓越的领导者不仅要力求自身精明能干，更要培养起自己所在的那个团队，即作为一个组织所必不可少的领导力。

国内也有不少学者对企业家的个人能力及企业的组织能力做过很好的研究。中山大学管理学院符正平教授2006年在一篇题为《组织能力不等于企业家个人能力》的文章中专门讨论过这个问题。他说："企业组织有其自身的运作规律和生命周期，作为民营企业家如果没有意识到组织整体的这种客观需求，完全依据个人主观意志和个人喜好进行企业管理，企业将无法实现持续成长的目标，组织能力的核心是企业管理的整套制度，是运作机制建设和组织文化建设。企业只有建立起完善的制度和良好的机制，才能实现百年老店的目标。对现实中企业的观察可以发现，组织能力与企业家个人能力不能画等号。许多民营企业家个人能力很强，包括创业能力、洞察能力以及与外部机构打交道、搞关系的能力，但是企业整体的组织能力却非常脆弱。"[①]

坊间有关于日本人、美国人、中国人的性格分析，如果把这三种性格标签贴在三名员工身上，那企业老板更喜欢用哪种员工呢？先说日本人，前两三年，有几名日本的志愿者在阿富汗作人道主义援助，结果被塔利班俘虏，沦为人质，日本全力以赴把人质救了回来。回到日本，这几名日本人通过电视节目，频频向日本国民低头谢罪，一个劲儿地说给国家添麻烦了，给国民添麻烦了，丝毫没有英雄蒙难的悲壮，更没有大难不死的炫耀。

[①] 符正平：《组织能力不等于企业家个人能力》，《同舟共进》2006年第8期。

再说美国人，美国人喜欢打桥牌，打桥牌讲究配对合作，美国人心里只有一个目标：胜利。为了胜利，他们往往配合得非常默契，绝不会相互埋怨，相互讽刺，绝不打击合作的另一方，把失误主动推给自己的伙伴。

最后说中国人，中国人喜欢打麻将，麻将讲究各自为战，讲究上堵下截，自己糊不了，也绝不让别人糊。落败者往往垂头丧气，胜出者常常趾高气扬。

三种游戏，三种风格，折射出三种不同的性格特点，我听了笑声里充满了苦涩。日本人是乐观而勤劳的，他们等待并寻找着机会，他们用减法生活，减少忧伤；美国人是达观而聪明的，他们在竞争与合作中处处争先，他们用除法生活，分享快乐；中国人是用心而忙碌的，他们太想成功而常常忘记左邻右舍，他们更习惯于用加法生活，平添许多劳苦。

企业除了实用有效的用人方式、经营理念与营销策略，也应该像大学那样需要某种只可意会而难以言传的"精神"，从某个角度看，这种无法在经营业绩表上反映出来的"企业精神"更能决定一家企业的档次和愿景，而孕育这种企业精神的只能是企业内部昂扬向上、井然有序的制度文化、人文精神及组织运作机制。

我再进一步推理，说到我们高校，决定一所大学发展最重要的因素，首先不是行政级别，不是物质条件，也不是利益配置，而是与人力资源潜力发挥相关的制度文化、组织结构和运作机制。它们是能够产生思想、理念、质量、效益，包括技术、物质财富、精神财富的"孵化器"。所以，不管你现在在什么位置、在什么岗位，也不管你的发展前景具有多种可能性，但是有一样东西你一定不能忽略，那就是你必须打起十二分精神为营造并创新所在单位的制度文化、人文精神及组织运作机制作出贡献，你不能游离于健康的制度文化之外，不能企图以"短、平、快"的手段达到自己的目的。

下面讲第四个问题，用什么人和怎么用人。

"用什么人和怎么用人"，无论是对于企业还是高校，都是管理上遇到的第一个重大问题。

这么多年来，我看到我们周围和我们学校自身，在用人问题上也有一些思维上、认识上的偏差。第一种偏差是用听话的人，叫干什么就干什么，至于说他的水平、能力、德行怎么样，就要放在第二位去考虑；第二种偏差是只看办事能力，不管办事规矩。比如一些领导重用能为自己鞍前马后奔波的人，打麻将、打牌，这些人互动都非常好，工作可以推迟，但玩球、玩牌可是一点也耽误不得。如果这样的人你用了，将来可能会被这些人所误，他们会投你所好，为你做不合规矩的事，长此以往，你的精神就会麻木，警惕就会丧失。

那么到底应该用什么人？我是主张用能干事的人，能干成事、能干成好事的这些人。我在广外的这几十年，当校长书记的这十年，我一直秉持这个宗旨。用能干、能干净干事、又能干成事，特别是能干成好事的人，不以亲疏作为用人的标准。我们学校今天之所以风气这么好，校领导带头，带好头是一个重要原因。在任何一个单位，不一定每个领导都很有智慧、很有能力，但每个领导在德行上都必须做得最好，在守法按规办事方面必须做得最好，在用什么人、怎样用人方面必须是高手。

怎么用人，有个很好的例子。汉高祖刘邦的行政能力不如张良，谋略不如萧何，用兵不如韩信。但是，就是这个出身草根的汉高祖，官位不高，仅是泗水一亭长，手无长物，持剑不过三尺，追随者寡，沛县起兵时，故旧不过40余人。但是，就是这个刘邦，从一个小小亭长成长为一代枭雄，奠定了大汉王朝四百多年的基业。也有人不服气，说"世无英雄，遂使竖子成名"。你不服也没用，人家就是当了皇帝，他有他的超人之处。我分析，就是他善于用人，善于用那些能人。用能办成事，办好事的人，正是他身边的这个富有智慧和行动力的团队奠定了他的基业。

用能干事、干成事、干好事、得民心的人，这必然要求领导者有一种宽容的胸怀。对我们的同事，小缺点、小错误、小的不足可以忽略不计，不要斤斤计较，谁都不是完人。也不能因为一些小毛病怀疑自己的合作者。领导者要有听得进不同意见的胸怀。要避免这样一种不健康的话语环境。"讲真话，在私下讲；讲套话，在公开场合讲；骂领导，在背后骂。"这也是一种不健康的人文环境。

在刚才的演讲里，我曾经讲到好多事情可能无所谓对错，只是一个视角的问题。比如讲，我读历史，背诵诗歌，有一次我发现，对项羽的结局，至少有三名诗人用他们的诗表达了三种不同的态度。

大家知道楚汉之战是一场新兴的地主阶级与奴隶主复辟势力的大搏斗，战争打了5年，楚国的军队终于在垓下全军覆没。项羽逃到乌江边悲壮别姬，自刎而死，刘邦取得了统一中原的胜利。

几百年以后唐朝著名诗人杜牧经过乌江亭，酒保告诉他这里就是当年盖世英雄项羽拔剑自刎的地方，诗人悲天悯人的目光穿过乌江，停留在江东那片人杰地灵的土地上，不禁思绪万千，随即叫酒保递上笔墨在墙上挥毫写下七绝：胜败兵家事不期，含羞忍耻是男儿。江东子弟多才俊，卷土重来未可知。

历史的车轮又过了200年，北宋著名政治家王安石游乌江，对垓下之战也有感而发，在墙上写下了这样的诗句：百战疲劳壮士哀，中原一败势难回。江东子弟今虽在，肯为君王卷土来？

几十年后，南宋著名女词人李清照途经乌江亭，她想到山河破碎，金人的铁蹄已经席卷了大半个中国，南宋王朝气息奄奄，对杜牧的诗无法苟同，随即在壁上题下一首五言绝句：生当作人杰，死亦为鬼雄。至今思项羽，不肯过江东。短短20个字，表达了一种大丈夫顶天立地的英雄气概和忧国情怀。

三首诗三种立场三种气度，杜牧是诗人，他无法透视劳苦大众渴望社会安定，厌弃战争的人心向背，认为楚霸王的失败仅仅是没有随乌江亭长渡船而去，从而失去了卷土重来的机会。王安石是政治家，他从统一是国家大势所趋的发展眼光，指出项羽的失败是历史的必然，并特别点明江东子弟同样渴望和平安定的生活，不大可能随君王重返战场。李清照身处国破家亡的危难境遇，把忧国忧民的诗人情怀统统寄托给了一种轰轰烈烈的生命历程。文学家可以对历史事件、历史人物作多元解读，这就是文学的魅力。

但是，大到治理一个国家，小到治理一所大学，政策的施为往往会产生不可逆转的结果，我们不能对其作多元的诠释。

当我们仅仅采用实用主义的观点去理解并实践管理、经营之道，当我们把世上的事与物都看作是可资利用的手段，而忽略制度文化、组织运作机制、大学精神与企业精神的哺育与建设，那么有一天整个社会都将承担由于生命变得缺乏意义而带来的痛苦。

对我们来说，机会可能只有这么一次。智慧，我是指由个人的智慧上升、整合变成了集体智慧、团队智慧的那种不仅有爆发力，而且有延续发展后劲的智慧，那是高校或企业生生不息的力量源泉。领导力，我尤其指由领导者个人的领导能力、团队的领导能力以及有充满活力的年轻梯队的良好素养整合而成的领导力是学校或企业统领大局，谋科学发展不可动摇的基础。

高等教育管理不仅仅是我们选择的一个职业、一份工作，它更是一项事业，而这项事业的核心就是培养人，造就人。培养什么样的人，造就什么样的人，是我们每一位领导干部必须弄明白的首要问题，培养高素质的全球化公民应该是一个具有战略意义的、根本性的选择。

那么在日常的教育管理中，应该怎样培养人呢？我总结了三句话，供同志们参考：教育者不仅要重视学生学什么，而且要重视学生怎么学；教育者不仅要重视学生思考什么，而且要重视学生怎么思考；教育者不仅要重视学生做什么人，而且要重视学生怎么做人。向前看，做人就是做事；向后看，做事就是做人。各位都是高校的中层骨干，都是高校事业发展依靠的管理精英。中层干部，不论你在哪个岗位，最重要的是正确把握自己，常怀"德才兼备"的目标意识，在事业发展的征程中，切记不能被自己打败，唯其如此，你才可能走向事业发展的高峰。

办好一所高水平大学的核心因素[*]

　　刚才院长代表学校就南国商学院未来几年的发展做了一个指导性很强，具有纲领性意义的重要讲话，对广外南国商学院"十二五"规划的解读，提出了很多有操作性的具体的意见和要求。下面我结合自己对办高等学校的体会，结合2011年我应广东省学位办的邀请对民办独立学院的评估考核发现的问题谈一些个人的意见。

　　2011年新增学士学位授予权单位及专业评审，广外南国商学院获得大面积的丰收，顺利通过了评审。这个成绩说明三个事实：

　　第一，作为一所民办本科高校，本科教学获批以来，短短6年中，取得的成绩是主要的，学院领导的工作也是非常到位的，这归功于广外南国商学院的广大干部、老师，特别是老师这个群体，是他们的辛勤工作撑起了广外南国商学院非常不错的蓝天。

　　第二，学院董事会和党政领导班子办学意识、管理理念是正确的，工作是有成效的，特别是一些老同志老领导，他们对广外南国商学院的建设与发展功不可没，真正做到了以校为家。

　　第三，广外作为南国商学院的母体大学，对指导南国商学院端正办学理念，理清办学思路，化解前进道路上遇到的困难和危机是十分得力、非常成功的。

　　正是这三个力量，拧成了一股绳，使南国商学院在广东民办高校、民办独立学院的庞大群体中走在前列，营造了良好的社会声誉，树立了良好的形象，形成了良好的口碑，这是必须看到的，这是成绩。不说成绩难以振奋精神，难以提升士气。但是成绩也不能说过头，说过头容易飘飘然，

---

　　* 这是徐真华2012年2月20日在广东外语外贸大学南国商学院发展战略研讨会上的讲话。

可能忽视我们工作中存在的问题和不足。下面，我对南国商学院未来的走势讲几点看法。

广外南国商学院将来可能面临两条道路，引向两个不同的方向，导致两个不同的局面。

第一条路，是争先的路，创优的路。近期目标是争当独立学院的排头兵，远期目标是努力成为中国民办高校中具有自身鲜明特色的高水平大学。从某个角度来讲，南国商学院可以说是广东独立学院的排头兵，我们的生源质量，就业，很多指标都名列前茅。但是评估一个学校，评估它的实力，它的"入口"——招生，它的"出口"——就业，只是学校总体实力的一个方面，如果综合起来看，南国商学院暂且还未达到排头兵的位置，甚至还有很长的路要走，我在其他学校看到的问题，包括师资、教材选用、教学方法手段等，我们南国商学院不同程度地存在着。所以争当排头兵，我们还要下大力气，正好现在"十二五"规划出台了，我们也通过了学位授予权评估，现在我们有时间好好地静下心来反思一下我们有哪些问题是必须解决的，不解决可能我们下一次评估就会出现问题。

独立学院基本属于同一层次，整体上还没有达到应有的水平，哪所学校改革力度大一些，对教学投入大一些，师资队伍建设力度大一些，管理到位些，就能走到前面。这是我们面临的机遇。看我们能不能抓住机遇。如果要给个分，现在独立学院都在六七十分以上，大家一起努力，把我们评估的等级提高十几分是完全可能的。

远期的目标，是要努力成为中国民办高校的名校，这个空间很大。在欧洲很多民办高校非常出色，甚至比公办高校还要优秀。要达到这个目标，有三个条件。

第一个条件是建立符合现代大学制度的体制机制。既然要办大学，就要有大学的道，不能自己搞一套，虽然有很多政策的限制使得目标很难达到，但时代在前进，社会在进步，不能等别人进步了才进步，这样会和社会脱节。应该在思路上、策略上做得比别人快一步，早一点，要更有前瞻性才有可能成功。这在中国的高校是个普遍的问题，严格意义上讲，现代大学制度在中国还没有建立起来。

第二个条件是要有比较充裕的财力保障。软件硬件上要有超前的设计与安排。

第三个条件是拥有一支高水平的教师队伍。梯队结构合理，有责任心，有事业心，乐于并善于教学。

这三个条件是办好一所高水平大学的核心因素。香港科技大学就是凭这三个条件，在短短的 20 多年跻身于世界名校的前列。香港科技大学的成功推翻了一个定义，这个定义就是一所大学办得好，非百年不可。这个定义被推翻了，他凭的就是健全的体制、高水平师资和充足的资金这三样东西，从全球招聘老师，把最好的老师招来。今天广外南国商学院的领导干部、老师应该有这样的气魄、胆略、胸怀和视野，因为你们今天的谋划和投入能决定学校未来的兴衰。

第二条路，是维持现状，小富即安，目标可以定高一些，但是慢慢来，不掉队就行，这也是一种思路。沾沾自喜，认为办大学就是这样，没什么大不了的，关键时刻搞搞公关，拉拉关系，也差不到哪里去，这当然不可取。但是要维持今天的局面也并非易事。

第一，要有比较坚强有力的管理队伍，层层负责，保证学生不闹事不出事。第二，要有比较到位的教师队伍。基本教育秩序要保证，基本的校园文化生活要体现。第三，办学条件、设施能满足日常的教学需要。

如果今天满足于不掉队，那么明天一定会掉队。办好广外南国商学院不容易，办一所名校更不容易。特色就是质量，特色就是品牌。广外南国商学院最大的优势就是外语、商科，怎么把这个优势凸现出来，这不仅仅是教育管理部门的责任，也是每个老师应该思考的问题。在制度上，外语优势的确立要有足够的课时来支撑，要有有效的科学手段来辅助，要有先进的制度来保障，要有先进的理念来指导。

高校的外语教学有三个层次：第一个层次是把外语作为课程来教，这种理论行不通。从浅层次看，中国的大学生能看懂英语的不在少数，但是交流欠佳；第二个层次，把外语作为一门工具来教；第三个层次，高层次，不仅把外语作为课程、工具，更把外语作为一种文化来学习研究，达到这个层次才算掌握一门外语。我们今天讲的外语优势，就不仅要让我们的学生能看懂，而且要能说能写能译、能传播思想。书写才能反映这个人的真正水平，因为文字是语言的深层次的表现形式。

商科优势。经济学、管理学的系主任、教研室主任、老师，需要把国内外名校的商学院的课程设置拿来研究，根据我们的情况做一些裁减补充，把这些学科、专业的核心课程都开齐。

外国高校的老师经常研究怎么样才能教好学生，将世界名校的公开课都挂到网上了，学生打开电脑就能看到，老师是怎么上课的，该说些什么才能让学生学到东西。这就是国外一流高校的教学现状，不用担忧教不好学生，不用担忧走不到世界的前端。我们应该研究一下人家有哪些长处，人家的课程设置是怎么设计的。所以，广外南国商学院的干部、老师们在思考什么，在关心什么，这不是小问题。至少广外南国商学院的中层干部、骨干教师应该把学校的改革发展放在心里，想想今天的广外南国商学院该做什么？怎么做？才能让明天的广外南国商学院更美好，更上一层楼。

大学要实实在在地办下去，非得办好、办出特色、办出质量，广外南国商学院要成为中国民办高校的名校，争取成为民办高校的典范。因此，作为广外南国商学院的领导者，广外南国商学院董事会、学院领导，应该有整体的概念和科学的方法，不考虑不谋划就会落后。广外南国商学院的老师应该有一种神圣的使命感，你选择的不只是一份工作，更是一种使命。因为教学的过程，就是知识增长和精神磨砺的过程。如果我们今天的老师还抱着打工的心态，是当不好一名专业教师的，更不可能成为一名职业教师。因为一名称职的老师，不但要有学术水平、教学技巧，更要有高尚的师德，为人师表。大学文化正是通过教师的专业化职业化来传承和发扬光大的。大学文化是培养教师自强不息、厚德载物的，也是支撑学生成长成才成人的精神食粮，学生是在这样的氛围里面走出去的，教师也应该在这样的氛围里面炼出来。

今年已经是"十二五"规划的第二年。"十二五"规划的实施细则就体现了一种目标管理和过程管理的要求，管理要重视过程，任何管理都必须建立在过程的基础上，计划实施中的每个细节、每个程序都必须考虑，这样的计划才是可检测的。过程管理是为了发展这个大目标制定的，发展的成效离不开管理。

未来发展重点仍然是学科建设。要把体制机制建设提到议事日程上来，如人才聘用制度、工资分配制度、资源配置制度、考核制度，等等。广外南国商学院刚刚度过了艰辛的创业阶段，开始进入发展阶段，在未来的几年里人才、资金仍然是我们遇到的发展瓶颈，有了优秀的师资人才就会有良好的生源，资金问题也可以得到缓解。一切功利主义的办学观念，都可能会对广外南国商学院长治久荣的发展观造成直接的伤害，一切以个人利益为出发和归宿的，都是对自己职业生涯的一种浪费。广外南国商学院要做百年老店，要做民办高校的排头兵，还有不少的磨炼等待着我们，我们义无反顾地选择走进"窄门"，就要想尽一切办法地往前走，各位都是第一代开拓者。你们必须奋斗，要奋斗就必须付出，要奋斗就必然要吃苦。

广外南国商学院正处于改革发展极为重要的阶段，这几年大家经历了十分严峻的困难和考验，大家也通过了这些考验，但是我们还没有达到胜利的彼岸，所以我们要肩负起历史的重任。最后总结一下，方向、目标、责任是我今天演讲的主题词。

民办高校如何追求更好的发展[*]

记得整整一年前，我在广外南国商学院的 2012 年发展战略研讨会上主要强调了一个问题，即"广外南国商学院在 12 个二级学科的学位评估通过后，该怎么谋求一个更好的发展？"在会上我还提了两个要求，第一个要求是尽快制定广外南国商学院"十二五"发展规划的实施细则，把"十二五"期间广外南国商学院的发展目标、发展内容、发展步骤、发展举措和条件以及实施细则的责任单位和第一责任人、时间要求等明细化，以文件的形式在全校公布，让广大师生监督执行；第二个要求是我希望把 2012 年作为本科专业学位评估后的整改年，把评估专家组针对广外南国商学院学科、专业建设的薄弱环节所提的意见和建议具体化、明细化，公诸于各学科专业负责人，公诸于各职能部门，每位负责人应了解本学科、本专业有什么优势、有哪些薄弱环节，要求制订出具体的整改措施。应该说，这两项工作都开始做了，我个人觉得都做得不是很好，至少没有给各职能部门的负责人，没有给各二级教学单位的系主任们形成必要的压力，整改的正能量还没能得到充分的释放。

大家可能都知道有一种文化叫批评。对于面子观念很重的中国人来说，批评是一件很难的事。但是不批评，思想就难以交锋，观点就难以统一，是非就难以分明，许多矛盾就掩盖在一团和气之中，掩盖在一种虚假的繁荣之中；积累着、酝酿着、等待着爆发的一天。一个度过了创业初期的民办高校，往往会因为行政的松懈或组织机构的导致一种封闭的、缺乏生气的、不思进取的被动局面，从而遭遇发展的"瓶颈"。

行政部门需要主动一些，人事改革的力度再大一些，留下优秀老师，

---

* 这是徐真华 2013 年 2 月 26 日在广东外语外贸大学南国商学院发展战略研讨会上的讲话节录。题目为编者所加。

分流不合适的老师。不合格的老师伤害的不仅是学校，最重要的是伤害了学生。学生更看重的是老师的教学态度、责任心，而教学水平还在其次。

批评不是目的，谋求更好的业绩、更有成效的工作发展才是目的。现在摆在我们面前的共同任务是"广外南国商学院必须追求更好的发展"。

我想从以下几个方面做一个简要的叙述。

第一，每一位民办高校的领导（我觉得独立学院是我国民办高等教育的一种特定的形式），学科、专业负责人（包括中层管理干部）必须理清一个问题：我是谁？我现在处在哪个位置？我要去哪里？我怎样才能去到那里，达到预定目的？

我们是独立学院，是中国民办高等教育的新生儿。没有显赫的身世，没有辉煌的历史，没有雄厚的师资队伍，没有足够的资本，就凭着对中国民办高等教育事业的一份赤诚、一种大爱、一份担当，义无反顾地摸着石头过河，南国商学院就这样办起来了。

历史短，经验不足，也不要紧，优秀的民办大学不是天生的，都是逐步积累发展起来的。到目前为止，全国的民办大学403所，独立学院303所，如果把这两个类别的民办大学加起来，那么全国共有706所民办大学，这其中包括了广东省的民办高校32所，独立学院17所。他们在全国所招收的在校大学生约80万人，约占全国在校大学生的1/4。这是一个巨大的进步，民办大学为国家分忧，为民族担责，正在成为中国高等教育事业中一股不可忽视的力量。但是现在它们还十分的不强大。这700多所民办高校（独立学院）大都处在同一个起跑线上，差距还没有拉开。它们基本上都面临同样的困惑，基本上都为同样的矛盾纠结着：比如扩大规模与学科、专业单一化的矛盾；课程体系、教学方法、管理体制、保障体系与本科教学质量要求不相适应的矛盾；提升科学研究水平与团队、平台、项目水平无处"借力"的矛盾；提升办学层次与师资队伍年龄、学历、职称要求的矛盾；与公办大学不公平竞争的矛盾；等等。民办高校还在这样一种囧途上挣扎着、努力着、奋斗着、前进着。或许他们的思考是一致的，在美国，民国院校都是一流水平，而在中国，一流水平的都是公办院校。几乎所有中国的民办大学都把创一流当作自己的奋斗目标，可是一流大学的标准，指标是什么，似乎不那么清楚了。

我个人觉得创"一流"应该是一个长远的目标，我不大主张把长远目标与近期目标混为一谈，当一个口号变成一种大家都趋之若鹜的时尚时，那么你一定要警惕，不要盲目跟风随随便便地掉入"集体媚俗"的陷阱。教育需要冷静，需要默默地坚守，需要远离时尚的功利，需要长期的锲而不舍的努力。

第二，作为近中期目标，我比较认同"优秀"或"高水平"一类的限定词，利用 20 年到 30 年的时间，把南国商学院建设成优秀的民办大学，这就是我们应该追求的目标。所谓优秀，就是比如在马拉松长跑比赛中，你跑进了第一团队，你跑进了最前面的那个团队。领跑的那个团队一般都不庞大，也就三五个人，你能坚持到最后，坚持在这三五个人的领跑团队中不掉队，那么你一定是优秀的，一定是高水平的。

确立一个目标是重要的，但是比目标更重要的是过程，是一天天、一月月、一年年坚持不懈的努力。能够在最后时段始终留在领跑团队的马拉松运动员们平时的训练一定是十分科学、十分刻苦的。能够在民办院校里名列前茅的一定是十分注重大学精神、大学品格、大学制度、大学特色、大学质量、大学文化的培育与养成的，这是摆脱平庸，追求卓越的必由之路。

我们面临的现实是：一方面，高等教育在实现大众化的目标后，民众对高等教育的差异性选择必将进一步强化。作为经济发展人才支撑的高等教育正在实现由精英教育向大众化教育，向普及化教育的历史性跨越，广东省高等教育毛入学率已经超过 30%。高等教育大众化带来的显著特点是民众进入了选择性教育时期；教师选择的是其待遇的高低和自身发展的机会，学生选择的是教育资源的优劣和学费的高低。高等教育供给已经由满足民众接受高等教育的"机会需要"转向接受优质高等教育的"质量需要""特色需要"和"经济需要"（即花最低的学费获得最大的实际产出），因此，民办高校必须在自己定位的层次和领域办出特色、办出水平。

另一方面，今后十年我国总体生源呈下降趋势，但考生及家长对接受优质教育特别是国外优质教育的需求仍然有增无减。

我国高等教育的学龄人口在 2008 年达到高点，即达到 11625 万人之后，学龄人口开始逐渐递减，到 2020 年将降到 8922 万人，总体会在 11625 万至 8922 万之间波动，随着生源总数的下降，民办高校面临着一次新的洗牌，但与此同时良好的经济发展态势和教育国际化进程的加快，人民群众对优质高等教育资源特别是对国外优质高等教育有着新的期盼和需求。

第三，广东省经济对外贸易的依赖程度高，需要更多涉外人才，对人才培养的特色和质量提出了更高要求：具有跨文化交际能力、熟悉世贸规则、通晓国际惯例、了解外国文化及社会习俗、懂得社交礼仪、能够直接参与国际事务和国际合作与竞争的国际化人才。

总之，新的发展形势为民办高校的教育教学改革、人才培养模式创新等都提供了广阔的发展空间。在后一个 10 年，广外南国商学院只有不断提高办学综合实力，才能立足广东省普通本科高校和民办普通本科（独立学院）之林，才能立足于全国外语类本科院校之林，并力求从中脱颖而出，成为国家第一批高水平的民办大学，为成为百年老校奠定基础。

竞争和机会并存，困难和机会并存。出路在哪里？建设优秀的南国商学院的路在何方？我想告诉大家，路就在我们每个人的意识、思维、视野和努力之中，路就在广外南国商学院确定的发展战略及具体举措之中。我们的认识到位了，思维超前了，视野开阔了，举措落实了，那么建设优秀的高水平南国商学院就可以达成。相反，如果我们的努力还只是停留在口头上，停留在文件上，那么，我们可能摆脱不了平庸乃至被遗弃出局的噩运。

南国商学院已经制定了一个不错的"十二五"规划，我们的发展目标也比较明确——建设一所"应用型、国际化、高水平"的民办高校。"十二五"规划锁定的还只是一个近期目标，而这 9 个字的发展思路是不大可能在一个五年计划中开花结果的，所以我们还要再研究、再谋划我们的中期目标，力争经过 20 年或更长时间的努力，达到我们今天预设的中期目标。

下面我讲第二个问题：我们目前的工作重点是什么？

我在以前的讲话里曾多次提到办学特色、办学质量和提升综合实力等要求。我们知道，任何质量都是基于人无我有、人有我优的产品特色。广外南国商学院的"产品"是学生，广外南国商学院的毕业生应该具有哪些优势、哪些特色？而这些优势和特色能否构成我们在人才市场、就业市场上的核心竞争力？这些都是办学者必须研究的关键问题。广外南国商学院举办本科以来提出的"应用型、国际化、高水平"的人才培养目标，提出了"双高、两强、三型"的人才培养特色。但是，我们的教学内容和课程体系，我们的教学态度、教学方法、教学条件能否全面支撑既定的人才培养目标和特色？广外南国商学院提出的"外语优势、商科特色"的专业建设要求在操作层面上是否需要进一步细化？这些都是广大教学工作者必须认真考虑和应对的课题。

怎样提升办学的"综合实力"呢？

综合实力的基础是本科教学质量，所以我们再怎么强调本科教学都不过分。但是基础不等于全部，一所大学的综合实力还必须体现在以下几个主要方面。

一是现代大学的治理结构和管理机制。大家知道，现代管理的基本状态就是制度管理，那么高校呢？特别是民办大学的管理路径该怎么走？今天，哪一家民办大学首先努力去探讨、去实践现代民办大学的管理机制，那么它就一定能走到民办大学的前面去！

二是民办大学的师资队伍建设。两头大、中间小是当下中国民办大学遭遇的一个普遍性困境，一所大学如果它的基本师资队伍是以老字辈和小字辈为主体，没有相对固定的高学历高职称的中青年骨干教师作支撑，那么这所学校的质量基础、管理基础是十分脆弱的，这所学校的可持续发展的能力是十分有限的。因为一所大学的发展动力是特色与创新，而特色与创新不仅仅需要经验，更需要新的视角、新的思维。我讲这个观点的目的不是否认老教师的作用，不是否认青年教师的作用，而是再次呼吁南国商学院从上到下都必须重视学科领军人物、专业带头人、中青年骨干教师的培养与引进，出新招，出高招，把建设一支老中青结合，学历、职称结构比较合理的师资队伍作为一项重大的战略任务来抓紧抓实。

三是民办大学不能没有科学研究。有人说民办学校能把书教好就不错了，强调搞科研那是好高骛远。我不认同这种说法，民办大学的老师不仅应该把书教好，而且应该把科研抓起来。因为教书是个崇高的职业，"授业、传道、解惑"本身就包含了"研究"，你没有科研，你拿什么去传道，你靠什么去解惑？问题是在民办高校中，老教师有积累但缺少精力，青年教师有精力但缺少积累，所以科研成了民办高校的短板。在今后的五到十年中，谁注重把青年教师科研能力作为一个教师发展的必备条件，那么谁就能在民办高校的下一轮博弈中脱颖而出。因为论文、项目、成果不能无中生有，谁的显示度高，谁的业绩突出，谁就能走到前列去。

不过申报项目的时候有一种现象值得引起我们的注意，就是一些老师不愿意和其他同志合作搞科研，生怕别人沾了自己的光。这是一种不太好的心态。有一个美国农民的故事挺有启迪意义。

美国有一个农民，他种的玉米一直是得克萨斯州最好的玉米，这中间有什么奥秘？人们终于发现，他每年都把最好的玉米种子送给周边的农户。问其原因，他说："玉米扬花的时候，风一吹，周边土地上的玉米都会相互传粉，你要种出好玉米，一定要周边土地上都是好玉米。"这真是应了那句广告词：大家好，才是真的好。

四是必须充分重视教风学风建设，不断提升课堂教学的水平和质量，必须充分重视团队—平台—项目建设，不断提升独立学院的办学层次。

课堂教学质量的关键是授课老师良好的责任心和良好的教学态度。这

90 分钟的课要上得好，上得学生有收获，既取决于老师的认真备课，也取决于课堂上老师详略有序的讲解、调度有方的指导，还取决于老师在课后对学生作业、考试的辅导与监测分析。学生看重的，是老师的治学态度、学问人品，老师的专业水平往往处于第二重要的位置上。

一名负责任的任课教师，他所关注的往往不只是学生的考试成绩，他更关注学生的学习能力。早几年，我在广外提出过三个转变的思想，即：教师不仅要重视学生学什么，更要重视学生怎么学；不仅要重视学生思想什么，更要重视学生怎么思考；不仅要重视学生做什么人，更要重视学生怎么做人。如果我们的老师都能在这三个转变上下功夫，那么我们的教学改革一定还大有作为。

关于提升民办大学、独立学院的办学层次，我觉得要在办学层次上有所突破，就必须从现在起就把"团队—平台—科研项目"建设作为学校的重大工作列入计划，只有有了高水平的人才组成相关的教学、科研团队，才可能凝聚若干研究方向，搭建若干研究平台，才可能申报省部级以上科研项目，才能养成一支具有培养专业学位研究生能力和水平的队伍。

五是办大学不能忽视环境建设和条件建设。环境和条件是指两个层面的东西，一是指物质环境和条件，这 5 年，由于董事会和学院党政班子的重视，广外南国商学院有了很大的变化，校园的江南园林风格颇受赞誉，成绩是有目共睹的。二是指精神生活方面的环境和条件，它涉及大学文化的建设与养成，因此广外南国商学院的美丽也一定要体现在她的文化上，一种昂扬向上干事业的文化，一种昂扬向上勤奋学习的文化。

其实，在一所大学，物质层面和文化层面的建设是不能截然分开的，尽管他们的表现方式不尽一致。比如报酬，我把报酬归于物质层面，如果说物质鼓励以多劳多得、优劳优得为原则体现公平性，那么精神鼓励则以价值尤以人生价值为导向，体现价值的超越性。在商品经济的社会里，对精神价值的追求，对人生价值的拷问似乎已经离我们越来越远，这是极不应该的。讲到这里，我想起了多年前在《读者》杂志上读到的一篇短文，题目大概是"致加西亚的信"。大约在 110 多年前，美西战争爆发，独立民主的美国不允许自己的后院有一个殖民者在那儿发号施令，西班牙的殖民统治遭遇了古巴民族解放运动的强烈抵抗，战争到了关键时刻，美国必须尽快与古巴国内的抵抗运动领袖加西亚将军取得联系，加快结束西班牙殖民统治在美洲的存在。但是，加西亚在哪里，怎么才能联系上他，谁都不知道该怎么办。这时有人向美国总统推荐了安德鲁·罗文中尉，说罗文中尉可以找到加西亚将军。于是罗文中尉带着美国总统的密信潜入古巴，

徐真华教育文集

见到了加西亚，完成了美国总统的重托。罗文中尉临危受命之时没有人给他经费，没有人给他提供情报，也没有人给他提供任何条件或承诺，他就这样拿着信走了，没问加西亚躲在哪儿，我该怎么去，该找谁联系。没有，什么也没有，他就是这样完成了任务。100多年过去了，当我们重温这个真实的故事，我们发现罗文中尉变成了一个符号，一个象征忠诚，象征无私与无畏，象征信仰的符号。他的行为所折射的是对职守的一种自信，一种敬仰，一种不屈不挠、排除万难去争取胜利的精神，我把这种精神称为"崇高"，那是人类的崇高，我把这种精神称为"尊严"，那也是只有人类才拥有的"尊严"。在当下的中国，在当下的广外南国商学院，我也相信，我们的干部、教师也一定会选择"崇高"，选择"尊严"。

作为一所民办高校，我们也要牢固树立大学科的发展理念，不断增强学科建设的系统性、整体性、协同性，在认真查找存在薄弱环节和发展瓶颈的基础上，根据广东经济社会发展的需要，结合本校学科、专业的特点和基础，制订重点学科、重点专业、特色专业、精品课程的建设与发展规划。规划内容应包括建设目标、主要专业方向、队伍建设、人才培养、科学研究、国际交流与合作、社会服务、环境和基础条件建设、经费筹措、预期成效等方面。

古人说得好，不谋全局者不足以谋一域。我们这样做的目的，仍然是重在培育，重在建设，重在过程。我们只有有了谋全局的胸怀（走在民办高校前列的，特色鲜明的高水平的本科大学），才可能在某个或某几个学科、专业领域内做出不平凡的业绩。对于上述5个方面的重要工作，可以简化成各位处长、部长，各位院系主任必须认真琢磨并切实践行的一句话：就是找人，做事，有质量，有特色，出成效。

狠抓学科专业建设　推进学校内涵发展[*]

目前广东外语外贸大学南国商学院初步形成了外语特色鲜明、商科优势突出、复合专业"双优"、国际交流活跃的办学格局，招生和就业形势良好，学校确定的"利用十年左右的时间，建成一所外语特色鲜明、商科优势突出的高水平教学型大学的目标"已经达成共识，并具备了一定的基础。今后一段时期，学校要以"内涵发展、提高质量"为核心，以"重点学科、重点人才、重点平台、重要科研项目"建设为抓手，改革创新，内涵发展，特色办学，切实推动南国商学院教育事业再上新台阶，力争办学综合实力达到省内同类院校前列。下面我讲几条具体意见。

一、积极探索现代大学制度

现代大学制度建设是当今高等教育的热点话题，是国家在新世纪确立的教育改革和发展的重要任务与目标。目前，国家已经在多所高校积极地进行现代大学制度建设的试点工作。什么是现代大学？很多人存在一种误解，认为现代大学制度就是指西方大学制度，特别是美国的大学制度。这一看法的实质是不承认具有中国特色的现代大学制度探索。我所理解的现代大学制度就是推动中国经济社会创新发展、推动现代教育体系健康发展的大学制度。

传统的大学制度是因循计划体制而来，虽然改革开放后已经在许多方面进行了改变和调整，但骨子里没有脱去传统计划体制的本质，它的影响表现在很多方面，比如大学缺乏自主权，等靠要的思想严重；大学缺乏创

---

* 这是徐真华 2014 年 2 月 18 日在广东外语外贸大学南国商学院发展战略研讨会上的讲话节录。

新精神，囿于固定的思维框架内治校办学，从而缺乏特色与活力；大学缺乏自己的明确定位，不能为教授们创造宽松的学术氛围，还在运用简单的量化考核方式和"一刀切"的办法去管理教师；大学没有把培养创新人才放在工作首位，陈旧的教学观念和课程内容及灌输式的教学方式仍然存在于大学课堂，大学生还处于一种被动学习状态，这一切都制约着我国大学办学水平的提高。

努力改变落后的大学办学状况，正是现代大学制度建设的核心使命。如何改变？关键在于培养大学的自主创造精神，在于创建一个使大学教授们潜心于科研与教学的学术活动气象，在于创造一个激发大学生自觉成长成才的校园氛围。这是现代大学制度建设的具体任务。

可能有人说，我们区区一个成立才8年的独立学院，能维持日常的教学和研究，能维持目前的办学规模，能保障教师每月有工资发放就不错了，现代大学制度那是"985"和"211"高校的事，不需要我们操心。我认为不然。任何一所大学，只要想办成百年名校、中国名校、世界名校，就应不断探索先进的管理机制，就要有超前思维、超前规划、超前行动。思维超前了，才可以做到乘势而上，甚至逆势而上。马克思曾说："蜜蜂建筑蜂房的本领使人类的许多建筑师感到惭愧，但是，最蹩脚的建筑师一开始就比最灵巧的蜜蜂高明的地方，是他在建筑蜂房以前就已经在自己的头脑中把它建成了。"建筑师的图纸，就是他的超前思维。通用电器公司董事长曾说："我整天没有做几件事，但有一件做不完的工作，那就是规划未来。"对未来的规划和预见正是超前意识的核心所在。这些年，我们每年都召开战略研讨会，把各位教授、各位督导、各位主任、各位院长、各位处长召集在一起研讨学校的发展，各位就是学校的智囊，我们的"十二五"规划，以及以后的"十三五"规划、"十四五"规划，都需要发挥集体智慧，提前谋划，形成合力，助推学校发展。广东省提出扩大和落实高校办学自主权，促进高校加快发展，其实就是推动广东省高校建设现代大学制度的一个有益探索。我希望规划处和有关部门重点研究相关政策，结合学校发展现状和愿景，拿出一个可行性方案。

二、加强学科专业特色的凝练

实践证明，大学要办出水平，办出特色，必须集中力量在一两个优势学科领域取得突破，以优势学科带动专业群整体发展。广外南国商学院依照外语特色、商科优势的办学定位，学科专业建设将继续坚持以文学、经济学、管理学为主体，兼顾社会发展需要的其他学科专业，促进多学科专业的交叉与融合。到 2018 年，力争翻译与国际商务 2 个专业获得专业硕士学位招收资格，在新一轮省级重点学科评选中有 1 个以上学科进入省级重点学科行列、2 个专业进入省级重点专业行列、2 个专业成为省级特色专业。

围绕重点学科专业建设目标，着力打造重点实验室、优质教学示范中心、人文社科重点研究基地、高质量的教学实践基地等优质平台，形成各学科专业汇聚团队、培养人才的基础和保证；建立健全相关管理制度，以重点学科、特色专业建设为基础，各相关教学单位制定相应学科专业特别是重点学科、特色专业建设目标及实施细则，明确具体建设任务。通过重点学科、专业建设的带动和引导，形成学科专业发展长效机制。

三、促进教师专业发展

要高度重视人才的培养和提升。从规划、投入、协调、考核激励等各个环节系统建立起人才培养、提升的工作机制。营造和建立吸引人才、有利于优秀人才脱颖而出的良好氛围，坚持引进与培养并举、专兼职相结合，努力汇聚一批各学科专业专家学者和学科专业带头人。

要积极推动团队建设。以重点学科专业建设为引导，健全专家学者参与学科专业建设机制，推行学科专业带头人项目负责制，明确学科专业带头人的学术权利，发挥学科专业带头人在学科专业发展中的主导作用。更多地从发展的视域设计团队的架构，优化成员梯队，充实团队建设的内容，营造良好的团队学术氛围，通过科研拉动教研，从而带动整体教师队伍的素质提升。

要始终关注教师个体成长。根据"教师能力—专业要求—学生需求"的对应关系，在组织教师社会实践和学习进修等方面更多地融入发展的理念，引导教师更专业、更系统地关注自身发展，适应学生的需求，不断改善自己的知识和能力结构。

四、重视科研工作

科研是现代大学的四大职能之一。高校科学研究的质量和水平关系到教师自身的发展，关系到学校整体实力的提升，更关系到高校对国家社会的贡献度。高校科学研究的质量和水平，直接体现其内涵建设的水平。对大学来说，教学和科研是相互依存的两个方面。教师要培养出高质量的人才，必须对先进的学科理论及其最新成果进行学习和研究。同时，科研创新成果应用于教学的过程也是对这些成果进行检验、提高的过程。教学和科研是相辅相成、相互促进的。

民办高校由于受到办学历史、办学定位、办学规模、师资队伍、办学经费等因素的影响，科研工作普遍是"短板"。这几年，广外南国商学院在教研、科研论文奖励方面的力度比较大，老师们从事科研的热情也逐渐被调动起来。科研服务区域经济社会发展的功能逐渐显现，取得了较好的社会效果，得到合作单位或政府的好评。

现在国家正在大力推进协同创新，鼓励高校进行校校之间，校企之间，学校与政府、与科研机构之间，甚至与国外相关学术机构之间的协同。上个学期，学校的一项重要工作，是与广州空港经济区管委会、广州市社科联商谈成立空港经济发展协同创新中心的事情，这件事这学期要继续抓紧，争取做成。同时，我们要大力整合资源，集中优势力量，做大项目，与优秀企业联合，走产学研合作道路，服务地方经济发展。各系部、科研处要解放思想，开动脑筋，思考一下广东地区的经济特色是什么，比如空港、物流、旅游、外贸、金融，开展外语培训或订单式培养，我们是不是可以在这些领域重点突破，争取立项一批产学研合作创新项目。学校对这样的项目将给予大力支持，争取快出成果、出好成果、多出成果、创出品牌，这是提升学校知名度和影响力的有效途径。

五、提高管理效能

要树立正确的管理理念。上学期的一次党政联席会上有一个议题，教务部门在排课的时候发现，有一个系的教师工作量不够，这个系提出调整几个专业的人才培养方案，把某些课程提前到这个学期开，以便凑足教师工作量。我们讨论认为，调整人才培养方案后，大多数老师的工作量是够了，但是学生要吃苦了。由于教学计划调整，打乱了先开后续的课程配置次序，学生的学习任务和难度将大大增加，不利于学生学习，必将引起学生的不满，所以会议最终决定不调整教学计划，而是调整教师，把考核排名靠后的、学生评价较差的教师转岗或辞退。这件事情我们是这样解决的。听说以前也有过为凑满教师工作量而调整教学计划的事情，为了方便管理、方便教师而损害学生的利益，这种事情今后要坚决杜绝。我们管理服务部门要树立这样一个理念，即我们的所有决定，我们所有的规章制度，要从是否有利于学生成长角度出发，而不能从方便管理的角度出发。大学的一切管理措施都应体现对学生负责关爱的理念，突出师爱、强化责任、倡导奉献、关注生命，把追求学生的全面、健康、差异化发展作为管理的终极目标，在管理中体现育人，在管理中体现大学精神，在管理中弘扬和传承校园文化。

要提高执行力。有这样一道数学题，$90\% \times 90\% \times 90\% \times 90\% \times 90\% = ?$ 结果是 59%。这个等式说明什么问题？在工作上，很多人认为把工作做到 90 分就很不错了。但是工作的过程是由一个一个细小的环节串联而成的，环环相扣的一系列过程结束后，90 分最终带来的结果可能是 59 分，一个不及格的分数。这个等式告诉我们，执行过程不能打折扣。

各位同事，教育事业是神圣的事业。作为教师，应该有尊重规律、精益求精的追求，我们的目标已经明确，在追求目标的道路上，让我们记住，借口就是失职，办法才是正道。影响你实现目标的，往往不是前进道路上的各种困难，而是让你停滞不前的各种借口。只要我们有信心，有毅力，有对教育事业的热诚和大爱，我们就一定能破除前进道路上的重重障碍，到达理想的彼岸。我对此深信不疑。

对建设应用型、国际化、高水平
民办本科大学的几点思考[*]

  规范治校，特色办校，质量立校，人才兴校，科研强校。这 20 个字应该成为南国商学院未来若干年工作的一个指导原则。

  先谈规范治校。从管理层面讲，坚持以制度管人管事，形成教学、行政、学生、后勤等各方面规范有序的工作局面。从教学层面讲，坚持按教育规律办学，坚持按高等教育对经济社会的适应规律办学。一个组织越有思想，能力越强，它的可持续发展的后劲也就越足。这里我所强调的组织能力是相对于个人能力而言的，简单地说，组织能力属于一个机构的整体，它不是以领导的个人能力为标准的。大学有其自身的运作规律，作为大学的领导如果没有意识到大学作为一级组织所需要培育的思维能力和行动能力，而仅仅按照"一把手"的主观意志或个人喜好管理，大学将无法实现它制定的愿景目标。而大学提升组织能力的核心问题是必须构建现代大学制度的整套规章和运行机制。

  那么，民办高校如何构建现代大学制度和健康有序的运行机制呢？

  首先，在办学思想上进行战略转型，从过分依靠经验治校转变到以创新获得竞争优势。这里的创新既包括教学内容和课程体系的创新、培养模式与方法的创新，更包括战略思想创新和组织管理创新。换句话说，在大学所追求的一系列战略变量中，如规模、质量、结构、效益、特色、服务等，体制机制的创新将越来越居于主导地位。

  其次，探索体制机制创新，就必须优化学校的组织结构，强化教师的主导地位，凸显学术权利在学校治理中的导向作用。要深化管理体制改

  [*] 这是徐真华 2014 年 9 月 10 日在广东外语外贸大学南国商学院教师节庆祝大会上的讲话节录。

革，管理重心下移，缩小管理跨度。要健全人事聘任制度，完善考核监督机制。

特色办校。民办大学目前大都按照公办大学的模式在走，基本上没有形成自己的特色。要自立于民办教育之林，一定要走特色发展的路，走差异化发展的路。特色是什么，差异发展的路径在哪里？就南国商学院来讲，我认为必须坚持以下几点指导原则：1. 专业教学与外语教学融合。联合国前秘书长安南先生在千禧年来临的一次讲话中强调："21 世纪的年轻人起码要掌握 3 种语言，除了母语外，还应掌握 2 门外语，这样才能适应社会发展的需要。"在语言技能层面，要求学生达到听、说、读、写、译都基本流畅的教学效果；在文化知识层面上，更要重视外语与相关专业的人文社科素养与专业能力的培养。2. 积极引进国际资源，大力开拓国际合作办学空间，提高"2+2"联合培养项目的数量与质量。在具体的培养模式上，我们还应该加大引进国外优质教育资源的力度。近期应以经济、管理类学院为突破口，积极谋求与国外优秀大学签订合作办学协议，引进教师资源和课程资源，并谋求教育部备案批准，增强新办学科、专业的竞争力。3. 拓展实践教育空间。应用型大学的主要特征之一就是与当地社会经济、文化、产业的发展对接，推进校地共建、校企协同的育人模式，增强学生的创业创新能力。

在具体的人才培养范式上，广外南国商学院应研究"2+1+1"的培养模式。所谓"2+1+1"模式，即在学生入学后的前两年，学校按学科大类组织教学，实施前期趋同、后期分流的宽口径人才培养计划。前两年集中开设公共基础课和通识教育课，尤其要强化信息技术课程和英语教学。第三年根据社会对人才需求的变化和学生个性发展的要求，实行专业分流，或按专业方向分流。最后一年主要是实践教学环节，在实习单位完成实习教学任务，撰写毕业论文或进行毕业设计，有条件者还可参与实习单位的相关研究。

同时，学校要加大主辅修教学的力度，鼓励学有余力的学生，在进行主修专业学习的同时，辅修第二专业，修满规定学分，即可获得辅修专业证书。教务部门还应研究如何打通辅修专业和第二学位课程和学分之间的衔接通道，学有余力的学生在辅修专业的基础上，继续修业，达到学位授予规定的学分，可获得第二学士学位证书。

质量立校。要把提高人才培养质量作为提高教育教学质量的核心内容。高等教育的根本任务是人才培养，这也是衡量办学质量的第一标准。南国商学院作为一所新建本科院校，在人才培养目标上定位为培养区域经济社会发展需要的应用型国际化高层次人才。围绕这个目标定位，我们必须把促进学生健康成长作为一切工作的出发点和落脚点，坚持优化基础教学，加强实践教学，拓宽国际合作，提升学生综合素质和能力，推行培养方法个性化、实践实训全程化、成才途径多样化的培养模式，引导学生由被动听课、积累知识向自主学习、提高应用能力转变。

首先要强调的是课堂教学质量。知识迁移的渠道主要有 3 个，课堂、自学、社会实践。要上好每节课，上出质量来，这是每一位教师的工作底线，也是每一位学生的学习底线。其次必须注重培养学生的自学能力。教给学生方法比灌输学习内容更重要。要把讲堂变成学堂，引进讨论式、研究式、任务式、问题式、案例式教学，加强学习方法指导，把重视学生学什么转为重视学生怎么学。最后要安排好实践实习内容，切忌"放养"式管理，避免毕业班学生在实践实习短学期，一哄而散，没有实习计划，没有考核监督。

另外，自主学习能力的提升，需要学习环境与条件的支撑，比如通畅的网络，丰富而又实用的数据库，反映学术前沿知识的学术期刊和学术著作。因此，加大网络中心、图书馆建设力度势在必行，这是提升教学质量、提升学生自主学习能力的必不可少的条件保障。

人才兴校。办好一所学校，可以没有饭堂，没有体育场，没有医务室，但是不能没有教师。因此，我们必须加大培养与引进力度，在待遇、环境、条件上营造更好的留人、用人环境，这是留住人才、用好人才的关键因素。香港科技大学在短短 20 年的时间跻身名校行列，原因有三点：一是制度，二是人才，三是财力支持。有了人，有了钱，有了好的制度，不要 100 年，20 年就能办出名气，办出品牌。

这几年学校实施了"千百十工程"人才培养与管理办法，成立了"教师发展中心"，出台了高学历、高职称教师到 2018 年分别达到百位数的"双百计划"，但是有了好的规章，还需要抓落实，没有落实的规章只是一纸空文；有了好的政策，还需要现在在任的广大干部、教师有一个好的心态，有一种宽阔的胸襟，真正把引进与培养优秀人才作为办好广外南国商学院的头等大事抓紧抓实。

加强师资队伍和管理干部队伍建设，我们还面临着优化队伍结构，加强学术规范，提高队伍素质等艰巨任务，因此，完善教师职称评聘，干部职级考核，干部、教师的培训等就显得尤为重要。

科研强校。坚持科研强校，就是要在坚持以教学为中心的前提下，把增强科研创新能力作为提高教育教学质量的保证。我想强调的是，应用型本科大学不意味着低水平，面向产业培养技术技能型人才也不代表低水平。大学的办学水平不是由办学定位来定高下的，大学的办学水平主要体现在服务于社会进步的水平与能力，因此，新建民办本科大学不是不需要科研，而是要紧紧围绕本省本地区经济社会发展中的问题与矛盾开展研究；新建民办本科大学要实现应用型转向，培养应用技术、技能型人才，也不是不需要科研，而是要积极主动地与本省本地区的经济社会发展需求对接，与产业对接，让科研接地气，更好地服务于、作用于应用型、技能型人才的培养。

当前，在抓紧落实学校于去年部署的"四重"（重点学科、重点人才、重点平台、重要科研项目）建设及"创新强校工程"建设的同时，各相关学科、专业应主动研究广州市白云区乃至珠三角城市群落的城市定位、经济发展模式，找到学校与政府机构、产业集团、研究单位共同感兴趣的课题，合作共建协同创新平台，提升学校的创新能力。

也许有同事会说，我们也愿意做研究，但是作为民办大学的教师，没有江湖地位，根本报不上科研项目。

此话不完全准确，以经济学科、管理学科的教师为例，可以选一个题目自己来做，形成一个研究报告。比如，你是经济学领域的专业教师，那么，你完全可以搜集白云区 2011 年到 2013 年期间的地区生产总值、工业生产增加值、社会消费品零售总额、国税地税总额、房地产开发投资总额、进出口贸易总额、固定资产投资总额、农业生产增加值。把这 3 年中这些数据分别列出来，做比较分析，分析它们涨与跌的原因，做出研究报告，供区政府决策参考。再比如，你是做金融研究的，也可以做今年经济形势分析报告，为什么目前美国与欧洲的经济仍在低位徘徊不前（美国今年上半年的失业率达到了 6.6%，欧洲则接近10%），原因有哪些？是前 10 年金融过度发展，目前仍处于调整消化阶段？还是欧盟债务过度阻碍经济回温发力？是战后美国及欧洲经济体制在经济全球化背景下已显滞后亟待改革？还是发达国家经济体指数下滑影响新兴经济体的发展？抑或是全球化的产业大转移大循环以及新技术革命、新经济形态的崛起正遭遇新旧体制整合的阵痛？能不懈地把这些问题与本市或本地某个大企业集团的生产经营态势聚合起来研究，我相信这样的研究报告做出来一定会被采纳，你的学术地位一定会逐步建立起来，这就是理论联系实际的研究，这是我们能为区域经济发展能做的必要贡献。

南国商学院如何应对"发展陷阱"*

在 2014 年底举行的亚太经合组织（APEC）会议上，习近平总书记系统地阐述了"新常态"的主要特点：增长速度从高速增长转为中高速增长，经济结构不断优化升级，增长动力从要素驱动、投资驱动转向创新驱动。这一重要论断同样为谋划广外南国商学院未来的发展思路指出了明确的方向。

广外南国商学院经过升本 9 年的快速发展，其发展方式必须从规模增长转向内涵建设，尽管广外南国商学院的办学规模还比较小，还有较大的扩招空间，但是走内涵式发展之路已是必然选择，因此广外南国商学院治校办学的理念模式必须优化改善，学校运作的指导思想、组织行为也必须从行政驱动转向学术驱动。

大家或许记得，经济学界有一个词，叫作"中等收入陷阱"，后来这个词又引出一个新的概念叫作"城市发展陷阱"，是指当一座城市发展到一定的程度，原有的发展红利会逐步消减甚至消失，如果不能有效转变发展方式，就可能面临掉入陷阱的危险，城市发展出现停滞甚至倒退。

中国经济发展、城市发展遭遇的困境与挑战，让我们想起了中国的高等教育，中国的大学，特别是我们民办院校会不会遭遇一个"发展陷阱"的瓶颈呢？我觉得这个危险是客观存在的，这个危险就是：当广外南国商学院经由专修学院到本科层次的独立学院的发展，它原有的由种种历史原因形成的以强有力的行政话语权为主要特征的治校理念、办学思路及其治理策略和行为模式所产生的发展能量已经大大消减，形势的变化与发展要求我们以一种变革的创新的姿态，去打造一个以学术话语为引领，以内涵建设为主导的

---

* 这是徐真华 2015 年 6 月 29 日在广东外语外贸大学南国商学院交接工作会议上的讲话。

治校方略篇

253

新广外南国商学院，主动适应中国民办高等教育发展的新常态，主动适应应用型本科大学为区域经济社会发展服务的新常态。我们应对得好，广外南国商学院就能进入健康有序成长，质量效益提升的新的轨道；如果处理得不好，就可能掉入民办大学的"发展陷阱"，导致质量下降，生源萎缩。

那么怎样才能应对得好呢？我讲5点意见，与各位同事商量。

一、适应新常态，建设新广外南国商学院，要求我们牢固树立规范意识，树立科学的高等教育发展观，坚持优化结构，强化特色，注重创新，走以质量提升为核心的内涵式发展的道路。今天的广外南国商学院与10年前的广外南国商学院已不可同日而语，最大的区别就是今天的广外南国商学院属于国民教育系列的大学范畴，承担的是本科教育，而大学是有规矩的，本科教育也是有国家标准的。如果说今天的广外南国商学院还缺什么？我觉得还缺一点大学意识，缺一点本科观念。对此，以后的主政团队必须予以高度重视。

二、适应新常态，建设新广外南国商学院，要求我们每一位领导干部始终保持昂扬向上的进取心，始终保持居安思危的责任心，摒弃自我满足、自我感觉良好的狭隘心胸，努力学习、领悟"大学是学术共同体""教授就是大学"的哲人智慧，牢记行政管理的宗旨是服务并服从于大学的学术治理。是的，我们从事党政管理的各级领导为了广外南国商学院的发展已经付出了很多很多，不少同事更是牺牲了周末，晚上加班加点也是家常便饭，但这并不意味着广外南国商学院的管理水平已经很高，不是的，我们工作中的漏洞和缺失还有很多，这些漏洞和缺失除了一部分可以归结为客观原因外，大部分都是我们的观念、作风、工作还没有完全到位所造成的，对此我们不能视而不见。

有人说，当今的时代是一个领导力的时代，也有人说中层决定成败。这些话都有一定道理，领导者领导力的最有效的来源有两个，其一是具有专家型的知识结构，不仅具有赖以立身的专业水平，更具备多元的文化素养；其二是具有榜样般的人格魅力，在工作中他不仅自信而且负责，不仅知人善任而且乐于奉献，不仅宽以待人而且严以律己，即使受了委屈也仍然谦恭有礼且善于自省。

三、适应新常态，建设新广外南国商学院，要求我们每一位干部、教师站在"建设中国民办高校百年名校"的高度，谋划广外南国商学院的当下与未来。古人说得好："不谋全局者，不足以谋一域。"不论你是从事行政管理还是教学科研，如果我们今天的努力不瞄准未来的梦想，不谋求一个更高远的目标，那么我们就不可能有对当下的全心全意地投入与付出。

我们的一些干部、教师一定要摒弃"转向焦虑"，一定要强化"底线意识"，认认真真教书，确保课堂教学质量；踏踏实实科研，争取年年有所进步；全心全意行政，为教学、科研服务，为学生服务。

有一些老师对学校出台的管理规范要求不理解，认为那些都是形式主义的东西。但是，我们不能一味地去质疑学校规范办学一系列规章制度，比如我们强调落实过程管理中的各个环节必须有痕迹、有记录、经得起检查，比如你的备课笔记。有老师就说，我上课从来不用备课，讲的东西都在我肚子里。很好，的确有这样出口成章的老师，可是学校有责任了解你对教学过程的思考，了解你对教学计划的执行，你总得配合，把你准备好了的东西展示给大家吧！院里面、系里面的工作毕竟是团队性的工作，一个专业总是由相互关联的不同课程组成的，教书育人总离不开交流、沟通，怎么能把自己封闭起来呢？

还有一些同事承担了一定的行政或教学的领导职务，但是他们并不懂得怎么做科长，怎么做系主任，工作缺乏条理，没有计划，处于上级布置什么就做什么，自己想到什么就做什么的无序状态。

也有一些干部对引进高层次人才不以为然，认为当下的广外南国商学院还只是处于本科教育的初级阶段，面临的主要问题是提升教学质量，高层次人才请进来也发挥不了作用，因为还没有适宜高层次人才发展的环境和条件。

显然，这些行为和观念割裂了新办本科大学从稚嫩走向成熟不可阻断的发展规律，以及只要创造条件也可能跨越式发展的成长规律。人才兴校是刻不容缓的发展战略，每个阶段有每个阶段的发展需求，但对高层次人才的引进，对各级各类干部的培养在任何一个阶段都是必不可少的。

四、适应新常态，建设新广外南国商学院，要求我们营造富有自身特色的校园文化。大学文化本质上是形而上的东西，因为它凝聚着一个大学的精神，营造着一种特别的氛围，因为它决定着这个大学老师们工作的姿态，研究的姿态，教书育人的姿态，以及学生们学习的态度。它是基础之上的东西，是课程、考试与一切硬件之外的东西，它看不见摸不着，但是又实实在在地渗透进了干部、教师、学生每天的工作与学习。人们分分钟可以感觉到它的存在，它不是根本，但却要求根本健康了才能生长；它与学生求职就业无关，但却每时每刻都熏陶着学生的智商与情商。它总是浮动着、弥漫着，它一旦浮动起来，一旦弥漫开来，就一定会反哺学校，稳固学校的根基，滋养学校的机制，滋润每一位大学人的人格，这就是大学文化，这就是大学文化的意义与作用，它的养成与生长需要学校的老师在教学、研究领域润物无声的好榜样，需要管理层面全心全意的服务与付出，需要校园文化活动各种载体的支撑。

五、适应新常态，建设新广外南国商学院，要求我们构建教学质量的保障体系。今天下午前面的议程是几个层面的工作总结会议，我想借此机会强调一下独立学院的合格验收评估工作。独立学院的合格验收不是一件太遥远的事情，学校应早做谋划，早作准备。在所有的评建准备工作中，我只强调三件事：第一，师资队伍建设，建设一支高水平的、专业应用与实践能力强的师资队伍是广外南国商学院的当务之急。第二，修订教学方案，强化社会实践及学生应用能力培养的课程配置。比如引进企业家及企业高管上讲台，吸收他们进入各个不同专业的教学指导委员会；设计企业家系列讲座；部分课程与企业合作，到现场一线组织课堂教学；教师到企业挂职；学生到企业的实践基地实习；等等。第三，努力建设本科教学质量保障体系。教学内容和课程质量保障体系是一项系统性工程，从师资质量到教学经费的投入，再到教学计划、教学方案的制定与落实以及后勤服务、教学设备等，缺一不可。如果我只选择一个最重要的点来讲，那么我一定选择建立健全课堂教学质量保障体系这件事来讲。如果我是评估专家，在保证教学内容和课程体系质量的诸要素中，我所关注的可能不是某个老师讲课讲得好，某个老师讲课讲得不太好，这一类十分细节的问题，不是的，这不是我关注的重点。因为在一所万人大学里，随机地听课，总是会遇到上课上得特好的老师，也会碰上讲课讲得差强人意的老师。这说明不了什么。凭随机抽查的若干名教师的上课情况就给一个学校整体的课堂教学质量下断语是不科学不客观的。

我所关注的是，你这个学校为保证本科教学质量在制度层面做了哪些事？为了保证课程教学过程中的每个环节都到位，从教材选用、教学方法和手段、课堂纪律、教师的备课与讲课、课堂氛围、考试命题、试题分析反馈，到论文指导、毕业实践实习等有没有一系列保障性、约束性、指导性文件？有没有一整套可操作的、可示范的、可延续的目标要求？就好像企业管理推行 ISO900 标准，说到底就是一个工作流程的规范，而课堂教学质量保障体系，就是整个专业教学内容和课程体系中监管过程的一个非常重要的环节。

浙江越秀外国语学院面临的机遇和挑战[*]

　　一个月前，浙江越秀外国语学院刚刚接受了教育部本科教学工作合格评估，目前，学校根据专家组意见正在积极开展各项整改工作，为更好地落实整改，学校决定启动"十三五"事业发展规划编制调研工作，全面谋划越秀外院下一个五年的建设与发展。

　　今天会议的主题是"十三五期间，越秀外院创新发展面临的机遇与挑战"。

　　翻开近两百年的世界高等教育发展史，我们看到英国的大学在18世纪崛起，德国的大学在19世纪超越，美国的大学在20世纪引领。其根本原因就在于他们的办学体制机制、办学思想、办学理念的改革与创新。而从20世纪的90年代开始，中国政府推出了"211工程"和"985工程"，意在加快世界一流大学的建设。最近，我注意到北京大学、清华大学、复旦大学、浙江大学等一批重点大学纷纷制定了建设世界一流大学的时间表。他们提出了要力争到2020年达到世界一流大学的先进水平，可见中国的公办大学正在迎头赶上，那么中国的民办大学呢？我们该怎么办？可能今天我们还没有这样的底气说我们要在多少年以后，或者说我们越秀外院到2020年就要达到世界一流的民办大学水平，我们今天没有这个底气，不具备这样的条件，离那个目标还差得很远，但是至少我们应该有这个勇气，把这个问题提出来：我们在中国民办高校建设中怎样做才能做得最好？我以前打过一个比喻：就是高等学校的建设就像马拉松比赛一样，它肯定有个梯形团队，这个梯形团队有领跑的，有紧跟的，有尾随。领跑梯队成员不是固定的，有可能原来跑在后面的跑到前面去，原来跑在前面

　　* 这是徐真华2015年11月14日在浙江越秀外国语学院"十三五"发展战略咨询会上的讲话节录。

的落到第二、第三团队里去了。我想我们越秀外院一定要积极争取在 10 到 20 年的时间里，做到中国民办高校的最好，跑进它的第一团队。

那么在这个 5 年，我们的目标，同样也可以定在"跑进中国民办高校第一团队"。向这个目标奋进，我们才有可能尽最大努力去实现它，如果我们的目标定得太低，可能大家的积极性、关注点就会随之下降。制定具有前瞻性、可操作性的发展规划是学校发展的前提。当前，学校已经确立了打造"中国民办大学卓越品牌"的办学愿景，围绕这一目标，我们加快了战略转型的步伐，正在实现由规模扩张转向内涵发展，由行政主导转向学术引领的"两个标志性转向"，学校正在努力探索符合民办外语类高校发展的治理体系，特别在师资队伍与学科专业建设上以及应用型本科高校的办学特色方面花大力气，下真功夫，切实提升教育教学水平和人才培养质量。但不可否认的是，在学校谋求快速发展的同时，也遇到了许多新情况，面临着众多新挑战，其中就包括公办高校和民办同类高校的挤压与竞争。所以，我们必须始终保持清醒头脑，始终保持忧患意识，加强发展战略研究，找准方向、竭尽全力，有计划、有步骤地推进学校持续、快速、稳定的发展，力争早日进入国内高水平民办大学行列。

坚持中国民办大学的卓越品牌，我们必须坚持办学体制机制创新，只有确立起充满活力的民办高校办学机制，只有确立起先进的办学理念、办学思想，才可能发挥人力资源、财力资源、环境资源的最大的优势和最优的效益。所以推进制度创新、管理创新、教学创新将是我们的首要任务。

制定规划必须汲取百家智慧，为此，我们将抱着"开门做规划"的宗旨，邀请全校师生员工、社会有识之士特别是企业管理的精英共同参与"十三五"规划的编制工作，希望能够帮助越秀外院坚持改革创新、明确发展定位、找准发展思路、加快发展步伐，真正走出一条符合民办高等教育规律的发展之路。

高校内涵式发展的基本方法[*]

记得年轻时上哲学课，老师讲解过西方哲学中一个具有本质意义的问题，叫作"认识你自己"。"人啊，认识你自己！"是刻在希腊德尔斐神庙（又称"阿波罗神庙"）门楣上的一句铭文。古希腊人认为，"认识自己"才能赋予智慧、得福免祸。古希腊哲学家苏格拉底将其作为自己的哲学宣言；而几乎在同一历史时期，远在东方的中国先秦诸子百家也创造了辉煌的中国古代哲学，研究的思想也是以人为本，讨论人性的善与恶，以及人伦道德的本质问题。时间过去了两千年，"认识你自己"的难解之谜仍然没有解决。

今天，我们重温历代哲人关于认识自己的命题，我觉得很有意义，因为我马上想到了"越秀外院是谁？越秀外院在哪里？要到哪里去？我们怎样才能到达心向往之的目的地？"

在越秀外院成长、发展的道路上，我们已经取得了长足的进步，我们已经建立了本科教育教学的基本规范，我们不断地革新本科人才培养计划，我们每年都在改善自己的办学环境和条件。但当我们把已经取得的成绩放在一边，冷静地反思我们成绩和荣誉背后的缺陷与不足，重新审视我们自己的时候，我们看到了另一个越秀外院，一个不完美的越秀外院，一个学科建设还比较落后的越秀外院，一个在成绩之下存在诸多困难的真实的越秀外院，一个在教学和管理方面还存在不少弊端的越秀外院，一个必须对标先进、急起直追的越秀外院。

历史告诉我们，一项事业发展得越快，它所凸显的矛盾和问题也就越多。对政府来讲是如此，对高校来讲也是如此。

---

  * 这是徐真华 2016 年 9 月 8 日在浙江越秀外国语学院中层干部研讨会上的讲话节录。

那么，在越秀外院成长的道路上，该如何去破解我们在发展中遇到的这些困难和问题，怎样作出正确的判断和选择，以便把越秀外院建设得更好？

苏格拉底说得好，他说："世间最珍贵的不是'得不到'，也不是'已经失去'，而是现在能把握的'机遇'。"大家请注意，"机遇"两个字是我临时改动的，苏格拉底的原话是"幸福"，现在能把握的"幸福"。可能对于越秀外院人来说，只有当我们把握住了发展机遇，把握好了发展机遇，才能真正品尝幸福。

那么这个能够给越秀外院带来"幸福"的机遇到底是什么呢？我想说这个机遇就是发展，就是内涵式发展。越秀外院的目标是：打造中国民办大学的卓越品牌，是实现"百年名校"的越秀外院梦。新和成集团董事长、学校理事长胡柏藩老师多次对我说道：在中国要成就百年企业的可能性很小，但是建设百年大学是完全可能的。建设百年越秀正是出于一名企业家的教育情怀、报国情怀。越秀外院从办学的初衷到办学的归宿都有了一个非常健康、理性、高远的定位。

那么，我们应该怎样理解内涵式发展？怎样实践内涵式发展？

我认为，内涵式发展的第一要义是发展，核心是以学生为本，根本要求是改革、创新、质量、特色、社会服务与贡献，基本方法我理解有以下四点：

一是人才驱动。我们必须大力引进与培养一大批中青年学科带头人与学术骨干。教师是大学办学的主导者，教师的学养与素质是师德的最高境界，深厚的学术修养和人格魅力就是一部活的教科书，就是一种强大的精神力量，能对学生产生潜移默化、耳濡目染的影响。每一位教师首先要解决好"为什么教""怎样教"的问题。一大批高水平的教师能够塑造一所名牌大学的形象与品牌；一大批优秀的辅导员可以影响一大批学生的成长进步，引导他们树立正确的人生观和价值观；一大批敬业爱岗的行政管理人员能让大学的作风与姿态焕然一新。我希望加盟越秀外院的每一位学科领军人物、每一位学术带头人都能成为各学科、各专业领域的领头羊，努力组建各自学科和专业领域的教学、科研团队，把各个层次的研究平台做实做强，把各自所在的院系带上一个新的台阶。

二是学科建设驱动。教学是学校一切工作的中心，教学任务、教学内容和课程体系的优化组合，应用型复合型人才培养模式与方法的改革，课堂教学质量的监管与提升，实践实习教学计划的落地与执行，是本科教学任务的主要抓手。

不管我们如何变革，总是要抓住课堂教学这一育人的主渠道，对课程、教材、教法进行系统改造，把实体教学与虚拟教学结合起来，切实提升学生的学习能力。教师群体的教学水平、学术视野及科研能力决定了你所在这个学科、专业在教学领域和学术界的地位，你有什么样的教学、科研产出，你就有什么样的高度，就有什么样的社会影响力。无论你是丛林中的羚羊还是狮子，你必须学会奔跑，只有奔跑者才有成长、发展的可能性。

三是高效有序的管理驱动。虽然学校有自身的特色和规律，在行政管理、校务管理中可以标准化、程序化的环节一定要实行标准化、程序化、流程化管理。

我曾去台湾考察过高校的行政管理和后勤管理，台湾一些高校实行的精细化管理方式给人印象深刻。他们的管理已经不再是一种制度安排，而是已内化成一种行为规范，内化成一种为落实刚性的管理目标而实施得非常人性化的管理行为。精细化管理的特征是每个部门之间、每个管理节点之间环环紧扣，某个环节出了问题或者工作没有做到位，后续环节或者并行的环节会在第一时间补位或作出迅速反应，把脱节的工作连接起来，较好地实现了多时间、多角度、多层面、多方位的环环增强。

管理的目的是服务，服务于教学一线，服务于学生一线，这是我们建立各种规章制度，明确各级管理职责的终极目标。管理制度和工作职责是保障我们实施规范行政的主要依据。我还是那句话：各级干部要学规矩、懂规矩、讲规矩、守规矩，坚决不允许任性行政，坚决不允许拿学校的利益、学校的资源作交易。

四是校园文化的导向驱动。一般说来，制度是可以仿效的，但是大学自身的文化无法移植或复制。大学的校园文化反映了大学在其办学过程中拥有的理想、信念和追求，以及逐步形成的传统、优势和特色。它需要30年、50年甚至上百年的积淀。所以，大学文化是滋养大学精神的沃土，它浸润着师生们共同的价值取向、民主的管理氛围、宽松的学术环境，以及开放的思想意识和健康有序的行为规范。具体到我们的教学实践，我主张在通识教育层面上，必须强化学生的公民意识和理性思辨能力，当我们在强调应用型教学、技能型教学的时候，千万不要忘记文史哲的一般知识，数理统计的一般技能，逻辑思维的一般方法，在通识教育中，它们最能够沉淀为厚重的人文素养。在专业教学的层面上，我们必须强化精英意识，努力促使每一位学生学有所长、术有专攻。

打造中国民办大学卓越品牌，建设百年名校，必须有超越技术层面的思考，而且必须从现在做起，比如我们该如何弘扬传统文化，如何营造越秀外院自身的文化特色，如何涵养越秀外院的大学精神？在教导学生学好外国语的同时，如何引导他们做好中国人？这些应该成为大学的主办者、管理者关心和研究的重要课题。

最后，我想以昨天上午费君清教授在报告结束时讲的一段话作为我今天总结的结束语，他说，国家建设"双一流"大学的宏伟计划可能与我们没有很直接的关系，但是打造中国民办大学的卓越品牌、创建中国民办大学"双一流"、实现"百年越秀梦"却是我们的不懈追求。距离再远，我们也要脚踏实地、努力前行，坚定不移地朝着目标进发；困难再多，我们也要努力攀登，"千里之行，始于足下"，没有今天的攀登，就没有明天"一览众山小"的美丽景色。

强化办学特色　推进人才培养模式创新[*]

我们把新年第一个会议的主题定格在"教学工作"是经过深思熟虑的，显示出学校把"培养什么人"和"怎样培养人"摆在学校一切工作的中心位置的决心。

下面我就如何把提高教学质量摆在中心位置，优化办学结构，强化并巩固办学特色，不断增强学校核心竞争力谈一些看法和意见。

一、审时度势，把握机遇，以改革引领学校新一轮发展

当前，浙江越秀外国语学院的发展正处于一个关键时期。一是处在发展方式的转型期，我们仍然经受着从规模扩张向内涵建设转向，从行政话语权主导向学术话语权引领转向的阵痛，一些固化的经验，一些传统的思维定式仍然影响着一部分干部教师的思想和行为，因此认清形势，转变观念，与时俱进成为当前干部工作的一个重点。二是处在办学结构的调整期，既要统筹兼顾、协调发展，更要突出重点、力求有所突破。三是处在深化改革的攻坚期，从国家政策层面看，国家将从 9 月 1 日起实施新的民办教育促进法。那么营利性和非营利性的政策界线是什么？这一政策导向会给民办大学的发展路径带来什么样的影响？从校内的管理机制看，我们的人事管理机制、教学管理机制、财务管理机制怎样为教师的发展、学生的成长提供快捷便利的服务，真正把办学以教师为本，教学以学生为本的办学理念落到实处？四是处在国际化办学水平的提升期，以国际间的实质

---

* 这是徐真华 2017 年 1 月 16 日在浙江越秀外国语学院发展战略研讨会暨教学工作会议上的讲话节录。

性合作交流为推手，加快提升学校的教学水平势在必行。我鼓励各二级学院在国际交流处的协调下，积极主动地开拓国际间校际合作的新渠道、新项目。有条件的专业力争把三年级的本科生成建制地送到国外校际合作院校学习，教务处要有效提供课程与学分互认的通道。波利斯国际学院、酒店管理学院要加快推进与国外学校建立合作办学机构或项目的进度，2017年应有所作为，有所建树。国际交流处要重视外籍教师选聘的质量，建议与商学院研究，在若干商科专业开设全英班，有针对性地选聘能开设专业课程的有资质的外籍教师（可优先考虑与原独联体国家高校聘用能用英语上课的专业教师）。这也是国内一些大学创办全英教学的成功经验，其特点是上马快，见效快，并能帮助校内教师快速成长。五是处在高水平人才选聘的困难期。打造人才高地，发现、培养、引进、汇聚、激励高水平优秀人才是每一所大学共同的战略任务，也是办好一所大学的必然选择。越秀外院要发展，越秀外院要以较快的速度发展，培养与引进高层次高水平优秀人才是绝对不容商量，绝对不容犹豫的战略决策。我们该怎么做？该怎样让这个战略决策落地？请各位领导、各位同事贡献你们的意见建议，也贡献你们的人脉关系。

二、提高本科教学质量是当前越秀外院发展的硬道理，是检验学校发展成效的硬指标，是摆在各级领导面前的硬任务

大学的人才培养质量是一所大学赖以发展的生命线，不仅是大学发展的基础，更是我们从事教学工作的意义和价值。既然大学是培养人才的主体，那么大学对于富有自身特色的质量体系的构建和完善就显得十分重要，这是大学能否培养出合格人才、创新人才的关键所在，因为质量标准是一个导向，是引领教师发展、学生成长的一个标杆。

美国的大学对培养学习有几个重要标准：一是培育学生的领导素养；二是提升学生的创新思维和创新能力；三是激发学生对多元文化、多元价值观的认知。美国的大学总是基于他们独特的目标来设定课程，所以大学既有自己的愿景，又有各自的差异性。这就使得一个大体统一的质量标准能够引领学生多样化的发展。

越秀外院要构建具有自身特色的质量保障体系，需要考虑以下几个方面的工作：一是我们给学生提供什么样的教育？这一点答案似乎是明确

的：应用型技能型的本科教育。二是越秀外院如何保证应用型技能型本科教育的有效实施？我们该设计怎样的培养方案，它涉及哪些不同的环节？比如：一是教学内容与课程教学体系；二是与教学内容与课程体系相匹配的知识结构体系；三是不断创新的教学模式与教学方法（包括社会实践等）；四是一支结构合理，充满责任心的师资队伍；五是一支高素质的教学行政管理与学生管理队伍；六是包括办学环境与条件在内的校园文化；七是有效的质量评价、监督机制；八是保障上述 7 个要素有效运行的管理机制。

作为本科教育的这些基本要素常常萦绕在作为校长的领导们的脑海，八大要素的有机结合、有效推进是一个过程，需要不断地投入，不断地调整；是一个系统、一个整体，需要协调，需要配合；也是一种探索，需要不断地修正，不断地完善。

本科培养方案是在培养目标和培养模式的指导下，因应教育规律和经济社会发展需求而建立的科学合理的教学计划和设置的任务要求，是本科教学必须遵循的教学规律和程序，是学校实行目标管理和过程管理，评估教育教学质量的主要依据，也是社会大众了解、认识、评价大学教学现状及其育人潜质，以及学生成长成才预期的一个重要窗口。

他山之石，可以攻玉。我们不妨看看中国高水平大学对培养方案的认识与设计。北京师范大学 2015 年版培养方案，其本科教学的指导思想：拓宽基础，加强融合，尊重个性，追求卓越。其培养目标：具有优秀的人文与科学素养、宽厚的专业基础、开阔的国际视野、强烈的社会责任感的精英人才。

如何实现这一培养目标？北京师范大学设计了三大课程系列。

1. 通识教育课程系列，含 6 大模块，近 600 门课程。分为：家国情怀与价值理想模块；国际视野与文明对话模块；经典研读与文化传承模块；数理基础与科学素养模块；艺术鉴赏与审美体验模块；社会发展与公民责任模块。

通识课程分为 A、B、X、L 4 类课程，A 类为必修课；B 类为从大二开始开设的通识课程；X 类为新生研读课，不分专业，由教授开课；L 类课为留学生开设，主讲中国文化。

2. 专业教育课程系列，含 4 大模块，每个专业教学一般包含 25—35 门课程。分为：学科基础课（均为必修课）；专业选修课，为各专业不同研究方向开设的课程；自由选修课，根据个人兴趣及发展需要的个性化课程；实践与创新模块，专业实习、毕业论文、专业实训、社会实习、志愿者服务，均纳入教学计划，学生至少应参加若干项并获得相应学分。

3. 自助构建个性化修读方案。一是优秀的中学教师职业方向，在课程设置及社会实习实践中体现差异化安排；二是学术研究型人才方向，设计了学术型的课程安排；三是交叉复合型人才方向，安排了不同学科方向的必修课与选修课。

作为大学的教育者，我们必须坚持以育人为本，以学生为主体，把学生的成长成才放在学校一切工作的首位；作为大学的管理者，我们必须坚持办学以人才为本，以教师为主导，把教师的培养与引进放在管理工作的首位。

大学的根本任务过去是，现在是，将来依然是培养人才。德国哲学家费希特于1810年被推举担任柏林大学首位校长，他曾这样定义大学教育："大学的根本任务是培养人，即以人为本。"200多年后的今天，哈佛大学校长福斯特同样表示："应该始终坚持高等教育的功能和理想，乃是致力于照亮人性之美，这一原则应该被奉为高等教育的灵魂。"

三、优化办学特色，坚定不移地走特色兴校之路，坚定不移地走人才强校之路

说到越秀外院的办学特色，也有一些同志表示疑虑，说徐校长，你提到的办学理念是否适合越秀外院？是不是高了、超前了？理念不是具体的举措，理念一定是形而上学的，一定是超越当下的。理念更多地属于思想、理想、梦想的范畴。一个没有思想的人，只能是一个碌碌无为的劳力者；一个没有理想、没有梦想的人，只能是一个没有方向的流浪者，没有根，没有基点，所以也难有作为，难有发展。

回到具体的办学实践上来，越秀外院的办学特色主要表现在哪里？我想说越秀外院的办学特色主要体现在其"比较优势"上，该校的教学创新应该体现在构建国际化特色鲜明的课程教学体系上，体现在构建应用型复合型教学模式上，体现在跨文化沟通交流能力强的毕业生素质上。

关于应用型复合型人才培养模式，本科人才培养方案怎么与社会实践、实习结合起来？聘请哪些企业界、经济界人士担任兼职导师？开设哪些应用型课程？创新创业学院怎么组织教学与培训指导？这一系列工作对新创办本科大学都是一个陌生的课题，我们研究得深透些，工作推进的力度大一些，创新的举措就多一些，就可以形成越秀外院应用型教学的新模式，并能得出一些标志性的教学成果。

关于跨文化沟通交际能力问题。我们已经作了不小的改革，越秀外院四年大学英语的总课时量比教育部规定的课时量翻了一番，我希望大外部在大学英语教学的模式上进行大胆改革，以提高外语的听说能力为重点，让越秀外院的毕业生，不管其出身何种专业，外语的交际能力一定要优于其他本科高校的毕业生。

这就是我想强调的"比较优势"，"比较优势"的形式和内涵应该更多更丰富，这需要我们不断地拓展不断地强化。

综观高等教育发展的历史，人才的兴衰决定着一所大学的兴衰。从意大利文艺复兴开始到英国的工业革命，再到"美国世纪"兴起，无不佐证了一个道理：一所大学汇聚了一大批优秀的人才，那么这所大学就一定可以成为一个领域、一个地区乃至一个国家的骄傲。学校正在谋划2020年到2035年的中长期发展规划，在杰出人才引进的数量、质量上乃至引进的方式上都会作较大的调整，到时也请大家一起来研究。

越秀外院教育事业的改革与发展要有更好的形态、更好的结果，校院两级领导班子成员的意识和作为是关键。对于越秀外院教育教学改革的进展，大学有关职能部门的主要领导，各二级学院的院长们要负起主要责任。对于一个职能部门的处长，一个二级学院的院长来说除了高水平的专业素养和管理能力，领导干部的格局显得尤其重要。那么什么是格局呢？我想"格"应该是指人格，"局"应该是指一个人的胸怀。一个有格局的领导比较善于学习、善于思考、善于团结同事、善于发挥一个团队的作用，因为一个人本事再大也很难撑起一个一流学科，只有有较高水平的团队和平台，才可能打造一流的教学、一流的科研。

今后学校将着重从制度层面切实加强各级领导班子成员的自身建设，完善并切实履行大学及二级学院《党政联席会议制度试行办法》等管理条例，切实履行干部教师考核评价制度，施行领导干部"一岗双责"等责任制。

一所大学教育教学质量的高低取决于教师的总体水平，同时也有赖于大学运行机制的畅通与便捷。如果培养出来的学生达不到培养目标的基本要求，高校忽略对学生的引导与指导，就容易造成大学发展的泡沫，受到惩罚的将是大学自身；如果有了办好越秀外院的热情和决心，但管理缺失或机制僵化，也容易造成大学运作的失范，受到损害的也是大学自身。

越秀外院目前的发展势头比较好，也面临巨大的挑战和激烈的竞争，越是在这个时候，越是要保持清醒的头脑，可以设想，一所发展势头良好的大学，交给高水平的管理者来管理会使其锦上添花，交给低水平的管理者去打理则会使其走向衰败，因此学校的发展过程一定是一个不断提高，不断规范的过程，学校的教学、科研必然需要一个宽松、包容、昂扬向上的氛围。在座的每一位干部，包括我自己，我们要经常扪心自问，我负责的这个部门工作到位了吗？我这个部门的每一位同事，都尽职尽责了吗？我这个部门的工作还有哪些短板与不足，我们该如何改进？如何通过创新通过改革，使工作更上一层楼？唯其如此，越秀外院才可能在我们这一辈人手上变得优秀。

如何增强领导干部的执行力[*]

　　《浙江越秀外国语学院中长期发展规划（2016—2030 年）》从设计到开始实施，经历了大约 1 年的时间，现在是到了向这个宏伟目标进军的时候了。这个目标就是，利用 15 年左右的时间，越秀外院要争创中国民办大学的"双一流"，建成站在中国民办高校前列的中国著名民办外国语大学。

　　目标是清楚了，方向也明确了，但是争创中国民办大学"双一流"，谈何容易？学院升格为大学的路在何方？

　　我想告诉大家，路就在越秀外院谋划的中长期发展规划之中，就在各二级单位制定的具体举措之中，路更在每一位领导干部的意识、思维、视野、决心和行动之中。我们的认识到位了，思维超前了，视野开阔了，举措落实了，工作投入了，那么，打造中国民办高校的卓越品牌，建设高水平的浙江越秀外国语大学，就可以水到渠成。相反，如果我们的思维还只是局限于"民办高校连维持都难，发展根本不可能"的担心上，而不思突破与超越；如果我们的视野仍然停留在本土本乡，而没有远投的目光，不去构建更大的格局；如果我们的努力只是满足于口惠而实不至，满足于小富即安、不思变革；如果我们的举措仍然是一堆文件，我们仍然习惯于"会上听听很激动，会后想想很感动，回到学校还是少有行动"这样一种精神状态，那么，我们一定摆脱不了平庸乃至被遗弃出局的噩运。

　　越秀外院已经制定了一个不错的中长期发展规划，现在是行动的时候了，是付诸实践的时候了。球踢到了各位的脚下，你跑还是不跑，踢还是

　　* 这是徐真华 2017 年 9 月 10 日在浙江越秀外国语学院中层干部暑期读书会上的讲话节录。

不踢？朝哪里踢？用多大的力气踢？用什么样的技巧踢？踢得准不准？与本队球员配合不配合？配合的质量如何？这里面有意识问题、技术问题、团队合作等诸多方面的要素，更有责任与担当的问题，你想不想负起这份责任，能不能承担得起这份责任，我想就领导干部执行力的问题，谈几点看法，作为我对自己，对各位领导的期望。

一、从顶层设计的角度看

一项计划的成败优劣，首先取决于顶层设计者的智慧、视野与胆识。假如计划本身存在着这样那样的缺陷或不足，那么计划执行的效果也一定不会好。这就印证了那个推断：一样的行动时间，一样的努力付出，你的计划高明，想法优异，举措得当，效果一定好；计划低下，想法粗劣，举措失当，工作效果就一定差。现在呈现在大家面前的这个中长期发展规划，校内校外、上上下下经过了不下 10 次会议讨论，今后在相应的发展阶段，我们还会不断地听取大家的意见，进行微调和改进，但总的来说，这是一个比较成熟的规划，一个比较专业的规划，一个比较符合高等教育发展规律和浙江越秀外国语学院实际的规划。所以，希望每一位领导干部在思想认识上要有这个共识，有这个自信。

二、从执行的角度看

一项计划的成败得失，至少取决于 5 样东西、5 个条件：一是取决于执行者的个人素养，你是富有远见卓识还是鼠目寸光；二是取决于执行者对工作任务、实施细则的理解与执行；三是取决于执行者对工作任务的时间投入与精力投入；四是取决于执行者个人的情商；五是取决于对执行者工作的监督与评价。

三、从具体操作的角度看

领导者应该推行目标管理与过程管理相结合，而且是以过程管理为主要推手的管理模式。二级单位的总体目标、阶段性目标应该科学合理，应该清楚明了，具有切实可行的特点。阶段性目标不能太低，更不能虚。目标定低了，行动没有动力；太虚了，会让人茫茫然不知从哪里下手。每个阶段目标都应该有一定的高度和困难，能调动管理干部内在的工作动力，激发他们攻坚克难的激情和勇气。

没有谁比谁更聪明，也没有谁比谁更笨一些。如果说有差异，那么这个差异一定是反映在各自对自己分管或主管单位工作目标及工作举措的信心上，反映在克服困难的勇气上，反映在解决疑难问题的点子与手段上。这些非智力因素不太可能改变一个人的智力，但是它却决定着你的智力能否得到充分的发挥。

一项计划的成败得失真的要依靠那些愿意做事、肯干实干的领导干部，这样的干部会真心实意地去做好每一件事，不间断地去跟踪、去协调，直到任务完成为止。平庸的人往往不愿意承担责任，他们习惯于推三阻四，不愿意做具体工作，他会找各种借口拒绝，直到最后他以他的行动证明"这件事本来就不应该做"或者"这件事本来就不归我管"。

四、从管理科学的角度看

执行的过程应该是工作效能最优化的过程。可以说，最优化是对每一位领导干部，尤其是对工作在一线的中层领导干部最基本的工作要求。

20世纪初，意大利经济学家维弗雷多·帕累托教授提出了一个假设，他认为，在任何一组东西里面，最重要的只占其中的一小部分，这个比例大约是20%，其余的80%尽管是多数，却是次要的，处于从属的地位。这个假设被后人称为"帕累托定律"，或者被叫作"二八定律"。

世界很大，学校也很大，我们遭遇的困难，我们每天要处理的事件何止百件，可是帕累托教授用他的"二八定律"告诉我们，在一所大学里，最重要的事情大概就那么十件、八件。

2015年11月，中信出版社出版了美国学者加里·凯勒的一本书，书名就是《最重要的事，只有一件》。加里·凯勒推崇的思维模式告诉我们，在处理纷繁复杂的工作任务时，一定要抓住主要矛盾，集中精力做好几件甚至只是一件最重要、最关键的事情。因为完成最重要的事就像找到那一块关键的多米诺骨牌，把它推倒了，剩下的问题有可能迎刃而解。虽然每个骨牌都很小，但是第一块骨牌能推倒比它重多少倍的一大批骨牌，一旦传递下去，整个骨牌链条都会被推动。

那么怎样才能找到那个支点？怎样才能确定哪些事情是最重要的？哪些事情是必须集中精力，在第一时间去处理去解决的大事要事呢？要把握好大局，要聚焦破局点。大局就是预测，就是准确地把脉，科学地诊断，切实有效地提出实施方案或计划；破局点就是找准阻碍你前进的那个痛点，或者说那几块短板。

越秀外院的办学实际的第一个痛点是师资力量薄弱，生师比严重失调；第二个痛点是高水平、高层次、高学历教师占比严重不足，教育质量与办学特色亟待强化；第三个痛点是教师年均教研、科研经费匮乏；第四个痛点是人才培养方案亟待改革创新；第五个痛点是教学、行政管理水平亟待提升；第六个痛点是校园文化的内涵建设水平亟须提升。

五、从行动的角度看

我从教42年，从事高等教育管理也有20多年的时间了，我想告诉大家：无论你教书还是做管理，其实人人都可以成功的。而在现实生活中，确实有很多人包括一些水平能力很强的人没有成功，原因是什么呢？一个很重要的原因就是他们缺少行动、缺少追求。他们不知道成功的秘诀就在于身体力行，干事，干成事，干好事。那么走向成功有没有捷径？我说有，这条捷径就是不问收获，但求耕耘，就是苦干加实干。

我相信能力是非常重要的，但是行动更重要。有能力而少有行动，甚至不行动，请问你的能力为何物？你的能力有何用？执行力总是要通过你的行动去体现的。

再者，我们总有一些同事抱怨没有机会。其实很多时候机会要从行动中去获取。有一部介绍美国篮球明星乔丹的纪录片，我并不会打篮球，篮球比赛对我而言也没有吸引力，但是这部片子里的一个细节让我终生难忘，并给了我做人做事的正能量。在中学选拔篮球队员的时候，乔丹因为个子不够高而被编入了学校的篮球二队，两个队是同一个教练，教练要在一队训练完以后，才去给二队训练。这时乔丹站出来，主动要求在一队训练时去一队当义工，当服务员。所以，实际上乔丹每天都比每个二队队员多争取到了两个小时的训练。虽然这两个小时他并没有上场，但是场上的氛围、教练的指导、队员的配合让他受益匪浅。多年之后，乔丹终成正果，成为大家心中的"飞人"。

六、从负责、乐群的角度看

我刚才讲到行动比能力更重要，因为行动就是能力的体现，就是能力的佐证。对于一群智商、能力都在同一条基准线上的领导干部而言，决定他们走得更远、走得更好的关键因素可能不是智商，而是情商。从这个意义上讲，智商决定你能否参与领导与决策，情商则决定你在领导与决策的道路上能走多远。

在去年的学校发展战略研讨会上，我引用了美国社会心理学家费斯汀格的那个很出名的论断：生活中的10%是由发生在你身上的事情组成的，而另外90%则是由你对所发生在你身上的事情如何反应所决定的。这个推断被人们称为"费斯汀格法则"。换句话说：生活中有10%的事情是我们无法把握的，而另外的90%却是我们能掌控的。在越秀外院，我们现在无法否认的既成事实：一是它的办学历史短，二是它的基础薄弱，三是目前的专业布局不合理。但是请注意，在我们面临的现实中，有90%是能够通过改革，通过奋斗去改变、去掌控的。

耶鲁大学是美国最早成立的三所大学之一。近百年来，从这里走出了5位美国总统，它的现任校长苏必德教授对智商与情商的关系有一些论述，他说，领导者必须善于有效管理自己的情绪、团队的情绪乃至下属的情绪。他说，美国大公司的CEO受聘的原因很多，比如智商高、杰出的商业才能等，但他们中的一些人不能善始善终，被解聘的原因却只有一个，就是缺乏情商。

前年的某一次会议上，我列举了苹果公司创始人乔布斯在20世纪80年代末，因为坏脾气而被自己创建的公司辞退的事，原因就是他不懂得怎样与人共事，怎样与人合作，弄得他的经营团队人心涣散。最后，董事会明察秋毫，认定在乔布斯的团队里，应该离开的就是乔布斯本人。20世纪90年代后期，乔布斯重返苹果，这时候大家发现，原本刚愎自用、粗暴易怒的乔布斯完全变了一个人。正是情商的改变，使乔布斯创造了苹果公司新的里程碑式的辉煌。

七、从合作共事的角度看

我曾经见到不少这样的干部，他们个人的学术能力超群，有的甚至管理水平也非常出众，但是他们中的一些人就像空中的星星，或迟或早，没几年就纷纷坠落了。究其原因不是输在细节，而是败在格局上。

21世纪初，美国心理学家鲍迈斯提出了"自我损耗"的理论。所谓"自我损耗"，就是你的每一个选择都可能损耗掉一点你的心理能量，而每消耗一次你的心理能量，你的执行力、影响力、领导力就可能随之下降。比如，曾经有这样的同事，当了领导之后头脑发热，以为可以为所欲为，甚至把规范治校视为民办高校的异端邪说，认为民办高校就是要灵活。有些领导也老大不小了，但是脾气太大，气量太小，处事缺乏艺术。有的领导则是大包大揽，作风专横。还有这样的同事：要职位，要荣誉，可是干活的时候就躲在后面，能推就推，能拖就拖，一句"我早就布置了"，就把对一个学院、一个处室的管理责任推得一干二净。

这样的干部，没有胸襟，没有眼光，没有格局，心里容不下别人，老是担心别人不把自己当回事，琢磨别人多过琢磨工作，其实这是缺乏自信心的表现，十分要不得。

还有的干部目光短浅，虽然身居二级单位的主要领导岗位，但是对学科、专业建设想不透、看不远，始终跳不出地域的局限、学校类别的局限，不善于用全省、全国的标杆对照和要求自己，满足于谋一域而不努力谋全局，满足于谋一时而不努力谋长远。

所以我再三恳请各位领导、各位同事，一定要弄明白越秀外院的追求到底是什么？为了这个追求，我们今天应该怎样作为？唯其如此，我们才能抓住大局谋大事，抓住细节做实事。

学校中长期发展规划的实施一定是关注细节的，这个细节就是过程管理中的各个环节，各项举措中的各个支撑条件。比如，关注教学过程就必须关注人才培养方案是如何实施的？教学内容与课程体系的改革是如何深化的？师生的思想政治工作应该如何做到位？学校的人事管理、学生管理、财务管理、总务后勤管理该如何有效地为教学服务、为老师服务、为学生服务？

我常常唠叨这个话题：办学一定是以教师为本，因为大学的主导力量是教师，所以我们要善待每一位老师，善待每一位老师的学术个性；教学以学生为本，因为学生是大学的主体，所以我们要善待每一位学生，哪怕是犯有这样或那样错误的学生。

这些话说起来容易，道理大家也都明白，但是一碰到具体的人和事，我们的处事方式、处事态度就可能出现很大的偏差。任何不尊重教师、不爱护学生的言语倾向、行为倾向还不仅仅是个别人的工作方法问题，而是我们该以怎样的心态去接纳我们的老师，关照我们的学生。

越秀外院正在从事一项前人尚没有时间、没有机会去做的伟大事业，即创建中国民办大学的"双一流"。创业是艰难的，也是光荣的，因为我们将在一个新的目标新的高度，尝试着挑战我们自己。

聚焦发展主题　强化办学质量与特色[*]

一、越秀外院目前所处的发展阶段及存在的差距和问题

2017 年学校所做的最重要、最有意义的一件大事，就是制定并经理事会审议批准了《浙江越秀外国语学院中长期发展规划（2016—2030年)》（以下简称《发展规划》）。我们坚信不同层次、不同类别的大学都能够创办一流的高等教育，而今天的越秀外院正站在"创建中国民办高校'双一流'"的起跑线上。

2017 年，我们组织了一系列学习、调研、论证活动，我们对照比较了教育部颁布的优质本科大学的国家标准，我们对标了北上广同类大学中的领军学校，制定了三个五年分三步走的中长期发展规划、分阶段实施计划以及 17 个子规划。

学校的绝大部分教师，坚守三尺讲台，致力于教书育人；绝大部分干部，特别是各二级学院的院长、书记，机关部处的各位处长、部长，恪尽职守，不计个人得失，为越秀外院能跑到中国民办高校的最前列而全力以赴、全情投入。我感到欣慰的是，在当下这个充满喧嚣、人心浮躁，各种短视行为常常左右着人们选择的社会背景下，越秀外院的大部分干部、教师表现出了热心教学、安心学问、积极工作、努力奉献的定力，体现了越秀外院这几年一步一个脚印，踏实前进的精神力量。

然而，在肯定成绩的同时，我更愿意跟大家聊一聊学校建设中遭遇的困难与挑战，我们工作中存在的问题和不足，唯一的目的就是让我们每一位干部、每一位领导，能准确地认识我们自己，正确地把握第一个五年发

* 这是徐真华 2018 年 2 月 26 日在浙江越秀外国语学院发展战略研究会上的讲话节录。

展阶段中的各项工作。

我认为当前越秀外院面临的主要矛盾是：现实办学条件与愿景目标之间的不足；办学规模与办学质量之间的失衡；管理效益与内涵发展之间的差距；高端人才匮乏与越秀外院上水平上层次内在需求之间的矛盾。

具体来说就是：基础不稳、层次不高、特色不彰、管理不力。

二、精准布局，精准施策，把《发展规划》落到实处

解决上面所说的种种矛盾，我想还是要靠发展，靠改革，要坚定不移地走以高端人才为引领，以质量提升为核心，以特色彰显为抓手的内涵发展之路。从全球范围来看，提升高等教育的办学质量，凸显高等教育的办学特色已经成为世界高等教育的共同命题。反观国内的大学形象，高等教育大众化的目标已经实现，大学的主流理念已经开始从外延扩张向内涵建设迁移，表现出质量提升和特色发展的显著特点。

也许有同事会问，校长年年讲发展，年年讲改革，越秀外院当下应该发展什么？改革什么？

其实扩大办学规模是发展，提升办学层次是发展，制定规划，明确方向，确定目标，理清思路是发展。我说的是彰显办学特色、提升办学质量也是发展，而且是更高水平的发展。发展始终是学校建设的第一要务。发展的内涵主要是指学科建设与专业建设的质量，教师课堂教学的水平、科研能力的提升，以及学校对社会、经济、文化领域贡献显示度的增大，归根到底是人才培养的质量与特色。

发展的支点是改革。改革的核心：一是缩减制度、机制层面一切不利于现代大学发育成长的行政性障碍；二是利益的合理调整，资源的有效配置。

发展的困局是高水平、高层次人力资源的匮乏。2017年国家实施"双一流"建设计划，各省实施高水平大学建设计划以来，高校的人才竞争愈显激烈。民办高校无论在政策扶持，还是资金扶持方面，目前还无法享受到政府的改革红利。

发展的焦虑是稳定。利益格局的调整与重组，可能引发教师、干部或者某个群体的情绪或思想波动，并可能直接影响改革的实效。而在互联网时代，学生张扬个性，崇尚价值多元，传统的学生工作模式与方法也亟待创新。学校教育工作、生活服务方面任何稍不到位，就极有可能引发群体

性的矛盾与冲突。

这就是当前越秀外院在创建民办高校"双一流"道路上面临的现实，机遇与挑战并存，出路与困境同在。出路在哪里？出路就是越秀外院的中长期发展规划，出路就存在于《越秀外院本科教育质量与特色行动计划》，就存在于《越秀外院国际化办学行动计划》。《发展规划》固然重要，但是比《发展规划》更重要的是执行与落实。而落实的先决条件是执行《发展规划》的各级领导，是在座的各位院长、书记、部长、处长，是你们的意识，你们的努力，你们的付出。

越秀外院的优势在哪里？越秀外院的特色是什么？或者换个角度设问：越秀外院该培育什么样的办学优势？该凝练怎样的办学特色？

与北上广的公办外国语大学相比，我们几乎没有先天的办学优势可言。我们拥有的只是比较优势，民办大学具有机制活、包袱小、负担轻的优点。在学科、专业建设方面，我们积累薄、经验少，但是我们可以努力创造后发优势，可以采取差异化发展策略，少走甚至不走公办大学在专业发展方面走过的弯路，从贴近社会需求、贴近应用入手，培养新时代急需的应用型复合型人才。

与北上广的公办外国语大学相比，经过 10 年的打磨，越秀外院的 SPT 应用型人才培养体系已经初具特色。这个特色就是聚焦培养具有国际视野的高素质应用型人才；这个特色就是专业教学与外语教学融合，使越秀外院的人才具备直接参与国际合作与竞争的能力与水平；这个特色就是本土教学与境外教学相结合、课堂教学与实践教学相结合、通识教学与专业教学相结合的人才培养模式。

我们正处在越秀外院发展史上一个非常重要的历史时期，一个既需要急起直追、奋发有为，又需要宁静致远、心无旁骛地专心做学问的时期，一个呼唤大作为的时期。非此，我们制定的三个五年分三步走的中长期发展规划就可能落空。大作为必须有大投入，对标先进，人才高地、学科建设、校园建设也需要大投入。大作为更必须有大视野、大格局、大胸怀、大决心、大努力。大作为必然要求我们精准布局、精准施策，开创学校内涵建设的新局面。

精准布局。我们要认真研究越秀外院"一体两翼"的学科布局。在条件成熟时，对学科、专业的组合作适当调整，目的是建设层级清晰、定位准确、方向鲜明，外语学科与非外语学科双轮驱动的学科建设新格局，督促各二级单位在学科、专业建设中更好地履行主体责任，始终聚焦师资、质量、特色三要素。

精准施策。我们必须围绕建设中国民办高校"双一流"的愿景目标，贯彻"重点发展、重点投入、重点突破"的发展思路，对师资队伍建设优先投入，对一流（重点）学科建设优先保障，对高端人才、高端平台优先支持，对公共服务与应用实践项目优先安排，对质量与特色振兴计划在要素配置上优先满足，对国际交流与合作优先考虑，促进"一体两翼"的学科专业群以较快的速度发展、壮大，形成越秀外院质量、越秀外院特色的品牌效应。

"应用型、高水平、国际化"3 个词语集中彰显了越秀外院的办学定位和价值追求。而"高水平"与"国际化"，正好聚焦了内涵发展框架下"质量"与"特色"的两大主题。

发展与改革是决定越秀外院未来命运的关键抉择，质量与特色应该成为越秀外院办校治学最亮丽的一抹底色。改革往往从易到难，发展也往往从初级到高级。当下的一系列挑战和困难都向我们揭示了这样一个事实：越秀外院的发展需要新思路新对策。今后，如何推动现代大学建设，让制度更成熟；如何进一步深化教育教学改革，让发展更有质量，更有特色；如何深化国际交流与合作，让国际化更有层次，更多溢出成果；如何给干部、教师创造更好的工作、学习、生活的环境和条件，让干部、教师和学生更有获得感和成就感，将是我们的努力目标。

今天，我们应该怎样管理大学[*]

本次研讨会有两大主题，第一个主题是怎样把教育部于 2018 年颁发的《新高教四十条》落实到我们的教育管理与教学实践中去；第二个主题是怎样提升越秀外院师资队伍建设的质量。刚才，教务处和人事处的领导已经代表学校就今后本科教学的走向和人才队伍建设的目标提出了相关的意见与举措。分管校领导也对目前本科教学和人才队伍建设的现状作了客观的分析。

作为校长，我还想从微观的角度讲一个比较现实的问题：今天，我们应该怎样管理大学。

关于大学的理念，千百年来，各种典籍、各种理论汗牛充栋、不可胜数。中国儒家经典《大学》有言："大学之道，在明明德，在亲民，在止于至善。"意思是，大学的理想，是要彰显一个人光明的德行，是要他亲近爱护百姓，是要他抵达完美的境界。中华文明的教育思想自古以来一脉相承，现任教育部部长陈宝生 2018 年提出"四个回归"说，强调立德树人是大学教育的根本任务。

西方现代教育思想，以 18 世纪初德国古典哲学的创始人康德和 18 世纪德国教育家威廉·洪堡为肇端。康德有言：大学是学术共同体。威廉·洪堡在 1810 年创办了柏林大学，首次明确提出了"教学自由与学习自由，教学与研究相结合"的办学理念。他们的思想对全世界高等教育的发展产生了重大而深远的影响。

那么，具体到大学的教育教学管理实践，则似乎很难找到一个放之四海而皆准的模型，因为国情的不同，因为发展的差异，因为制度设计的得

---

* 这是徐真华 2019 年 1 月 14 日在浙江越秀外国语学院发展战略研讨会上的讲话节录。

失，大学教育教学管理实践的水平与成效也参差不齐。

我认为，对于一所办学历史不长的大学，一所新办的大学，在大学行政管理的层面上，以下 4 点至关重要，我想用 4 个关键词来描述，即"系统化""专业化""精细化""国际化"。

系统化管理的基本思想是把研究和处理的对象，比如大学，看成一个整体，并从整体出发研究组成系统整体各要素的相互关系。比如大学的组织结构，各组织结构不同的目标与任务，其行为特点、指导原则、运行规律及其相互之间的联系与互动。因此，系统具有开放性、综合性、关联性、协同性等基本特征。大学中，各个不同的职能部门都处在一定的位置，起着特定的作用，大学不是各个部分的机械组合或简单叠加，整体一定大于部分之和，因为作为系统的大学整体功能以及各要素的独特功能，是各要素在孤立状态下所不具备并无法承担的。比如一个人的手，一旦断臂，手便失去了它隶属于人体时的所有功能。再比如，一名教授，他一旦脱离了高等教育机构，他的身份与作用也随之发生了变化。

作为大学的管理者，我们的任务不仅仅是认识大学的特点和规律，更重要的是要利用这些特点和规律，把大学建设好。比如在大学这个系统内，推动高校前进的原动力是改革创新，而改革创新的核心要素是大学内高学历、高职称、高水平、高素养的博士、教授，包括高水平、高层次的管理干部，所以高校的创新驱动，说到底是人才驱动。当我们认识到高校发展的这些特点和规律之后，我们就可以以这些规律为杠杆，去改善师资队伍的学历与职称，去优化师资队伍的结构和成分，去提升师资队伍的数量与质量，使得师资队伍的存在与发展合乎大学内涵建设的发展要求。

所以当我们在处理日常工作的时候，不能只顾自己的学院或部门，不知道转身，不顾大学发展的方向与目标而我行我素。比如有的教师会说："把课上好，没问题，其他事情你们别烦我。"于是，培育教学成果奖的团队，他不参加；硕士点建设的平台，他不参与；系里的教研活动，他不搭理。这种把课堂教学与课堂教学延伸的各种教研、科研活动割裂开来的思维方式是极其狭隘的，因为他根本不懂得教育是一个系统，上课只是这个系统内教师的一部分职责，他不认识教育的系统环境、系统结构和系统行为（即行为的系统性、关联性），而将自己割裂于系统之外。其实，教师的教育教学活动有着更丰富的内涵、更高尚的目标追求。教书育人的任务从来就不是局限于课堂教学之内的，把自己孤立于系统之外，还振振有词，这样的教师其实是不称职的教师。

再说专业化管理。什么是专业化？专业化意味着规范化。参照美国管理学者利伯曼关于"专业化"标准的定义，我对大学必须实施专业化管理的理解是：一是机构的专业化，拥有明确的、可靠的指导思想与发展规划；二是人员的专业化，管理干部和教师接受过良好的长期的专业教育；三是知识与技术的专业化，管理干部和教师自身的知识与技术应该是常变常新的；四是研究手段与方法的专业化，管理干部和教师的知识结构与大学的学科、专业布局应该是相向而行的；五是机构与个人都具有广泛的自律意识与责任意识；六是对知识、技术与思想的传承、创新负有作出判断、采取行为的责任与能力；七是对人性的关怀与尊重；八是高效有序的制度规范与清朗向上的校园文化。

大学实施专业化管理的核心是：以服务教学科研、服务教师的发展、服务学生的成长为主要内容，而人力资源管理、学生的学业管理和校园生活管理只是大学实行专业化管理的具象的基础性工作。

我最近读了一本书，书名叫作《做最受单位欢迎的一流员工》，副标题是——讲忠诚、守责任、懂执行。书中写道：在清华大学举办的一个高级总裁班上，老师作了一堂主题讲座："什么样的员工最受欢迎？"课堂上，老师对100多名学员做了一次调查，调查的第一个问题是："哪一类员工是你们最不愿接受的员工？"调查结果如下：工作不努力，并且爱找借口的员工；没有忠诚度，损公肥私的员工；缺乏责任心，过于斤斤计较的员工；执行力低下，华而不实的员工；心理素质差，受不得委屈的员工。调查的第二个问题是："什么样的员工是你们最喜欢的员工？"调查结果如下：没安排工作，却能主动找事做的员工；通过改进方法加倍提升业绩的员工；忠诚于公司，从不抱怨的员工；责任心与执行力强的员工；能为单位提建设性意见的员工。

这一调查结果证实了一个道理：凡事找借口、缺乏责任心、没有执行力的员工，一定是单位里不受欢迎的员工。凡事讲忠诚、守责任、高效执行、主动找方法解决问题的员工，是单位里最受欢迎的一流员工。

在这个世界上没有不需要承担责任的工作，你既然选择了院长、副院长、书记、副书记的岗位，那就意味着你必须承担起一份责任。没有责任感的领导不是合格的领导，没有责任感的员工，也不是合格的员工。

那些在遇到问题和困难时能够迎难而上、高效执行并主动解决问题的领导，常常更能经受磨炼，更快地进步。而那些习惯得过且过，动不动就找借口逃避责任的领导，最后就可能被淘汰。这些事实告诉我们，你对工作的态度决定你生命的意义。

至于精细化管理，这也是从企业管理科学借来的一个概念。有学者批评，中国的生产经营长期处于粗放式管理的状态，究其根源无不由于过多地关注宏观、关注全体，而忽略了对生产执行过程中各个具体环节、各个细节的安排与检查。的确，中国传统文化有着重整体重全局的哲学考量，对事物的过程描述往往不够精当、准确、具体。而西方流行的分析哲学，催生了重逻辑、重分析、重环节的管理理念。20世纪美国著名质量管理专家戴明博士，分解了现场操作工人的劳动步骤与劳动节奏，创造了流水线的生产方式，并且提出了新的生产哲学：绝对不容忍粗劣的原料；绝对不容忍不良的操作；绝对不容忍有瑕疵的产品和松散的服务。他提出的方法是：改良生产过程并不间断地改进生产服务系统，即建立现代的岗位培训方法，建立现代的督导方法，建立现代的生产考核机制，打破部门间的围墙，每个部门都不应该独善其身，鼓励他们发挥跨部门的团队精神。这就是著名的戴明质量管理十四法。

至于大学的精细化管理，我提倡"三精三细"的工作思路与方法：一是教师专业要精，备课要细；二是干部管理业务要精，服务要细；三是领导谋划要精，责任落实要细。

再说说国际化管理。现代大学的管理必须具有国际化的视野与胸怀。全球化已经渗透到世界各地各个领域。大学的改革与发展，必须借鉴发达国家治理高等教育的宝贵经验，通过搭建高层次的国际交流与合作的项目、平台或机构，从理念到方法，补齐短板、增强自身。

比如在办学方向上，以法国巴黎第一大学为代表的法国高等教育追求"非功利化""多元化""实用化"的原则；以美国马里兰州立大学为代表的美国高等教育，推崇培养具有领导素养的全球化公民的人才培养目标，都值得我们深思。我想借此说明，教育的国际化，一方面要坚持以我为主、为我所用，另一方面更应着重于办学理念方面的学习、借鉴与创新，这似乎比引进几门课程更有意义。

因为说到国际化，人们想到的第一个指标往往是：你这个大学有多少外国留学生，教师队伍中外籍教师占比是多少？

我想，教育国际化首先是教育教学的思想、理念、人才培养的指导思想、模式、方法的现代化，即是否遵循现代大学的办学规律？是否遵循现代高等教育先进的办学理念？是否适应并引领现代社会的发展趋势？

其次是视野、格局。教育的领导者、管理者，他们的事业是固化于某个地域，固化于某个过去的经验、模式、方法，还是具有开放的心态、包容的气度，能敏锐地捕捉到教育领域的新思想、新理念、新方法，能敏锐地捕捉到全球化背景下经济社会的新变化、新业态、新需要。

再次是能力，不仅指教师的素质与教学能力，干部对现代化大学的管理素质与能力，也指学生的学习能力与成长目标。

大学的管理者，其难能可贵的品质应该是乐于接受新事物、新思想，从而不断更新自我、改善自我。我们永远不可能成为无所不能的智者，我们唯有不断地学习，才能保持思想的敏锐性和可靠的判断力。所以，学习与改变应该成为我们每一位教育教学管理者的座右铭。

浙江越秀外国语学院管理中的几组关键词[*]

今年的暑期中层干部读书会，我们集中精力聚焦"高校治理与作风建设"这一个主题，聚焦学校管理方面存在的缺陷与不足，根本的目的就是以问题为导向，正视问题、剖析问题、提出对策，提高管理与服务站位，提升我们的政策水平和执行力。

昨天，费书记和张书记从不同层面深刻剖析了当前越秀外院在教学与行政管理方面存在的种种问题。今天上午分组讨论的时候，大家也都认为这些问题已经影响到了学校的发展。这里面，有些问题根深蒂固，有些问题则是深层次的问题，有其复杂的历史原因和现实原因。对于这些深层次的问题，我们主要应该通过"完善顶层设计，建立规范、高效、宽严有序的运行机制"去解决。比如关于缩小管理跨度，减少管理层级，下移管理重心，实行校院两级管理的问题，我个人认为要真正实施校院两级管理，变集权为分权，有两个基本的必要条件：第一，已经建立起了规范有效、符合教育规律的制度框架和政策体系；第二，必须有一支懂教学、会管理的二级学院干部团队。这需要一定的时间和实践积累，有个过程。有些问题则是原本不应该出现的一些低级错误。不管是深层次的老大难问题，还是表面看起来微不足道的差错过失，如果不及时解决，不及时加以整改，将会制约学校的建设和发展，甚至败坏大学的风气。

法家集大成者韩非认为：所有的问题，都应该赶在刚露出细小苗头时及时加以处置，才能防患于未然，他说："有形之类，大必起于小；行久之物，族必起于少"，并以此解读《道德经·第六十三章》的所谓"图难于其易，为大于其细"。

---

* 这是徐真华 2019 年 7 月 3 日在浙江越秀外国语学院暑期中层干部读书会上的讲话节录。

下面，结合我平时听到看到的一些问题，再和大家聊一聊越秀外院管理中一些比较突出的、值得我们去思考的现象。

一、清醒与盲目

我们有的处室和学院的领导对本单位的优势与不足，对本单位重点要做什么，要关注哪些细节，都非常清楚，他们有明确的工作目标、执行计划、具体举措和落实方案，工作实绩也比较明显。这些干部往往对自己的岗位职责有清醒的认识，能起到带头表率作用，班子成员和教职工的凝聚力也比较强。有的部处和学院的领导则恰恰相反，管理没有规矩，做事没有章法，主要表现有二：其一，对单位事务没有统筹规划，无目标、少举措、无跟踪、无监督，或者多一事不如少一事，不作为；或者想到什么做什么，乱作为。其二，作为领导，思辨能力匮乏，发现不了问题，以为不出事便天下太平，对老师课堂教学教得好不好，学生学习状态好不好，不过问，不考究。出了问题则采取大事化小、小事化了的态度，不报告、不处理。这些同志的行政管理是盲目的，是极端不负责任的。

我认为，善于发现问题，善于以问题为导向，厘清工作的轻重缓急，激发大家的工作热情，是思维能力强最有力的证明。一个思维能力强的人，工作能力也往往不会差，一个工作能力强的领导，一定能把控好一个单位的大局，他对这个单位的工作目标，以及达到这个目标所要采取的路径与举措，一定是心中有数、安排周详的。善于思考才可能有前瞻的判断，有了远见才能明察安危、运筹帷幄；他对一些具体问题的处理也一定是有原则、有立场的。有的干部则不然，比如在学校进人、学生违纪处理等问题上干扰学校既有的规章制度，无原则地游说、打招呼，以至于让一些不该进的人进到学校来了，让一些本该及时处理的违纪违规问题不能依法依规得到及时有效的处理。有些同志把这类现象归结为工作缺乏经验，我说这与经验无关，这是思想方法不对头。因为任何言语行为都是某种思辨的产物，认识上的偏差、判断上的失误，其核心终归要归结于思想认识上的偏颇。

二、主动与被动

主动谋事与被动接受，这是两种完全不同的精神状态和行为方式。这两种状态在我校干部员工中也都明显地存在。我们有的单位、有的领导有强烈的责任感和进取心，能立足部门、立足岗位，主动谋划本单位的建设发展，主动了解师生的所需所求。而有的单位、有的干部则不然，"等、靠、要"思想严重，推一推动一动，甚至推一推还是不动，当面说得很好，背后却完全变样，工作被动应付。

为什么会存在这两种截然不同的表现，究其原因无外乎三点：首先，是有没有责任心的问题。这是问题的关键所在。谋事之基在于"责"，有了强烈的责任感和责任心，才会积极主动地谋事，谋本职工作之事，谋本单位发展之事，谋开拓创新之事，谋攻坚克难之事，工作就会出新思路、出高标准、出严要求，真正做到在其位谋其政。反之，思想就会懈怠，不愿干事，懒得动脑筋，工作不用心。《荀子·修身》中有这样一句话："路虽迩，不行不至；事虽小，不为不成。"意思是路程即使很近，但不走就不能到达；事情即使很小，但不做就不能成功。对于没有责任心的人来说，主动做事，哪怕是小事，必然会增加工作量。他或许会想，既然领导没有安排下一步工作，我又何必劳心劳力，更何况多做多错，万一主动做事出了纰漏，还要承担更多的责任。

其次，是肯不肯学习的问题。主动做事，实则是根据学校的发展规划，提前谋划本单位的重点工作，提前站在全局的角度去思考下一步甚至下两步的实施方案，这就必然要有过硬的本领。这种本领当然需要在工作实践中提升，但勤于学习、善于学习则是基础。

在曾国藩的老家湖南湘乡流传着这样一个笑话。有一天，小偷到曾家偷东西，正碰上曾国藩秉烛夜读，一篇短短的文章，朗诵了多少遍，硬是背不下来。小偷本想等他睡着了再下手，等到半夜，听他还是结结巴巴没有背熟，实在忍无可忍，跳到堂屋中央嚷道："你这种笨脑壳，还读什么书！"后人评说：曾国藩的功成名就与他的勤奋，与他的守拙、补拙不无关系。曾国藩自己也说："吾辈读书人，大约失之笨拙，即当自安于拙，而应以勤补之。"表现在读书上，则是"一句不通，不看下句；今日不通，明日再读；今年不精，明年再读"。曾国藩总结自己的成功经验：天下之至拙，能胜天下之至巧。当代学者胡适似乎也同意曾国藩读书行事的风格，他说："凡是有大成功的人，都是绝顶聪明而肯作笨工夫的人，唯甚如此，才有大成就。"

2017年1月18日，习近平总书记在联合国日内瓦总部有一个演讲，演讲的题目是《共同构建人类命运共同体》。在这次演讲中，习近平总书记用了一个典故，即"善学者尽其理，善行者究其难"。典故出自古代哲学家荀子的《荀子·大略》，意思是说：善于学习的人，能够透辟地认识事物的道理；善于实践的人，能够深入地探究事物的疑难。

再次，是会不会团结、带领大家一起干的问题。我们有的单位，领导主动谋事，干事激情十足，能以上率下，干部职工看在眼里，自然会形成浓厚的团结干事氛围。有的单位的领导与教师始终保持着距离，内部管理缺乏合理有效的合作机制。这一类干部，有的工作起来"5＋2""白加黑"，但身边没有团队，周围没有帮手，只能一味埋头苦干，往往还很难得到同事的认可；有的奉行"能者多劳"的原则，让单位里兢兢业业、埋头干事的人永远有做不完的事，而对集体事务少关心、甚至不关心的人，则束手无策，客观上损害了单位和谐共事的氛围。

的确，人的自觉有太多的不确定性。要让一个单位、一个团队主动谋事，关键在领导。因此，今天在座的每一位干部都要主动作为，以上率下。同时，作为部门领导，还要注意搭建能与自己同甘共苦、能与学校同呼吸共命运的教学、科研团队或行政团队，要有包容的格局，引领本单位的同事"身在兵位，胸有帅谋"，人人都主动去思考，主动去担当，主动去做事。这样，一个单位、一个部门就会充满正气，就会生机勃勃。

其实，在历代官员的考核中，是否勤政、能否打开工作局面，都是十分重要的考核内容。只有那些勤于政事并能出色完成各项政务的官员，才能在考核中脱颖而出。雍正皇帝在位时，直隶巡抚李维均上报了所辖各县县令的考核结果，其中对吴桥县令常三乐的考核结果有两条：一是"操守廉洁"，二是"懦弱不振"。也就是说，常三乐人是好人，官是清官，但工作不行，能力不佳。李维均上奏建议调他专管教育，但这个建议被吏部否决，理由是常三乐没有明显过失，仍可留用。报告送到雍正皇帝案头，雍正皇帝想都未想，直接批示将常三乐撤职。

在日常的工作中，我们往往注意到行政缺失或行政不足、不到位的问题，但其实还有一种现象需要引起我们的注意，就是行政过度的问题。行政过度是一种行政越权行为，是一种严重的行政失当。有一个典型的案例就发生在我们的身边：本校有个单位与校外的一个单位签订了一项协议，落款是"浙江越秀外国语学院人事处"，盖的章则是这个二级单位的公章，这是明显的行政违规。

三、"内政"与"外交"

这两个词原本是指国家层面的事务，今天我借用过来，主要是指一个单位的"内部管理"和"对外交流"事务。对整个学校来说，"内政"和"外交"好比是两条腿，两者缺一不可。人才培养、内涵建设、教学、科研、制度建设都是高校工作的核心。与此同时，高校还肩负着社会服务的重要职责。对一个二级单位来说也是如此，如何在做好"内政"的同时加强对外合作交流，这是摆在我们面前十分现实的问题。

我们非常高兴地看到，有的学院这两方面工作都做得很出色，内部管理井井有条，人才培养质量逐年提高，对外合作交流也开展得有声有色，比如东语学院泰语专业、印度尼西亚语专业、阿拉伯语专业3个专业成建制地送学生出国学习交流；比如西语学院和中文学院，仅仅本学期就召开了好几次全国性的学术会议，反响都很好；比如国际商学院跨境电商人才培养成绩斐然，上个月还与阿里巴巴共建数字贸易学院，联合开展人才培养；比如网络传播学院与政府紧密合作，对全省互联网管理人员的轮训工作如火如荼地进行；比如留学生教育学院今年以来，学生人数有了较大规模的增长，增长数达到200多人次；学生处和校团委的工作也可圈可点；图书馆、网络与教育技术中心、保卫处的工作都得到了省里的肯定和表彰。这些工作为擦亮学校的办学品牌、服务地方经济社会的建设发展、扩大学校社会影响力起到了重要作用。但同时，我们有的学院常年"静悄悄"，与国外高校的合作推进速度慢，与国内兄弟院校的交流不多，与企业和地方政府的合作项目少，有影响的学术会议也不积极组织，不是没有经费，而是工作还没有到位。

我想，在这些"静悄悄"的单位里，领导们对工作也是有计划、有部署的，但是执行不力。清代学者彭端淑著有《为学》，文中记载了这样一个故事：蜀地有两个和尚，一个贫穷，一个富有。穷和尚对富和尚说："我想去南海，怎么样？"富和尚问："你怎么去？"穷和尚说："我只要带一个水瓶，一个饭钵就行了。"富和尚说："我一直想雇船顺江而下，到现在还没去，你凭一个饭钵就走得了？"第二年，穷和尚从南海归来，把去了南海的事告诉了富和尚，富和尚顿时无地自容。

一些对计划执行不力的二级单位，总是有各种理由原谅自己。我想说，"不作为""少作为"是一种慢性病，久而久之，必然导致工作效率低下，导致师生对领导的不信任。"不作为""少作为"的反面是"担当"。倘若我们有担当意识，把学院的事、机关的事看成自己不可推卸的使命和职责，那么小事端就不会酿成大事件，局部问题就不会蔓延成全局问题。

四、严谨与松散

我们有的二级单位，办文办事、待人接物细致严谨，大到全国性会议的协调，各项会务工作安排都井然有序；小到一份文件、一份报告，行文、用语都是逻辑严密、十分规整。而有的部门、有的学院，文件、材料审核不严，经常出现错误，甚至送到学校领导手中的报告，还常常有差错，让人难以接受。可以想象，这些部门应该也是管理松散、工作流程不规范、审核程序缺失；领导对部属的要求不严，缺乏指导，多年在同一个岗位但进步甚微。

五、领导与服务

我一直强调，大学是学术共同体（康德语）。我们要把强劲的行政话语权转变为强劲的学术话语权。机关职能部处的职责，一是管理，二是服务。管理是一门科学，服务更多的是一种态度，是一种意识。管理的第一条就是必须建立规范有效的制度体系和政策框架；第二条就是具有较强的统筹、沟通、组织、协调的能力；第三条是具有较强的执行能力。那么服务是什么？制度体系和政策框架制定好了，服务就有了依据，有了章法。具体地说，服务，就是要向服务对象提供工作上的支持，提供业务上的帮助，提供政策落地的条件与环境。

在高校，行政部门与各教学单位之间的关系，不是领导与被领导的关系，行政部门主要承担着统筹、协调、组织、沟通与服务的职责。但时至今日，有些行政部门的干部甚至一个普通科员，还下意识地把自己当作领导，对教学单位发号施令，对教师颐指气使，这绝对使不得。

六、团队与个人

这世界上没有完美的个人，只有完美的团队。曾经有人问一位哲学家说："一滴水怎么样才能够不干枯呢？"哲学家回答说："把它放到大海里边去。"一个简单的对话却揭示了一个深刻的道理，就是"个人与团队之间、局部与整体之间的关系"。如果没有别人对你的支持，没有团队每个成员的群策群力，那么我们就难以克服工作中的困难与障碍。离开了团队，没有了整体，在困难面前，即使你使出浑身的力量，也终究会力不从心，难成大事。

在越秀外院，绝大部分的干部都有大局意识，在单位既有分工又有合作，遇到事情班子集体商量、民主决定。但我们有的干部在具体管理工作中却不是这样，决定本部门重要问题时不与班子成员相互通气，时常表现出"家长式"的领导作风，一个人说了算，不大注意和团队成员的沟通与合作。

说到团队与个人，历史上英雄豪杰的成功范例是历久弥新。

先说刘邦的"三不如"。刘邦称帝后，在洛阳南宫宴请文武百官。酒过三巡，他向群臣发问：项羽为什么功败垂成，我刘邦怎么就成了大赢家？有臣子回说："陛下论功行赏，利归天下；项羽则不然，妒贤嫉能，枉杀忠良。"刘邦道："你们这叫只知其一，不知其二。出谋划策、坐镇指挥，我不如张良；安邦抚民、筹集粮饷，我不如萧何；领兵打仗、攻城略地，我不如韩信。这三位都是人中豪杰，而能为我所用，我安能不得天下？"刘邦的"三不如"说，既有自知之明，又有知人善任之智慧，并把帅才与专才的关系说得清清楚楚，每每为史家所赏。

但是"三不如"之说并非始于刘邦，追溯起来，最早发表类似高见的当数春秋战国时期齐国的宰相管仲。管仲任齐国宰相三个月后的一天，齐国国君桓公请他帮助选任内阁官员。管仲说："行动讲规范，进退合礼节，言辞刚柔相济，我不如隰朋，请封他为大行，掌管外交；垦荒筑城以聚人气，辟田耕作以增钱粮，我不如宁戚，请封他为大司田，掌管农业；治军严明，带兵有方，统帅三军、视死如归，我不如王子城父，请封他为大司马，掌管军事；断案公明、判决适度，我不如宾胥无，请封他为大司理，掌管刑律；犯颜进谏，忠于社稷，不避个人安危，我不如东郭牙，请封他为谏官，掌管督察。这五个人各有专长，我不如他们。"齐桓公问管仲："那你呢？"管仲回答："国君若想富国强兵，有这五位就够了，若想成就霸业，则须有我管仲辅佐，我的作用他们无法替代。"齐桓公同意了管仲的建议，并按照他的提名完成了组阁。

后来的历史证明，在"桓管五杰"的领导下，齐国的综合国力日趋强盛，不久便雄起于周代的东方。桓公之所以能开创春秋第一强国霸业，九合诸侯，一匡天下，与他组建了一个坚强的领导团队有极大的关系，更在于他善于把下属的智慧，变成团队的智慧，变成他治国安邦的智慧。

七、行政与专业

在我们的干部中，有一部分是"双肩挑"干部，他们既从事行政管理或教学管理，又承担教学、科研任务，常常是管理、业务两头忙，处理不好就会影响两头的工作。对于这部分干部，如何处理好行政管理、教学管理与自己专业之间的关系？这是一个需要深入思考的现实问题。我个人主张，"双肩挑"干部首先要做到兼课适量，做到"双肩挑"两不误。那么，怎样让自己进入两不误的最佳状态，怎样把握个人专业的发展与行政教学管理精力、时间冲突之间的"度"呢？这是方法，更是艺术。我个人的经验，当专业与管理冲突时，应做到以管理工作为重。因为当你肩负着管理职责时，你代表的不单单是你个人，你代表的是一个集体，你不仅要对自己负责，更要对集体负责。

但是我们有的干部却颠倒主次，甚至两方面都不重视，管理没成效，本职专业也没做好。

大学是一个神圣的地方，是一个立德树人、培养人才的地方。管理也是教育，是育人的重要支撑。高校的显著特征是知识传授、文化传承，是科技创新。文化性是大学的基本特征。管理者必然与文化打交道，与传承、创新的知识者打交道，与学习、成长成才者打交道，我们每一名干部都要思考如何通过服务老师、服务学生，去实现管理育人。这里我提出一个概念与大家探讨，就是我们的干部要学会"对话式"的管理。

对话，这是一个耳熟能详的词汇。在中国，最著名的对话是《论语》中所记载的孔子与七十二弟子之间的对话。在西方，最著名的对话是苏格拉底与他的学生柏拉图、亚里士多德的对话。关于对话在现代社会中的作用问题，首推英国著名学者戴维·伯姆。他被誉为20世纪最伟大的物理学家和最重要的思想家、哲学家之一，他出过一本经典著作，叫作《论对话》。戴维·伯姆对人类所面临的交流和沟通问题作出过这样的观察："过去几十年来，现代科技发展一日千里，广播、电视与飞机、卫星构成了一个庞大的网络连通全球，使得世界的任何一个角落都几乎可以在瞬时之间彼此相连。然而与此相对应的，则是人与人之间的感觉日渐隔阂，彼此间的沟通以空前的速度，变得每况愈下。"①

在越秀外院，随着教师、学生来源和地域、文化差异日趋多样化、复杂化，各种矛盾会不断出现。这就要求我们的管理干部和教师要与各种群体、个人之间增进理解。比如涉及外交活动，涉外会议、讲座，以及外宾来访、外教兼职等，有一些边界不能逾越。所以，沟通与理解是相互关联的，当人与人之间的关系改变时，理解也会随之而变；当人与人之间理解加深时，新的关系也随之建立。在日常工作中，要充分信任和尊重他人，并体现在实际行动中，让彼此的交流与沟通日渐化为真正的对话，从而有效地促进理解，有效地解决学校治理中的种种现实问题。

---

① ［英］戴维·伯姆著，［英］李·尼科编，王松涛译：《论对话》，教育科学出版社，2004年，第1页。

2016 年 3 月 26 日，习近平总书记在捷克《权利报》发表题为《奏响中捷关系的时代强音》的署名文章中，引用了唐朝名相魏征的《谏太宗十思疏》中的一句话："求木之长者，必固其根本。"魏征因直言进谏，辅佐唐太宗共同创建"贞观之治"大业而名垂青史。奏疏的首句即为："求木之长者，必固其根本；欲流之远者，必浚其泉源。"这句话的意思是说，要想树木长得高大茂盛，一定要稳固它的根系；要想水流得长远，一定要疏通它的源泉。魏征采用比兴的手法，说明想要国家长治久安，首先要固本强基。治理大学，我想道理也是一样的。求学运之昌明久远，必固其根本。这个根本，就是遵循教育规律，尊重人才，爱护学生，聚焦内涵，科学管理，提升办学质量与特色。为此，越秀外院的干部、教师一定要勤治学、守道义、敢担当，把学生培养好，把书教好，把管理做好，把服务做好。

高校管理中的"现象学"批评[*]

现象学是 20 世纪 20 年代西方文艺学中兴起的一个批评流派，胡塞尔等人的现象学哲学是它的理论基础。这一学派对人类的认知科学颇有贡献，但是对它的批评也不少，一个共同的认识是：它不依据任何前提来描绘现实，只把文学作品看成是现实的浓缩体现。我借用这个名词，就学校治理过程中林林总总的一些现象，说一说我的批评意见。

一、关于学校"一体两翼"的学科布局

在学校的中长期发展规划中，明确了"一体两翼"的学科建设布局。所谓"一体"就是以文学门类为主体（文学包括中国语言文学、外国语言文学、新闻学 3 个一级学科）；所谓"两翼"是指经济学科、管理学科这两个学科门类。学校的指导思想是：坚持应用型本科教学的中心地位，坚持立德树人，培养国际化特色鲜明的复合型人才，以文学为引领，以外国语言文学为特色，以经济学、管理学为支撑，大力扶持工学、艺术学类相关专业，优化整合跨语言、跨学科、跨领域的交叉融合，加快新文科建设，形成外语类学科与非外语类学科"双轮驱动"的学科、专业建设基本格局。

但是请注意，在这个学科建设布局中，我们所采取的是差异化、非均衡的发展策略。为什么必须走差异化、非均衡发展路子？为什么一定要有所选择，分出轻重缓急？这首先是由学校的类别所决定的；其次是由扩大开放的国家战略所决定的（"一带一路"倡议、建设"全球命运共同体"的中国方案，是党和国家既定的发展大略，而建设开放强省则是浙江省的重大战略决策）；最后，我们还必须看到，作为一种战略资源，外语教育

* 这是徐真华 2020 年 1 月 9 日在浙江越秀外国语学院干部培训会议上的讲话节录。

水平，跨文化人才培养也直接关系到一个国家在经济全球化和区域经济一体化竞争中的地位。中国已经成为全球性的大国，中国必将在安全、外交、能源、环境、贸易、金融、司法、文化教育的各个领域全方位地与世界进行深刻而广泛的互动，国家的外语能力已明显滞后，构建中国特色的外语战略迫在眉睫。

我们是外语类高校，首当其冲，必须办好你的外国语言文学专业，彰显你作为外国语大学的存在特色。这不仅仅是作为一所外国语大学自身发展的内在要求，也是当下社会发展的必然要求。大家看看，大到扩大开放需要多语种人才，"一带一路"倡议需要多语种人才，建设人类命运共同体的中国担当、中国使命更需要多语种人才；小到建设外贸强省，推进数字贸易同样需要多语种人才。

想当初，浙江省教育厅批准我校的外国语言文学学科为省级 B 类一流学科，一定是有深意的。据说当年有校领导到厅里汇报我校的发展方向，讲到要建设学科门类比较齐全的人文社科大学，浙江省教育厅领导当场打断了越秀外院的汇报，说："越秀外国语学院，你的发展重点、发展特色是外国语，把外语学科做优、做强、做出特色来才是越秀外院的方向。"

所以在文学这个大门类中，外国语言文学一级学科一定是我校建设与发展规划中的重中之重。越秀外国语学院要彰显办学特色，首先要在外国语言文学学科上下功夫，把这 15 个外语语种建设好，人力、物力、财力包括发展规划应向外国语言文学学科作一定的倾斜。外国语言文学学科的各相关学院一定要自强不息，努力治学，采取有力措施把教学质量提升上去，把"金课"建设起来，把科研追赶上去，最关键的是把中青年人才队伍抓起来。

越秀外国语学院要彰显办学特色，还必须在非外语类学科、专业上下功夫。我强调差异化发展，也就是要请大家研究，我们越秀外院的中国语言文学、新闻学、经济学、管理学学科，与浙江大学、浙江师范大学，与绍兴文理学院的同类学科相比，在人才培养的方法与路径上要不要有差异？差异在哪里？人才培养方案怎样修订？特色怎么突显？还有教材问题，新闻学、经济学、管理学学科各专业的教材要体现"当代性"，这个"当代性"是什么？教学内容与课程体系该怎样与社会、与经济的发展变化同步？

我希望我今天的讲话能内化成各个学院的具体行动，你们回去要好好研究。教学质量怎么提升？办学特色怎么彰显？语言类学科与非语言类学科应该怎样融合、交叉？要确立目标，要拿出举措，要明确责任人，制定时间表。

二、关于新文科背景下的学科建设

我强调外语学科在学校建设发展中重中之重的地位，并没有排他的意思，并不否定中国语言文学、新闻学学科的重要地位，并不否定经济学、管理学学科在学校建设中不可或缺的支撑地位，这一点毋庸置疑。这几年学校对中文学科，对新闻学科，对经管学科的支持力度之大是前所未有的，所以各位院长，你们不用担心。

这两年，经济学科、管理学科的干部、老师们也很努力，引进人才也逐步有了起色，同志们想了很多办法，出了很多点子，大家都很努力，取得了不小的进步。这两个学院新的负责人都已到位，希望你们全心投入，抓好班子，建好团队，学校也请各职能部门研究做强做优支撑学科的政策，支持什么？有哪些举措？怎么落地？相关部处与教学单位应该达成共识，形成联动，真正确立这两大学科的支撑地位。

关于"一体两翼"的基本构想，我想用这 16 个字来描述："彰显特色、强化优势、提升两翼、重点突破"，形成以外语为主要特色，语言类学科与非英语类学科融合发展的大学科、跨学科体系。如果说，外语类学科下一步的发展思路已经基本明确，在具体操作的层面，我们实施"外语＋战略"，具体内容包括英语＋辅修、英语＋小语种、小语种＋英语、小语种＋辅修，非通用语种则实施"双外语＋"的培养方案。在教学理念的层面，我最近有一个想法，外语专业教学要实现四个转变。这四个转变是：1. 在重视外语教学的工具特性的同时，更加重视外语教学的人文特性，帮助学生认识并掌握语言所蕴含的经济、社会、历史、文化、宗教、审美等方面的人文元素。2. 在重视学习他者文化，帮助学生弄懂弄通不同民族文化的同时，更加重视帮助学生认识并掌握本民族的根文化，学会讲好中国故事。3. 在重视提升学生语言学习能力的同时，更加重视强化学生的语言服务意识，提升学生积极参与国际合作与竞争的自觉性。4. 在重视培养学生外语交际能力的同时，更加重视培养学生的思维能力，避免教出一批思想贫乏、没有观点的"外语文盲"。

那么新文科背景下的经济学科、管理学科以及中国语言文学、新闻学学科旗下的各相关专业的教学改革该怎么推进？该强化什么样的特色？切入点在哪里？希望上述学科、专业的领导们、教授们，希望发展规划处的领导、教务处的领导要坐下来认真研究。"外语＋战略"应该也完全可以成为新文科背景下经济、管理学科教学改革的一大抓手。但是光有这个抓手还不够，这两个学科的改革还应该与新的经济形态、新的经营形态、经营模式结合起来，在"新"字上做文章，在与"新技术""人工智能"的结合上做文章，比如互联网金融的兴起，大大冲击了传统金融行业的行为模式，比如"线上贸易"的新模式，也大大冲击了传统经贸交易的旧格局。越秀外院的经济学、金融学、管理学相关专业的人才培养方案要与时俱进，这需要你们的智慧、你们的眼光、你们的视野，需要你们拿出改革的勇气，跳出旧框架的束缚，闯出应用型经管人才培养的新路。

三、关于人才引进

越秀外院当下的"人才困境"主要在两方面，一是高层次人才严重不足，教授、副教授、博士数量在自有专任教师队伍中还很少；二是一线工作的教师数量严重不足，有一部分二级学院外聘兼职教师的数量达到了学院教师总数的40%—50%，这是极不正常的。学校人事处、各二级教学单位，你们排在第一位的工作，一定是招人进人，人才经费学校是有保障的。引进人才是有标准，有条件的。要坚持引进人才的考察审核制度，一要看个人的品行，二要看教学水平，三要看科研能力。如果一名应聘的教授或副教授，最近五年连一篇C刊论文都没有，连一个课题都没有，那么他的学术生命是没有力量的。引进博士、硕士也要考察一下他有没有基本的研究能力，有没有相应的学术成果，有没有可以预期的发展前景。

要用发展的眼光看待引进人才，引进人才的科研能力固然重要，但这只是人才考察审核的一个方面，综合的分析比较更有助于准确地判断与抉择。

在日常工作中也有一些求职者会走捷径，他们通过各种渠道，找到学校或二级单位的领导拉关系。这时候，我们一定要把学校进人的政策、进人的程序原原本本地告诉他们，切忌热情过头，拍胸脯打包票，校领导切忌向二级学院的院系负责人打招呼，提出不合适的要求。

求职者水平高、职称高、学历高，谈入职条件，一定要按学校既定的人才政策讲条件，不要随意许诺，不要随意突破。同时，我们欢迎大家集思广益，提供信息，不断完善学校的人才引进政策。人事部门应制定完善的人才档案制度，凡引进人才务必核对引进人才的学历学位证书、专业技术职务证书、项目、成果、论文等原件。做这些，没有不信任的意思，这是正常的工作程序。核对原件后，可复印一份留存在人事处，复印件上应盖上"复印件与原件一致，核对人：某某某"的鉴定印章。

各二级教学单位外聘教师原则上应控制在25%以内，也就是说，你单位的教师编制是 80 人，外聘教师最高 25% 等于 20 人，你必须拥有自有专任教师 60 人。我们的差距还很大，网传、东语、金融、商学院、体育部等教学单位都还有比较大的师资缺口。

请外聘教师补充自有专任教师的不足只是权宜之计，量大了就违反了教学规律，教学质量就难以保证。

说到人才引进和保有，有一个问题无法回避，即你拿什么样的待遇吸引人、留住人。我们正在努力，新和成集团也很支持，与同城的兄弟高校相比，越秀外院高层次人才的待遇不能低于同城水平。

在一线工作的干部、教师的待遇会通过绩效奖励的方式，年年有所增加，这是学校领导们的共识，也是学校举办者的共识。

其实，知识分子更看重的是一个大学的人文环境，是一个大学的制度文化，一种宽松有序的学术、文化氛围。对于那些以学问事业为重的学者来讲，人文环境与文化氛围比金钱更重要。所以越秀外院的各位领导，首先是我，还有各位校领导，以及机关各职能部门，我们在努力改善和提升老师们经济待遇的时候，更要努力把老师们做学问、干事业的软环境建设好，尊重老师们独立的人格以及自由的研究精神，尊重他们的学术个性，努力为老师们的发展提供良好的环境。这方面，从校领导到行政管理部门的各位首长还有很多事可做，比如各种行政手续该简化的坚决简化，报销流程该优化的坚决优化，让"最多跑一次"能惠及我们的各位老师。

对于一些多年多次反映但是一直拖而未决的问题，相关职能部门一定要拿出解决方案，解决不了的也应及时作出解释，比如系主任补贴偏低的问题，小语种补贴没有打通的问题，都应该列入下学期的工作计划，尽快予以解决。

四、关于教学管理

我历来主张二级学院实行目标管理与过程管理相结合的管理模式。只有目标管理而不关注管理的过程，可能会由于管理中的漏洞得不到及时的纠正而使目标无法实现。只有过程管理而忽略目标的引领，则可能会使日常工作陷于烦琐而踏步不前。

和谐、有序、高效的管理，往往取决于主政者的胸怀格局与工作责任心。格局大，又肯负责，那么这个单位的人权、事权、财权一定是透明的、公开的、民主的，班子成员一定是各司其职、勇于担当的，这是班子建设的目标。

二级学院的管理一定要尊重教学规律，比如考试考勤，前两年有一位老师负责的某个班，学生考试成绩的及格率仅仅为 5%，但是平时成绩人人都在 90 分以上。这种极不正常的成绩分布，只能说明我们有的老师工作态度很不认真、很不负责。再比如排课，学校规定了各个职级教师的基本工作量，排课的时候一定要排满，不得留白，明明要排 10 节或 12 节周课时，你不能当好人，私自减产，该排 10 节的只排 8 节，该排 12 节的只排 10 节。你也不能无原则地把自有专任教师的课全部排在周一周二周三，周四周五全部排外聘教师的课，你这样做倒是方便了老师到校外创收，却可能破坏一个单位的向心力、凝聚力。我听说有一个二级单位宣布新班子时，来参加会议的老师仅有 4 位。

教学管理还应体现学校的发展战略，服从并服务于学校的发展战略。我们已经确立的"一体两翼"学科布局中，外国语言文学学科是学校发展的重中之重，也是最能够在服务国家战略的层面上彰显专业特色、彰显学科优势的。那么我们在定计划、立项目、批课题的时候应该有所兼顾、有所侧重。

无论是二级学院还是司职教学管理的机关部处，你们的管理举措一定要尊重常识，一定要服从并服务于大学的发展战略，一定要按章行政。规章制度是一把统一的尺子，在处理违纪违规问题时一定要一碗水端平，不能厚此薄彼。现代管理学倡导人性化管理，请大家注意，人性化管理不是去原则化管理，人性化管理不是自由散漫化管理，诸如目无组织纪律、随意缺勤、对学院组织的学习活动和教研活动不闻不问、备课不认真、上课敷衍了事，等等，是不能以"人性化"的标签来为自己辩护的。

二级单位有干部、教师因病因事请假，不按程序办理请假手续，以至于有人一周不上班，甚至两周不上班，而上报给人事处的考勤表上却是在岗，都是满勤。

二级单位有干部、教师外出开会，不按程序履行报备或报批手续；组织学生到外地参加学科竞赛，不按程序履行报批手续，这些都是有悖于管理原则的，请大家不要见怪不怪。

学校中长期发展规划的第二个五年正好和学校的"十四五"规划重合。在制度建设方面，学校将出台各二级单位"任期目标考核办法"，在今年的发展战略研讨会上请大家讨论。寒假以后，各二级单位，包括二级学院和行政管理部门，要制订新一届班子的任期目标，要盘点家底、认清现状、锁定目标、明确任务、落实举措。各位领导要在人才培养方案上多下功夫、多出新招；在教学、科研团队建设上多下功夫、多出新招。学校也将加大投入，大力推进，力争取得实效。

各学院的学科带头人、学术骨干，要以团队的形式，通过项目带动，制定"登高计划"，有条件的学者要制定"攀峰计划"，争取在"十四五"规划期间能出一批重大教学、科研成果。

五、关于容错纠错

由于种种原因，在管理过程中出现一些差错是可以理解的，但是必须特别指出，同样的错误不能接二连三地反复出现，这是不能容许的，也是不可原谅的。

比如聘用合同，由于引进人才的职称、学历不同，也由于引进人才的前期积累和引进后所承担的工作、所要完成的任务各不相同，所以各人签署协议的条款、待遇、任务都是不完全一样的，都是有差别的，这是一项需要十分细致且政策性很强的工作。这是不能出差错的，出了差错是一定要负责的。如果多次出错，那么具体办事的某个科员，一定是个责任心不强的人，一定是个不认真不细心的人。这个人要负直接责任，直接责任人的直接上司，科长或副科长一定是主要责任人，所属行政部门的院长或部处长则要负领导责任。这个责任链条是十分清楚的。怎样才能不犯错误或少犯错误，认真负责的工作态度最重要，能力还在其次。

六、关于教学水平与科研能力

教务处早两年出台了本科教学质量提升行动计划，实施"杜绝水课、打造金课"行动计划，并对全校1200余门课程大纲提出修订要求。教务处在教学管理过程中重视质量监控，通过校院两级教学督导等途径，实施教学过程监控，这些工作很有意义。

我想强调的是，在越秀外院这样的应用型大学里，教学质量是第一位的，而其中教师的教学水平、教学能力、教学态度更是第一位的。如果一位教师要态度没态度，要水平没水平，要能力没能力，这样的老师是不合格的，一定不能让他待在三尺讲台上耽误我们的学生。这几年我一直在强调各教学单位务必建立教师教学状态登记制度，作为考核每一位一线教学老师的基本依据。请教务处、质管办研究一下"教学状态登记制度"的可行性。无非是把每个人的教学台账建立起来，内容可以包括：这位老师本学期开了几门课、周学时是多少、给哪个专业哪几个班上的课、是否担任班主任或兼任辅导员，本学期的奖惩情况怎么样，有无指导学生毕业论文，教研、科研业绩如何，以及学生评教、督导评教的数据，等等。这样做的好处是，每一位老师都能比较好地认识自己，认识自己的教学状况，及时改进自己的教学现状，从而把课堂教学质量真正放在心上。

一所大学不能没有科研，一名称职的大学教师不能不搞科研，科研的产出源自坚持不懈、长年累月的努力与积累。天天晚上追电视剧的老师，在科研上一定难有成就，过于计较，老怕吃亏或功利思想太重的老师，在科研上也难有成就。

高水平、高质量的成果一定是要有时间积淀的，一定是需要资料积累的，一篇论文至少要磨一年才能拿得出手。搞科研，出成果难，但是在高校工作，不搞科研，没有成果更难。没有科研成果的老师，你的路会越走越狭窄。老师，特别是中青年老师们要有危机感。也许你不会在学校待一辈子，但是你总得工作一辈子，试问天下有哪一个岗位可以不用动脑，不用学习，不用出力而让你非常享受岗位的乐趣？对于任何一个有正常思维的人来说，这种岗位并不存在。

七、关于申办学术会议

我们看到全校各个单位开学术会议的热度是大有差别的，有的学院一年举办五六次各类各级学术会议，有的学院一年难得有动静。

我想借此机会提醒大家，举办学术会议一定要事先有谋划，有准备，设定明确的目的。一定要考虑会议的适合性、必要性，一定要考虑会议的预期成效。说得白一点，一定要有成效，不能花钱买吆喝，不能花钱为别人作嫁衣裳。

所谓计划性，就是不能随性办会、随意办会，要遵循学科建设、专业建设或者某个专门选题的需求原则；所谓适合性，就是办会不是规模越大越好，排场不是越大越好。科研处对办会应有清晰的指导意见，对办会经费的资助应有严格的限定。一个学术会议资助几万元，你办多了，你的学科建设经费、专业建设经费都贴进去了，其他事你还做不做？

所谓必要性，就是举办的会议应该具有比较优势，一定与越秀外院的学科、专业建设有比较密切的关联度，能产生一定的启示作用、带动作用，或是对某一个重大的学术问题有深耕示范作用，对某一有国际影响的文学文化现象有普及扩张作用，对越秀外院的学科、专业建设能产生直接的扶持效应。

所谓预期效果，就是举办的学术活动、学术会议可能产生积极的后延效应，比如有助于拓宽教师的学术视野，改善他们的研究方法，有助于科研的立项、成果的出版、人才的培养等。

八、关于大局意识与执行力

什么是大局意识？每个人的回答都能得高分，但是怎么做就未必得高分。

大局意识薄弱的干部大都是自我完美主义者。他们想得最多的，是动用所有资源把自己的事情做好，而不大愿意照顾周边。根子在哪里？我想这与"站位不高、眼光短浅、心胸不够宽广"有关。遇事只想到自身的利益、自身的资源、自身的任务，而不能站在全校、全局的高度上看待问题、分析问题。

这一类干部往往与其他部门沟通少、互动少、联系少、配合少、协作少，只想在自己掌握的体系中去努力、去完善、去把事情做好，但是少了一份与兄弟单位协同，为大局分忧的责任心。

关于大局意识与执行力的问题，我之前讲过这样一个观点：接地气的大局意识一定会转变成对职责、对计划的执行力。执行的过程应该是工作效能最优化的过程。可以说，最优化是对每一位领导干部，尤其是在执行第一线的中层领导干部最基本的工作要求。比如，意大利经济学家维弗雷多·帕累托教授提出了"二八定律"，就是告诉我们，在一所大学里，最重要的事情大概就那么十件、八件。当然，美国学者加里·凯勒在《最重要的事，只有一件》中讲道：在处理纷繁复杂的工作任务时，一定要抓住主要矛盾，集中精力做好几件甚至只是一件最重要、最关键的事情。因此，我们既要把握好大局，也要聚焦破局点。

岁末年初，领导们总会有一些总结类的讲话，有一些计划类的报告。但是今天，我一反常态，思考、陈述了一些问题，分析、批评了一些现象。很多时候思考问题是痛苦的，批评现象也是痛苦的，痛苦来自难以摆脱的困境，来自努力摆脱时的乏力与无助。还好苏格拉底曾这样提醒后世学者，他说："这个世界上有两种人，一种是快乐的猪，一种是痛苦的人。"我想我还是愿意做痛苦的人，不做快乐的猪。

新年伊始就与大家说了一些沉重的话题，请大家见谅。好在那些都是2019年的事，好与不好都已成过去。2020年，让我们珍惜，只闻花香，不言悲欢，往事清零，来日添彩。

聚焦发展目标 落实十大举措
切实推动学校提质量上水平[*]

　　法国社会学家涂尔干在《教育思想的演进》一书中写道："只有细致地研究过去，我们才能去预想未来，理解现在。"这句话正好契合今天会议的基调和方向。2020 年是越秀外院"十三五"发展规划的收官之年，我们处在重要关口上，下一步我们该怎么走？重点从哪些方面去推进，哪些方面去突破？这个问题很迫切地摆在了我们面前。

　　我们要确定本科教学的中心地位，以学校党代会上明确的 8 个重点任务为中心，以接受教育部本科教学工作审核评估为契机，努力建构与国际化特色鲜明的高水平民办大学相适应的工作体系和发展格局。可以从以下 10 个方面去努力、去突破。

一、夯实立德树人基础工程，在教学质量上有新突破

　　越秀外院是一所应用型大学，我们要始终坚持应用型本科教学的中心地位，坚持立德树人，培养国际化特色鲜明的复合型人才。"新时代高教 40 条"提出，要把人才培养水平和质量作为评价大学的首要指标。那么如何做好人才培养这个基础工程呢？毫无疑问是提高教学质量，将教育理念、办学思想、质量文化等方面落实到教学的每个环节之中，为人才培养提供高质量的有效供给。

　　要紧抓质量监控，用心做好质量提升工程。质量提升工程需要理

　　* 这是徐真华 2020 年 1 月 10 日在浙江越秀外国语学院发展战略研讨会上的讲话节录。

念、制度、措施和指标等体系为支撑，通过质量监控来调整、反馈教学中存在的问题，环环相扣，步步为要。我们要以"学生忙起来、教师强起来、管理严起来、效果实起来"为目标，强化教学过程、考核过程和管理过程的质量要求，构建全链条多维度的教学质量评价与保障体系。比如，要做好专业认证发展规划，分批次、分阶段推进相关专业参与认证；开展专业预警工作，及时优化专业结构和布局；要加强本科生学位论文过程管理，建立学位论文事后抽查制度，提高学位论文质量；要强化教师立德树人的第一职责，实施教师满意度调查，这些都是保障教学质量的重要手段。

近期，为加快学校内部质量监控和保障体系建设，教务处制订了《浙江越秀外国语学院课程质量评价标准（试行）》和《教学质量评价标准（试行）》，学校党政联席会议已经通过这两个文件。这两个标准既是作为考核评价用的，同时更是教学质量和课程质量的建设标准。比如，对于与人才培养目标缺乏支撑关系的、内容过时、重复过多的课程，我们就要剔除，目的是提高课程与人才培养目标达成度和高度的一致性。各位院长和相关部处长一定要认真研读其中的核心要义，严格遵照执行。我要强调一下，教授全员要为本科生上课，让教授到教学一线，这是基本要求。

接下来，我们要瞄准质量提升的具体指标，比如打造"金课"，建设一流专业，提升读研率，在省级以上学科竞赛、省级教学成果奖上获得更多突破。学校围绕金牌专业、金牌课程、金牌教师"三金工程"实施了"杜绝水课、打造金课"三年行动计划（2019—2021年），因此，我们要加大政策和资金的支持力度，建成有深度、有难度、有挑战性的一流课程，继续打造1—2门国家级一流本科课程，着力推进省级虚拟仿真实验教学一流课程建设。根据教育部一流本科专业建设"双万计划"标准，建设国家、省、校三级一流专业和一流本科课程建设体系，培育打造2—3个国家和省级一流本科专业，力争将20%的专业建成省级及以上"一流专业"行列。2019年，学校实现了国家级A类学科竞赛新的突破，我们要再加把力，建设好一批校级学科竞赛培育基地，建立创新创业大赛基地、大学生电子商务竞赛基地、大学生数学建模竞赛基地等学科竞赛基地，夯实学生获得高级别学科竞赛奖项的培育基础，争取在国家级学科竞赛上有更大的收获。

二、深化人才培养模式改革，在办学特色上有新突破

这几年，我们大力倡导和实践"外语＋"人才培养模式改革，在国家"一带一路"倡议、扩大开放和我省开放强省建设的发展战略背景下，要加强外国语言文学专业和学科支持力度，重点支持外国语言文学各外语类专业的一流专业、一流课程和教学改革项目建设。英语学院、东语学院、西语学院要加强与国商、金融、网传等非外语学院之间的沟通，进一步发挥多语种外语教学优势，拿出有效对策，落实英语＋辅修、英语＋小语种、小语种＋英语、小语种＋辅修，非通用语种则实施"双外语＋"的培养方案，为中国企业、中国文化走向全球作出更大贡献。

我最近进行了一些思考，提出在外语专业教学上要实现"四个转变"。一是在重视外语教学的工具特性的同时，更加重视外语教学的人文特性，帮助学生认识并掌握语言所蕴含的经济、社会、历史、文化、宗教、审美等方面的人文元素。二是在重视学习他者文化、帮助学生弄懂弄通不同民族文化的同时，更加重视帮助学生认识并掌握本民族的根文化，学会讲好中国故事。三是在重视提升学生语言学习能力的同时，更加重视强化学生的语言服务意识，提升学生积极参与国际合作与竞争的自觉性。四是在重视培养学生外语交际能力的同时，更加重视培养学生的思维能力，避免教出一批思想贫乏、没有观点的"外语文盲"。

国商学院、金融学院要积极推进经济学、管理学相关专业的教育教学改革，与新技术、新业态、新模式、新产业（"四新"经济）紧密结合，推进校企深度融合，利用"新技术""人工智能"，发展新工科，发挥东部理工数据科学与传播学院、大数据管理与应用专业的作用，探索以推动创新与产业发展为导向的新经济学科、新管理学科、新中文学科、新闻学科教学模式，从而在提升人才培养质量、强化特色上取得新的突破。

三、强化师资引育力度，在构建人才高地上有新突破

学校加大了对师资的引进和培养力度，我明确一下师资引育的4个具体目标：

一是增强聚才力度，发挥人才集聚效应。按照"全盘布局、高端引

进、重点突破、整体提升"的思路，建设一支适应高水平民办大学建设的高水平师资队伍，建立人力资源投入与学科发展目标联动机制，围绕省、市、校级一流（重点）建设学科和重要学术领域，依托"稽山学者"计划和博士引进、培育人才工程，大力提升具有博士学位和海外教育背景教师比例，从海内外引育一批领军人才，统筹推进各类人才队伍建设，持续优化教师队伍结构。

二是不断完善人才引进政策，提高待遇。通过优化考核和激励办法，留住人才，用好人才。我们要始终畅通校内有条件的教师参评学术领军人才（学术带头人）的通道，"儿子"和"女婿"一样"亲"，提高本校内培人才的获得感和成就感。要建立教职工福利待遇稳定增长机制，探索建立"标准薪酬＋绩效奖励"的收入分配体系，不断优化绩效工资架构，让教师的待遇年年有所增加，确保不低于同城高校水平。

三是创造宽松有序的制度文化和人文环境。一种宽松有序的人文环境更能激发研究者的学术灵感，回归教学和科研的本真。学术自由不仅是学者的一项权利，也是学校创建民办大学"双一流"不可或缺的法宝。因此，我们要"软硬兼施"，给予更多人性化关怀和支持。

四是建立科学合理的管理服务体系。优化教职岗位聘任管理制度，改进考核模式，加强对教师育人能力、科研能力和服务能力的评价与考核。提倡人性化管理服务体系，让"最多跑一次"惠及每一位师生。但是在简化流程的同时，我们在人才引进、考取博士、职称评聘等过程中涉及的审批、财务、考核管理过程，必须做到完整、规范、准确。

四、推进学科建设重点工程，在办学层次上有新突破

学科建设是推进学校内涵式发展的重要路径。越秀外院是外语类高校，我们要坚持差异化非均衡的发展策略，以文学为引领，以省一流学科——外国语言文学学科为重点与特色，以经济学、管理学为支撑，形成外语类学科与非外语类学科"双轮驱动"的学科建设体系。

当务之急，是要在 2021 年前顺利通过省级一流学科"外国语言文学"的终期验收，这是对我们外语人才培养质量的检验，它的建设成效体现了学校在外语师资队伍的建设情况、人才培养的质量、科学研究的水平、国际合作交流和社会服务的能力。同时，推动中国语言文学、工商管理、新闻传播学、应用经济学等学科的特色发展，力争外国语言文学学科列入省

一流学科 A 类序列，力争 3 个及以上学科进入省一流学科 B 类建设序列。

在"四新"经济环境下，经济学、管理学、新闻学的机遇已经来临，所以，要大力发展智慧物流、人工智能、大数据等一批新兴学科，加强"外语＋""互联网＋"等一批特色性强、成长性好的新兴和交叉学科建设，培育新的学科增长点。中国文学、工商管理、应用经济学等学科要找准关键短板重点攻关，坚持走特色发展之路，找准突破口和着力点，不断提升核心竞争力。各学科要对标同类高水平学科，充分依托学校国际化办学特色，加快形成或深化拓展具有核心竞争力的突破方向。

要以建设一流（重点）本科课程和专业为基础，做好学科方向的凝练、学科带头人的引进与培养、学科梯队的合理集聚、学科基地与平台建设等，提高学科组织化水平，合理规划优势学科，做好攀升计划（各级学科稳步上升）、振兴计划（重大战略对接）和扶持计划（"四新"经济）。

《学校中长期发展规划》已经明确目标：从 2021 年到 2025 年，学校获批成为硕士学位授权单位。这是越秀外院提升办学层次的必由之路，就现状来看，2020 年我们申报专业学位硕士点，有不少指标还有较大差距，我们必须举全校之力，在最关键之处加大建设力度，整合提升现有资源，对照指标，攻坚克难，通过创硕建硕，提升越秀外院学科建设水平。

五、提升学术创新整体水平，在科研团队和平台建设上有新突破

越秀外院必须关注"聚才"。学校依托"两院三中心"，通过建设省、市级和校级研究机构等，大力推进研究团队的建设，并且逐步形成了一定的学术凝聚力。近期，东北亚研究中心试行的"特约研究员"聘任制度，解决了专业教师因无专家指导，普遍存在研究方向不明确的问题。全校范围内通过招募特约研究员进行合作研究，打破了单学科研究的局限和不足。对学校而言，有利于在全校范围内形成合力，实现突破"重大科研项目与标志性成果"的目标；对教师而言，也可帮其明确研究方向，提高研究积极性和成果产出率。

要深化科研体制机制改革，完善科研评价体系和激励机制，合理配置资源，建立校内项目培育体系，探索以高显示度科研成果产出为导向的项目资助模式，构建"项目、团队、平台、成果、奖项、转化"全链条的科研发展模式，注重发挥重大项目牵引作用，打造具有竞争力的、引领学科发展的研究团队和学术高地。建立以提升质量为导向的科研平台管理体

制。建立科研平台淘汰和退出机制，整合优化科研平台布局，以东北亚研究中心、绍兴市网络舆情研究中心、绍兴市大禹与中国传统文化研究中心、外国语言文化研究院和现代经济管理研究院为核心，建设一批国家急需、特色鲜明、引领发展的重点研究基地和新型特色智库。瞄准前沿，对标高端，有针对性地培育省级和国家级科研奖项；加强《语言与文化论坛》期刊的专业化、特色化和影响力，推动科研工作高质量发展。

要围绕"一带一路"、乡村振兴、浙江大湾区、绍兴科创大走廊建设行动等国家和省市战略需求，推动项目研究，推进产学研融合，增进与企业等其他创新主体之间的协同。力争国家社科基金重大项目、教育部重大攻关项目实现零突破，新增教育部人文社科优秀成果奖 1—2 项，省级科研奖 3—5 项，新增国家社科基金项目 20 项以上，师均年科研经费达到 8000 元以上。力争成功申报 1 个省级协同创新中心或特色智库，新增 2—3 个市级特色智库。发挥高层次人才集聚效应，跨学科组建 2—3 个有能力承担国家级重大科研项目、产出标志性成果的省级创新团队。鼓励学生参与科研项目研究，加入创新团队，大学生创业园要在协同创新中成为高校科研成果转化与产业化的重要渠道。

六、拓宽国际化办学视野，在统筹利用国际教育资源上有新突破

开放办学是现代大学的重要特征。我们要主动服务"一带一路"建设、人类命运共同体构建、中华文化"走出去"等重大需求，全面提升国际化办学水平。

面对国际市场的多样性，我们要按照"扩大规模、优化结构、规范管理、保证质量"的工作方针，利用国际教育资源，统筹推进各类项目和机构的建设，加快推进我校国际化建设进程。

第一是"引进来"。吸引更多海外高端人才和学术团队来校从事教学与科研工作，吸引海外优秀留学人员回校服务，提高具有海外留学学位人员的比例。

第二是"走出去"，融入国际化潮流。积极推进现有教师出国（境）访学或研修，全面提升教师国际视野和教学科研能力。有计划地选派管理干部到国外高水平大学进修学习，提升国际化理念与管理服务水平。

第三是"促合作"，实现人才培养国际化。深化国际合作育人，高标准建设好"浙江越秀外国语学院东部理工数据科学与传播学院"中外合作

办学机构。发展国际教育，加强对外汉语教学，申报孔子学院，向世界推广汉语，传播中华民族的优秀文化，讲好中国故事。设立出国（境）访学基金，积极支持学生到国外高水平大学学习，加快培养服务国家外交工作需要的国际组织人才、非通用语种人才、国别与区域研究人才。到2025年，争取达到3个10%的国际化目标。力争学生出国（境）人数达到在校生数的10%，出国读研人数达到毕业生数的10%，招收外国留学生数达到在校生数的10%，推动来华留学生教育持续健康发展。

第四是建设国际化课程。依托多语种外语教学优势与学科交叉融合优势建立海外教学中心或分校，发挥二级学院在国际合作交流中的主体作用，与国（境）外高水平大学合办专业，构建"一院一课"或"一院多课"的国际化课程体系。做好酒店管理、国际商务、国际经济与贸易、新闻学（国际新闻传播方向）专业开设的全英课程，全力支持大数据学院开展"4+0"双学位国际人才培养工作。

第五是推进学术研究国际化。鼓励二级单位与国（境）外高校（机构）共建研究院所等高层次科研合作平台，承担国际科研合作项目，积极争取国（境）外经费投入，举办国际会议或学术论坛等，支持师生赴国（境）外参加各类学术交流。

七、重塑教育教学形态，在新文科建设上有新突破

全国高等学校本科教育工作会议上提出，把本科教育放在人才培养的核心地位，加快建设一流本科教育，全面提高人才培养能力，以"四个回归"重塑教育教学形态，努力构建促进学生德智体美劳全面发展的教育教学体系。

"新文科"是由美国希拉姆学院2017年率先提出的，是指对传统文科进行学科重组、文理交叉，即把新技术融入哲学、文学、语言等课程之中，为学生提供综合性的跨学科学习。随着"新文科"概念的提出，有关于新科技革命与文科的融合化发展及策略研究的内容层出不穷。专家学者们也开始认识到构建有中国特色的学科体系、学术体系、话语体系和在教育和人才培养中标举立德树人的重要意义。

学校利用新技术，已经开展了一些工作，如智慧校园建设，如人事、教学、科研、学工、财务、资产等管理系统的信息化建设。因此，我们要大力推动信息技术在教学和管理中的应用，继续建设智慧课堂、智慧实验

室，探索实施网络化、数字化、智能化、个性化的教育。进一步推动"以学为中心"的课堂教学改革，推广线上线下相结合的混合式教学模式，以国家级和省级一流线上线下精品课程建设为牵引，推动优质课程资源开放共享，鼓励教师多模式应用，鼓励学生多形式学习，推进慕课建设，利用实验教学资源，构建功能集约、资源共享、开放充分、运作高效的实验教学平台。

"外语＋战略"是我们的一个切入点，是新文科背景下经济、管理学科教学改革的一大抓手，那么"互联网＋""线上贸易""人工智能"等新技术、新模式怎么融合到我们的人才培养方案中？怎么结合到教育教学中？怎么体现到专业和学科建设中？需要哪些政策支撑？大家要集思广益，认真研究，提出经济学科、管理学科以及中国语言文学、新闻传播学学科下的各相关专业的教学改革方案。尤其是国际商学院、金融学院的领导和专家、相关处室负责人要坐下来探讨，真正确立经济学、管理学这两大学科的支撑地位。

八、营造文化育人浓郁氛围，在校风教风学风建设上有新突破

以党风为引领，带动"三风"建设。继续加强思想政治理论课教学，充分发挥课堂教学主渠道作用，打造课程思政案例库，完善思政课程、通识课程、专业课程"三位一体"的思政教育课程体系，形成良好的教风形态。

我们坚持立德树人根本任务，将以弘扬中华优秀传统文化为载体的社会主义核心价值观教育融入课堂教学，传播科学理性与人文情怀，塑造学生追求卓越、鼓励创新的文化品格，构建"自信、和谐、竞成、人文"的校园文化，扎实推进"以学为主"的学风建设，营造争优赶先的良好学习氛围。

首先要创造良好的作风环境和育人环境。各级领导班子和领导干部要带头执行关于改进工作作风的各项规定，定期深入基层开展调研，倾听师生意见建议，着力解决师生反映的热点难点问题。保障学术自由，弘扬求真务实的学术精神，形成中外互鉴、开放包容的文化气质。强化师德师风，以优良党风正校风促教风带学风，营造风清气正的校园氛围。

其次要积极践行社会主义核心价值观。加强思想文化阵地建设，引导广大师生员工把"中国梦"与"越秀外院梦""个人梦"有机结合起来，

自觉为实现"两个一百年"奋斗目标、实现中华民族伟大复兴而不懈努力。通过多种形式，加强社会主义核心价值观的宣传教育，不断增强师生员工的道路自信、理论自信、制度自信和文化自信。

最重要的是凝练、弘扬越秀外院精神。积极筹办建校40周年庆典大会，进一步凝练校风学风，讲好越秀外院故事，宣传越秀外院成绩，展示越秀外院风采。突出师生主体创造，开展丰富多彩的校园文化活动。大力弘扬越秀外院精神，打造越秀外院人共同的精神家园。

争取创建"全国文明校园"。完善文明校园建设工程实施方案，持续开展文明课堂、文明寝室、文明科室建设，提升师生员工的文明水平。继续推进镜湖校区"2118"工程和稽山校区环境美化工程。加强学校形象识别系统建设，完成校徽、校歌、校旗设计和路名、楼宇等命名工作，设计制作富有越秀外院特色的文创产品。

九、完善学校治理体系，在综合保障能力上有新突破

治理体系越来越重要，国家层面也在不断强调治理能力现代化。越秀外院作为一所民办体制下成长起来的本科高校，治理机制的优势逐渐显现，比如拥有灵活高效的决策机制和更大的办学自主权。

为进一步破解制约学校内涵式发展的深层次问题，提升综合保障能力，打造符合现代大学建设要求的内部治理体系。我们要落实以下4个内容：

一是修订大学章程，完善校院两级党政联席会议、党委会和"三重一大"决策制度。坚持和完善理事会领导下的校长负责制，在"党委政治领导、理事会决策、教育家管理、教授治学、民主监督"的内部治理架构下，通过"理事会—党政联席会议—学术委员会—教职工代表大会"为核心的治理机制。

二是建设以章程为核心的现代大学制度体系。章程是学校依法治校的基本依据，我们必须切实加强章程建设，规范内部权力运行，保障自主办学，以章程建设推动学校制度建设，有效实施学校在考试招生、教育教学、科学研究、教职工队伍管理、经费资产使用管理、后勤保障、国际交流合作等方面的自主权，建立越秀外院特色的管理制度和配套政策。

三是提高内部治理能力，实现管理的精细化、规范化、科学化。我们要完善目标任务考核，强化考核结果运用，优化服务管理流程，提高人力

资源效率。积极深化民主参与，实施民主决策，鼓励和引导各民主党派、无党派人士参政议政、民主监督。发挥好离退休老领导、老同志的政治优势、经验优势，为学校改革发展做出新贡献。充分发挥党代会、教代会、工代会、团代会、学代会在民主决策中的作用，提高师生员工参与学校决策的能力和水平。

四是深化战略规划和顶层设计。与时俱进修订完善学校中长期发展规划（2016—2030年），高标准制订并实施学校"十四五"发展规划。按照"重心下移、权责明晰"的原则，注重发挥二级学院学科专业发展规划、人才培养方案设计、拓展社会合作及争取社会资源等方面的积极性，激发办学活力。以"最多跑一次"改革带动学校内部各项管理服务工作优化升级，提高服务意识和水平。增强各学院与各处室职能部门之间的协同联动，增强学校各项重大战略的系统性和协调性，完善发展规划和综合计划的督促落实机制，构建与高水平现代民办大学相适应的治理体系。

十、加强高素质专业化干部队伍建设，
在管理水平上有新突破

学校始终坚持党管干部原则，坚持德才兼备、以德为先，坚持"热爱越秀外院、敢于担当、勇于创新、务实能干、清正廉洁"的干部标准，坚持正确选人用人导向，突出政治标准，统筹干部换届、调整补充、挂职锻炼、培养输送等工作，优选配强领导干部。要努力建设一支数量充足、质量优良、梯队结构合理的年轻干部队伍，完善后备干部与干部选任的有效衔接机制，建立健全干部素质提升和实践锻炼体系，统筹谋划党外干部选拔培养使用。

当前，我们正面临高水平民办大学建设新征程，干部们要根据干部准则和干部纪律条例，全面落实学校中长期发展规划，不断增强"八个本领"，即学习本领、政治领导本领、改革创新本领、科学发展本领、执法执政本领、群众工作本领、狠抓落实本领、驾驭风险本领，持续提升引领事业发展的能力和水平。

加强党员队伍建设，实施"双带头人"培育计划，力争更多支部书记成为"双带头人"，提升党务工作队伍的素质能力。持续开展作风建设专项行动，各级领导班子和领导干部要严守政治纪律和政治规矩，牢固树立"四个意识"，督促党员领导干部把"两个维护"落到实处，扎实开展党风廉政教育，有效防控廉政风险，为学校全面深化改革、推进"民办大学

双一流"建设发展提供坚强的组织保证和干部人才支撑。

　　学校每年都安排两次研讨会活动，暑期读书会和发展战略研讨会，我们的目的和出发点是在每一次研讨学习中找出问题，剖析问题，解决问题，为每一次战略决策和部署做好充足的准备和充分的论证，所以，我希望大家讨论过、决定好的事情务必要落地、要推进、要突破。

强化学科专业建设　提升内涵质量[*]

2020 年牵动着我们每一位师生的心。面对突如其来的新冠疫情，有疫情造成的悲伤与困惑，有战胜疫情的决心与努力，更有政府的运筹帷幄与中国老百姓的众志成城。

2020 年牵动着我们每一位领导的心。"十三五"规划的全面收官，学校中长期发展规划第一个五年的目标任务、新文科背景下的人才培养理念与模式、升硕、人才高地、一流专业、一流课程，每一组关键词都给我们带来空前的压力。

"十三五"这几年，我校学科、专业建设的综合实力和整体水平有所提升，包括中国语言文学学科、外国语言文学学科、新闻学 3 个一级学科在内的文学学科已经连续四年在全国民办高校的学科评价中位居第一名；科学研究实力名列全国民办高校第五名（截至 2019 年统计数据，全国民办高校有 500 所，不包括 257 所独立学院），这是一个令人鼓舞的成绩。两个月前教育部刚刚公布了第二批国家级一流课程，由英语学院余卫华教授领衔的《东方遇见西方——跨文化交际》名列其中，在越秀外院的办学历史上，首次实现了国家级一流课程项目零的突破。"外语＋"战略初显成效，"十三五"期间越秀外院毕业生平均就业率达 97% 以上，应用型人才受到就业市场的普遍欢迎；国际化办学亮点纷呈，根据浙江省教育科学研究所的报告，我校"十三五"期间国际化排名连续 4 年位居全省非硕博高校第 1 名，1 年名列第 2 名。

但是我们也要清醒认识到，我们当前所取得的成绩，与学校建设国际化特色鲜明的高水平应用型大学的目标相比，与学校制订的"十四五"规

---

* 这是徐真华 2021 年 1 月 12 日在浙江越秀外国语学院发展战略研讨会上的讲话节录。

划要求相比，与国家对民办高校服务经济社会发展、服务国家战略的期许相比，越秀外院的治校办学还存在不小的差距，存在不少问题。

下面，我就学校学科、专业建设的顶层设计及治理结构方面存在的问题和解决问题的思路，做一些分析和建议。

一、新文科背景下学科、专业的改革创新意识尚未全面落实

（一）一级学科建设的组织设计薄弱、系统协同发展欠缺、整体意识与跨学科发展意识互鉴互动互补的举措不多

各相关职能部处和教学单位对二级学科（专业）的运行考虑多，但对一级学科的整体建设按跨学科方向运筹考虑少。教师个人、教学、科研团队、科研平台、学院及职能部门与一级学科建设、跨学科建设的有机衔接与关联性整合，亟须大大加强。

希望学校科研部门和教务部门领衔，重点研究关于一级学科建设的顶层设计和整体方案，特别要注重关联性学科、专业的交叉式、融合式的运作模式。

（二）学科建设碎片化，学科管理体系尚需合理建构

以学科方向或以跨学科多专业合作，组建教学或科研团队的绩效尚未充分体现，团队叠加效应尚未凸显，学科带头人和学术骨干团队仍以"单打独斗"的个体劳动为主，跨学科合作协同的有效机制尚未形成。非外语学科依托外语优势学科的主动性不强，以外语学科为支撑，多学科交叉融合的优势专业集群亟待打造，以多语种为牵引的国别区域研究重点还不够突出，特色尚需进一步凝练，两个校级重点研究院的标志性研究成果偏少，对外学术影响力有待进一步加强。

一级学科建设的交叉式、融合式运作模式必然要求不同学科、专业的教师跨学科、跨专业地设计并践行新的专业教学模式。教务处、科研处应通力合作，为跨学科、跨专业的教学团队、科研平台提供更多的支持，促成更多的团队建设成果。

二、质量高、结构优的学科队伍建设滞后

（一）高层次人才建设工程进展缓慢，人才高地尚未形成

自有专任教师队伍中，博士占比、教授占比偏低。一方面，在国家"双一流"和浙江省加强"重点高校"建设背景下，民办高校吸引和留住高层次人才受到更加严峻的挤压；另一方面，学校在人才引进和帮助优秀中青年学术骨干脱颖而出的机制及举措上仍有较大改善空间。一小部分高学历、高职称教师学术钻研精神不强，学术研究荣誉感薄弱，全校的副高及博士系列教师中，有34人近3年没有发表一篇论文，没有立项一个研究项目；全校中级职称教师中，有41人近3年无一篇论文发表。而学校对这些老师的科研要求并不高：副高及博士科研分为每人每年3分（1篇核心）；讲师的科研分为每人每年1分（1篇普通期刊论文），教师的教学、科研产出严重不足。

本轮岗位聘任已经对这些教学、科研产出不足的老师拉响了警钟。《浙江越秀外国语学院第三轮（2021—2023年）专业技术岗位设置与聘任管理办法》规定：对未完成岗聘期内额定教学工作量和教科研学术工作量任务的实行预警制，连续两个聘期内未达到的，在下一轮岗聘时予以解除聘用或降低一个职级聘任。

学校将继续加强高层次人才引育工作，健全和完善"稽山学者"岗位计划，强化学校对高层次人才引进的统筹力度，进一步向校内适当开放，确保引进人才与现有人才有序发展。进一步提升引进人才与重点学科方向和重要学术领域工作需求的契合度，进一步提升高层次人才教学、科研能力与受聘岗位的匹配度，提升高层次人才的归属感、获得感和产出效应。

人事处应定期研究各院系、各专业师资异动情况，精准测算各学科、各专业、各类别、各层级教师的配置分布情况，定期修订完善引育政策，采取有力措施，优先解决缺额大的院系的师资选聘问题，优先解决高层次高学历人才极度匮乏的院系的师资选聘问题，优先解决升硕培育点学科带头人的引进、选聘问题。

（二）各学科教学、科研产出落差大

越秀外院虽然制订了"一体两翼"的学科、专业发展格局，但是各学科间及同一学科内部教研、科研能力差异较大。数据统计，"十三五"期

间，我校获得的省部级及以上科研项目共82项，其中，中国语言文学学科立项30项，外国语言文学学科立项21项，新闻学学科立项6项，经济学学科立项6项，管理学学科立项4项。"十三五"期间，我校教师共发表C刊论文85篇，一级期刊论文50篇，权威期刊论文48篇，其中，排名靠前的两个学院分别是：中文学院（66篇）和网络传播学院（37篇），排名靠后的几个学院分别是：东语学院（1篇），国际学院（3篇）。"一体两翼"中，涉及"两翼"的经济学、管理学的两个大学院产出也不高，商学院和金融学院合计仅26篇。省级及以上高层次教改、课改项目立项数同样差异很大。"十三五"期间，我校获得的省部级及以上教改、课改项目共34项，其中，外国语言文学学科立项16项，中国语言文学学科立项2项，新闻学学科立项5项，经济学和管理学两个学科合计立项仅5项。

由此可见，我校各学科间、各学院间的高层次科研、教研项目立项数差异较大。相比之下，公办大学中的外语类高校，比如北上广外国语大学，均呈现多学科、多语种、多领域、多维度全面发展的良好态势。显然，只有构建了这样一个良好的学术基础，新文科建设跨学科、跨专业交叉融合、协同创新才成为可能，我们开设更多的跨学科跨专业新兴交叉课程、实践教学课程才成为可能，我们培养学生的跨学科知识融通能力和实践能力才成为可能。否则，我们在推进新文科建设的过程中，如空中楼阁，将举步维艰。

为此，学校将进一步完善教学业绩与科研业绩的激励政策和职称评定政策，进一步完善教学、科研、社会服务及教学改革创新等领域的评估评价制度，进一步完善与教学、科研效益及业绩挂钩的教师评价制度。各院系领导管理有责、服务有责、创新有责，要有"主业"意识，学科建设、专业建设、教学改革与课程建设，应该成为各二级学院党政联席会议的经常性议题，要反复琢磨这些"主业"。

三、以"外语＋、应用型、国际化"为主要亮点的越秀外院办学特色需要进一步彰显，办学结构亟须优化

（一）以"一流课程、一流专业"建设理念为指导，加强专业与课程建设的顶层设计和重点培育

没有一流的课程，就没有一流的专业。我校在"十四五"规划中明确

徐真华教育文集

提出"统筹规划、重点建设、力求突破"的原则性意见，各专业应紧密对接社会需求和国家战略，加强应用型本科的"教学内容与课程体系"建设。学校应加大学科资源配置，狠抓省一流学科、一流专业的培育、建设和发展。我们要以"金课"建设为范例，提升课堂教学质量；以优势、特色专业建设为重点，推动专业教学示范性改革；以应用型国际化人才培养质量和服务社会贡献度为绩效，通过一级学科建设、专业建设、课程建设和学科专业交叉创新，多方位、多维度凝练办学特色，提高办学质量，不断提升学校办学水平与核心竞争力。

（二）聚焦专业学位硕士点建设，优化学科结构，提升办学层次

翻译、汉语国际教育、国际商务、出版 4 个专硕培育点自 2017 年立项以来，取得了一些进步，但我们仍然与 2020 年的这一次升硕错失良机。在学校层面，固然有生均办学经费不足、生师比偏高、博士学位教师占比没有达标等硬伤，那么除了这些，我们各个培育点的建设情况是否已经让人放心了呢？我觉得没有。当我们走进各个培育点，我们发现问题还有一大堆！主要表现在学科带头人缺乏、学科积累薄弱、标志性成果量少、社会贡献度不够等方面。2023 年我们还有一次机会，各相关学院要举全院之力加强培育点的队伍建设，精准对标，列出负面清单，逐项落实解决。大学和各职能部门要全力支持与配合，务必交出一份让人放心的答卷。

（三）完善内部管理运行机制和服务流程

在几十年的教学行政管理岗位上，我有一个深深地体会：再健康的事物，如无卓有成效的监督评价制度加以保证，久必生弊，犹如一个小小的炎症，初始未必严重，久则可能沉疴难愈。行政管理亦然，各种各样的小毛病，各种各样的小矛盾，如无制度方面的规范、节制、疏导，弊端就可能越积越多，弊端借着管理者的私心或不作为或乱作为，具有顽强的扩张能力，我们全力革除，尚且不尽，倘稍有懈怠，则气象全无了。

越秀外院积极开展作风建设活动。三年来，我们从制度层面、理念观念层面、组织层面、后勤保障层面、环境层面、监督考核层面做了大量的工作，也取得了积极的成效。

但是我们必须认识到，当作风建设进入到人的行政态度、行政担当、行政方式、行政作为的层面时，老师和学生还有诸多抱怨与批评，这说明我们的工作还有不少漏洞与不足，这就需要我们进一步完善管理运行机制

和服务流程，理清部门责任，明确个人职责，加强部门沟通，破除部门壁垒，推进部门协同，推行首问责任，倡导微笑服务。

在行政理念上，必须明确部门职责的首要任务是服务，管理即服务，即通过管理履行行政与服务职能。少数职能部门和机关干部对大学的本质认识模糊，对学科、专业建设的组织实施单位——二级学院，对关爱关心二级学院的服务对象——学生的重要性认识模糊，缺乏系统性思维和大局意识，不能从整体上领会学校的发展目标、发展战略与善待每一位老师、每一位学生之间有着不可分割的联系，而是满足于从本人所在单位的利益出发衡量得失，满足于从个人固化的行政习惯，甚至从个人的好恶出发，履行行政职责。

（四）练好内功、全面整改，以优异成绩迎接教育部审核评估

"十四五"期间，学校将接受教育部组织的本科教学审核评估。作为新建本科高校，各职能处室、各二级学院要认真学习审核评估的指标体系，重视本科教学的过程要素，完善本科教学质量监督保障机制。本轮审核评估将体现以"立德树人"为统领的评估原则，教学过程的各主要观测点必须有关键数据的支撑，比如人才培养方案、课程大纲、思政课的专职教师配比、办学经费支持、生师比、教授授课比例、专业核心课程设置、试题试卷质量、毕业生论文质量、优势特色专业、教风学风、社会实践课程、学生服务与管理、用人单位满意度，等等，而且评估使用的这些数据和资料均以评估年为基准，以前三年材料为统计依据。我历来倡导教学的精细化管理，精细化管理的本质是：用心工作、精心教学、真心服务。学校教务处应适时启动审核评估建设年，未雨绸缪，把工作做在前面。

学科交叉和科际整合（跨学科组织教学和研究），已经成为推动学科建设的重要手段。新文科的交叉融合主要体现在：传统文科自身交叉融合（文史哲不分家）；传统文科与社会科学交叉融合，其代表是PPE，即哲学（P）、政治（P）、经济（E）"三位一体"；文科与工科交叉融合，如文学生态学、设计艺术哲学、新媒体；文科与社会学交叉融合，如文学伦理学；文科与城市学交叉融合，如城市文化与城市可持续发展、生态文明建设与管理、农村文化生态与城市化；文科与理科交叉融合，如计算法学、大数据管理与应用、金融科技、商业智能，等等。

"新文科"要突破"小文科"思维，构建"大文科"视野。以财经为例，现在财经研究越来越多地综合利用经济学、管理学、法学、哲学、伦

理学，以及社会学、行为科学、认知科学等学科，更不用说数学、系统科学、运筹学、数理统计学、计算机科学和数据科学了。因此，我们商学院、金融学院、网传学院的院长、副院长们，要多去研究这些前沿的东西，并把它落实到我们的人才培养方案中。

再以语言文学专业为例，今天的外国语言学专业教育，已经延伸到国别与国情研究、区域经济研究等领域。比如非洲大湖地区研究，大湖地区国家包括刚果金、刚果布、中非、卢旺达、布隆迪、肯尼亚（英语）、坦桑尼亚（英语）、乌干达（英语）、赞比亚（英语）、苏丹（阿拉伯语、英语）、南苏丹（英语）、南非（英语）、安哥拉（葡语）13个国家，前面5个国家通用法语。

非洲大湖地区热点问题（大类）：一是族群问题，冲突与动乱，国家法律与部落法规；二是疾病与饥饿，政治进程与国家构建，传统治理体系的问题与对策；三是贸易与诚信，投资与接受地宗教、法规、习俗、教育等契合问题。

编撰：大湖地区发展蓝皮书。

组建专兼职相结合的研究团队，做实"非洲大湖地区研究中心"研究平台（多语种、多学科领域研究人员）。

团队，专职：引进若干首席专家；兼职：外聘首席研究员；校内：聘任特约研究员。

以上的建设目标、问题分析和举措建议，需要我们跳出越秀外院，站到一个更高的高度予以思考与谋划。我们应该更多地关注学科、专业结构性的改革与提高，更多地关注应该怎样把越秀外院的学科、专业建设成为一流的应用型学科、一流的应用型专业，主动地接受并参与教育观念的革命、教学方法的变革、培养模式的创新。

学科建设和专业建设是构建高校核心竞争力的必由之路，而支持一流学科、一流专业、一流课程建设的内在动力是人才，是人才高地建设和内部管理运行的体制机制建设。学科、专业建设的价值追求是质量与特色，终极目标是立德树人。越秀外院创建民办大学"双一流"、建设百年名校的远景目标要求我们每一位教师、每一位干部必须加强治校办学的责任感和使命感，用昂扬向上的思想面貌和品格担当，发扬言有物、行有恒的实干精神，切切实实把越秀外院的学科、专业建设抓出质量、抓出特色。

理财大师查理·芒格把习惯用同一种思维方式去解决不同问题的人，比作只会使用一个锤子的人。他说："如果一个只会用锤子作为武器的人，那么他解决所有问题的方法就是只会使用锤子。"然而，世界并非只需要锤子，单一思维会让人的思想僵化，缺乏弹性，更谈不上创新。我们需要跳出固有思维定式，我们需要远投的目光，需要不断地学习，不断地思考，从新的不同的视角，以新的思维方式去认识事物，分析事物。我希望，我们每个人的辛劳，每个人的勤奋都能转化为价值，转化为帮助越秀外院进步的价值、发展的价值。

唯心主义哲学家叔本华说道："曾经以为字写得好、文章写得好、球打得好，抑或某一方面有特长就是有才华。后来才发现：灵魂的觉醒、思想的升华和人格的独立，才是真正的才华。"由此我想到，每一所大学都有自己的文化、自己的传承、自己的剧本、自己的才华，恰如每一个人都有自己的人生剧本，每一个人都在越秀外国语学院的舞台上扮演各自的角色，借着"十四五"规划，我们预先创作了越秀外院未来五年的剧本，未来的剧情该怎样演绎？角色该怎样调整？高潮该怎样出现？终究要你们大家自己来选择，因为越秀外院是你们选择的舞台，立德树人、民办大学"双一流"、越秀外院梦、升硕、审核评估，是我们大家选择的剧本。我希望在座的每一位干部、每一位教师都成为这个舞台上最优秀的"演员"！

学校管理的辩证法[*]

去年我在越秀外院的一次发展战略研讨会上作过一个报告，题目叫作《高校管理中的"现象学"批评》，现象学是 20 世纪在西方流行的一种哲学思潮，我的讲话与哲学意义上的现象学批评没有半点关系，我只是借用了这个词，对学校管理中的某些现象进行评说。同样，我今天讲话的题目《学校管理中的辩证法》，也许同哲学意义上的辩证法没有半点关系，我只是想借此分析一下学校管理过程中的一些常识问题。

今天我们讨论大学的管理，尤其是讨论民办大学的教学管理、行政管理，必须把"大学教育管理批评"放置到高等教育的整体框架中去思考。这 40 年，我们经历了全球化加速并展开的历史过程，由于全球事物，包括经济贸易、文化教育的相互交流与连接，使得理论体系、运作模式、游戏规则和评价标准框架发生了深刻的嬗变。多边主义、全球化、和平与发展、"一带一路"倡议、文明互鉴、人类命运共同体，作为一种新的历史观和分析观察事物的方式乃至重构世界体系的思维框架，正在很大程度上改变着世界固有的格局。中国模式，包括政治、经济、文化、社会等的治理方式成为世界和平与发展的一个典范。这其中高等教育的发展格局，它的治理模式与增长方式也越来越广泛地受到人们的关注和热议。

教育管理批评是一种"在场"行为，既具有即时性、随机性的特点，也应该具有超越性、人本性的观照。在教育教学的管理领域，每一桩人事，每一件事物都包含着矛盾的两面性与复杂性，可是无论是领导还是员工，大家一般习惯于站在不同的立场上，认识他们自己所认识的真理，而他们认识的真理往往不是真理的全部，更不是世界的全部。世界的不确定

---

    * 这是徐真华 2021 年 7 月 4 日在浙江越秀外国语学院中层干部暑期读书会上的讲话节录。

性、文化的多元性、教育的丰富性、知识传承与创造的复杂性、科学研究的或然性，以及立德树人、教书育人的必然性，告诫我们不能囿于个人的立场，不能主观地以一己之见判断我们生活的酸甜苦辣，解读我们工作的微观世界。在大学的生活、工作中，我们唯有尽量克制个人的好恶，从尊重事实本身，尊重高等教育教学的规律出发，才可能更加接近真理本身。比如，这几年我们一直在强调人才的重要性、建立人才高地的重要性。但有二级学院领导把报告递给学校人事处，坚持要引进已经接近退休年龄的普通教授，坚持要聘用专科学历的教师，那你是不是离真理越来越远了。

下面我以 6 组关键词的形式，说一说我在越秀外院教学、行政管理中的所思所忧所希冀。

一、破与立

破什么？

破百年未遇大变局中，一切不适应高等教育发展规律的旧传统旧范式旧方法。此话说起来过于笼统，过于宏大，过于制式化。还是回到我熟悉的大学教学、大学管理的操作层面，以问题为导向，找找教学、行政管理中的壁垒，挑挑学科、专业建设的毛病，看看问题出在哪里？希望能起到举一反三的作用。

问题1：学科建设与人才培养目标脱节，没有形成由此及彼的逻辑关联，部分毕业生知识面窄、视野窄、参与国际合作与竞争的意识弱；

问题2：应用型高校本科毕业生理性思辨能力薄弱，教育内容与课程体系设计过于狭窄，专注于技能训练，而忽略了知识的体系性和思辨方法的多样性和不可替代性；

问题3：根文化知识教育失衡，就外国语言文学一级学科而言，强调了"学好外国语"，而对"做好中国人"的思想培植、文化素养培植、服务意识培植有所弱化；

问题4：理性批评精神缺失，重复性思维、适从性思维、同质化思维强，差异性思维、批评性思维、创新性思维相对较弱。

怎么破？

破就是立，立什么？今天的民办高等教育大势带给我们严峻的挑战：对学理内涵的再认识，教育观念的创新，新文科改革的呼唤；教学内容与课程体系的更新；教育教学范式的转变，人才培养模式的创新；学习方法的变革，阅读的价值……

批评者众。一个事端、一个矛盾，仅从表象去评判它的是非曲直，大众的舆论往往倾向于否定规则制定者而肯定被规则制约的受众。

这是一个系统性问题，没有现成的答案，没有确保和谐的既定方法，我们能做的只是探索与实践，怀着对高等教育事业的敬畏，怀着对高等教育发展规律的尊重，怀着对法规、对制度的敬畏，怀着对主动回应社会关切、主动服务社会需求的虔诚之心，怀着对在一线工作的教职员工的尊重之心，去磨砺我们的意志，去创新我们的思想，去完善我们的管理机制，去改革我们的人才培养方案。这里面要举的案例太多，有一个道理，我们的一些领导干部似乎还不太明白：各二级学院的院长、书记，各职能部处的处长部长，你们不是各个部门的代表，你们更不是各个二级单位的利益代言人，你们所代表的一定是大学这个整体，你们所代言的也一定是这所大学的整体利益。无论是教务处、科研处、后保处、学生处或者人事处，你们没有独立于大学整体利益以外的属于部门私有的利益；无论是从事专业教学的二级单位，还是从事公共课教学的二级单位，你们也没有游离于大学体制机制以外的管理规约。学校的不同部门，不同教学、科研单位必须在同一个章程指导下，在同一个制度框架里，朝着同一个目标相向而行。所以哪一位院长、书记考虑问题、谋划工作，如果仅仅从他们本院的需要出发，过分强调本院的困难、本院的特殊、本院的道理，那么这样的沟通成本就可能会大一些。

哪一位部长、处长布置任务、部署工作，如果仅仅从维护本部门本单位的话语权出发，高高在上，发号施令，那么这样的行政就可能因为缺乏相互间的理解与协调而事倍功半。

如果大家的站位都高一些，相关部处和二级学院都想着为学科、专业的提升谋，为教师的发展谋，为学生的成长谋，那么浮躁之气会减少一些，共同语言会增多一点。

那么创新呢？是不是不需要改革、创新了呢？不是的！改革的价值判断一定是完善、促进、提升既有的工作格局，一定是赋能的！创新的价值判断不是颠覆，不是破坏，不是废止，而是颠覆后是否构建了充满活力的新体系、新规矩？是破坏后有没有设计出能彰显质量与效益的新思路、新理念、新模式、新方法、新业绩？是废止后人们的思想是否得到解放，创造力是否得以释放，精神面貌是否可以焕发？

改革、创新需要智慧，需要尊重规律、践行规律的实践经验。当下而言教育部就新文科背景下的文学学科、经济学科、管理学科、艺术学科的改革已经有了一些具体的指导性意见，其核心内容之一就是推进不同学科、不同专业的交叉融合，培养高水平高素质的交叉学科人才，通过人才培养去响应国家与社会的关切。今年上半年有一个词走红网络，这个词叫"躺平"。这个词的流行，有社会方面的原因，也有个人心理导致的选择偏差在作怪。在座的各位干部，如果你们也天真地选择"躺平"，那就贻笑大方了。你"躺平"了试试，那会是一种什么样的生存状态?! 你"躺平"，你说你向往诗和远方。我告诉你：诗和远方是要花很多钱的! 你"躺平"，你说你向往精神上的孤独。我也要告诉你：小心，如果没有强大的精神支撑，不要轻言享受孤独，否则你极可能孤独地成为忧郁的俘虏。复旦大学杨泽波批评说：中国文化的精神是"自强不息"，不是"躺平"。"真正的英雄，是在夜半人静时，把受伤的心掏出来，缝缝补补再塞进去，眯上一会儿，醒过来再拼命苦干。"所以，我想说，你受不了委屈，受不了"内卷"，你有一千个、一万个理由"躺平"，你更有一千零一个、一万零一个理由站起来继续干。所以，请不要为你软弱的心灵找一个聊以自慰的理由。中国人的存在信条是什么? 是"天行健，君子以自强不息"。唯有自强，才能自立；唯有自强，才能寻找生命的意义。

二、公与私

公当然首先指一个人的"公心"。那么作为二级学院的主要领导院长、书记的"公心"是什么?

我想套用一句俗语，叫作"在其位，谋其政"。这6个字所彰显的其实是一种精神，对全院教师、学生负责的精神；一种担当，对党和人民所托付的教育教学事业的担当。

谋什么? 以院长这个职务为例，你得谋划学院的发展，谋划教师的发展，谋划学生的成长，把发展放在第一位。一个单位的发展有着丰富的内涵，既有共性的任务，也应有个性的作为。共性的任务有哪些? 首当其冲一定是师资队伍建设，是人才高地的构建，是高学历高职称人才的引进与使用，是青年教师的培养和提升，是教学、科研平台的搭建和团队的建设，是立德树人的理念、路径与方法。个性的作为呢? 这要靠你个人的人格魅力、你的知识积累和能力铺张，你的别具特色的谋划、思路与举措。你应该把一个学院经营得有声有色。比如，院长、书记该以怎样的培养目标，怎样的人才质量去打造自己的学生? 考研率，你们做到了什么比例? 学生竞赛，你们达到了什么程度?

私心太重的人只想着利用手中的权力占更多的公共资源为做强他自己

服务，为做强他自己的小圈子服务。谋划的结果可能是在损害了集体的同时也损害了他自己，其根源就在于他私心太重、私利太多，太不把"权力"当回事，太不把老师、学生当回事。从师资队伍建设的角度讲，不想进人或者不积极地去引进、培养人，或者无视进入门槛加塞"私货"，是一种目光短浅的自大自私行为；从立德树人的角度讲，违背了教师应该具有的高尚人格。

权力的使用和精神的修为往往是分不开的，所以正确地使用权力不仅仅是领导水平问题，更是一个德治素养的问题，事业上的励精图治往往需要不忘初心的精神支撑。生活不会故意偏袒谁，也不会有意刁难谁。工作快乐的人，不是没有烦恼，而是为大家谋多，为自己谋少。豁达大度、心胸开阔的领导者摒弃了狭隘和自私，显得温暖而通透。

三、大与小

我常常想做人要有境界。境界是什么？是一个人的风度气质？是一个人的言谈举止？似乎都不是。境界取决于一个人的思想深度。朱熹评价庄子，说庄子与喜欢对诸侯说话的孔子、孟子不同，庄子喜欢一个人在僻静处自言自语。"偏处自说"似乎是庄子治学的一大特点，他自己解释是为了"独与天地精神往来"。这是一种了不起的境界。孟子与庄子是同时代的人，"孟子'正'，庄子'大'。正的人往往不够大，大的人往往不够正。所谓'正'，即正派，坚持原则，决不妥协。这样的人往往不够包容。所以孟子喜欢与人辩论，而且在辩论的时候一定要压倒对方，表现出很固执的一面，这就不够大气。而庄子是很大气的，能够包容万物。这是一种超越的'大'，大的胸襟，大的眼界，大的思维，追求一种大的格局。孔孟虽然也'大'，但他们是道德上的'大'……而庄子是眼界上的'大'，胸襟上的'大'，是一种超越的'大'，一种包容万物的'大'"[1]。

境界小、格局小的领导干部，一般都缺乏大局意识。这些人常常是自我完善主义者，他们也工作勤奋努力，想得更多的是动用一切可以动用的关系，利用一切可以利用的资源，把本单位工作做到更好。他们的出发点当然是不错的。他们最大的不足是容易孤立地、绝对地看问题，用"自以为是"的标准去判断周边的人事与物事，缺乏了一点系统思维、一点关联思维、一点全局性思维。这一类干部往往与其他部门沟通少、联系少、互

---

① 北溟：《庄子的激情与超脱》，《同舟共进》2021 年第 5 期。

动少、配合少、协调少，满足于在自己掌握的系统中去努力、去完善，达到既定的目的，恰恰少了一份为配合大局、为大局分忧的责任心。

不明白大与小的道理，也就不懂得处理局部与全局的关系，会平添许多本来不应该发生的烦恼，比如，申报某个奖项或立项某个课题，把不符合申报条件的教师报上来，遭到拒绝后仍然会四处游说。再比如评审高一级专业技术职务，乐意为某一个特定的目标谋，而不顾其申报条件。

四、多与少

在教学的语境里谈多与少，自然会让人想到教学资源的丰富与匮乏，办学经费的充足与欠缺。学科、专业建设需要有足够的办学经费作支撑，这是毋庸争议的事实。越秀外院的办学经费不是多了，而是比较严重的匮乏，这从我校的生均办学经费仅占同类公办大学办学经费的 50%—60% 这个数据就能看出来。最近学校也专门讨论了如何开源节流的举措，这是问题的一方面。另一方面，我们也很不情愿地发现下拨到各二级学院的学科建设经费、专业建设经费、课题项目经费，大多数二级学院都只使用了一部分，且让我们晒一晒 2019 年、2020 年此类经费的账本，看看大家是怎么行政的？

也许有领导会说，校长你只知其一，还有其二呢，你未必清楚：花钱少关键是报销难，挫伤了大家的积极性。是的，财务报销规矩多、规矩严，财务也还有改善服务的空间，但是这不应该成为我们"少干活"的理由！毕竟我们还有一些学院在这方面是做得比较好的！

五、宽与严

常常听到一些干部、教师的抱怨，学校对教学、科研的管理太严了：教学任务太重，教授每月要承担 10 个当量的课时，讲师、副教授每周要完成 12 个当量的课时；科研考核太严，教授三级岗每年要完成 7 分的重点学术工作量，教授四级岗要完成 6 分的一般学术工作量，副教授五级岗要完成 5 分的一般学术工作量，副教授六级岗要完成 4 分的一般学术工作量，副教授七级岗要完成 3 分的一般学术工作量。

某大学的凶杀案引发了高校教师对某些管理机制的严重质疑，比如"3+3，非升即走"的考核进编和晋升制度，这些与教师个人的进退直接挂钩的以论文、项目为衡量基础的考核方法的确值得再讨论再审议再修正，毕竟量化的考核办法已经暴露出它的某种片面与局限，知识分子的精神产出是量化考核法无法予以"称重"的。对这一管理机制的是非得失我们暂不作评论，我只想告诉大家这几年学校也一直在努力，尽可能使越秀外院的评价考核标准制订得更合理，更符合高校的管理规律，更富人文关怀。比如在科研工作量的统计认定上，我们做加法，虽然也规定了科研工作量的底线，但相对而言工作任务是比较轻的。

另外，最近教务处、科研处、人事处正在研究教学与科研两方面的工作量打通计算的问题，避免由于季节性、结构性矛盾而导致小部分老师教学工作量不满的问题。

我不赞成完全以量化的办法对教师的教学、科研任务进行缺乏人文关怀的监督管理。但是我也始终认为教学、科研管理层面上的宽与严是一个伪命题，怎样才叫宽？什么又是严？到底是宽了好还是严了好？似乎没有客观的可信的标准！在成年人的世界里，在高等教育界的教育工作者这个群体里，你想活得比过去的自己好一点，比过去的自己成长进步更快一点，你就得付出超乎你周围的同事的努力，把努力工作、努力教书育人、努力搞科研、努力地放弃掉某些东西化成平常的心态。你选择什么样的目标，规划什么样的前进路径，付出什么样的努力与你的发展程度将呈现一个正比的形态。在这个世界上，没有挣钱很多、工作很轻松、压力很少的职业。你选择了少操心，少上课，少作研究，少出成果，你就没有理由要求获得更多。立德树人的教育岗位上不应该保留这些不称职者的位置。

六、规矩与创新

现代人都崇尚自由，追求自由，这自然是天经地义的事。但是，我想我们每一位领导干部的心里一定十分明白，自由是建立在法治条件下的自由，人们在追求现世的自由时不能没有约束，更不能没有节制。于是依法依规行政成为我们每个人不能须臾忘却的根本依据。我们必须承认法规在道德，在教学、行政，在教学的过程管理，在社会生活中的至高地位。维护了法规的严肃性就维护了公共利益的正义性、合法性、公平性和有效性。但是，我们也不无遗憾地看到，这几年学校的极少数干部和教师也触犯底线，做出了违法违规的错误行为。

有同志批评我，说民办大学就是要讲灵活，而徐校长你每次都强调规范，规范办学、规范行政，包括规范处理矛盾和纠纷。是的，不逾规是做人做事的基本原则；一旦突破了底线，终有一天你是要承担责任的。在行政层面，如果一定要突破某个规矩，那也不能私下做主，背地里行事，应该摆到桌面上来，请领导班子一起来讨论决定，该修订规章条例的先行修订规章条例；该报告上级领导部门处理的，即应提交报告，说明事件原委并提出处理建议；该拒绝的应该明确地予以拒绝，也不允许推卸责任，一句"学校领导不同意，你最好去找校长，找书记解决"，把责任推到学校领导层面。这种不作为、乱作为的态度和行事方式是不容许的。

法家集大成者韩非子认为：所有的问题，都应赶在刚露细小苗头时及时加以处置，才能防患于未然，他说："有形之类，大必起于小；行久之物，族必起于少"，并以此解读《道德经·第六十三章》所谓"图难于其易，为大于其细"。

今天我们重温古代圣人贤者所讲述的道理，就是要求我们每一位党员干部强化遵纪守法的意识，对自己的缺点毛病，对我们工作中的不足与缺陷保持清醒的头脑，并努力克服。

最近，豆瓣上有一部评分很高的纪录片《孤身绝壁》（*Alone on the wall*），讲的是美国徒手攀岩大师亚历克斯·霍诺德的攀岩故事，这项被称为十大极限运动之首的徒手攀岩运动，运动员的死亡率高达50%，稍有差池，攀岩者高空坠落非死即伤，但霍诺德喜欢，当一个人对某项工作达到热爱的程度时，他的内心没有恐惧，没有抱怨，当然也不会讲条件。

"想要爬上常人所不能企及的高度，就得有常人不能企及的付出，你比别人更自律，更专注，更热爱，那么你一定能比别人更优秀"，这是我摘录的一段话，与大家共勉。

徐真华教育文集

X

XU ZHENHUA JIAOYU WENJI

媒体视角篇

高就业率的背后：记广东外语外贸大学[*]

褚庆喜　刘　霄

近年来，南方人才市场供大于求，广东高校毕业生就业形势日趋严峻，但广东外语外贸大学却一枝独秀，毕业生就业率连续 3 年达 99% 以上。校长徐真华向记者讲述了高就业率背后那场脱胎换骨的改革。

2000 年，刚刚担任校长的徐真华，面对的是全校 7 个二级学院都在办英语补习班搞创收的局面。"这样下去会误人子弟啊！"徐真华痛心疾首，决心改革。在统一思想的基础上，广外领导班子带领大家，对非学历教育管理体制进行了彻底的改革。成立继续教育学院，统一管理学校的非学历教育，把院系领导和教师的心思从"创收"拉回到"育人"上来。大家齐心合力搞好教学，教学质量迅速提高。

针对社会需要和人才市场竞争激烈的现实，广外确定了培养"双高"（思想素质高，专业水平高）、"两强"（外语实践能力强，信息处理能力强）、能直接参与国际合作与竞争的专业人才的新思路，对专业和学科进行了大的调整。共设置 9 个语言专业、16 个非语言专业，形成专业教学、外语教学和计算机教学紧密结合，文学、经济学、管理学、法学、工学 5 个学科协同发展，25 个本科专业交叉渗透、优势互补的良性运行机制。为了增加学生就业时自己选择用人单位和被用人单位选择的机会，学校开办了 13 个辅修专业，供学生选修。根据学生的不同层次和社会对人才的不同需求，形成了三种培养格局：基础型——对全体学生进行"合格 + 特长"专业训练；复合型——鼓励学有余力的学生跨学科辅修专业；拓展型——开设双外语、双学士专业。为了适应我国加入 WTO 形势要求，广

---

[*] 原载于《人民日报》2002 年 6 月 18 日第 6 版。

外今年又增设了经济学、人力资源管理、电子商务、公共事业管理、意大利语5个专业，重点培养掌握国际经济理论，通晓国际贸易规则尤其是WTO规则与惯例，熟悉国际商务，掌握计算机理论知识和计算机操作技能，能熟练运用外语独立从事现代物流管理和国际经济贸易经营活动的专门人才。这样一来，广外培养的学生在社会上"适销对路"，就业无虞。

曾经在法国、加拿大、摩洛哥著名大学研修高等教育管理的徐真华，对中西方教学理念做过比较，认为中国过于重视学习内容，而西方则注重学习方法。他认为，学生在学校里学到的知识总是有限的。如果掌握了学习方法，便可以一生求取无穷尽的知识。在徐真华的倡导下，广外改革了教学内容，把本科原来的3200—3400学时，减少到2600—2800学时，给学生更多的时间参加辅修专业、选修课的学习，让他们泡图书馆，上互联网，提升他们自主学习、自我发展的能力。

广东外语外贸大学与北京外国语大学、上海外国语大学一起，被人们称为我国外语院校中的"三甲"。由于广外是省属重点大学，在生源质量上既比不上北外、上外，也比不上同在广州的中山大学等部属院校。徐真华提出，广外要"用标准面粉，蒸出精面馒头"。他们从强化基础教育入手，在非英语专业的本科教学中，别的高校大学英语教学4年只安排了250学时，而广外却要求达到520—800学时。别的院校规定学生英语要达到四级水平，而广外却要求达到六级和八级水平。法学院2000届1班有40名学生，毕业时65%的学生拿到了专业英语八级证书。一些在律师界执业的学生在代理涉外案件的诉讼时，可以在法庭上操一口流利的英语替当事人辩护。

在一年两届的广州中国出口商品交易会上深受欢迎的"学生翻译"，是广外推进教学改革成功的又一范例。为了提高学生的外语水平和动手能力，自20世纪90年代，学校就把广交会定为学生的实习基地。被参展商雇用为翻译的学生外语水平和业务水平高、上手快，从谈判到签订合同，均能独立完成，深得参展商的信任。据统计，在不久前举办的中国出口商品交易会第九十一届春交会上，广外有1000多名学生担任翻译，占广交会"学生翻译"的80%以上。广外的"学生翻译"一时间成了广交会上最抢手的品牌。

无私奉献、廉洁奉公的广东省师德标兵[*]

——广东外语外贸大学党委书记、校长徐真华

王则唐

2002 年 7 月，当得知广东省教育厅要评选省十大师德先进标兵的消息后，广东外语外贸大学的师生员工纷纷自发填写选票，把校党委书记、校长徐真华的名字郑重写上。一张张的选票，寄托的是大家对徐真华的敬佩和爱戴，大家都说，徐真华当师德标兵，是名副其实的。究竟是什么力量感染了大家呢？这要从他的先进事迹谈起。

1975 年 9 月，刚刚在广州外国语学院法语专业毕业的徐真华留校了，开始了他高校教师的生涯，而这一干就是 27 年多！这 27 年来，他始终工作在高教第一线，靠自己对党和国家教育事业的忠诚，把所有的精力都扑在教书育人、科研和教学管理上，脚踏实地，一步一个脚印，从一名普通的助教成为现在的广东外语外贸大学党委书记、校长、教授、博士生导师，教育部高等院校外语专业教学指导委员会委员并兼任指委会法语组副组长，中国法国文学研究会副会长。

诲人不倦的好教师

20 多年的教师生涯中，徐真华的课一直很受学生欢迎，这不仅仅是因为他上的课生动活泼，还因为他注意言传身教。

作为一名高校的教师，他始终有一种神圣的使命感和责任感，要为社会培养德才兼备的高素质人才。为此他在传授学生知识的同时，注意言传

---

[*] 原载于《广东外语外贸大学纪委宣传报道》，2004 年 12 月。

媒体视角篇

333

身教，注重培养学生健康的人格。他常常教导学生说："何为现代大学的理想与使命？我想，高等学府是青年人探索真理和自由成长的地方，现代大学的第一要义当是培养真正意义上的知识分子，他们应该成为民族的灵魂，昭示社会主义建设事业的未来。因此，心系祖国和人民，志向远大，具有理性批判精神和自主创新能力应该是大学生们所追求的人格精神。"他认为知识者的强大，不仅仅取决于他高深的学问，更取决于他心灵与人格上的魅力，正是心灵与人格的崇高力量才使知识分子成为时代与社会的中流砥柱。

在20多年的教学实践中，徐真华做到既教书又育人，坚持把讲授外语专业知识同对学生的思想品德教育结合起来，不断地向学生传授这一理念。例如，他讲授"法国文学选读"或"法国文学评论"，在评述作品中的哲学思想、道德观念、美学原则或其他思想倾向时，非常注意引导学生以唯物辩证法，准确分析其精华和糟粕，指导他们去芜存精。他还结合中外伟人成长和发展的道路以及社会生活的实际告诫学生，任何一个有成就的人都离不开严格的自律意识和甘于寂寞的无私奉献。在学习和生活中，要学会尊重他人，只有懂得尊重他人的人，才能得到别人的尊重；要学会宽容。要善于谅人之过，容人之短，学人之长。只有懂得求同存异，互助合作的人才能领悟人生的快乐。

在传授知识的技巧上，他有自己的一套行之有效的方法，他曾经在法国、加拿大、摩洛哥等国的大学研修高等教育管理，熟悉中外著名教育家理论，对中西方教学理念认真比较研究，认为中国过于重视学习内容，而西方则注重学习方法。因此，他十分注重教学方法的研究和学生学习方法的传授，力图把先进的外语教学法同法语学习的特点和弱点结合起来，组织课堂教学，提高授课的质量和教学效果。

勤政敬业的好校长

徐真华不仅用语言来教育学生，而且用自己的实际行动来实践自己的人生理念。在勤政敬业上就能略见一斑，无论在哪一级领导岗位上，他都能全心全意履行该岗位职责，同时把教学和科研很好地兼顾起来。

1995年6月，他担任合并后的广东外语外贸大学第一任教务处处长，作为教学管理、组织、协调部门的主要负责人，他全力克服两校合并办学的许多困难，始终坚持"学科交叉、专业渗透、实质合并、办出广外大特色和质量"的发展策略，较好地组织了全校的教学研究和教学管理活动，为全校教学工作的顺利开展，为探索新的教学模式作出了积极的贡献。

1999年6月任校级领导，特别是2000年6月任校长后，他在行政管理上花了更多的心血，经常要加班加点，他的工作变成了"全天候"，除了上班时间处理繁杂的行政事务外，下班也不能好好地休息，有时凌晨1点、早上五六点有人打电话到他家里谈工作的事情。面对这么繁重的工作，他一点都没有抱怨，为了把学校搞好，为了党的教育事业兴旺发达，再苦再累他都认为值得。

徐真华办事很有条理，善于协调各种工作，把他所承担的行政、教学工作安排得有条不紊。有时为了在处理紧急行政公务之前，履行导师的职责，执行研究生培养计划，他把课堂"搬"到办公室给研究生上课或指导研究生撰写论文。作为校长的他，还兼任了不少学术团体的职务，工作日程往往安排得十分紧张，他缝隙插针，经常利用开会、接见外宾或外出办事前的点滴时间，批改学生的作业，书写自己的教学心得，听取学生的学习情况汇报，提出指导意见。

徐真华工作很务实，在上任广外校长时，就有人问他："作为新任校长，在办校治学方面有何新举措？"他平和地说："我不想搞什么'新官上任三把火'，学校有长期发展的规划，也不是一蹴而就就能办好这所学校的，我们要深化改革，从改革中找出路、求发展。"他反对脱离实际，搞没有实际成效的花样来"出成绩"，但他绝不因循守旧，而是在求真务实的基础上，大刀阔斧推出新思路、新举措。他根据学校的特色，与班子成员一道确定学校的定位，制定符合实际的发展规划，积极倡导和推动校内教学科研机构调整、人事制度改革、分配制度改革、非学历教育管理体制改革和后勤社会化改革，使学校在整体办学水平上有了明显的提高。

无私奉献、勤奋进取的科研工作者

"人是需要点精神的，在当前社会转型期从事高等教育及高等教育管理，就更需要一点精神。人总是要死的，正因为有了死，所以生才显得如此重要。为了拒绝死亡对生命的否定，我们一定要赋予生活一个崇高的意义，对于教育工作者来说，这个崇高的意义存在于我们克己奉公、积极进取的工作态度之中，所以我们必须把党和政府交给我们的学校办好，把教书育人工作做好，这需要大家的共同努力。我十分欣赏法国作家马尔罗的一句话：人生本来没有意义，因为死亡使生命变得如此荒诞，但是人是世界上唯一有理性思维的动物，所以人必须赋予生命一个意义。"这是徐真华在学校党政机关和教研单位负责人座谈会上讲过的一段意味深长的话。他自己就是秉持这样的精神，在工作中无私奉献，努力做好教学和行政管理工作的同时，把剩余的精力都扑在了科研上。

近10年来，包括读博士和任教务处处长、校领导期间，为了做到教学、科研与行政管理都不耽误，徐真华几乎每天晚上都学习、工作到深夜12点，节假日也很少中断。在1995年至1998年读博士期间，徐真华为了弥补由于白天工作而引起的专业学习和研究的欠缺，利用节假日的时间走访不同文化程度的人群，进行新词语的词义和语用调查，了解人们对法语新词的认识，分析其产生的社会、经济因素。他还制作调查表，对本校及兄弟院校的法籍教师和法语学生进行调查，研究他们对法语新词的态度，在此基础上，撰写了关于法、汉新词比较的博士论文，获得专家的好评。以此论文为基础，他撰写了《新词与社会关系研究》一书，并在法国正式出版。

无私的奉献加上勤奋进取，使徐真华取得了丰硕的成果：1990年以来发表了《马尔罗与艺术形式》《忧郁的咏唱——奈利冈其人其诗》等论文50余篇。他撰写的系列论文《马尔罗研究》1999年被广东省社科联评定为省级科研成果三等奖。他与黄建华教授编著的《理性与非理性——20世纪法国文学主流》于2000年由外语教学与研究出版社出版，受到同行专家和学生的好评。翌年，该本著作又被国务院学位办评定为研究生教学用书。

虽然徐真华已经取得了令人羡慕的成就，但他并不引以为傲，而是平易近人，十分谦和，跟他在一起，能明显地感到他是一名谦谦君子，这应该就是对"学到深入心自平"的最好注解了。

廉洁奉公的好领导

徐真华公私分明，不受社会上一些腐败现象的不良影响。他始终认为教师是人类灵魂的工程师，应该廉洁自律，为人师表。他对同阶段教育系统出现的腐败问题痛心疾首，坚持认为学校应该是社会上的一片"净土"，是教书育人的圣殿，不允许任何腐败分子玷污。

他对自己在廉政方面要求十分严格，从不利用自己的职权为自己或配偶、子女谋私利，在公务活动中，有时会有一些人给他送钱送物，他总是断然拒绝，有时拒绝不了，就先收下来，然后把钱物上交校纪委或者让校办的工作人员直接退回当事人。据统计，近两年，徐真华将无法拒绝的钱和物上交校纪委共 13 次，合计港币 20000 元、人民币 31600 元和购物卡、物品等（约合人民币 30650 元）。

徐真华同志不但身体力行为广大教职工树立廉洁自律的榜样，同时也严格要求各级领导干部要廉洁自律，认真抓好学校党风廉政建设。他任校长后，非常重视抓领导干部廉洁自律、查办违纪违法案件、纠正部门和行业不正之风三项工作，发现有个别违纪问题，他都要求严肃处理，群众高兴地说：在徐校长的眼里，容不下一粒沙子。他重视从源头上预防和治理腐败，带头签订《党风廉政建设责任书》，并建章立制，堵塞漏洞。近几年来，学校制定了《党风廉政建设责任制实施办法》《关于建立经济责任制加强财务管理的实施办法》《物资采购管理办法》《关于学生活动费规范管理的规定》《关于规范校风生活服务经营管理的规定》等多项规章制度，大大强化了学校党风廉政建设。

徐真华：办学目标与建设和谐社会一致 *

于　滨

初见他时，你会被他的平和、儒雅所吸引，而当你与他对话时，又会发现在他的平和背后还蕴含着巨大的激情，以及一个教育家对民族、对国家未来所肩负的神圣使命。他，心怀抱负，放眼未来；他，审时度势，大智大勇，推崇理性的批判精神；他，践行高素质公民教育，培养具有跨文化沟通能力的国际通用型人才，他为之奋斗的也是建设和谐社会所必需的——他就是广东外语外贸大学的校长徐真华教授。

大学的首要目标是培养高素质公民

广东外语外贸大学是 1995 年 6 月由原广州外国语学院和原广州对外贸易学院合并组建的涉外型重点大学。学校目前设有 19 个学院（部），39 个本科专业，涵盖文学、经济学、管理学、法学、工学、理学、教育学 7 个学科门类，在校本科生、研究生 13000 多人。近些年来，学校生源质量、就业率等指标均列广东高校前列，社会美誉度越来越高。2003 年在教育部本科教学工作水平评估中被评为"优秀"等级，学校乘势而上，近期提出了建设高水平教学研究型大学的目标。

对已取得的成绩，徐真华校长将其归功于"特色办学"。他认为，大学必须有自己的特色，广外的特色就是注重跨文化交际和沟通能力以及专业教学与外语教学融合互补的优势，这也是广外发展的生命线。徐真华说：没有永远的优秀，只有永远的努力。学校把提高教学质量和研究水平

* 原载于香港《文汇报》2005 年 7 月 8 日。

放在首位，注重培养一专多能，"双高""两强"，具有国际视野和创新意识，能直接参与国际合作与竞争的国际通用型人才。

徐真华说，教育的核心问题就是培养人。培养理念、培养模式和培养机制的设计，应该是我们高等教育的管理者和实践者必须认真思考的问题。广外应该遵循什么样的办学宗旨呢？徐校长明确表示："我们的宗旨就是：高等教育的首要目标是教书育人，是为社会培养高素质的公民。高素质的主要内涵是：有理想、有文化、有道德、有纪律。"为了达到这一培养目标，徐真华提出中国当前的大学教育有必要实行三个转变：一是"从关注学生学什么转向关注怎么学"；二是"从关注学生思考什么转向关注怎么思考"；三是"从关注学生做什么人转向关注怎么做人"。这一指导思想培养出来的学生，当他们走向社会的时候，他们的政治立场是坚定的，他们的价值取向是理性的，他们的专业素养是可靠的。

他说，大众化的高等教育不只为了培养精英式的专家学者，大学所订立的目标应该让绝大多数学生都能达到，否则路子会越走越窄。徐校长进一步解释说："试想这些高素质公民走入社会后，在社区他们是好邻居，在政府机关他们是合格的公务员，在公司企业他们是称职的员工，在家庭他们是负责任的好丈夫或好妻子。于是，知识的力量就变成了文明的力量，变成一种文化，滋润着人们的道德与良心。高素质公民无疑就构成了和谐社会不可动摇的基石，这同时也是他们在各自的领域成为国家栋梁的必由之路。"

"我对校长一职充满了敬畏之情"

1975 年，徐真华从广州外语学院毕业后留校任教，后分别就读于摩洛哥王国穆罕默德五世大学和法国巴黎第三大学，1994 年，赴加拿大魁北克蒙特利尔大学做访问学者，1999 年任广东外语外贸大学副校长，2000年任校长。回首多年来奋斗在广外的岁月，徐真华感触最深的是：当校长非常难，当一名好校长更难。他说："大家因为爱戴我、拥护我、信任我而推选我当校长，这使我对校长一职充满了敬畏之情，唯恐辜负了大家的期望，必须加倍努力，恪尽职守。"

徐真华颇有感触地说，大学是知识分子的聚集之地，知识分子是有思想、有智慧的有识之士，要将大批知识分子聚集在校长旗下，为达到一个共同的目标而努力，就必须依靠校领导班子强大的感召力和校长们的个人魅力，就必须尊崇一个大道理，即真正奉行康德所倡导的"大学是一个学术共同体"的理念，把尊重知识、尊重老师落到实处。在中国当前的教育环境下，大学恰似小社会，校长不仅要管理学术，还要处理许多本应是社会承担的具体事务，这些非学术性的工作会占用很多时间和精力，对于一个热爱学术的学者来说无疑是巨大的牺牲，很多感兴趣的科研课题，徐校长只能利用业余时间来完成。

"当然这也是锻炼，是对校长的考验，"徐真华接着说，"在形形色色的矛盾里面怎样抓住最主要矛盾，达到纲举目张的效果，特别考验校长的智慧和领导才能，只有那些具大智慧的人才可以领导大学走在时代和社会的前列。"徐真华在广外上任后有几项重大改革，每一次都会令一些人感受到切肤之痛，而阵痛过后的广外更富有朝气且更具活力。2001年，学校进行的教学科研管理体制改革、分配制度改革、人事制度改革、继续教育管理体制改革、后勤社会化改革等一系列重大的改革，既是对利益的调整与整合，更是对办学思想、管理理念的大讨论、大改革，广外从此厘清了前进的方向，一年上一个新台阶，在华南地区乃至全国树立了良好的声誉和品牌。

寓理性的批判精神于学校管理

徐真华出生于江苏无锡，业余时间他经常打乒乓球，据他的同事说，在整栋办公楼里难逢对手。夫妻的共同爱好则是音乐，徐真华透露：自己念念不忘的是江南丝竹，家乡的紫竹调——那种在喜庆节日时江南水乡普遍传唱的民乐。听听音乐，看看书，那种宁静致远的生活是他的挚爱。

宁静致远才能大气，才有大智慧，才有对未来大手笔的谋划。对于广东外语外贸大学的未来，徐校长有多方面考虑，他坚持扩大国际交流与合作，在与美国、英国、法国、德国、加拿大、日本、韩国、中国香港等国家和地区的80所大学和学术文化机构建立合作交流关系的基础上，今后要着力开展与香港高校合作办学。他说，粤港两地语言相通，文化相融，广外与香港的大学合作的前景很广阔，特别是在外国语言学、经济学、管理学、法学等领域。

记者注意到，徐校长在访谈中多次提到"培养理性的批判精神"。他说，在西方国家，批判精神是创新的灵魂，提倡理性的批判精神，会让学校在各个层面充满活力，学生敢于创新，老师敢于探索。很多广外校友在国内外发展得很好，全都得益于他们良好的沟通能力和不断创新学习的能力。

广东外语外贸大学即将迎来自己的 40 华诞，经历了 40 年的风雨，总结历史，展望未来，提炼出了支撑学校脊梁的精神，那就是校训"明德尚行，学贯中西"所体现的广外精神。"校训是一面旗帜，我们要在这面旗帜上添上浓墨重彩的一笔。"他坚定地说："面向 21 世纪的广东外语外贸大学，志存高远，将着力培养在道德上追求美德与至善、在学术上具备通才意识和跨文化视野、在风气上推崇行动与实践的国际通用型人才，为广东建设经济强省、文化大省，为中华民族的伟大复兴作出更大的贡献。"

广外精心做好国际化大文章*

刘圣清

话题动机：近年来，广东外语外贸大学凭借其特色办学的比较优势，在教学、管理、改革和发展方面取得令人注目的成绩，知名度、美誉度大大提高。今年适逢该校成立40周年。作为一所知名的涉外型大学，在日益开放、国际化程度越来越高的今天，以后有些什么新的动向？就此，记者采访了该校党委书记、校长徐真华。

记者：广东外语外贸大学已走过了40个春秋。40岁的广外是不是到了不惑的"年龄"？

徐真华：广东外语外贸大学成立于1995年，其前身是原广州外国语学院和原广州对外贸易学院。广州外国语学院成立于1965年，至今已有40年的历史。子曰：四十而不惑。不惑即"不困惑"，也即思路清晰、目标明确。经过这40年的建设和发展，我校的办学理念越来越清晰，正在逐步走向成熟。在这40年里，我校积累了较大的"能量"，我们思考得更多的是如何为广东建设经济强省、文化大省，为经济社会全面和谐发展贡献更多的力量。

记者：广外一直致力于办优秀的本科大学，而且卓有成效。今后广外会着重向哪个方向发展？

徐真华：尽管我校的教学质量和办学水平得到了社会和学生家长的广泛认可，但学校仍然将着力于创办优秀的本科大学，并于去年提出了建设

---

* 原载于"人民网—华南新闻"，2005年10月21日。

徐真华教育文集

高水平教学研究型大学的目标。校内外有些人认为，广外已经是教学研究型大学了，应该提出更高的办学目标。但我认为，学校办学目标的制定，不宜盲目攀高，必须根据自身的实际，必须坚持实事求是的原则。

多年来学校取得的成绩说明我们所坚持的办学目标是正确的：我校在扩招背景下生源质量和教学质量稳中有升，我校学生在外语、经贸、管理、法律、信息技术等专业领域多次获得全国乃至国际大奖，我校学生的就业率一直保持在99%左右，2003年在教育部本科教学工作水平评估中被评为"优秀"等级……这一切都说明我们的努力没有白费。

广外的人才培养规格，概括起来就是9个字，即"应用型、国际化、高水平"。应用型的培养目标我们一直在努力，做了很多探索，可以说成果显著。国际化，我们起步较早，但早期步伐不大，这几年加快了步伐。高水平的本科教育保证了广外学子在就业市场上的竞争力。

记者：社会上有人认为外语学好了就基本叫国际化。还有人认为"国际化"就是西化，您怎么看？

徐真华：国际化是一种趋势，是必须要去适应的，与其被动适应，还不如主动去适应。所谓主动适应，就是要主动地去研究全球化背景下的高等教育发展规律，主动去参与国际交流与合作。高等教育的国际化过程也是在经济全球化背景下对高等教育规律再认识再探索的过程。时代在发展，形势在变化，新的规律在形成。我们应主动参与到国际高等教育标准框架和游戏规则的构建之中去，而不是回避，更不是拒绝。同时我们又必须认真对待高等教育国际化过程中出现的问题，坚持平等竞争、双赢互利、以我为主的原则。从这个意义上说，国际化首先是更新我们的办学思想和办学理念，把握更多的国际合作机遇，通过交流与沟通壮大自己。

记者：国际化进程对广外有什么意义？国际化给广外带来哪些影响，有何契机？"国际化"具体到广外的现状如何？

徐真华：国际化对广外的意义十分重大。首先，无论是过去的广州外国语学院、广州对外贸易学院，还是合校之后的广东外语外贸大学，都属于涉外型院校，国际化是学校性质所决定的；其次，广外最近这些年的超常规发展，在很大程度上得益于牢牢把握了"国际化"的脉搏，很难想象如果没有加入WTO后中国经济快速融入国际经济体系的机遇，广外会有如此快的发展；最后，广外今后的发展，也要在"国际化"这几个字上做文章，学校着力推进外语与专业的融合，培养一专多能，"双高""两强"，具有国际视野和创新意识，能直接参与国际合作与竞争的国际通用型人才。这是广外必须要做而且完全有能力做好的大文章。

近年来，我校的留学生人数逐渐增多，拥有日、韩、欧洲等国家和地区留学生 300 多人。我校还积极聘请外籍教师，目前我校的外籍教师人数排在广东高校的前列，而且与英、美、澳、加等国家的数十所高校建立了合作办学的关系。与广东其他高校相比，我校与国外学校合作不仅规模大，而且更为规范、更为主动。

另外，作为涉外型高校，我校十分重视并积极开展对外学术文化交流，国际交流与合作领域不断拓展。目前，已与美国、英国、法国、德国、西班牙、意大利、加拿大、澳大利亚、日本、俄罗斯、马来西亚等国及我国香港、澳门地区的 50 多所大学和文化学术机构建立了合作交流关系。我校于 2003 年成功承办了第三届亚洲大学校长论坛，并通过这一平台深化了与亚洲大学之间的合作，反响强烈。

目前，我校与国内名牌大学的差距还很大，如果照他们发展的老路去追赶，在可以预期的将来难以超越。但如果从"国际化"这条大道上追过去，有望找到赶上他们的捷径。

记者： 如何理解"办学特色是广外的生命线"这句话？办学特色与国际化关联吗？

徐真华： 大学必须有自己的特色，特色就是质量，这在某种意义上也是一所大学存在的理由。广外的特色就是注重跨文化交际的研究和实践能力的培养，注重打造专业教学与外语教学融合互补的优势。我们培养的学生，在专业方面不一定比名牌大学的强，但在跨文化沟通方面会比他们胜出一筹。这样，我们的"产品"就有了独特的竞争力，学校就有了自己的生存空间，也就有了自己存在的价值——从这个意义上说，办学特色就是广外的生命线。

在新的历史条件下，广外将始终牢记自己的崇高使命，着眼未来，面向世界，努力把学校建设成专业特色更加鲜明，外语优势更加突出，文化氛围更为浓郁，综合实力和整体水平居于全国同类院校前列，部分学科在国际上具有一定影响力的高水平涉外型多科性大学。

记者： 能概括地描述一下广外的大学精神吗？

徐真华： 大学精神是一所大学校园文化的高度提炼，是大学的灵魂，始终处在构建的过程中，在很大程度上大学精神会以某种文化形态反映在学校师生日常的工作、学习、生活中。广外的校训"明德尚行，学贯中西"从一个侧面反映了我校的精神追求，但校训与大学精神毕竟不同。在广外40年深厚校园文化积淀的基础上，我们正在提炼和打造自己的大学精神，不妨做这样的概括："追求美德与至善，推崇行动与实践，倡导博学与包容，提倡批判与创新。"当然，我们这里的批判是在理性指导下的，是理性的批判精神。

我常常对我的同事们讲："我们要'跳出广外来看广外'，跳出来，站在更高的高度，以批判的眼光来审视我们走过的路、我们做过的事，就会不断地找出差距，发现问题，就会有更清醒的头脑，就可能有创新和进步。"

徐真华教育文集

乘广州大学城东风　广东教育振翅高飞[*]

——专访广东外语外贸大学校长徐真华

又到了9月，又到了这个充满快乐和希望的月份。

一个个满怀憧憬的高校新生走在秋日灿烂的阳光里。他们在父母期盼的眼光中，走进了神圣的大学殿堂，开始打造属于自己的未来。

他们中的不少人是幸运的，中国近5年高等教育改革所推行的加快发展政策，使更多的学生圆大学梦成为可能。但他们也许不知道，有多少人为他们能够拥有这样的机会而付出了巨大的努力。

为了了解广东的高教改革和广州大学城建设，我们专访了广东外语外贸大学党委书记、校长、著名法语专家徐真华博士。

他向我们讲述了近5年来广东高等教育发展的不凡历程。

"多招一个大学生，就能够多解救一个困难家庭"

历史跨入了21世纪。在中国的经济大省广东，有这样一个数字：2000年，广东高等教育毛入学率（即18—22岁青年读大学的比例）仅为11.35%。可以参照的是，同期欧美发达国家的平均毛入学率达50%，有的甚至在80%以上。

这是一个令人难堪的数字。

说教育是广东省的心头之痛并不为过。经济发展速度居全国前列的广东省，在高等教育上却一直处于一个落后的位置。2004年中国内地每1万

---

* 文章选自《乘广州大学城东风　广东教育振翅高飞——专访广东外语外贸大学校长徐真华》，2006年。

名自然人中有107.9人受过大专以上教育；同期，广东省每1万名人口中在校大学生数只有91.4人，低于全国平均水平。

徐校长引用中央政治局委员、广东省委书记张德江的话进行概括：广东的高教有三个不适应，与快速发展的广东经济社会发展水平不适应，与广东建设和谐社会及文化大省的要求不适应，与老百姓对高教的需求不适应。

2000年，广东各高校在国家高教改革政策的指导下，开始了积极的改革与发展。改革的成绩是巨大的。2005年，广东高校毛入学率从2000年的11.35%上升到了22%左右，广东普通高校在校大学生数量从2000年的30万人发展到86万人。高等教育从社会边缘走向了中心。

在显著的成绩面前，决策者们思考的是怎样进一步优化教育资源的配置，提升教学质量、办学水平和管理水平，全面落实广东高等教育科学发展观的问题。在重视知识和人才的同时，他们也越来越多地用充满人文关怀的思想，去关注教育给人的生命质量带来的重大影响。

"多招一个大学生，就意味着多解救了一个困难家庭。"广东省委书记张德江说。毋庸置疑的是，在贫困地区，在广大农村，一个孩子上大学就可能改变全家人的命运。教育，为孩子们打开了一扇通往不同人生道路的大门。

"让更多人接受教育绝不是一种恩赐。"徐校长说，"接受教育是每个公民应有的权利，而上大学正越来越成为人生的一种必需，人活着要成长进步就要读书，知识会逐步转化成文明、道德与法制的力量，去滋润人们的思想，规范人们的行为，我们的培养对象就可能成为有理想、有道德、有文化、有纪律的高素质公民。政府和社会应当努力创造条件，满足人们接受教育和学习的权利，建设学习型社会。"

"广东高教的落后状况要用超常规的方式扭转"

怎样创造条件满足人们受教育的需求？怎样为更多的孩子提供学习机会？广东众高校尽管雄心勃勃，但是学校既有基础设施的体量，却在客观上制约着进一步的扩招。

为了给广东经济的可持续发展提供人力、智力支持，给广东高教大众化打下坚实基础，2002年2月，广东省委、省政府做出一个重大决定：建设广州大学城，确保2010年广东高校毛入学率达到30%、2020年达到50%。政府的决心一下，接下来对大学城的支持和重视程度，超出了人们的想象。

广州大学城选址在四面环水、面积达 18 平方千米的番禺小谷围岛，一次建成 10 所高校新园区，是一项可以容纳 16 万名左右大学生的特大型工程。

从 2003 年 1 月广州大学城建设正式启动，2003 年 10 月打下第一根桩，到 2004 年 9 月开学招生，只用了短短 19 个月的时间。专家们认为，这项重大工程的建设，规模和难度之大在广州是空前的，而速度和质量控制水平达到了相当的高度。

建设期间政府投入了 300 多亿元，而围绕大学城的公共设施（道路、地铁、水电等）就耗资上百亿元。其高水平的规划、高科技的运用、高度共享的公共区域的设计理念等，堪称现代化新城区建设的典范。而为了大学城而建的第一条穿越珠江的综合管线隧道，见证了决策者的决心和勇气。

"广东作为经济大省，其高教落后的情况已经到了不能再拖延的地步。广东高教的落后状况要用超常规的方式扭转，要通过跨越式发展的方法去解决。"徐校长笑言。

徐校长表示，大学城是广东高等教育发展的里程碑，具有划时代的意义。没有大学城，广东高等教育在规模、质量、结构、效益等方面持续协调发展就难以在短期内取得突破性进展。大学城建好后，广东外语外贸大学获得了未来再招收 12000—14000 名学生的空间，到 2008 年，在校生总规模将达 2.2 万名以上。

"辛苦的是老师，压力大的是领导，
受益的是全社会"

到今年 9 月份，广州大学城校区已经迎来了两个年级新生。

为了让学生们在大学城有一个顺利的开始，去年 9 月第一批新生入学之前，各高校组织大量人力物力进行了实地"入学彩排"，取得很好的效果。尽管如此，各高校还是有些担心学生能不能适应一个刚刚拔地而起的新校区。

一年过去了，让学校感到欣慰的是，学生和家长普遍反映良好。上学期末，在广东外语外贸大学发给学生的调查问卷上，90% 以上的学生填上了"希望继续留在大学城校区"学习的选项。是的，这里有舒适的学习条件和优美的环境。中央空调驱走了南国夏日的酷热；傍晚时分，落日的余晖映照着学生们无拘无束踢足球、打羽毛球、踢毽球的快乐身影；这里有更多供教学使用的先进设备。更重要的是，这里凝聚了一大批崇教厚德、教书育人的辛勤园丁，徜徉在广外美丽的校园，除了感受到浓郁的跨文化氛围、张弛有度的管理秩序外，与大学生们用英语交谈也不失为一件乐事。广东外语外贸大学已将经贸、管理、信息技术、新闻、艺术等设备条件要求比较高的学科都放在了大学城，这里能够充分实现物质和智力资源共享。高校之间可以相互选课，学生们无须走多远就能吸取到其他学校的教学精华，还可以使用其他学校的实验室、图书馆、体育设施、后勤资源，等等。大学城独特的文化氛围正在形成，学生组织了社团，广外白云山校区将学术讲座远程同步传播到大学城校区，学校的网站帮助加强了信息交流，拉近了两大校区之间的距离；这里实行有效的延伸式管理。学校在这里设有管委会和不同职能的办公室，学生要解决的问题基本都能在这里得到解决；在高效率的服务背后，我们也了解到，这里的老师们承受着在两个校区之间奔波的辛苦，是他们以高度的责任心履行着自己神圣的职责。他们带学生早读、组织学生观看和点评英语电影、组织各种文化学术活动——培养起新一代大学生自主学习、自我管理、昂扬向上的精神风貌。

多校区管理所产生的各种成本，无疑给学校的领导们增加了很大的压力，他们仔细地规划和安排，为了向社会输送更多优秀的人才而不懈地努力着。

与此同时，他们还要面对各种不理解的声音。在高校扩招、建设大学城之后，社会上一直有人担心学生花了时间和学费拿到毕业文凭后，会因为毕业生数量巨大而找不到工作。但徐校长认为，如果让更多的孩子不上大学就流入社会，他们以后给社会带来的问题会远比上了大学但一时没找到工作的人的问题多。年轻人上大学提升素质，以后自主创业的能力也会更强。

"辛苦的是老师，压力大的是领导，受益的是学生，是广东的老百姓，是全社会。"徐校长的话，道出了进驻大学城各高校管理者们的心声。

广外要培养全球化高素质公民[*]

林 洁

编者按：大学生应该怎样给自己定位？大学应把学生培养成什么样？在毕业生就业形势日趋严峻的今天，对大学人才培养目标的探究再次引起媒体及社会的关注。有着高就业率和良好社会声誉的广东外语外贸大学，校长徐真华近期"低调"谈论培养目标，把培养全球化高素质公民作为其大学的培养目标，曾一度在校内外引起高度关注和热烈争议。究竟是"低调""平实"抑或"高调"？广外为何如此定位？大学应如何定位其培养目标？带着这些问题，中国青年报记者林洁日前对广外党委书记、校长徐真华教授进行了采访。

林洁："全球化高素质公民"有哪些深刻含义？容易做到吗？

徐真华：近两三年来，我多次强调，高等教育的首要目标应该是培养高素质的公民，所谓高素质的公民就是指有理想、有文化、有道德、有纪律的公民。在高等教育越来越大众化的今天，高等教育不只为了培养精英式的专家学者，大学确立的目标应该让绝大多数学生都能达到、都容易做到。能做到，但要达到高水平不容易——这是我确定学校培养目标时的出发点。

我今年在考察美国一些大学的过程中，也受到了新的启发：高校仅仅是追求培养高素质公民的目标还不够完美，还应在此基础上加上全球化理念，也就是要培养具备全球视野的高素质公民，概括为"全球化高素质公民"。这主要是因为当今全球化浪潮已不可逆转，在这种背景下高校尤其

---

* 该文发表在《中国青年报》2008 年 4 月 11 日第六版。

像广外这样的涉外院校培养出来的大学生要适应全球化趋势，具有热忱的爱国情怀，较强的跨文化交际能力，能熟练运用外语，熟悉国际事务，懂得并遵守国际惯例和国际礼仪，具备直接参与国际合作与竞争的能力。

林洁：关于大学要培养什么人的问题，有各种观点，您关于培养高素质公民的观点是很低调的。

徐真华：大学人才培养的具体目标不要千篇一律，因为社会对大学生的需求是多种多样的，大学也应培养适应社会不同需要的不同类型的大学生，办大学的特色或者个性很重要。因此，不同类型的大学有不同类型的人才培养目标，很多大学都结合自己的办学定位提出各自的培养目标，如北京大学提出的目标是"为国家和民族培养具有国际视野、有创新精神、在各行业起引领作用的领导型人才"，复旦大学提出的目标是"培养具有全面素质的高质量人才"，南京大学提出的目标是"培养高层次、高质量、少而精的基础性人才，培养瞄准国际前沿的高科技人才，培养大批优秀的复合型应用人才"，华南理工大学提出的目标是"高素质、'三创型'（创新、创造、创业）、国际化专门人才"，等等。当然也有些大学可能会把培养目标定得过高、过虚，让学生不容易做到。

广外作为涉外的教学研究型大学，我把学校人才培养目标定位于具有全球化视野与爱国情怀的高素质公民。这里包含两个层面的含义：第一个层面是培养"有理想、有道德、有文化、有纪律"的高素质公民，这是一个"人人都能做到、人人都必须做"的基本目标；第二个层面是培养一专多能，"双高""两强"，能直接参与国际竞争与合作的国际通用型人才。这类人才的特点是具有较强的沟通、组织、协调、领导才能，这是作为涉外型大学对学生提出的更高层的要求。通过这么多年的实践证明，对于第二层面的目标，很多广外的学生通过努力完全可以达到。因此，广外在人才培养目标问题上与其说是"低调"，还不如说是根据目前学校办学定位来考虑的，是"平实"的选择。

林洁：国内大学生要成为全球化高素质公民，要特别注重哪几个方面的修炼？

徐真华：国内大学生与国外特别是欧美的大学生相比，会有很多不一样的地方。比如相对于欧美的大学生，中国的大学生普遍刻苦好学，基础扎实，尊师重教，遵守纪律。一般来说，中国大学生的独立思考能力、创造想象力、判断批判能力、实践动手能力等有所欠缺。另外，文明礼仪修养尤其是与国际接轨的文明修养有所缺失。因此，我认为，中国大学生要走向世界，成为全球化高素质公民，最欠缺的既有人们通常认为的创新能力和个性发展等方面的素质，还有国际事务、国际惯例、国际礼仪、文明礼仪等方面的修养，提高中国大学生这些方面的素质，对于他们尽快融入国际社会，参与国际竞争与合作，成为全球化高素质公民实属必要。

林洁：一所大学的人才培养理念，会影响到大学的文化和精神，广外在这方面是如何定位的？

徐真华：广外把人才培养理念确定为："培养一专多能，'双高''两强'，具有国际视野和创新意识，能直接参与国际合作与竞争的国际通用型人才。"近来，我还提出了一个人才成长理念，鼓励广外的大学生们要"立足平凡，追求卓越"。这一理念包括两个层面的意思："立足平凡"是指按照培养"有理想、有道德、有文化、有纪律"的高素质公民的要求，加大通识教育的力度，使大学生能脚踏实地尽快融入社会、融入集体、融入生活；"追求卓越"是指培养一专多能，"双高""两强"，有仰望星空的远大理想，能直接参与国际竞争与合作的国际通用型创新人才。尤其是要提高学生们的"leadership"，这是一个问题的两个方面。只有立足平凡才有可能达到卓越。正所谓"立足于平凡，平凡蕴含伟大；立足于小事，小中见大"。中国传统的"仁、义、礼、智、信"以及"己所不欲，勿施于人"等古训，都是一些再平凡不过的要求，人人都可以践行，但身体力行委实不容易。

林洁：广外在培养全球化高素质公民方面做了哪些工作？或者目前还仅仅是设想？

徐真华：围绕高素质公民这一人才培养目标，近年广外已开始实施转变教育教学理念的措施：不仅重视学生学什么，更要重视学生怎么学；不仅重视学生思考什么，更要重视学生怎么思考；不仅重视学生做什么人，更要重视学生怎么做人。处处"以学生为本"，不仅重视学生的成才，更重视学生的成长，不仅重视教会学生做事，更重视教导学生做人。

国内有些大学（包括广外校内有些人员），将一所大学出了多少个"大官"、多少个"大款"作为学校办学成功的标志，我认为这是不正确的。试想，当学校培养的高素质公民走入社会后，在街坊他们应该成为好邻居，在政府机关他们应该成为合格的公务员，在公司企业他们应该成为称职的员工，在家庭他们应该成为负责任的好丈夫或好妻子，在国际交往中有好的形象和口碑——大学培养的人才代表了中国高素质公民的形象，这不正是和谐社会所需要的吗？只有具备这些优秀品格，才能为他们在各自领域进一步的发展打下坚实基础。

在培养学生全球化视野和能力方面，几年来广外围绕培养国际通用型人才的目标，着力在以下几个方面下功夫：一是实行专业教学、外语教学与计算机教学"三位一体"的捆绑式教学，实施不同学科、专业之间的交叉融合的复合型人才培养模式，大力推进外语教学与专业教学的融合；二是推行全英教学和双语教学模式，着重针对高起点的优秀学生，实现专业教学与外语教学的强强结合；三是创新大学英语教学模式，把英语学习过程转变成跨文化的交际过程；四是重视大学生公共道德和礼仪教育，要求学生们在国际国内的各种场合展示广外学子的良好形象和精神面貌，正因为如此，广外的学生走上社会、走出国门后，适应能力强，很受用人单位欢迎。

林洁：较低调的目标会不会导致社会、家长、考生降低对学校的评价？他们是不是赞同这个提法？

徐真华：从一些渠道反映看，我提出的人才培养目标得到了社会广大人士的赞同。他们也认为，大学培养高素质公民的提法很切合实际，很现实。现在广外又在其培养目标中融入了"全球化"的理念，这一与时俱进的办学思想同样得到了专家和家长的肯定。随着近些年来大学不断扩招和毕业生就业形势日益严峻，大学生再也不应把自己定位于社会精英，毕业后都想成为翻译家、外交家、政治家、企业家等，这是很不切合实际的。大多数学生毕业后能成为高素质公民或者说高素质的劳动者、建设者，这已经很不容易了，下一步的发展，要靠自己坚持不懈的努力，还有对机遇的把握。大学生也不应固守于国门之内，要顺应"全球化"的世界发展趋势，努力使自己成为"世界公民"，掌握并具备"走出去"的能力与本事。

近年来，广外的社会声誉很好，社会、家长、考生对广外评价较高。师生屡屡受邀参加各种重大涉外活动；学子们屡屡在各类大赛中获奖；毕业生深受社会特别是涉外型单位欢迎，近几年最终就业率都在99%以上，名列广东省甚至全国高校前茅，毕业生就业层次也比较高；与高就业率相适应，广外招生生源质量在连年扩招的背景下也持续攀升。广外正形成良性、和谐的办学环境。

林洁：作为涉外型院校，广外在培养全球化公民方面有特殊的责任要担当吗？

徐真华：在全球化背景下，高等教育面临着新的挑战，任何高校都要积极主动地应对全球化带来的挑战，高校培养的人才要适应全球化带来的新变化。广外作为一所涉外型院校，一直活跃在中外文化交流和碰撞的前沿，一方面，在培养全球化人才上很有优势和特色，学好外国语，做好中国人是每一位广外学子的良好形象；另一方面，也有义务承担培养全球化人才的重任，培养更多具有国际视野和创新意识，能直接参与国际竞争与合作的国际通用型人才，为国家和广东的经济建设以及社会发展作出更大贡献。

一位大学校长的改革观[*]

——记广东外语外贸大学校长徐真华教授

程贤章

别说与北大、清华相比，就是与国内成百上千所大学相比，广东外语外贸大学几乎无法提及，因为它实在太年轻了——这所由原广州外国语学院和原广州对外贸易学院合并组建的大学，是1995年才诞生的。

但是，"自古英雄出少年"，今年刚刚13岁的广外在其党委书记、校长徐真华的领导下，不断以国际视野和战略眼光开拓创新，锐意改革，取得了显著进步。目前，在校本科生、研究生2万人，非学历教育学生1万余人，毕业生就业率高达95.5%以上。广东省有关方面和广大学生家长都眉飞色舞地说："广外是从改革开放中飞出的一只金凤凰！"

"老三届"出身的校长徐真华

徐真华2000年出任广外校长，当时学校的发展困难重重，面临着严峻的挑战，这些挑战主要来自扩招的压力、外部竞争的压力、学科建设的压力、内部体制阻滞的压力和建立现代大学运作机制的压力。

改革是唯一出路！

但改革也是巨大的挑战！徐真华勇敢地迎了上去。

由于时代的机缘，徐真华这一代人具有独特的人生经历，也注定了他

---

[*] 原载于《光明日报》2008年6月13日文荟副刊012版。

们对社会、对事业抱有强烈的使命感和责任感。他是"老三届"，1966 年初中毕业遭遇"文化大革命"，没上成高中，1968 年秋天到江苏省盐城地区射阳县盘湾公社插队务农，种了 4 年地。1972 年，毛主席提出"大学还是要办的"，他以工农兵学员的身份考上当时的广州外国语学院。三年毕业后留校任教，随即赴摩洛哥王国留学，得以在改革开放之前走出国门看世界。20 世纪 80 年代末和 90 年代前期，又曾分别到法国和加拿大研修。1995 年广东外语外贸大学组建成立，他被任命为首任教务处处长，3 年后升任副校长，2000 年任校长，2003 年任党委书记兼校长。

当"官"之前，徐真华已经在专业上做出了成绩，20 世纪八九十年代，他先后两次受到广东省人民政府嘉奖，并被授予"教书育人"立功证书。徐真华在全国法语界也已经声名鹊起，陆续担任教育部高等学校外语专业教学指导委员会委员、法语专业教学指导委员会副主任委员，全国法国文学研究会副会长等。做校长后，他为自己的身份重新进行了定位，即首先是管理者，然后才是学者。"从今以后，我将把建设好广外作为我的第一专业"，在就职发言时徐真华如是说。虽然从个人来说很舍不得所学的专业，不过为了把学校搞好，他肩负起了自己的责任。这也是一种改革——自我的改革。

徐真华的"改革"完成得很快很彻底，从此，他将学校的发展放在了首位，将管理学校作为第一专业。而且他很快就发现：管理本身就是一门学问。在经济全球化和高等教育大众化的大背景下，大学对管理者的专业化、管理行为的科学化要求越来越高。

改革是发展的原动力

改革是发展的原动力，发展离不开改革创新，发展要有新局面，改革必须有新突破。经过充分调研，徐真华深刻认识到，广外要在新形势下实现跨越式发展，就必须把制度创新作为突破口，必须积极推动内部管理体制改革，不断扫除制约教育事业进一步发展的体制性障碍。

不久，在他的主持下，学校领导班子决定启动改革，首先是 5 个最关键的内部管理体制改革项目：教学科研架构调整、人事制度改革、非学历教育管理体制改革、分配制度改革和后勤社会化改革。

改革必然会触及资源的重新配置问题，触及各方面利益的分配，因而起初，学校的改革构想遭遇到强大的阻力。这种阻力来自方方面面，既来自既得利益群体，也来自可能获取利益的新群体。但群众的改革热情高涨，问题不容拖延，机会不可多得，学校领导班子决意：困难再大也要推进管理体制的改革。

2001 年 1 月，徐真华任校长刚满 7 个月，学校召开发展战略研讨会，专题研讨内部管理体制改革问题，大家畅所欲言，讨论民主而热烈，有些意见甚至非常对立。徐真华恳切而郑重地向各位与会者呼吁："我们没有权利让局部的利益妨碍全局的发展，更没有权利把党和政府交给我们的高等学府当作商场来经营，当作官场来周旋。改革难，不改革更难。舍得小利，才能维护大局；大局顺畅，小利才不至于落空。"经过激烈而充分的讨论，会议最终对改革的目的、改革的路径、改革的内容达成了共识。

5 项改革于当年正式启动。经过几年的实践，5 项改革都取得了积极的成果，通过改革，资源配置、利益分配、学科发展的壁垒被打破，人、财、物等资源得以优化组合和充分利用，并且在比较广阔的层面上唤起了教职工的忧患意识和进取精神。改革真正达到了聚人心、鼓士气、增实力、上水平的目标。

在人事制度改革中，通过换岗、轮岗、竞聘，一些不够勤政、无创新精神、害怕改革的庸碌之人被换岗或实行低聘，一批年轻有为的教师或党政管理人员被提拔到领导岗位。党政管理人员相对减少了，但工作效率却提高了。新鲜血液带来蓬勃的朝气和一股沁人的清风，不但"消肿"的目的达到了，而且为教学科研服务的观念比较牢固地树立起来了。

在教学科研架构调整中，按学科门类和专业属性重组了部分学院。校级科研机构除国家级文科基地——外国语言学及应用语言学研究中心和新成立的词典学研究中心外，其他研究所与专业相同或相近的学院合署办公，院所合一，实行"一套人马，两块牌子"的运作模式。院所合一后，对专职科研人员实行以"项目"定岗位的滚动式管理，带项目进科研岗位，完成项目离开科研岗位，回到教学岗位任教。在科研岗位履职期间，专职科研人员按科研业绩考核暂行办法接受考核；以教学为主的人员，按教师业绩考核暂行办法接受考核。这项改革使学校的教学科研组织架构更加科学合理，各院系的专业发展方向更加明晰，改变了过去专业重复设置、资源分散的状况，对提高教学质量，加强科研工作，促进教研相长，都起到了积极的推动作用。

最难的是校内分配制度的改革，这是最敏感和棘手的一项改革，牵连到全校教职员工的票子收入！全校都睁大了眼睛，看着徐真华的一举一动。如果害怕得罪人，那就最好不搞，"人不患寡患不均"，多年来中国人已经习惯了吃大锅饭，不习惯于奖勤罚懒，更不习惯拉开较大的距离。但不改不行，必须改变因资源占有方式不合理而形成的分配不公、勤懒不分的被动局面，在广外混日子再也不行了。为此，学校建立了教职工校内收入与岗位职责、工作业绩和贡献直接挂钩的"按劳付酬，多劳多得，优劳优酬"的全校统一的分配制度，并且坚决执行之。这样，煮"大锅饭"的锅就被砸碎了。分配制度改革初步建立了教师致力于教学、科研，干部服务于教学、科研的激励和约束机制，起到了较好的导向作用，有力地推动了教学和科研工作的开展。

改革创新是没有止境的。2005年，广外在前几年5项改革的基础上，又启动了新一轮5项改革，其核心是校院领导体制改革。校院领导体制改革的主要内容是，进一步明确校、院两级的管理权限，降低管理重心，缩小管理跨度，学校由以目标管理为主调整为以宏观管理和战略管理为主，学院由以过程管理为主调整为以目标管理为主、目标管理和过程管理相结合的管理模式。在各学院推行院长负责制，实行"院长负责、集体领导、分工合作、民主管理"的领导模式。集体领导主要通过党政联席会议的形式实施。经过近3年的实践，改革已取得阶段性的成效，各学院正逐步成为真正的教学、科研和学科建设主体。

以培养高素质公民为己任

不同层次、不同类别的高校，应该体现出发展定位和培养目标的差异性。北京大学提出本科人才培养目标是"为国家的社会主义现代化建设事业培养能够在各个行业起到引领作用的顶尖人才"，清华大学主张"培养拔尖的创新型人才"，要求本科毕业生应当"具有健全的人格、创新的思维、宽厚的基础、适应的能力和领导的潜质，毕业后在学术上继续深造或进入社会并开展终身学习"。

根据广外的实际情况，徐真华提出了学校的发展目标："集中力量优先办好本科教育，培养全球化高素质公民。"

他认为，高素质的主要内涵是：有理想、有文化、有道德、有纪律。高素质公民能够进行内省并不断自我修正提高，使自身内在性格、气质、意志、心理、欲望等达到和谐统一。这样的高素质公民对于社会，具有正确的价值取向，富于爱心，有社会责任感，遵守社会公共准则，富有理性批判精神，善于处理人与人之间的关系。徐真华希望自己的学生进入社会后，都成为这样高素质的公民，在社区他们是友好的邻居，在政府机关是合格的公务员，在企业公司是称职的员工，在家庭是负责任的好丈夫好妻子。

他说："这使我们办学目标不悬空，脚踏实地，看得见，摸得着。"

在大学提出公民教育，是一种眼光，也是一种胆量。这真是有点新鲜，仅就笔者的视野，一般大学都是把口号喊得高大上，没有具体实在的形象。我问他："你不怕人家说你把大学的门槛放低了吗？"

徐真华回答："其实，培养全球化高素质公民并非放低门槛，而是办大学的一种责任。"他说，不只是大学，其实小学、中学以及各类型学校，都应该把公民教育纳入办学目标，这是构建和谐社会的需要。按传统的说法，就是培养德才兼备的人才，增强学生的社会责任感。在大学生的价值导向上，广外提出"立足平凡，追求卓越"这一口号和理念，因为我们坚信，追求卓越的人不可能碌碌无为，但他们需要一种平和的心态，一种"既仰望星空，又脚踏实地"的务实风格，有了这个做人处事的基础，他们才有可能有所发现、有所发明、有所创新，走向卓越。

我非常赞同徐真华校长的观点，为什么广外校风良好，用人单位乐于接受广外的毕业生？为什么广外的毕业生就业率高，而且就业层次高？就是因为他们公民教育的成功，这也说明社会对公民教育的赞同和支持。"公民"一词，按《辞海》最新解释是："具有一国国籍的人。包括未成年人和被剥夺了政治权利的人等在内。"我国宪法规定："凡具有中华人民共和国国籍的人，都是中华人民共和国公民。中华人民共和国公民，在法律面前一律平等。任何公民享有宪法和法律规定的权力。"在历史上，"公民"曾有不同的内涵，始于17、18世纪欧洲资产阶级革命时期。外国的公民教育，从小学就开始了，而公民教育在中国还比较薄弱。于是中国有些人甚至少数国家干部变成了"法盲"，20世纪末全国自上而下百万干部的"普法考试"，就是对不重视公民教育的"亡羊补牢"之举。多年以来，我国青少年犯罪的现象一直比较突出，形形色色的犯罪案例令人不可思议，有些年轻的死刑犯执行死刑时仍嬉皮笑脸，这不是革命者视死如归走向刑场，而是杀人放火、贪污盗窃的罪犯的自我毁灭。忽视公民教育，学校有责任啊！法律界和学生家长甚至全社会，都应该支持广外培养高素质公民的办学宗旨。

集中力量优先办好本科教育

徐真华还认为，国内外重点大学尤其是世界一流大学，之所以闻名于世，大都有一流的本科教育。北大、清华就有全国最优秀的本科生源和最高水准的本科教育。扩招后，广外在校本科生人数大幅增加，今年下半年将达到2万人。因此，我们强调本科教育的基础地位不能动摇，只能巩固，不能弱化，只能强化；要集中力量优先办好本科教育，优先建设优秀本科大学。当然，这并不是说提升办学层次，申报博士、硕士点不重要，但只有夯实了本科教育基础，才谈得上有高水平的科学研究和研究生教育。

在不少大学投入最多的资源增加博士、硕士点的热潮中，徐真华屹立于潮头，头脑如此清醒，力排众议提出加倍努力办好本科教育，这是他的远见卓识，也体现了他对国家负责任的胸怀。我曾采访过美籍华人、量子化学泰斗潘毓刚，他是来评估国内某大学是否可办研究生教育和增设博士点的。潘毓刚先生对我说："这所大学不具备设研究生学位点的条件，它应该办好本科，而且能办好本科也就不错了。不是名校，没有名师，研究生出来后还比不上著名大学的本科生，这种努力意义不大。"当时该大学正申请评估设研究生学位点，我写的专访在《南方日报》发表后，他们认为影响了他们的申报与评估，有教师质问我为什么发表不利于他们申报评估的文章。我说："这是量子化学泰斗潘毓刚先生说的，不过我也赞同他的意见。"

所以，我非常佩服徐真华提出的"集中精力优先办好本科教育"的主张，我问他是如何思考的？

徐真华说，这是客观形势的要求，也是高等学校分层次建设的要求。高等学校在激烈的竞争中，在不断发展变化的外部环境中，关键是找准差异性定位，强化办学特色，彰显比较优势。广外是广东省重点大学，而且在国内同类高校中有一定的影响力，具备办好优秀本科大学的基础和条件。试想，如果对拥有2万本科生的庞大群体都没有足够的重视，本科教育都办不好，广外还有可能成功吗？从某一角度说，学生是学校的服务对象，重视本科教育、办好本科教育是大学重要的社会责任。

他还说，办好本科不是一句口号，它也是一项改革，是一项系统工程，需要有一系列的配套措施。对于广外来说，一项根本性的举措就是改革非学历教育管理体制，这也是花了最大努力和最多心血的一项改革。改革的主要内容是，按照"归口管理、统一对外"的原则，全校非学历教育管理和办学职责主要由继续教育学院承担。其他教学单位除出国人员培训部外，不允许再开办普通层次的培训班。非学历教育的原则是，一要立足于利用社会资源办学，避免挤占校内资源；二要按照教育产业化的管理方式进行成本核算，并逐步完善；主要大幅提高非学历教育收入上缴大学的比例，补充办学经费。非学历教育管理体制改革取得了积极成效，它改变了各单位分散办班，各自为政，"诸侯割据"的局面，便于学校对非学历教育统筹规划和集中有序管理，使二级学院的领导和广大教师、科研人员从繁重的办班创收工作中解脱出来，把主要精力放在教学和科研工作上；便于提高非学历教育的水平，创立非学历教育品牌，更好地满足社会需求；同时，改革为改善学校办学条件，提高不同职级教师、干部、职工的岗位津贴和生活补贴提供了更好的财力支持。

两种思维与一个"洋麻雀"

徐真华曾三次出国留学，对西方特别是法兰西文化有深刻的了解。雨果、巴尔扎克、罗曼·罗兰、萨特等浪漫主义、现实主义、存在主义大师们对人生万物有许多独特的理解与思索，他们个性张扬，思想和行为具有深刻的哲学内涵和人文关怀。徐真华从中汲取了许多营养，我观察他，无论是文学艺术的形象思维，还是科学的逻辑思维，他似乎兼具兼容，而且不相悖抵消，这也许是一种天赋，但更可能是在人生之旅的职业实践中逐渐锤炼而成的。

雨果、司汤达、巴尔扎克、大仲马的经典作品，哪一部没有体现天马行空的天才艺术思维？徐真华校长本是法国文学专家，在讲坛上，在指导博士生时，他旁征博引，妙语连珠，天女散花般的思维淋漓尽致地得到展现。同时，我饶有兴味地看到他的好几篇演说稿，其中《立足平凡，追求卓越，培养高素质公民——在北京外国语大学·亚太地区外语教育高端论坛上的主题发言》里有一句："知识的力量变成文明的力量，变成一种文化，滋润着人们的道德良心。"一句话，逻辑化成文采化成形象，一点也不枯涩。

他的《在智利圣托马斯大学的演讲》这篇演说里，一开始有一段颂词："进入圣托马斯大学的校园，看到莘莘学子青春洋溢的脸庞，呼吸着书香浓郁的空气，我不由回想起以前在中国、法国、加拿大和摩洛哥大学求学、研修度过的美好时光。学生时代，对人的一生都会产生重要影响。当年老师们对我的教诲，同学们给我的启发，我至今仍受用不尽……"短短几句开头语，超越时空，情景交融，声情并茂，立即把我融进圣托马斯大学校园，这种时空跳跃交替的文字表达，让演讲者成了到南美洲传播艺术的使者，暂时把哲学家的逻辑思维隐退伏居于广州白云山下的大学校园里。

在这篇演讲里，他还引申出中国的历史科学文化，把中国古代科学的昌盛与繁荣向智利的大学生作了介绍："人类社会的发展史也是一部科技创新史，科技进步的水平决定了人类经济社会的发展水平，而思想与文化的创新则始终引领着人类社会的前进方向。人类文明由石器时代、青铜时代、铁器时代发展到蒸汽时代、电气时代和信息时代，归根到底，都是科学技术这一革命性力量推动的结果。代表中国古代杰出科技成就的'四大发明（火药、指南针、印刷术、造纸术）'，为人类文明进步作出了伟大贡献。"

2007 年 9 月，徐真华随广东省教育厅考察团到美国马里兰大学研修一个月。他认真听课，刻苦钻研，写了一份非常实际的调查报告，题为《开拓视野　更新观念　进一步提高我校教育教学管理水平——美国马里兰大学给我们的启示》。他后来跟我说："这一个月，课程讲的都是马里兰大学如何运作，如何管理，没有什么理论。从务实的角度看，我觉得也好，等于在一个月内解剖了马里兰大学这只'麻雀'，近距离地看了看这只'麻雀'幸福、快乐而富有成就的生活、工作。理论太多了，行动太少了，可能造就一批头头革命家，实际上对革命没有太多用处。美国人行为处事奉行实用主义的原则，什么事情都讲究程序和结果。马里兰大学的经验再一次证明，管理一所高校凡是缺乏务实的精神，缺乏认真负责的态度和作风，一般都管不好这所学校。"

"同时，马里兰大学的经验也深化了我的教育理念，那就是在办学过程中坚持素质教育，奉行'以人为本'的宗旨，以教师为主导，以学生为中心；在教学过程中重视健康人格的塑造，重视思维方式的培养，重视学习方法的训练，重视基础知识的积累，重视应用能力和创新能力的提高。同时他提出了三个转变的指导思想：一是教育者不仅要重视学生学什么，更要重视学生怎么学；二是不仅要重视学生思考什么，更要重视学生怎么思考；三是不仅要重视学生做什么人，更要重视学生怎么做人。"

"我阐述了'七个关键词'，也提了这所美国重点大学机构重叠、包揽后勤、浪费现象十分严重等问题。解剖马里兰大学后，对照我们广外，我的结论是——广外追求的办学目标和基本价值与马里兰大学倡导的教育理念非常接近。做这一结论，可不容易啊！我是'拿来主义'，反对全盘照搬，但要看到人家的长处。这不但要智慧，还要有胆量，您说对不对？"

永不满足已有成绩

　　曾在法国留学 10 余年的法国国家博士学位获得者栾栋教授，是广东省级人文社会科学重点研究基地——外国文学文化研究中心主任，作为学术同行，他眼中的徐真华校长，是很有个人魅力的一个人，能摇动广大教师和学生的心灵。

　　徐真华的人格魅力，说白一点，是他以身作则，言传身教。例如有一次，他到二级学院考察，有位教授态度不好，气冲冲地质问他。徐真华耐心地安抚他："你别冲动，不错，我是党委书记、校长，但我也是一名老师，我们以老师的身份，心平气和地谈一谈好不好？"他这种宽容的态度，立即使气氛缓和下来，使那位发脾气的老师感觉很不好意思。

　　栾栋教授说，徐真华不但是一个好校长，在专业方面也是一个好博导。他指导博士生写论文非常到位，没有他的指导，有些论文是无法写出来的。有的博士生想在拟发的论文上署上徐真华的名字，被他坚决谢绝。他说，我是老师，指导你写好学术论文是我的责任。这就是徐真华的人格魅力，言传身教。

　　从担任校长到现在，徐真华在抓好学校管理的同时，专业上也没放松，已出版了 3 本高质量的学术专著，这也很令栾栋教授和他的同事们叹服。他们认为自己能在这样一位杰出的校长领导下工作，实在是很幸运的事。

　　而徐真华对自己永不满足，今年是改革开放 30 周年，党中央提出必须继续解放思想，坚持改革开放，继续创新，把工作推向前进，这正说到了他的心坎里。对于新一轮思想解放，他认为其核心是敢于否定自己，并有两点最深刻的体会：第一，解放思想，谋划发展，此其时矣！第二，解放思想也好，改革开放也好，只有起点，没有终点。

　　他认为思想解放的核心，就是要善于发现自己工作中的不足和缺陷，敢于突破自身的局限，敢于否定自己，谋求新局面。以广外而言，改革动真格，也是从新世纪初开始的，不足 8 年时间。现在，新一轮思想解放对广外既提出了新的要求，也带来了许多新的启示。反思一下，从领导到教授，对此我们有了充分的思想准备吗？我觉得广外人，无论从思想观念上还是从学科建设的实践上，都还没有完全到位。

　　中国的改革是"摸着石头过河"，中国教育的改革也是如此，没有多少参照系，也没有多少现成经验可以借鉴。由于旧中国的基础太薄弱，中

媒体视角篇

国的高等教育不发达，后来学苏联那一套，实践证明不行；转而学西方，西方教育我们知之不多，也只能批判接受，不能照搬。这就逼着我们只能"摸着石头过河"，逼着我们自主创新，走出一条具有中国特色的新路。

从这个意义上说，徐真华和他的广东外语外贸大学，他们的创新实践，也是为全民族的伟大前进做着一份努力和贡献。有这样好的时代环境，有这样努力的高校管理者，我们中华民族的伟大复兴与繁荣一定会加快到来！

徐真华发表诗性"离任感言"*

孔晓明

徐真华同志因年龄关系离任学校主要领导岗位。在 4 月 2 日新的领导班子任职大会进行到尾声时，徐真华同志发表了诗性的"离任感言"，他的一番话感情真挚、发自肺腑，令人动容。"离任感言"以印度诗人泰戈尔的诗句"空中没有留下鸟的痕迹，可是鸟儿已经飞过"结束，全体与会人员长时间热烈鼓掌，对这位为广外改革发展作出杰出贡献的"老领导"表示诚挚敬意。

附　徐真华同志离任感言

各位领导、各位同事：

2000 年 6 月我接任广外校长至今已经十个年头了。

十年，我像一个怀着崇敬的心情侍候自己母亲的孩子那样，努力倾听，努力思考，努力谋划，努力工作；我像一名不知疲倦的战士，铭记着党和政府的重托，去凝聚广外的队伍，去培育广外的制度文化，去完成广外的使命，去延续广外的光荣与梦想。

十年，我不辞辛苦地教育着广外的莘莘学子：知识比命运更强大！作为校长，我体谅着知识创造者和传播者的艰辛，并心甘情愿地为他们付出。

十年，我一直和我的同事们分享那些应该珍惜且永远不能忘却的记忆。书斋里，老师们心无旁骛，默默耕耘，初衷不改；讲台上，他们用知

识书写着命运的尊严；校道上，同学们匆匆忙忙经过的背影，还有相思河里自由欢快的锦鲤和语心湖上黑天鹅掠过水面的优雅……

十年间，这点点滴滴都感动着我，激励着我和我的团队努力，为了广外的今天和明天。

感谢各位领导和同事，正是由于你们的支持、理解和宽容，我这十年的人生充满了意义。

我相信，在以广军书记和伟合校长为核心的学校党政班子的带领下，广外未来一定会更加美好。因为我们有超越我们自身的崇高信念，我们有建设国际化特色鲜明的高水平教学研究型大学的远大理想，有培养全球化高素质公民的伟大使命。理想能让我们插上翅膀，责任能使我们忘我工作，和谐有序、昂扬向上的校园文化更需要我们每一个人爱岗敬业、尊重他人、处事公正和宽宏大量。

最后，请允许我用印度诗人泰戈尔的诗句来结束我今天的告别演讲："空中没有留下鸟的痕迹，可是鸟儿已经飞过。"

火炬接力 我只是其中一棒*

——徐真华和他的"广外人生"

贺　静　薛雨桐

一个曾经的广外学子，后来成为广外校长、党委书记，40 年间，他身上到底发生了多少故事，在他担任校领导的 10 年中，广外发生了翻天覆地的变化，如果让他给自己打分，他会打多少分？担任过 2008 年奥运火炬手的他先后把"校长""书记"的接力棒交给两位继任者，他对继任者最想说的话是什么，经常和师生餐叙、深受师生爱戴的他，对于他们又有怎样的寄语？在 4 月的一个下午，带着这些问题，本报主编孔晓明及记者走近了徐真华，听他娓娓道来他的"广外人生"。

少年辛苦终身事　莫向光阴惰寸功

徐真华出身于江苏无锡一个并不富裕的家庭，中学毕业时刚好碰上"文化大革命"，被派往江苏盐城地区射阳县插队，射阳县属于苏北地区，那里盐碱地遍布，农作物产量极低，辛苦的劳作与低下的收成形成了鲜明的对比，徐真华认为当地农民吃大苦耐大劳的精神对他影响至深。当时，插队知青与当地农民的关系并不很和谐，偷鸡摸狗、打架斗殴的事时有发生，作为公社"五七"领导小组成员和知青组组长，徐真华与他的知青组"独善其身"，终年辛勤劳动，力争与当地老乡打成一片，不仅他所在小组被评为县里的"优秀知青组"，他本人也成了优秀知青代表。徐真华的少年虽然辛苦，但正是在这艰苦的环境中养成的品格与精神成为他一生宝贵

---

* 原载于《广东外语外贸大学校报》2010 年 4 月 24 日第 4 版。

的财富。

在与农民们一起辛勤劳作了4年之后，徐真华终于等到了一个求学的机会，当时广外在江苏招18名学生，射阳县盘湾公社革命委员会推荐徐真华去参加考试。在徒步走了将近一天的路程后，徐真华到达了合德县城参加广外的招生考试（科目是写作与面试），并被顺利录取。

1972年9月，徐真华第一次踏进了广外的校园。虽然那时的广外硬件并不像现在这么完善，甚至可以说条件非常简陋，但是徐真华觉得能在这里求学已十分满足，在他看来那时的广外极具"原生态的乡村之美"。由于学习勤奋、方法得当，徐真华在校期间成绩优秀，本应3年半读完的课程，他用3年读完并提前毕业。学习之余，他还先后担任了校团委学习部部长、学生会宣传部部长等职，这也让他的组织能力和管理能力得到一定的锻炼。

1975年6月，徐真华提前毕业并留校任教。此时，他得到一次公派留学的机会——前往摩洛哥王国穆罕默德五世大学留学2年。此后，他又两次以自费公派的形式留学法国和加拿大。徐真华认为，这三段留学经历不仅使他的专业基础更加扎实，同时也使他的视角更加多元，思想更加包容。在后来担任广外校长期间，徐真华曾对老师们说："在广外，只要不违法，你在广外一定可以工作得很愉快，我的责任就是为师生创造优良的工作、学习、生活环境和条件。"

十载春秋指尖逝　苦辣酸甜盈满心

留校后的徐真华历任广外西语系副主任、教务处处长、校长助理、副校长、校长和党委书记。徐真华担任校领导的10年是广外发生翻天覆地变化的10年。这10年间，广外从只有1大门类7个专业的单一学科大学发展成为拥有7大门类55个本科专业的多学科型人文社科大学；从教师人数只占教职工人数的40%发展为占教职工人数的60%；从仅靠经验和直觉的管理模式发展成为规范有序的科学管理模式，并逐渐向现代大学的管理体制迈进。然而10年辉煌的背后却潜藏着不为人知的辛苦。这10年，徐真华把管理学校作为头等大事，把治理好学校作为自己的专业，这不仅体现了他一心为公的胸襟，也体现了他以人为本的情操。

徐真华认为，由于种种原因，广外在20世纪90年代错过了许多发展的良机，虽然近10年来有了长足的进步，但仍与国内先进的同类高校存在一定的差距。于是，"正确地对待荣誉和成就，跳出广外看广外，在全球化的国际大背景下谋划广外的发展"就成了他近年的口头禅。

这10年来最令徐真华有成就感的事莫过于他在任期间使广外的制度规范和组织文化逐步形成,并开始向现代化大学迈进。而经管法的硕博点没有突破、化龙桥食最鲜地块没能征用等问题则成为徐真华最遗憾的事。虽然这些问题没有解决在当时都有客观原因,但是他表示,如果当时改革、发展、建设的力度再大一点,再果断一点,也许如今的形势就大不一样。

"是否到外地扩张办学"是徐真华担任校领导时最艰难的抉择。1999年以后,大学开始扩招。当时许多知识分子大声疾呼"不要扩招",然而徐真华却清醒地认识到大学扩招是教育发展的必由之路。在顶住重重压力的同时,"生存空间"问题也接踵而来。当时有很多地方政府都邀广外前去办学,包括深圳、珠海、增城、南海、从化等地人民政府,他们甚至以无偿送地为条件力邀广外异地办学。但是,2002年政府正式启动了大学城建设,此时是选择与地方政府合作还是走大学城路线这一两难的抉择又摆在了当时的领导班子面前。经过严密的调查与深入的思考,2003年,徐真华与他的团队最终决定放弃与地方人民政府合作办学的计划,一心一意进大学城。现在看来,当年的决策是无比正确的。

当记者请徐真华为他自己在任职期间的表现打分时,他说:"75分吧。不能把自己估计得过高,10年的发展与进步有自己的努力和付出,更有校党政领导班子集体的智慧,也有一起走过的老师们、干部们的无私贡献,还有历届校领导的贡献与积累。跳出广外看广外,无论是学校的工作还是个人的修为仍有很多不足之处有待改进。"

10年来,徐真华酸甜苦辣遍尝,在卸任校长职位时他笑着对隋广军同志说:"广军,终于把校长的苦差事传给你了。"当然,薪火相传的不仅是辛苦,更是责任与重托。他笑言:"火炬接力,我只是其中的一棒。"

诲人不倦师长意　教育理念远名扬

在很多人眼里,徐真华不仅仅是一个优秀的高校管理者,更是一名有见地的教育家。在许多人倡导"精英教育"的今天,徐真华却提出大学的培养目标是"培养全球化高素质公民",这曾一度在校内外引起高度关注和热烈争议。《中国青年报》专门就徐真华的人才培养理念对他进行过一次专访。

徐真华认为他提出的"用标准面粉蒸出精面馒头"的理念,广外总体来说已做到，要改善广外学生后劲不足的问题，可适度灌输"精英教育"的理念。他说，我们虽然强调"立足平凡"，但是目标还是"追求卓越"。

谈到创新，徐真华表示，如今教育的最大的问题之一就是制度规范和组织文化的问题；由于学生从小受到的教育过分强调"求同"，而不是鼓励"求异"，致使中国的教育很难求得突破。"我们不能要求用一个思想统一所有思想，人类文明总是在思想碰撞中进步的。"徐真华指出，"广外也要引导学生进行思维创新"，正是基于这一考虑，他在 2008 年提出了三个转变："一是教育者不仅要重视学生学什么，更要重视学生怎么学；二是教育者不仅要重视学生思考什么，更要重视学生怎么思考；三是教育者不仅要重视学生做什么人，更要重视学生怎么做人。"

徐真华着重强调国际化的重要性。他表示，国际化是一个集合的概念，有深刻的内涵，也有很多指标。主要应做好四点：思想的开放性、观念的先进性、文化的包容性、条件的适应性。即教职工应具有全球视野，立足前沿，而不是满足于当一个教书匠。此外，还要对培养学生的标准和目的有深刻的认识和理解，立志培养高素质的全球化人才。同时，教职工还应有学习人类所有优秀文明成果的欲望和能力。

告别案牍烦琐事　殷切寄语后来人

经过 10 年的辛勤耕耘，卸任的徐真华最大的感受便是轻松。徐真华表示，作为一名有责任心、有远虑的领导，在任时他要考虑大大小小的问题，以至一直无法得闲，而现在正所谓"无官一身轻"，可以有时间做自己喜欢的事，但这丝毫不影响他对学校的热爱。他说："我爱这所学校，但现在我会用另一种方式来爱它，虽然我已不再是一名管理者和领导者，但我仍然属于这个学校的主体，作为一名教授，我会时时关注学校的发展和变化。"

而对于学校今后的发展，徐真华也有深切的寄望。当记者问及他最想对继任者说的话时，他说，学校工作需要领导全身心的投入，校领导要把"管理好广外作为自己的第一专业"。他还说："大学不是官场，大学不是商场，大学不是江湖，治学者当治学养，治校者当聚合教授们的智慧，广外新一代领导年轻富有活力，心系广外而思维敏锐，学有所成且视野开阔，广外建设高水平大学的伟大工程刚刚起步，让我们一起努力。"对于教师和行政人员，徐真华最想说的是"首先做好分内的事，敬业者必然受人尊敬"。至于学生，徐真华希望他们能够"立足平凡，追求卓越"，要加强精英意识，对自己要求更加努力更加严格，对学问不能浅尝即止，机会只会留给那些对工作、对事业早有准备的人。

　　对于卸任后的生活安排，徐真华坦承，他理想中的生活是：带带研究生，看看自己喜欢的书，闲来三五好友、一杯清茶聊聊天。虽然他说得很轻松，但是记者在几个小时的采访中感觉到，即使是卸任以后，徐真华也不会停下他的脚步，这令人不禁想起 1994 年他在广外第 3 期校报上撰写的一篇短文，题目是"总把新桃换旧符"，10 年来，广外的"蜕变"正是新桃换旧符的过程。对徐真华来说，形势在变化、时代在前进，新桃换旧符的工作是没有止境的，他将继续书写他的"广外人生"。

徐真华：喜欢探讨人生的文学 *

冷语晴

在徐真华的简历中，有着很吸引人的一段描述，他不仅是一位有着丰富治学经历的学者，还曾是大学的校长、党委书记。学术和行政职务兼顾的他，在 2003 年被评为"广东省十大师德标兵"。他说："我最欣赏那些把文学、哲学和文化结合起来探讨人生的法国文学家。"也许正是丰富的阅历和多样化的身份，让他偏爱那些探讨人生的文学作品。

文学青年的好底子

和大多数同龄的知识分子一样，徐真华也是从工农兵学员变成了一名大学生。读大学的时候，他已经 22 岁了。从小喜欢文学和历史的他，在学习条件艰苦的情况下仍然读了很多书，小学到中学，他一直喜欢外语，爱写文章。

那个年代选大学生，不像今天的高考。考察重点是能否和乡下的农民打成一片，有没有和农民一起好好下地劳动，这是能否顺利进入大学的重要指标。"我在乡下的四年，每天都和他们在一起。过了这关，再经过大队公社推荐到县里，上百名知青一起参加考试。"徐真华说，"当年广外（当时的广州外国语学院）在江苏招了 18 个人，其中 17 个是当地知青，只有我一个是从城市到苏北去插队的。"徐真华把他顺利进入大学学习，归功于幸运，和自己那篇写得还不错的考试作文。

"可能是有学英语的底子吧，我学法语的时候，没有遇到太大的困

* 原载于"欧洲时报网"，2014 年 10 月。

难。"他回忆说，"那个时候，学生最怕听写了。譬如一篇两三百字的听写，大家普遍都会有二三十处拼写错误，但我一般很少会出错。"他学法语的感受和不少从事了多年法国文学研究的老师差不多，那就是轻松而快乐，学习并不是负担，这也成了他们能够一直在法语这条路上走下来的重要原因。

丰富的法国文学治学经历

说起学习经历，徐真华最初的感受是，上了大学，生活开始变得安稳，而最重要的体验是：能吃饱饭了。再就是觉得自己很幸运，原来的那些同学，不少很优秀的同学，绝大多数都还在乡下种地，自己却有了上大学的宝贵机会。"我当时就非常明确地告诫自己一定要读好书。吃了四年苦，终于有这个机会进入一片完全不同的天地，这是一种莫大的幸运。"

强大的动力，加上以前英语学得比较好的基础，徐真华的法语成绩一直名列前茅，大学毕业前就被提前选拔为出国留学的培养对象，学成归国后再留校任教。1975 年，他和其他外国语大学的几名同学，一起前往摩洛哥王国五世大学学习，那里的法国文学系全由法国教师授课。"也就是这次留学的两年时间，为我们打下了比较好的听、说、读、写的法语基础。包括我后来回国当老师，都得益于这至关重要的两年学习。"

在国外留学的日子里，徐真华最大的感受来源于不同文化造就的不同生活方式。作为曾是"法国保护国"的摩洛哥，既具有浓厚的阿拉伯风情，又兼备法国文化的气质。对于中国留学生来讲，除了中国的"母文化"和法国文化外，在这里体会到了伊斯兰文化这"第三种文化"。"这段经历使我们培养出了包容、宽容和多元的文化视角。"徐真华回忆道，"那个时候中国还比较封闭和贫困，人们的思想单一，穿着只有一种款式。但摩洛哥尽管是伊斯兰国家，首都拉巴特已经比较开放。在我看来，那里人民的生活已经达到了小康状态，虽然贫富差距仍很明显，乡下的生活也比较苦，但城市居民已经过上了不错的日子。"

前去学习的留学生们，在那里看到了第三世界国家的发展前景，一个全新的世界在眼前铺展开。除了多元文化带来的冲击外，摩洛哥的学习经历也使徐真华和他的同学们在法国文学的学习上收获丰厚，因为文学课程所占的课时比例是最大的，加上"人类思想发展史"和"艺术发展史"这类课程的辅助和支撑，使文学的内容变得更加厚重。

在国内学习时，徐真华的主要研究内容是 18、19 世纪比较传统的批判现实主义的法国文学作品，而到了国外，更多地接触到了 20 世纪作家的作品，他的兴趣也随之转向了现代文学，因为这类作品更贴近现实生活。

徐真华说："比如马尔罗，我对他就很感兴趣。包括莫里亚克也是，所以 10 年后，当我有机会再到法国去留学的时候，把他作为了我学位论文的研究对象。"

现代法国文学关注"人的存在"

和徐真华年龄相仿的学者，大都喜欢经典的传统法国文学作家和作品，他认为这是源于一种相互契合的原因，"那个时期的法国文学作品关注现实，属于批判现实主义的类型，这类作品更关注基层老百姓的生活，关注人的喜怒哀乐以及情感生活等。比如司汤达，他关注的是新兴资产阶级青年如何为自己争得地位，如何获得爱情，如何奋斗，等等。这同新中国成立以后几十年崇尚现实主义文学作品是一致的。"

徐真华认为，到了 20 世纪，法国文学有了重大的转向。虽然文学作品仍写现实，但重心却转移到关注和研究"人的存在"上来。"就像昆德拉所说，文学不研究现实，而是研究存在。因为人的存在被遮蔽了，被意识形态、社会的种种习俗、宗教的各种观念以及人类自身追求物质生活的欲念所遮蔽。因此文学应该去蔽。"

现代法国文学作品的重要流派——存在主义，正是要揭示人存在的各种可能性。也许生活是困苦的，但人可以通过自身的努力，给自己的生活创造意义和价值，也就可能会创造另一种不同的存在，所以人不应安于自己的"命"。

"我在和研究生讨论法国文学家和他们的作品时，比较注重挖掘他们作品背后想要传达的信息。"徐真华表示，自己最欣赏现代作家的地方就在于他们把文学、哲学和文化结合起来探讨人生，这是一种超越。就像马尔罗，他不仅是一位文学家，更是一位悲天悯人的文化哲学家。年轻时，他崇尚革命，在他 20 世纪 20 年代末和 30 年代初创作的几部作品中，描绘了东方民族面对痛苦和死亡所表现出的从革命寻找尊严的强烈愿望，和对自由和平的热切追求。

马尔罗不懈地透过文学作品的形式来探索信仰的本质和含义，表现人类与命运进行抗争的强烈愿望，并且颂扬能够战胜死亡而成为永恒的艺术创造。对于他来讲，死亡令人的肉体消灭，但艺术却可以创造出生命的永恒。

徐真华很欣赏这样有思想的文学家，他认为他们可以通过文学作品描绘人生的主旨，表达对人性、异化、生命、死亡以及人的尊严等很多形而上的思考、追问和反思，这些都和中国的文学作品不同。

"莫言获得了诺贝尔奖"，谈到法国文学和中国文学的比较时，徐真华说起了莫言，"我跟学生们讨论，为什么他能获奖，学生说因为他的作品是乡土文学，反映了他生活的那片土地上人们的喜怒哀乐。但我想这个答案不全对，因为乡土文学作品很多，美国有，法国有，中国和印度也有，为什么偏偏是莫言呢?"

"也有人说因为他的作品反映了某种普世的价值，能引起人们共同的思索，这个答案也不准确，因为具有普世价值的作品也不少。最后我们得出的结论是，莫言的作品除了上述两个特点外，还表达了比较深的社会批判意识和精神。他对社会、对人、对人性的反思是一种呼唤，呼唤回归本源或某种意识，而不能停留于现状，应该超越这种状态，去追求一种形而上的、更加理想的状态。"

徐真华认为，莫言的作品可以引导人们去思索，就像他提到的那些法国文学家一样，作品中充满了对人的关怀和对人性的拷问，而这已经远远超越了文学作品让读者一起笑、一起愁、一起悲伤落泪的教化层面。也正是这类作品，共同创造了世界文学的高峰。

广东外语外贸大学原校长徐真华谈大学建设："双一流"大学 个个要不同*

罗桦琳

2000 年 6 月，徐真华就任广东外语外贸大学校长，两年后兼任党委书记。在此后的 10 年里，他因应国家需求，完成了广外建校以来规模最大的扩招，并通过改革，逐渐培育起广外的制度文化。

如今，退休后的徐真华又回到以往低调、安静的日子，继续出书、做研究，并为浙江一所民办外国语大学提供管理上的指导。

谈比较文学：中国文学不应独尊一个流派

在治学生涯中，徐真华的研究领域也发生过一些转变。在国内学习时，他的主要研究内容是 18、19 世纪比较传统的批判现实主义的法国文学作品，而经历了三次出国学习后，他更多地接触到 20 世纪的作家与作品，兴趣也随之转向了法国现当代文学，"因为这类作品更关注人的存在状况，关注存在的多种可能性，更具现代气息"。

作为比较文化研究领域的知名学者，徐真华认为："中国文学的道路可以更宽广，更丰富。在文学指导理念上，多年以来，中国更多地崇尚现实主义文学。现实主义文学有其独到之处，但独尊一种文学流派，难以形成'百花齐放，百家争鸣'的文化格局。比如法国，继 18、19 世纪批判现实主义文学、浪漫主义文学盛行后，不断出现新的流派，互相批判，互相借鉴，推陈出新，始终活力无比。"

---

* 原载于《广州日报》2016 年 7 月 20 日 A4 版。

谈高校改革：推崇规范治校、特色发展理念，大学要培养思维能力

谈到高校办学，徐真华说："我个人比较推崇规范治校、特色发展的办学理念。"什么是规范治校？最高的规范就是按世界高等教育的普遍规律办教育，因此办学的主导者必须更具国际视野，更重国际标准。

什么是特色发展？徐真华认为，特色就是质量。要突破统一教学模式、统一评价模式、统一管理模式的桎梏，根据不同的大学类别、不同的专业特点，设计差异化的人才培养计划。大学不仅要重视学生学习什么，更要重视学生怎样学习；不仅要重视学生思考什么，更要重视学生怎样思考；不仅要重视学生做什么人，更要重视学生怎么做人。

大学毕竟不是职业培训机构，大学的要旨是培养人的思维方式与思维能力，对学生来讲，大学生活是一种精神历练。

2015年，国家正式启动了创建"双一流"大学，加快高等教育治理体系和治理能力现代化进程的重大规划。毫无疑问中国高等教育将面临新一轮洗牌。"世界上可能少有面目相同的一流大学。十间'双一流'大学，应该有十副不同的面孔，它们应该是各具特色的，质量指标也应该是各有千秋的。"徐真华说。

不要只用科研成果衡量"高水平"

徐真华指出，"985""211"工程建设，缩短了中国高等教育与世界高等教育的距离，使得一批高校进入了世界名校、强校的行列，但同时也造成了高等学校之间在资源配置上的不平等。"有数据显示，2009年至2013年期间，全国的'985''211'高校，拿走了全国七成科研经费，而占本科高校总数85%的普通高校，却只能拿到剩余三成。全国有2000多所高校，政府重点发展一批无可厚非，但是政府投入的巨大差别对大部分学校及学生造成了不公平。毕竟，重点与非重点建设的大学，在人才培养的目标上是一致的。"他说。

作为曾经的高等教育管理者，徐真华希望，国家在建设"双一流"大学过程中，能有新的管理体系、考核制度、拨款标准及建设目标，不再像以前一样单纯用科研成果去衡量是否"高水平"。

警惕大学建设"科研 GDP"陷阱[*]

刘晓蕙

"在法国留学期间，我常去塞纳河左岸闲逛，书店、小剧院、美术馆、博物馆散落在大街小巷，它们与索邦大学、法兰西学院一起，建构了巴黎的人文精神。多少文学经典，小说、剧作、诗集、乐曲是在左岸的咖啡馆里完成的。在这里，一不留神就坐到罗曼·罗兰坐过的椅子上、萨特沉思过的壁炉旁、毕加索发过呆的窗口……我当时就希望广外也有这样的咖啡馆，年轻人一杯咖啡一本书，安安静静坐一下午。"徐真华对记者说。

徐真华教授是中国研究法国现当代文学的知名学者，擅长法国现当代文学、高等教育管理，先后荣获法国金棕榈教育骑士勋章和第二届"广东省优秀社会科学家"称号。他曾担任广东外语外贸大学校长、党委书记，在高等教育改革、人才培养方面有独到见解。

20 世纪 70 年代，品学兼优的他被批准提前毕业，并公派出国留学，20 世纪 80 年代、90 年代又先后赴法国、加拿大研修当代法国语言文学和高等教育管理。他把在海外所学所思融入广外的建设与发展中，让教育国际化及多元文化的融通在广外开花结果。

如今在广外，你可以在云山咖啡屋安静地看一本好书，坐在图书馆前的草坪和世界各国留学生聊天，在相思河边欣赏自由欢快的锦鲤，在语心湖上远望黑天鹅掠过水面的优雅。这都离不开徐真华的默默耕耘。

---

* 原载于《南方日报》2016 年 12 月 29 日 A12 版。

谈学生

教育首先关注的是"人"。

无论是学生们的学习问题还是生活困惑，温和儒雅的徐真华都会耐心解答。66 岁，他仍坚持上课、出书、做研究，继续在教育岗位发光发热。

"学生大学毕业后走上社会应该有什么样的追求？家长对自己的孩子应该有什么样的期待？作为教育工作者，我希望看到高等教育培养出的学生首先应该是合格的公民，立足平凡、追求卓越应该是其成长成才的路径：在家是孝顺的儿女，在企业是称职的业务员，在机关是合格的公务员，在社区是友好的邻居，善良而富有爱心，对社会、对家庭有责任、有担当。"徐真华开门见山地说，他认为高等教育的核心应关注人的精神与人格的成长。

一次出国考察中，徐真华和美国高校校长讨论人才培养的目标。马里兰大学校长莫特说，美国教育界一直在思考这个问题——"帮助学生成为具有领导素养的全球化公民"，马里兰州的社区学院蒙哥马利学院副院长索梅萨利则表示，他们一直致力于培养能在不同国家、不同地区、不同文化、不同宗教、不同种族环境中有效工作的世界公民。

徐真华赞同两位校长的观点，他认为大学不可能直接批量生产专家和学者，但是完全可以打好学生的精神、人格、文化及专业素养基础，使他们在成为一个合格公民的基础上，发展为各行各业的精英。所以，在全球化的大背景下，在讲好中国故事、传播中国理念的大背景下，注重培养大学生的领导素养、全球化思维和跨文化的交流沟通能力显得尤其重要。

在参与高校评估过程中，徐真华发现，一些地方院校目标是培养"留得住的人才"。他建议作为高等教育的管理者，人才培养的目标和定位要高远一些，不能局限于一区一地，要培养能走得出去，能参与对话、合作、竞争，熟悉世界游戏规则的通用型专业人才，走出去也是为了更好报效国家。

谈大师

推动学术进步切忌浮躁。

习近平总书记在哲学社会科学工作座谈会上讲话指出，没有繁荣的哲学社会科学的国家不可能走在世界前列。这 10 年，我国哲学社会科学迎来了一个繁荣周期，但是有数量缺质量、有专家缺大师的状况还没有根本性转变。

面对大师短缺的现状，徐真华站在人文社科的角度，建议要把学者从"科研GDP"中解放出来，给教授、博士们"松绑"，缔造一大批各个不同学科在国际学术领域有影响力的领军人物。

他说，人文社会科学的进步与发展需要社会变革大潮的推动，更需要学术巨匠、思想大家们的引领。早年的鲁迅、胡适、钱穆、顾颉刚以及清华园四大导师，在传统学术向现代学术过渡期，坚持批判、传承、创新，开了风气之先。但是，当下"科研GDP"以"项目、论文、获奖"作为考核教授们业绩的标尺，多数大学给科研定指标，给教授定任务，用错误的思维推动学术进步。这种思维模式用一根尺子度量学者的研究，抹杀学术研究的差异性、延移性以及非同质性的特点，于是大学文化变得功利，学人变得浮躁。

徐真华认为，大师除了要传承和创新，更要批判和引领，人文社科大师需要和社会保持一定距离，他们的思想和学说在潜移默化中对社会产生的推动力是不可替代的，而现在急功近利的量化指标表面上容易催生应用性成果，但高等教育对社会的贡献更应该有超越性。

他表示，无论在中国还是世界，人文学科的研究水平和学术成果很难找到一个通用的评判标准。一些人文社科思想成果由于没有经济方面的社会贡献显示度而得不到应有的认可和重视，这需要指导理念上的修正。人文社科工作者有责任、有义务张扬人文社会学科在经济社会发展历程中的特殊地位，做出经得起历史涤荡和时代考验的学问。

谈大学

以培养人才为旨要。

中国建设"双一流"大学，高等教育面临新一轮洗牌。徐真华指出，"双一流"大学的顶层设计往往具有决定意义的导向作用。顶层设计包括制度、理念和发展策略，什么样的指导思想决定"双一流"追求什么样的效果。拿多少国家项目和发表多少篇SCI不该是"双一流"的初衷。要参与全球高等教育规则的讨论与决策，争取中国在高等教育全球治理的国际话语权。

随着社会发展，既有的高等教育规律呈现某种阶段性局限，工业化时代的高等教育规律不一定完全适应经济全球化时代的需求。"双一流"建设要推陈出新，放下历史包袱，把目光投得更远、更高，在人文社科领域发出中国声音，赢得国际尊重。

在教育管理层面，徐真华主张建设良好的学术生态，力促制度创新和体制机制创新。未来高校改革最关键的还是现代大学管理体制和运作机制的改革。

他呼吁，"双一流"建设立足点要放在学生身上，而不是盯着成果数据不放。要以培养合格人才为旨要，亦即立德树人、造就精英。文化强国的基础是国民的受教育水平。"双一流"大学如果能激发学生对国家、对工作、对生活的热爱、责任与担当，中国理念、中国模式、中国教育、中国制造、中国故事在全球化时代一定会大放异彩。

X

附　录

剑胆琴心：徐真华先生的岁月坚守[*]

张向荣

又是一个暑假渐渐远了，新的学期伴随秋意而至，所有事物的新起点都铺天盖地而来。这样一个阳光炙热的午后，窗外绿意盎然，而我正怀着虔诚的心境校阅手中的文稿，这是法国文学专家徐真华教授多年学术成果的集成。

去年接近圣诞节时，传来消息：徐真华获评广东省"第二届优秀社会科学家"称号。在众多外国文学理论家中脱颖而出，这非常不容易，也让人感动得不知说什么好。但得知这一消息的刹那间，我却十分平静，我觉得这个荣誉颁给徐真华再正常不过了。但我依然真切地高兴，既为这荣誉，也为徐先生多年的学术积累和硕果终有了应得的回报。

作为他曾经的博士研究生，今日众多徐门弟子中的一位，自从我考入徐真华的门下后，就开始踏上了文学的朝圣之路，满怀超越理想的激情。年少轻狂，面对如山的书籍和理论却不知如何着手，是徐先生的循循教导让我对文学的认识更加清晰，也渐渐有了较为准确和实际的定位。在他的指导下，我阅读了大量外文和中国文学理论等方面的文献，从纷繁芜杂的资料中抽丝剥茧发现具有论证价值的线索和亮点。我在撰写博士毕业论文时，大胆假设，小心求证，当论文能如期付梓，内心对师恩的感激溢于言表。

写到这里，大家似乎已经明白，徐真华是一位教育家，但首先他是法国文学研究专家。他的人生是一种让生命变得更美好的勇气、让学问深入骨髓的艺术。他生于无锡，历史悠久的江南文化赋予他笃实的人文土壤，

---

* 原载于《徐真华自选集》，中山大学出版社 2017 年版。

而自学自强的家学底蕴则润泽了他儒雅祥和的气质，这些为他以后蜚声外语学界奠定了扎实的基础。

徐真华早期从事法语教学及语言学研究，兼及翻译，后来转向法国文学研究。虽然历经转换，但他在每个领域都作出了卓有成效的贡献。在教学岗位上，他兢兢业业，几十年如一日，认真教学，悉心培养学生，受到学生一致拥戴。"有幸遇到徐老师，他让我们四年的大学生活过得充实而有意义。"这几乎是校庆50周年回校"省亲"的法语学子们的共同心声。因其热情而富有实效的教书育人业绩，徐真华数次获得由广东省人民政府授予的"立功证书"及"优秀青年教师"称号。在多年的教学实践中，徐真华积累了厚实的法语教学经验及习得体会，并细致整理分类，形成著作或论文，如专著《理论·模式·方法——外国语高教研究》《中国学生易犯的法文错误分析》，论文《用词造句要注意逻辑——法语病句分析举例》《对外国语言教学与研究中几个问题的思考》《外语基础教学三题》《试论文学教材与外语学习的关系》《法语精读课教材的注释原则》《教材练习问题随想》等，这些著述为国内的法语教学提供了鲜活的实践案例，具有重要的教学参考价值。在教学的同时，徐真华致力于应用语言学及社会语言学研究，尤其关注法语和汉语新词产生的社会现象研究。他用法文撰写的专著《新词与社会互动关系研究》在法国 L'Harmattan 出版社出版。此外，他还陆续用法语或汉语撰写了《言语行为中的新词》《广州地区的多语混用与社会语言学》《从广州年轻人的语言态度看语言与社会的互动关系》《法语汉化现象浅析》《语言与文化——从诗与歌看法国的俚语俗语》等大量具有重要学术价值的论文，并相继发表于《现代外语》《外语教学与研究》《法国研究》等国内语言类权威期刊或文学文化类期刊上，在语言学界反响强烈，并数次获得广东省社科优秀成果奖。徐真华提倡交际过程中关注本土语言与外来语言的"语码转换、形式混合、语言变体、普通话、方言和外来语夹杂等现象"，不同语言的交互使用必然产生基于多种语言合体的新词。徐真华关注语言背后的文化现象对语言流变的影响，他对广州地区年轻大学生的语言使用进行实地调查，得出结论："处于同一文化背景的各种区域语言及其相应的语言变体，与具有不同文化特点的不同语言体系一样，它们在相互接触时面临的不只是一个理解言语行为的问题；它们还要面对如何做出言语行为的问题。"他还以法语诗歌为例，通过研究诗歌的韵律考量得出结论："事实上语言学研究的终极目的就是应用，就是通过揭示语言发展的历史规律、社会规律、心理规律和应用规律，教会人们怎样更合理、更有效、更得体地使用各种文化背景中的各种层次上的语言，在逐渐被信息高速公路连成一体的现代文明社会里，协力建造和平、发展、繁荣的通天塔。"徐真华语言研究的著述及观点引起法语学界人士的关注，其观点也常常被学者引用。语言是文学、文化的载体，也正是对语言及其研究的开放态度，使得徐先生在日后的文学及文学批评研究中能透过文字，细致挖掘创作者的心灵本质，把握他们的创作温度，更显得心应手。徐真华在语言研究的间歇中还进行法汉或汉法翻译，早年所译法国知名作家的短篇如《泡泡》《西格弗里德情话》等在国内权威期刊《外国文学》上发表。因其笃厚的中国传统文学底蕴和扎实过硬的外语功夫，徐真华的译作文字优美，表达典雅，不啻是对原作者的体贴和致敬。

以外语教学和应用语言学为研究起点，徐真华在探究语言领域的同时，也在探究语言所承载的上层建筑——文学和文化问题，亦即作为语言的精神家园的文学的生命本质问题。徐真华在几十年的法语语言文学教学中，发现"一本书只有当它对人类和世界提出疑问时，或者说，只有当它能把心灵世界、现实世界和形式世界结合起来时，才具有生命力"。因此，他从语言的樊篱走出来，对文学、文学史及文学批评进行了追踪溯源式的描述、探寻和阐释生涯。文学作为一种"已存在经验"，可以囊括人类思想的基本元素，因此，徐真华在研究文学的同时，更关注对文学中哲学元素的提炼，也努力在哲学中勘正文学的轨迹，并积极将哲学纳入文学批评的视野中。这个过程不是随意的想象，而是从多年精耕细读的渐觉中顿悟出来的文学本真，是建立在实践基础上的事实逻辑。具体到研究对象，徐真华以法国文学为切入点，条分缕析地解读作者与文本之想说与已说，综合分析作者生平经历和社会文化带给他们的创作影响，从字里行间解读文本中隐逸的人生思考，系统总结特定历史时期下作家及其文学作品背后所隐藏的哲学脉络。他的研究让文学的光华在岁月的流沙中慢慢展现，让哲学的品格于优美的文字之间细细流淌，显得纯粹而有力度。

徐真华的文学研究及批评大致经历了三个阶段：早期的文本阐释，中期文学批评中哲学品格的形成，后期文学研究中"意识"的透视。早期文学批评著述如：《评帕尼奥尔的〈窦巴兹〉》《试论安德烈·布鲁希的文学批评观》《雨果、缪塞、乔治·桑——浪漫主义文学大师的感情世界》《深情的土地——试评〈陈尸台〉的艺术特色》《自由解放的悲壮颂歌——〈愤怒的囚徒〉简评》等。这些文学批评透过细致剖析文本所再现的历史画面，搭建了读者与作品之间融通的桥梁，让读者能轻而易举地走进创作者的内心世界，感受作者对过往的情结、对旧日光阴的恋恋不舍，也让读者轻易感知到某个时代所传递的灵魂，从历史中得到生活的启示。就像徐真华所言："读完这本小说，你也许会掩卷而思，从人类历史的往昔想到人类历史的今天乃至未来，你会感到小说记叙的一切尽管已经成为历史的陈迹，但它依然同我们息息相关，我们依然可以从中得到教益，吸取力量。"在审慎评析的时候，徐真华也深知文本必然有它的局限，而且作者已经述说的必然大于他想说的，所以他善于从作者写作的局限性中走出来，透视文本之外的言说意义，捕捉社会背景、人物境遇及文化承载所赋予的价值内涵，而给予读者某种情节之外的想象灵感。徐真华早期的文本阐释精炼细致，读后，我们仿佛也身临文本设定的语境中。是的，看起来这一切都很平常，然而，对于文学批评者来说，这是一个历险而艰辛的过程，并不亚于对作品的二次创作。文本作者的心思是复杂的，文字背后的隐喻更是真真假假，稍有不慎就会被作者构筑的迷局所蒙蔽。这就需要评论家细致地阅读、清晰地梳理、智慧地取舍、巧妙地对接，甚至要能从繁芜的话语逻辑中剥离冗余信息，呈现那些关键思想，能做到这些的确难能可贵，但对于徐真华，这是再正常不过的学术功夫。正是这样扎实的学术功底，他能轻易将研究从早期对文本的细读阐释迅速跃升至构建文学的哲学品格的高度，这是徐真华文学批评的第二个时期，也是形成他独特的文学宗旨的重要时期。从《文学的嬗变——20世纪法国文学辩证》《文学批评与文学创新》等著述到《独立鲜活的文学品格》《米兰·昆德拉：小说是关于存在的诗性之思》等一系列发表于《外国文学研究》《学术研究》权威期刊或其他集子中的论文，确立了他对于文学批评的基本理念。其专著《20世纪法国文学回顾：文学与哲学的双重品格》（与黄建华先生合作），是徐真华在该时期文学思想的主要集成。此著作传递给读者这样的信息：文学的存在不仅仅是文艺的一个门类，文学也是一种哲学精神，是作者通过文字在精神世界对所存在的世界与读者达成的共鸣或者给予读者的启示。这种共鸣或启示不但引发读者对世界、对命运、对生死、对爱恨、对价值观的新认识，它们也寄予了对现存文学的精神状态进行哲学改造的期望。正是通过这样理性而磊落的哲学思考，徐真华将文学从作者、文本到读者这一单纯的批评阐释过程抽检出来，用多元化的学术视角保留了文学面对世界的全貌，并凸显了哲学对于文学的价值。尤其是处于中西文化交流的关键时期，提炼并呈现中西文学的哲学碰撞是文学批评者必备的功课，在这一点上，徐真华有他独到的见解。他在《外国语言文学系列丛书》出版序言中写道："要了解古希腊、古埃及、古印度、古巴比伦文明的历史，要感受罗马帝国的辉煌和文艺复兴的灿烂，要领略工业革

徐真华教育文集

命和西方哲学的魅力，要把握当前国际社会发展的律动和人类进步的脉搏，外国语言文学仍然是一种十分重要而必不可少的工具、载体和媒介。"是的，徐真华秉承这一文学理念，将哲学引进到文学批评中，扩展对文学本质阐发的宽度。的确，一本书也好，一种思想也好，它们都或多或少反映那个时代的脉搏，从某种意义上说，文学与哲学的灵魂是同步的。文学不计代价，为着那一季人世间的精神风貌而倾其所有地绽放，哲学则将它们的华丽影像抽检出来升华为永恒。人，终究会老去，但，思想之花永不凋零。徐真华对文学的追问，孜孜不倦，孜孜以求。当他抽丝剥茧提炼文学的哲学思考时，发现文学阐释体现在哲学的最高境界就是人道主义。因此，对于"人"的存在、人性意识的重构，成为他文学批评第三个时期的重要内容。徐真华认为哲学的终极目的是"对生命的尊重，对存在的诘问，对爱情的向往，对自由的憧憬"。每个思想火花的本质都是将人性置于至高无上的位置，《论马尔罗的艺术形式理论》《让－保罗·萨特：存在文学与自由追寻》《跨越时空的人性光芒——莫里亚克对现代女性意识的重构》《传统精神与现代视野》《叩问杜拉斯：孤独美学的另一种绝唱》等论文相继问世，尤其是发表于台湾辅仁大学《哲学与文化》期刊上的《跨越时空的人性光芒——莫里亚克对现代女性意识的重构》，在流畅清丽的文字背后是对人性的关怀、对生命本质的热爱、对人之初心的悉心呵护。这让我们看到的不仅仅是一位学者，更是一位使者，以一颗虔诚之心和坚韧的勇气，铺出一条现代理性与传统理性完美结合的文学"人本"之路。是的，文学精神的终极目标是关怀人性，是人之为人的本性。然而，从人类学角度看，人的本性与大自然的天性是和谐统一的还是存在二律背反的可能？徐真华告诉我们："人生活在这个由类主体组成的世界上，他不应该是孤立的，而应该与客体在一起，与其他主体在一起。这种主体间性的相互作用构成个体自由的大背景。"在此，徐真华为我们树立了榜样，人性与自然要达成和解。在人性面前自然是敦厚的孩子，而在自然面前，人性只要历经苦难，依存自然，创造个性，坚守初心，那么"伟大的生命，纯朴的关怀"就从来不会缺席。记得徐真华曾经说过"立足平凡，追求卓越"，虽然这是他对现代大学生的谆谆教诲，但又何尝不是他警醒自己的座右铭？现代社会，各色文学，粉墨登场，红尘滚滚，犹如痴客，都对这人间悲欢异常"脉脉情深"。然而，谁又知"风过红尘"后哪些文字更值得我们挽留？所幸，还有徐先生这样纯粹的学者在默默耕耘，精挑细选，只为浪里淘沙，让经典再现。

徐真华的著述因超越的思想、独特的分析视角、优美流畅的文笔，曾分别于 2010 年和 2014 年两次获得广东省哲学社会科学优秀成果奖。他的论文《米兰·昆德拉：小说是关于存在的诗性之思》《跨越时空的人性光芒——莫里亚克对现代女性意识的重构》被知名的学术权威数据库 A&CHI 收录，他的部分著作被法国和东南亚一些著名大学收藏。不止于此，徐真华深知学术传承的重要性和紧迫性，积极承担提教后生的重任。在任博士生导师的近 20 年生涯里，徐真华治学严谨的态度、审悉正直的为人、德隆望尊的师风给学生树立了真正学者的榜样。他常常教导学生要紧紧抓住生命的碎片，捕捉学术的闪光点，不断创造学术的独特性、差异性，让学生以积极的态度发现并攻克未知的学术阵地。在徐真华的悉心教导和立德立言立功的教诲下，多名学生获颁"优秀博士毕业论文"称号，并且在各自工作岗位上勤奋向学，正在成长为学术力量的中坚。在繁忙的工作之余，徐真华还主编了系列文学教材，如《理性与非理性——20 世纪法国文学主流》《法国文学导读——从中世纪到 20 世纪》等，为学生们烹制了精神食粮的饕餮盛宴。其中《理性与非理性》早在 2001 年被国务院学位办指定为研究生专业教学推荐用书。《法国文学导读》被列为"十一五""十二五"国家规划教材，重印 6 次，被国内约 30 所高校的法语系列为本科生或研究生法国文学教材。相对于宏大的教育世界，相对于古往今来的圣人巨著，这些著作更像爱的插曲，不虚美不隐恶，字字珠玑，切切叮咛，唯诚望后生潜心静气，修千日之功，成栋梁之才。在主持广东省"211 工程"第三期重点学科建设项目"全球化背景下的外国语言文学研究"期间，他带领学术团队创新精进，学术成果丰硕，发表论文 40 余篇、出版专著 25 本。在此期间还挖掘培养出一大批外国语言文学方面的青年才俊。

徐真华在 2000—2010 年担任广东外语外贸大学书记、校长期间，将自己的治学理念、教育思想融会贯通于他的理政方针中，抓住机遇、爱惜人才，为大学发展带来了勃勃生机。10 年不过是人类历史长河中的沧海一粟，然而，对于一地一物或一人则具有非凡意义，无疑，在有限的时间里，徐真华夯实了广外高等教育的生命厚度。因在语言教育和研究、法国文学、中法文化交流等诸多方面的影响力，徐真华于 2009 年 3 月被法国政府授予"法兰西教育骑士勋章"，以奖励他为中法教育和文化事业作出的杰出贡献。这荣誉，实至名归。

徐真华做学问如此，做人亦然。他对学生们亲切平和，尽力提携，对学者朋友更是以诚相待。徐真华终其半生爱学术，倾尽热血为教育，鞠躬尽瘁。也许，在他的心目中，只有"做学问"和"为他人"是清晰的，

徐真华教育文集

这是他终生的主题，却也在不经意间彰显着人生魅力。闲暇时光里的神来之笔，每每释放出江南才子特有的细致、沉静与柔中有刚的豪迈之气。追忆岭南学人程贤章老先生，惜才挽留著名语言学家钱冠连先生，剑胆琴心，止于至善。而"塞纳河诗情""雨果、缪塞、乔治·桑——浪漫主义文学大师的感情世界"，这些优柔细腻的文字，犹如心灵捕手，在喧嚣的尘世为读者寻得一隅休憩的港湾。用平静至简的文字换来精神的家园，用质朴中不乏抒情的叙述克服现实的脆弱，徐真华深知"人都是在不确定中长大的孩子"，然而，"剑胆琴心，坚守本真"的他，始终让我们感动。

徐真华的大学教育思想及其办学实践[*]

高云坚

　　20 世纪 90 年代至今是中国高等教育大变革和跨越式发展的时期，全国经历了大规模的高等学校的调整与合并，经历了随之而来的以增加校园面积和学生规模为主要内容的"扩招"，从此高等教育以规模、质量、效益兼顾的姿态从精英教育时代逐渐步入大众化教育时代。正是在这样一种大变革的氛围下，中国涌现出一大批的教育改革家和思想家，徐真华就是其中之一。徐真华出身于"老三届"，由于独特的人生经历，注定了徐真华这一代人对社会、对事业抱有强烈的使命意识和责任意识。他初中毕业后曾下乡插队务农，1972 年，他以工农兵学员的身份考上当时的广州外国语学院。之后留校任教，曾先后赴摩洛哥王国穆罕默德五世大学、巴黎第三大学、加拿大蒙特利尔大学研修，逐步形成了用世界眼光观察分析周围一切的思维习惯。1995 年广东外语外贸大学合并组建，他被任命为首任教务处处长，3 年后升任广外副校长，2000 年任校长，2003 年任党委书记兼校长。2015 年 12 月，荣获"广东省第二届优秀社会科学家"称号。

　　从广外发展史看，进入 21 世纪以后广外获得了快速健康发展，这主要得益于徐真华执掌校政以来（2000—2010 年）打下的坚实基础。出任广外校长之初，徐真华却面临着学校发展的重重困难和诸多挑战，主要包括来自高校间竞争的压力、学科建设上水平的压力、扩招后师资与硬件的压力、内部管理体制掣肘的压力和建立现代大学制度的压力等。改革难，不改革更难，只有改革才能走出困境。徐真华以一位教育改革家的胆识和勇气，带领学校领导团队，勇敢地担负起广外改革发展的担子，从而形成

*　原载于《广东外语外贸大学学报》2016 年第 6 期。

了"广外现象""广外模式"。

"广外现象""广外模式"，一度引起社会和媒体广泛关注。《人民日报》2002年6月14日第六版以《高就业率的背后——记广东外语外贸大学》为题对广外由于深化改革所取得的成绩进行了报道；2008年6月13日，《光明日报》以《一位大学校长的改革观》为题对徐真华的改革观和改革实践进行了长篇报道。广外之所以为社会广泛认可，并形成"广外现象"和"广外模式"，其原因固然是多方面的，但最根本最直接的原因是作为一校之长的徐真华有一套明晰的被广大干部教师所接受的发展思路，有被实践检验而公认为适合当今高等教育发展需求的教育思想和与之相配套的一系列改革实践。归结起来，徐真华的教育思想和办学实践突出地表现在以下三大方面。

一、世界高等教育背景下对学校定位、发展思路和办学特色的再谋划

（一）高等教育要有世界眼光，要在改革中寻找出路

2003年1月，在广东佛冈召开的学校发展战略研讨会上，徐真华在回顾总结办学经验的基础上首次提出高等教育必须做到"三坚持，两适应"——"坚持党的领导，坚持社会主义的办学方向，坚持求真务实的思想作风和工作作风；主动适应高等教育发展的自身规律，把学科建设放在学校各项工作的首位，主动适应当下中国经济社会快速转型的发展规律，培养复合型、国际化的人才"。2007年1月，在广东花都召开的学校发展战略研讨会上，徐真华再次强调这一观点，并进一步阐述，要达到建设高水平教学研究型大学的办学目标，"我们的每一位干部必须树立这样一种意识，要站在中国高等教育发展的大背景中乃至站在世界高等教育的大背景中来谋划广外的学科建设和发展思路，也就是我常说的要跳出广外去看广外"。正是在这样一种思想的指导下，广外推行了两次深入而持续的改革。

第一次是2001年广外大刀阔斧地实施了教学科研架构调整、非学历教育管理体制改革、校内分配制度改革、校内人事制度改革、后勤社会化改革5项内部管理体制改革。改革的驱动力是怎样在规模扩张的背景下，建设优秀的本科大学。于是在人事、分配、专业建设、行政管理领域革除积弊，摒弃沉疴便成了众望所归。这场改革使广外在3个方面从根本上得

到扭转，一是从根本上扭转了教师心向办班、心向创收的局面，使教师真正回归书斋，回归教书育人和科学研究的正位；二是从根本上破除了各自为政搞创收的"山头主义"现象，使大学真正回归到全校一盘棋的集体主义格局；三是从根本上改变了热衷于各自创收的"诸侯经济"所造成的财务混乱局面，从源头上遏制了有可能出现的体制外运行"小金库"现象，避免了经济上可能出现的差错和失误；这场改革取得了积极的成果，主要表现在"专业教学和外语教学融合，培养国际通用型高素质人才"的办学特色初步形成；广外作为优质教育资源首批进驻广州大学城；本科教学质量逆势上扬，2003 年在教育部对广外的本科教学工作水平评估中取得了"优秀"等级；学校的社会地位和影响力迅速提升，学校的建设事业步入了良性发展的轨道；等等。

　　在改革取得阶段性成果的时候，徐真华又审时度势，于 2005 年春适时提出了"新五项改革"，即深化教学科研管理体制改革，深化人事制度改革，深化教学管理与人才培养模式改革，深化分配制度改革，深化后勤社会化改革，并将中层行政领导干部届中调整贯穿其中。此次改革的核心是学校管理重心下移，二级学院实行学院目标管理责任制。他说："学院目标管理是学校继 2001 年推行'五项'内部管理体制改革后，提出的新一轮深化五项改革的主要内容，是这一轮改革的重点难点，是改革成败的风向标……是事业发展本身带来的挑战，我们只有跳出广外看广外，只有跳出自己的学科局限去考量广外的发展，谋划广外的未来，才能找到新的制高点，汲取改革与发展的新动力……这就是全球化对大学的挑战，这种局面对大学的执政能力提出了更高的要求，广外的竞争不应该再局限于全国外语类高校，广外参与的竞争应该是与全国人文社科类高水平大学的竞争，应该是与全国高水平大学的竞争，我们应该有这样豪迈气概，应该树立起这样一种雄心大志。"这次改革，实现了两个转变：一是从规模扩张到内涵式发展的转变，二是从行政话语导向到学术话语导向的转变。特别是在人事体制改革方面，启动了广外有史以来的第一次干部届中调整，校内外公开招聘院长，"此次公开招聘，二级学院正副职领导调整面达58.1%，其中招聘校外人员担任二级学院院长 3 人；调整后，学校二级学院领导的年龄结构和学历结构得到了进一步优化"。更重要的是通过这次公开招聘，建立了一种能上能下的用人新机制，给愿意为学校发展贡献力量的教师提供了新的平台。此外，从他多次反复强调的"我们必须改革，不改革，我们就没有出路，我们没有其他的选择""我们等待不起，我们没有时间等待"，等等，清晰地勾画出他执掌广外帅印 10 年改革与发展的这一条主线。

他是教育改革的思想者、策划者，更是教育改革的推行者、实践者。他一步一个脚印，引领广外通过改革创新之举，攀登学校建设的新高度。

（二）厘清学校定位和发展思路是高等教育改革的首要选项

高等学校的建设是步别人的后尘还是应该有自身的明确定位和发展思路，一直是个争论不休的问题。徐真华主张，高等教育应当遵循高等教育发展的自身规律，应该遵循当下中国经济社会快速转型的发展规律，并在此框架下审视和明确自身的办学定位和发展思路。如前所述，广外是一所合并院校，最初的学科门类较为单一，只有文学和经济学两大类，起初大家对建设一所怎么样的广外，在认识上是不清晰的，直到2001年7月学校第一次党代会的召开，才正式提出了"建设全国一流涉外型大学"的目标。2003年1月，在广东佛冈召开的学校发展战略研讨会上，徐真华进而系统地就合并办学7年来逐步形成的，能体现广外当前办学理念、思路、模式、方法、优势、特色的思想和观点进行全面梳理，从而明确了广外的办学理念，即大学作为人类社会中知识生产与传播的主要基地，作为先进文化的重要源泉，作为培养学生健康人格及创新思维的熔炉，应该崇尚自由的学术思想、理性的批判意识，应该追求兼收并蓄的学术胸怀、独立自主的治学态度，应该确立科学精神和人文精神的主导地位。学校定位为外语优势突出，专业特色鲜明，综合实力和整体水平在同类大学中具有国内一流水平，部分学科在国际上有一定影响力的人文社科类重点大学。发展思路为内抓管理，外谋发展。2007年1月，在广东花都召开的学校发展战略研讨会上，徐真华再次就学校的定位、理念、战略、思路、目标、模式和办学特色等一揽子事关学校标志性的东西进行了归纳和升华，至此，一幅立体的广外发展蓝图基本绘就。

学校定位搞清楚了，那么，靠谁来保证高质量的本科教学，靠谁来提升规模扩张后的教学质量和科研水平？在徐真华看来，答案只有一个：靠强大的师资队伍。从规模扩张到内涵建设，提升师资队伍的数量与质量始终是保证人才培养质量最重要最关键的条件保障。面对当时扩招后师资队伍不适应形势变化的局面，徐真华大刀阔斧地加强这方面的建设，特别是2003年后，他和他的团队大张旗鼓地造声势引进高层次人才，实施培养与引进并举的措施，大大地改善了师资队伍建设原来相对落后和被动的状况，他主政的十年间，编制内专任教师由原来的579人增加到1161人，其中，教授由原来的 31 人增加到 189 人，副教授由原来的 171 人增加到 321 人，博士学位教师由原来的 26 人增加到 278 人。科研成果也显著增加，省部级以上科研立项由原来的 5 个上升到 94 个，教师公开发表的著作由原来的 53 部上升到 179 部，教师公开发表的论文由原来的 364 篇上升到 1368 篇。广外由 1 大学科门类 7 个专业的单一学科大学发展成为拥有 7 大学科门类 55 个本科专业的多学科人文社科大学。

（三）大学的生存之道在于它鲜明的办学特色

徐真华认为，大学必须有自己的特色，这在某种意义上也是一所大学存在的理由。广外的特色就是注重跨文化交际的研究和实践能力的培养，注重打造专业教学、外语教学与信息技术教学融合互补的优势。广外培养的学生，在专业方面不一定比名牌大学的强，但在跨文化沟通方面、在自主学习的能力方面则应该比他们胜出一筹。这样，广外的"产品"就有了独特的市场，学校就有了自己的生存空间，也就有了自己存在的价值——从这种意义上说，办学特色就是办学质量，是高校生存、发展的生命线。

曾经在法国、加拿大、摩洛哥等国著名大学研修法国当代语言文学和高等教育管理的徐真华，归纳了许多国外大学培养人才模式的经验，认为"应用型、国际化"这 6 个字对广外尤其重要。本科教学培养的学生主要是应用型人才，直接为经济社会发展服务，知识面宽，思维活跃，毕业后经过一段时间培训，能很快上手。而外语类院校的重要优势是"国际化视野"，尤其是对"他"者研究的手段和水平，外语作为一门工具必须掌握，但又不能只满足于会讲外语，还要有跨文化的视野。

基于以上认识，在 2006 年 8 月学校发展战略研讨会上，徐真华首次系统阐述广外为什么要走自己独特的办学路子，他说："广外不可能按照北外、上外的路子来走，他们的规模仅是我们的三分之一甚至四分之一，他们的专业结构也相对单一，他们基本上还在精英教育的轨道上。广外也不可能走中大、华师的发展路子，根据办学传统和专业结构，广外走大而全的综合化路子不可取。广外跟它们都不一样，它应该是唯一的，应该是不可替代的。要做到唯一，要做到不可替代，它就必须有自己的办学特色，有自己别具一格的形象和风格，这个特色就是作为一所人文社科类大学所强化的'专业教学与外语教育融合，培养'双高''两强'，具有国际视野和创新意识，能直接参与国际合作和竞争的国际通用型人才'的办学特色，这个形象就是'应用型、国际化'，就是'立足平凡，追求卓越'的高素质公民，就是'明德尚行，学贯中西'的广外品牌。"由于广外是省属重点大学，生源以广东省内为主，在生源质量上既比不上北外、上外，也比不上同在广州的中山大学等部属院校。但徐真华坚信，广外可以"用标准面粉蒸出精面馒头"，这条捷径就是"应用型、高水平、国际化"。徐真华强调，经济全球化是一种趋势，必须主动去适应，作为高校则必须主动参与到国际高等教育标准框架和游戏规则的构建之中去，而不是回避，更不是拒绝。同时我们又必须认真对待高等教育国际化过程中出现的问题，坚持平等竞争、双赢互利、以我为主的原则。对一所大学来说，国际化就是把握更多的国际合作机遇，通过交流与沟通壮大自己。

近年，广外不仅生源质量高，而且就业率也高，一直达99%，即便是2008年和2009年受国际金融危机的冲击，就业率仍然保持在98.52%和97.78%，居全省前列，呈现就业率高、就业层次高、就业满意度高等"三高"特点。近3年来被世界500强企业和四大会计师事务所招录的学生占参加就业毕业生人数的比例平均接近15%。被外交部、商务部、中联部等招录的广外毕业生逐年增加。广外的学生每年有1000多人担任广交会翻译，占广交会"学生翻译"的80%左右，广外的"学生翻译"成了广交会上最抢手的品牌。同声传译社会效益极佳，广东省主要领导会见重要外宾以及华南地区重要国际会议，都点名要广外派人去当翻译。时任省长黄华华盛赞："广外的同传翻译真棒。"

广外以其办学实力和口碑被《南方日报》《羊城晚报》等广东省主流媒体誉为"省内四大名校"，这恰恰印证了徐真华倡导的"用标准面粉蒸出精面馒头"论断的正确，印证了"应用型、高水平、国际化"广外鲜明办学特色的生命力。

二、大众化教育背景下对大学生成长目标、教育理念和教育模式的再思考

（一）改革传统的大学生成长目标

在精英教育时代，不少人认为大学培养出来的就是社会精英，就是这个"家"，那个"家"。即便在大众化教育时代，仍有不少人包括部分高校管理者这样认为：大学的职责就是精英教育。那么，高等学校究竟是培养社会精英还是应该回到教育的初衷，培养有理想、负责任的公民？可谓见仁见智，徐真华在认真总结多年的办学实践和认真研究国外高等学校办学经验的基础上，坚定地认为：高等教育的本质是培养高素质的公民。国

内外的教育经验告诉我们，精英时代与大众化时代大学教育所追求的目标是不一样的。虽然大学有类别之分，但是靠一流大学直接批量生产社会精英的事并不靠谱。任何社会精英一定是产生于各社会领域的实践活动，而任何社会精英的人格基础一定是高素质的公民。对学生来说，进入大学不再意味着跻身于社会精英阶层，而是生命发展、完善、成熟过程中的一个必然阶段。在很多时候，它只是意味着受过良好的教育，具有良好的知识基础及一定的专业技能，其个人的发展机会可能增多，发展领域可能丰富，个人的价值可能有更好的体现。但是这种种可能性都离不开大学生在四年的大学生活乃至以前的学校、家庭生活中所养成的人格品性，即其个人十几年来一直涵养的公民素质。因此，他认为，教育的终极目标不是培养科学家，不是培养政治家，也不是培养资本家，而是培养高素质公民。高素质的主要内涵是有理想、有文化、有道德、有纪律。这些高素质公民进入社会后，在社区他们是好邻居，在政府机关他们是合格的公务员，在企业公司他们是称职的员工，在家庭他们是负责任的好丈夫好妻子。于是，知识的力量就变成了文明的力量，变成一种文化，滋润着人们的道德与良心。高素质公民无疑是构成和谐社会不可动摇的基石，这同时也是他们在各自的领域成为国家栋梁的必由之路。正如爱因斯坦所说："学校的目标始终应当是：青年人在离开学校时，是作为一个和谐的人，而不是作为一个专家。"为此徐真华要求学生"立足平凡，追求卓越"，并把学生培养成高素质公民上升为学校的使命。所谓"立足平凡"，就是要求学生回归作为普通建设者的本色，乐于过平凡的生活，做平凡的事情；所谓"追求卓越"，就是作为受过高等教育的专门人才的大学生，不能安于平庸，应该更有担当，应该更加出色，在平凡的岗位上作出不平凡的业绩，回报社会。

2005年6月徐真华出访美国乔治城大学、亚利桑那州立大学和哈町大学之后，更加坚信自己的判断："怎样达到既定的人才培养目标，这是我国在走上高等教育大众化道路以后，尚没有很好解决的问题。我总的感觉是对培养对象的目标要求定得过高，一个基本特点是培养这个'家'那个'家'，殊不知一个人的成名成家是大学教育后的事，很大程度上取决于他个人在社会实践中的机遇和努力。"

广外在扩招背景下生源质量和教学质量稳中有升，学生在多个专业领域多次获得全国乃至国际大奖，并一直保持99%左右的高就业率，广外的生源也一直维持高端录取的水平……这一切都说明徐真华所倡导的成长目标是符合当今社会实际的，经得起社会检验。

（二）改革传统的教育理念

传统的教育理念，更多的是关注学校实际给予学生的学习内容，而对学习方法传授往往忽视，学生的主体意识和创造性思维受到极大的钳制，培养出来的学生同质化严重。清华大学在一次全校教育思想大讨论中，有学生说道："进来时我们五颜六色，出校门就成了'清一色'，我们的个性在哪里？"时任教育部副部长的周远清听到这个意见后，给予很高评价，说："这个意见击中要害，反映了当前高等教育人才培养模式单一，不注意学生个性和创造性的发展。""为什么我们的学校总是培养不出杰出人才？"这个"钱学森之问"更是值得教育界乃至整个社会深思。而在这方面，在徐真华的主持下，广外进行了大胆探索。2005年6月，徐真华访问美国哈町大学，注意到该校致力于开发学生的自主学习能力，注重培养学生的学习方法，深有感触，因为这一思想和徐真华对高等教育职能的认识不谋而合。徐真华对该校校长说，广外也正在致力于这方面的改革，正在努力实现三个转变，就是从关心学生学什么到关心学生怎么学，从关心学生思考什么到关心学生怎么思考，从关心学生做什么人到关心学生怎么做人。正是基于对广外教育实践的认真总结反思，正是基于对国内教育现状的科学判断以及对国外高校教育实践经验的扬弃，徐真华得出一个结论，那就是：决定一个人成长发展的因素不仅是技能、专业知识，更是这个人的思想和思维能力，因此他反对奉行工具主义的教学思想，反对把本科教育的目标定格在技能本位的教学观念。应用型本科大学应该倡导的不是工具本位，而是工匠精神，是对大学生精神与人格的塑造。为此，他适时提出并在广外全面实践这一全新的教育理念。譬如，在教授英语时，课堂教学普遍采用讨论式、启发式、探究式的教学方法，一改过去课堂上教师"一言堂""满堂灌""填鸭式"的传统教学方法，学生成了课堂教学的中心和主角，教师只是组织者和引导者。课堂上，学生既有充足的语言输入，又有大量的语言输出，英语的综合运用能力有了显著的提高。那些年广外毕业生大学英语四级（CET4）最终通过率在95%左右，而全国重点院校平均通过率则为50%左右，大学英语六级（CET6）最终通过率在80%左右，而全国重点院校平均通过率则为22%左右；专业英语四级（TEM4）和八级（TEM8）的通过率分别为94%和84.3%（而此两项全国外语院校平均通过率分别为81.7%和78%），居全国前茅。在众多高校中，广外学生以专业水平高、信息技术应用能力强、跨文化交际能力突出而著称。

（三）改革传统的教育模式

高等学校是知识创新、传播和应用的主要基地，也是培养创新精神和创新人才的重要摇篮。高等教育在培育民族创新精神和培养创造性人才方面肩负着重要而特殊的使命。

徐真华审时度势，带领广外适时转变传统人才培养观念，勇于探索创新人才的培养模式，着眼于培养具有国际视野与创新意识，具有扎实的专业知识，熟悉国际惯例，具备跨文化交际能力和信息技术运用能力，能直接参与国际合作与竞争的国际通用型人才。经过多年的办学实践，创立了"通识教育、专业教育、实践教育三位一体的复合式教育"这一体现广外办学理念、办学思路、办学特色、办学优势的人才教育模式。

根据徐真华的解释，所谓通识教育，就是倡导人文教育与科学教育融会，坚持人文素养与科学素养、专业技能的协调发展，强调以理性的批判精神明是非、识大体，以实践精神重探索、做实事，重点培养健全人格、创新思维与实践能力。这一观点，符合中国高等教育大众化的客观要求，也符合当今世界经济全球化的客观要求，譬如，徐真华考察过的美国乔治城大学、马里兰大学等高校，普遍都遵循这一教育原则。

那么，广外的专业教育又有何特点呢？徐真华认为，必须在贯彻德、智、体、美劳全面发展教育方针的前提下，坚持"厚基础、宽口径、多方向、强能力、高素质"的培养方针，既重视专业理论与实践能力的培养，又大力促进专业素质与跨文化交际能力、信息技术应用能力的相互交叉、渗透和融合，逐步形成颇具自身特色的专业教学、外语教学和计算机教学"融为一体"的复合型人才培养模式，其核心是专业教学与外语教学的融合。这一模式，作为广外的特色项目，在2003年广外接受教育部本科教学工作水平评估时，曾得到教育部专家组的充分肯定和高度评价。

而实践教育，就是把社会作为学生专业实习、社会实践的一个大舞台，使学生能够结合所学专业知识，应用于社会、服务于社会、贡献于社会，并通过社会的检验而不断使学生的知识结构得以丰富，使学生的综合素质和能力得以提高。这一环节主要通过设置学分和不断开辟专业实习及社会实践基地的形式来完成。

徐真华倡导的这一教育模式，与夏中义先生所倡导的"精神成人"的理念，有异曲同工之妙。它极大地满足了当代大学生接受通识教育和专业教育的双重渴望，对于铸造"精神成人"意义重大。

三、创新二级学院管理体制，培育大学文化，践行大学精神

（一）推行学院目标管理责任制，率先创新二级学院管理体制

在我国高等教育进入"大众化"快车道的新形势下，必然要求对原有的教育理念和管理模式进行重新审视，并进行相应的调整和改革。为此，广外 2005 年进行了第二次校内管理体制改革，改革的重点是理顺校院两级管理体制。学校在研究了那几年专业设置变化，学科门类增多，办学规模扩大，南北两翼校区并行运转的现实状况的基础上，决定扩大学院的办学和管理自主权，大学实行宏观管理，学院实行以目标管理为主、目标管理和过程管理相结合的管理模式。在学院领导体制上，学院实行院长负责制，即实行"院长负责、集体领导、学术治院、民主管理"的领导模式。副院长对院长负责，院长对校长负责。学院党委（党总支部）是学院的政治核心，在二级学院的建设中发挥支持、参与、保证和监督作用，支持院长在其职责范围内独立开展工作。学院教学、科研、行政管理等工作中的重要事项由学院党政联席会议讨论决定。

这种模式缩小了管理跨度，实现了管理重心下移，使学院切实体现治事与用人的有机结合，责、权、利的有机统一，逐步实现大学的管理方式由原来的目标管理向宏观调控转变，实施战略管理，促进学校向教学研究型大学转型。同时，它强化了二级学院的学术话语导向，增强了办学活力，加强了管理的自主性与时效性，通过目标的导向作用，调动各学院在办学过程中的创造性和积极性。从此，二级学院由"院长负责制"取代了"书记院长礼让式"管理，这一探索在全省乃至全国都具有先行性和开创性，引起了广泛关注。2005 年 5 月 23 日，南方网以《明确院长负责制震惊全国的广外人事改革结束》为题做了专题报道。至此，广外告别了仅靠经验和直觉的管理模式，逐渐发展成为规范有序的科学管理模式，并逐步向现代大学的管理体制迈进。

（二）依法治校，培育现代大学文化

徐真华主政广外 10 年，十分注重大学文化建设，他对大学文化以及它的作用和意义有过独特的论述。在他看来，大学文化本质上是形而上的

东西，因为它凝聚着一个大学的精神，营造着一种特殊的氛围，因为它决定着这个大学老师们工作的姿态，研究的姿态，教书育人的姿态，以及学生们学习的态度。它是基础之上的东西，是课程、考试与一切硬件之外的东西，它看不见摸不着，但是又实实在在地渗透进了干部、教师、学生的工作与学习。人们每时每刻都可以感觉到它的存在，它不是基础，但却要求基础健康了才能生长；它与学生求职就业无关，但却每时每刻都熏陶着学生的智商与情商。它总是浮动着、弥漫着，它一旦浮动起来，一旦弥漫开来，就一定会反哺学校，稳固学校的根基，滋养学校的机制，滋润每一位大学人的人格，这就是大学文化，这就是大学文化的意义与作用，它的养成与生长需要学校的老师在教学、科研领域润物无声的好榜样，需要管理层面全心全意的服务与付出，需要校园文化各种载体的支撑。

10 年来，对于作为大学文化重要组成部分的制度文化的建设，徐真华尤其费了些功夫，因为在他看来，"决定一所大学发展状况的最重要的因素，首先不是行政级别，不是物质条件，也还不是利益配置，而是与人力资源潜力发挥相关的制度文化。它是能够产生思想、理念、质量、效益，包括物质财富、精神财富的'孵化器'。所以，每位领导，不管你现在在什么位置、在什么岗位，也不管你的发展前景具有多少种可能性，但是有一样东西你不能忽略，那就是制度文化的构建"。徐真华在任 10 年，广外共修订或制定了约 300 个规章制度，他执着地把教育管理和办学活动纳入制度轨道，其中包括出台了《广东外语外贸大学学校章程（试行）》，使广外成为广东省第一所颁布学校章程的普通高校。徐真华对制度文化建设的倡导与推动，使广外的各项工作基本能够在制度层面运行，规避了许多随意性和人为因素的干扰。譬如，作为学校党政共担的"一把手"，他始终对权力心怀敬畏之情，主动分权，主动构筑行政防火墙。比如，他不管基建，但中间有个基建领导小组在帮他把关；他不管财务，但在中间有个财经领导小组在帮他把关。这种设置，尽最大可能地规避了财务和基建这些重要敏感部门出差错的风险，也因此保护了干部。而在这种制度文化下，广外逐步形成了独特的校园风格和氛围，大家普遍觉得，广外这个地方没有"官气"，是个风清气正做学问的好地方，从而赢得了良好的社会口碑，2005 年 12 月，广外被教育部评为"依法治校示范校"。

（三）确立校训，做大学精神的忠实践行者

广外的校训"明德尚行，学贯中西"是在徐真华的倡导主持下于 2003 年 7 月确定的。训词昭示着为学与为人、现代学术理念与人文精神实

践的有机结合，彰显广外崇尚学术、追求真理、弘扬美德、注重实践的优良传统，体现广外培养具有民族精神与传统美德、具有国际视野与创新意识、能直接参与国际合作与竞争的涉外型通用人才的办学理念。"明德尚行"意即"追求美德与至善，推崇行动与实践"。"学贯中西"指的是在学习、教学、学术等方面要具备跨文化视野和通才意识。

徐真华作为学校主要领导，不仅大力倡导校训，而且带头身体力行地践行校训。他深谙法国文学与法国文化，对世界高等教育的发展规律认识颇深。此外，他自身的中文功底深厚，他虽为校长，但很多会议上的发言稿都是他亲自动笔写就，讲起来总能高屋建瓴、引经据典、深入浅出、抓住根本、发人深思。业余时间他喜欢打乒乓球、听音乐，尤喜欢江南丝竹，家乡的紫竹调——那种在喜庆节日时江南水乡普遍传唱的民乐。听听音乐、看看书，那种宁静致远的生活是他的挚爱。在他任学校主要领导的10年间，"求真务实"在广外逐渐由一种工作要求，逐渐演变成弥漫整个校园的一种风气，一种独特的校园风格，一种广外人的显著特征。这种求真务实的精神，正是校训"明德尚行"所昭示的。十年光景，广外能够一跃成为世人瞩目的"岭南名校"，跟以徐真华为代表的广外人低调处世、不尚空谈、真抓实干、敢于创新是分不开的。正如香港《文汇报》记者采访徐真华时，他说："大家因为爱戴我、拥护我、信任我而推选我当校长，这使我对校长一职充满了敬畏之情，唯恐辜负了大家的期望，必须加倍努力，恪尽职守。"

关于大学精神，《华南新闻》在2005年曾采访过徐真华，徐真华认为："大学精神是一所大学校园文化的高度提炼，是大学的灵魂，始终处在动态的构建过程中，在很大程度上反映在学校师生日常的工作、学习、生活中。广外的校训'明德尚行，学贯中西'从一个侧面反映了大学的精神追求，但校训与大学精神毕竟不能完全画等号。在广外40年深厚校园文化积淀的基础上，我们正在提炼和打造自己的大学精神，不妨做这样的概括：'追求美德与至善，推崇行动与实践，倡导博学与包容，提倡批判与创新。'当然，我们这里的批判是理性指导下的，是理性的批判精神。"2007年6月确定的校歌《凤鸣岭南》："白云山青，碧溪水蓝，携侣中外，凤鸣岭南。山育佳木，水滋美兰，明德尚行，凤舞岭南。德馨有容，行实致远，学贯中西，凤起岭南。"通过传唱的形式进一步升华了大学精神。正是在学校校训和校歌所揭示的学校精神的感召下，在徐真华推崇至善的理性批判和创新精神指引下，全体广外人身体力行，使广外在改革创新进程中成为一所独具特色和魅力的高等学府。

2010 年 4 月，担任了 10 年书记、校长领导职务的徐真华因年龄关系离任。离任时他以诗人泰戈尔的诗作为结语："空中没有留下鸟的痕迹，可是鸟儿已经飞过。"在他发表离任感言后即有人跟帖云："一位好校长，于现代大学，影响既深且远，如蔡元培、蒋梦麟与北大，梅贻琦与清华，张伯苓与南开，竺可桢与浙大。虽时代不同，但徐真华与广外，分量当类如前贤。"

　　长江后浪推前浪，如果说桂诗春先生率先在中国的外国语言学及应用语言学领域筑起了一座高峰，黄建华先生在双语词典学领域铸就了另一座丰碑，那么，徐真华先生不负众望，站在前辈的肩膀上，带领他的团队，从改革切入，以创新为抓手，在机制创新、人才招募、学科专业建设等方面屡出新招，在增规模、保质量的历史大潮中勇立潮头，始终保持了广外在全国同类高校中的三甲地位，打造了一个让世人瞩目的新广外，为学校的攀峰事业打下了坚实的基础。我们坚信，广外在建设国际化特色鲜明的高水平大学的道路上将越走越宽广。

跋

徐真华教授的教育论文集付梓，我由衷地感到高兴。与徐教授共事长达30多年，相识相知可谓莫逆之交。我很熟悉他的人文品质和党性原则，很熟悉他的教育思想和管理理念，很熟悉他的中法语言功底和学术水平。因而，在阅读这部文稿之时，一种深沉的敬意油然而生。

在近半个世纪的大学生涯中，徐真华教授对中国高教的了解可谓深刻。从系主任、教务处处长到校级领导，40多年的高教管理工作，使他锻炼成一名真正意义上的大学高管。上述各方面的丰富经验和理论总结，在这本文集中表达得相当清楚。这里我只谈一点并未见诸文字的题外话，权作这本文集的一种补充。

徐真华教授是一个严以律己的人。他做党政工作几十年，没有在公帑中为自己报销过一分钱。反过来看，他自己经常为公事贴钱进去。21世纪初，他有引进我的想法，约我在白天鹅餐厅聚谈，我觉得那个地方消费太高，意欲谢绝。他一再劝我一起聚一聚。后来才知道是他自己掏腰包宴请他的老同学，同时动员我到广外工作。自费为学校引进教师而请客，这在近30年的中国高教界是很少见的现象。他不会开车，用公车办公事是顺理成章的事情，然而他却经常让夫人林老师驾驶自家车，给学校办公事。古人云：身正，方可正人。徐真华校长正是以其身正，遂使身边的工作人员有范可循，也正因为其身正，常常是不令而行。有一年申报省"211"工程学科建设重大项目，评审结果是我主持申报的项目得分略高于时为校党委书记徐教授的项目，我团队的成员感到不好意思，因为我们从内心深处敬重徐书记，更何况他所主持申报的项目，实力和论证材料并不比我们的差。徐书记了解了这个情况，主动鼓励和安慰我们。他坦诚地表示，如果只选一个项目，他大力支持保留我们的立项。这也是高教界并不多见的现象。举目当今的南北高校，不仅校领导，包括院领导，只要是头头，有几个不是近水楼台先得月。然而在徐真华主政的广外，己欲立而立人，己欲达而达人，学术得到了尊重。

徐校长是一个管理有方的校领导。他一再强调不可使行政楼成为官僚滋生的地方。有一年学校引进了一位海归博士，因孩子入幼儿园的问题与某职能部门干部发生争执，不愉快的事情反映到校长那里。徐教授当时任校长，他了解情况后，严肃地批评了该部门主管，他后来在学校发展的研讨会上告诫大家，行政部门要有服务师生、大力支持教学和科研的意识，要把权力关在笼子里。一度时期，教育部、省教育厅间或组织学校的高中层干部出国考察。徐校长对考察人员的遴选十分严格，考察人员出国前，他明确强调"不要飘飘然周游列国"。考察结束后要求每位干部写出报告，并对后续工作中的新变化做多次考核。徐校长经常鼓励从事管理工作的人深入群众，调查研究，敢说真话，工作应有创造性。有一年，教育部的某部门领导来校考察，在初次座谈中，我的意见与上级领导相左。第二天，校办又通知我参加座谈，我回答自己说话不中听，不要给学校添乱。校办工作人员说，这是校长专门提名，因为您敢讲真话，而且说得有道理。类似情况不止一次。徐校长曾对我说，主管领导切忌重用那些恭顺而又平庸的人，切忌为了自己的好恶和私利任用唯领导马首是瞻的人。我很感佩。公生明，廉生威。这是至理名言。然而要真正将之落到实处，却需要当事主管自己做一个躬身实践的人。

徐教授是平易近人的人，也是有雅量的人。与他一起出过公差的人有一个感受，徐校长没有一点官架子。发自内心的谦和便是他给大家留下的印象。他主持的校委会一向以风气民主而为与会者称道。我曾在一次校学位委员会的会场上目睹过这样一幕，有教授面对徐校长拍桌子发脾气。徐校长心平气和地劝那位教授不要急躁，有话慢慢讲。在后来的一些工作安排中，徐校长对那位教授信任有加，认为他是一个敢说真话、责任心强的学者，值得信任。在10多年前的一个深夜，记得是11点，徐校长给我打来电话，说校领导们建议我把中文学院的院长兼起来。我有点急躁，立即反对说，学校引进我的时候，没有说让我当院长，如果一定要我当院长，那我就走人。电话对面的徐校长一时语塞。我夫人在旁边责备我，校领导器重你，你不愿承担这个责任，可以婉言谢绝，大可不必让校长尴尬。我说徐校长是君子，处君子，直之可也。学校在引进我的时候，我给校方申明自己不爱赶集上会坐台出镜，但是我会以我所崇尚的学术方式，把省级文科基地的工作做好。当时主管人事的副校长方凡泉说，所有引进的人才中，你是唯一这样申明的教授。我兑现了自己的承诺，为基地缩减了迎来送往的多余活动，省却了动辄四出开会的不必要开支，给自己和同事赢得了较多的科研时间，总体工作也得到了各级领导部门的肯定。我心里清楚，像我这样的做法，如果没有徐校长的理解和支持，那是根本不可能坚持下去的。徐校长多次对来访的国内外高级专家说，栾先生在广外是屈才了，如果在层次更高的学校，平台大一些，登高声自远，他的成就也会更大。我得知这个说法后告诉他，千万不要这样讲，能在徐校长领导下的广外工作就非常好。做学问，需要沉潜涵养，静以幽，正以治，久久为功。近几十年，看惯了学界热闹的学术，或标举学派，或聚集学团，此类司空见惯的现象非我所愿。我不反感别人这么做，且乐观其成。但是就治学本真而言，我更欣赏淡泊与宁静的学术旨趣。徐校长主持工作的那些年，给了我充分的信任，给了我较多的时间，这已经是十分难能可贵的际遇。

2007年，徐校长有一个动议，在外国语言文学一级博士学位授权点下自设一个比较文化二级博士学位点。这在国内高教领域是一个新举措。他对我的设计要求是尽可能学贯中西，尽可能有基础理论创新，尽可能物色和培养中外语言文学文化方面的后起之秀。这三个"尽可能"难度颇高。好在有徐校长身先士卒，申报书数易其稿，他亲自审阅，基础理论的创新他直接参与，后起之秀的培养他直接过问。他以其开阔的国际视野和精深的学术造诣，为广外比较文化博士学位点的建设，作出了巨大贡献。其实他的学术影响在广外的许多学科可以看得出来。比如博导的遴选，这在全国高校中都是众所周知的棘手的工作，明争暗斗时有发生，成了教授们的"硬结"，学位管理的畏途。当然也有例外，中国社会科学院的钱锺书先生就超越了这个局限。但是在不少高校，博导成了沽名钓誉者角逐的"斗兽场"。而在徐校长主持工作的广外，却有学问功底厚实的年轻学者超然物外。他们不以物喜，不以己悲，热爱教学，潜心学问，博导头衔与他们似乎无甚纠葛。比如德语的余杨教授，外国文学文化研究中心的雷晓敏教授。为了推举余杨教授担任德语语言文学博导，我与她通过几次很长的电话做动员。她的一再拒绝令我感慨。雷晓敏教授亦然。她在比较文学文化方面用功颇深，有高层次的研究成果，有国家课题，给博士研讨班的授课也收到良好的效果。但是2020年遴选博导，却固辞而不申报。这些教师的学品和人品，受到徐校长言传身教的影响。平心而论，在高校中，不论是行政系列，抑或教研队伍，各种工作自然都需要有人来做，愿意积极承担各种职责者无可非议。然而，这里面有一个衡准正能量的尺度，那就是争还是不争，为什么而争，为什么而不争，深层欲望见得出当事者的品行，也能见出学校的风气。我本人非常看重的是谦和治学的品质。金子沉在河底，马粪漂在水面。

读毕《徐真华教育文集》全稿掩卷深思，老校长为教育事业孜孜矻矻的往事，一幕幕浮现在我的脑海。记得有一年，一位知名记者采访徐校长的改革绩效。受访的老师们提供了许多具体的感人事迹，然而采访稿发表后，只剩比较短的一篇文字。一打听才知道，许多赞扬的材料被徐校长删去。我现在写的这篇跋，或可为补充正文的某种花边，加持正文的一枚书签。我叮咛编辑同志，也禀告老领导徐真华教授，如无大碍，"此跋勿增删"，文责本人自负。

广东外语外贸大学资深教授

巴黎索邦第一大学人文科学国家博士

栾　栋

2021 年 11 月 30 日

于白云山麓

徐真华教育文集

后 记

2018 年，习近平总书记在全国教育大会上指出，教育是民族振兴、社会进步的重要基石，是功在当代、利在千秋的德政工程，对提高人民综合素质、促进人的全面发展、增强中华民族创新创造活力、实现中华民族伟大复兴具有决定性意义。教育是国之大计、党之大计。总书记的讲话，高屋建瓴地道出了教育之于民族、之于国家、之于社会的极端重要性。为办什么样的教育、怎样办教育、为谁办教育以及培养什么人、怎样培养人、为谁培养人这一根本问题指明了方向。

历史上从来就不缺立足中华大地而又放眼世界站在高位深度思考和积极实践中国教育的思想者和探索家，徐真华教授就是其中一位。徐真华教授从事高等教育和高等教育管理凡 40 余年，他以宽阔的国际视野、深厚的文化底蕴和强烈的使命担当，把观照世界和立足中国结合在一起，把梦想化作行动，用理论指导实践，站立在中国高等教育改革的风口浪尖上，形成了一整套既适应当下政治经济社会发展需要，又符合高等教育自身发展规律的办学理念、办学思想、办学模式和实践范式，为中国高等教育高质量可持续发展贡献了智慧和方案。习近平总书记指出，历史是最好的教科书，历史是最好的清醒剂。编辑出版《徐真华教育文集》（以下简称《文集》），不仅是对徐真华教授多年从事高等教育和高等教育管理经验的总结，更是留给后来者对未来办好高等教育的重要借鉴和有益启示，是对教育这个"功在当代、利在千秋的德政工程"的负责。

《文集》分为"高教探索篇""治校方略篇""媒体视角篇"和"附录"四部分。"高教探索篇"收录徐真华教授 1993—2021 年在各种刊物、论坛、讲座上有关高等教育的理论探索和办学实践等综观视角方面的文章；"治校方略篇"收录了徐真华教授这一阶段在学校的战略研讨会和暑期读书会上关于办学治校方略等宏观视角的论述；"媒体视角篇"从传媒的角度收录了 2002—2016 年部分纸质媒体对徐真华教授为人为学为事等方面的报道文章，感谢中央及地方媒体对广外及徐真华教授个人的关注与支持；"附录"收录了广外两位老师对徐真华 40 年治学与治校经历的评述。

《文集》在徐真华教授的悉心指导下编纂，由广外袁长青、高云坚老师负责构思整体编纂思路，具体协调编纂分工，统筹各类文稿的节选取舍。主要参与编纂工作的还有广外袁薇佳、张清达老师，广外南国商学院的张艳凤老师，以及浙江越秀外国语学院的高志栋、陈园进、陈文涛、杨晶、任彩、盛林斌等老师；广外杨焕英老师承担了大量的编务工作。全书由袁长青、高云坚老师负责统稿和定稿。

《文集》的出版得到了广东省人民政府参事室（文史研究馆）的大力支持。杨汉卿主任亲自过问《文集》的审稿、定稿，并指示列入文史研究馆 2021 年《馆员文库》出版计划。广东省人民政府参事室（文史研究馆）一级巡视员麦淑萍同志对《文集》的编辑、出版作了周到细致的安排。文史业务处谭劲、赵桂珍、符文申、温洁芳、李飞光等同志做了大量的统筹、协调工作，为《文集》的出版内通外联，投入了很多时间和精力。《文集》的出版还得到了广东外语外贸大学、浙江越秀外国语学院相关领导和同事的关心支持和鼎力相助，浙江越秀外国语学院还为本书的编辑提供了经费支持。广东省人民政府文史研究馆为《文集》的出版拨出专款资助出版。感谢广东人民出版社的陈其伟先生，作为本书的责任编辑，为本书的编排审校做了大量卓有成效的工作。著名学者黄建华先生、杨学义先生、曹德明先生、许均先生为本书撰写了序言，栾栋先生为本书撰写了跋。在此一并表示衷心感谢！

《文集》可供高等学校管理者和高等教育研究者以及高等学校教育工作者学习借鉴，也可为高等教育管理部门落实立德树人根本任务、制定教书育人相关政策、深化高等教育改革发展等提供决策参考。

由于编者水平所限，《文集》中难免有错漏和不当之处，恳请各位专家、学者和广大读者批评指正。

编者

2021 年 12 月 12 日